中国共产党历史（地方卷）集成　社会主义革命和建设时期

中国共产党重庆历史

第二卷（1949—1978）

中共重庆市委党史研究室 著

中共党史出版社

图书在版编目（CIP）数据

中国共产党重庆历史 . 第二卷，1949—1978 / 中共重庆市委党史研究室著 . -- 北京：中共党史出版社，2023.2

（中国共产党历史（地方卷）集成 . 社会主义革命和建设时期）

ISBN 978-7-5098-6236-0

Ⅰ . ①中… Ⅱ . ①中… Ⅲ . ①中国共产党—地方组织—党史—重庆—1949-1978 Ⅳ . ① D235.719

中国版本图书馆 CIP 数据核字 (2022) 第 252031 号

出版发行： 中共党史出版社
责任编辑： 贾欣琪
责任校对： 申宁
责任印制： 段文超
社　　址： 北京市海淀区芙蓉里南街 6 号院 1 号楼
邮　　编： 100080
网　　址： www.dscbs.com
经　　销： 新华书店
印　　刷： 保定市中画美凯印刷有限公司
开　　本： 170mm × 240mm　1/16
字　　数： 360 千字
印　　张： 24.75　22 面插页
印　　数： 1—3000 册
版　　次： 2023 年 2 月第 1 版
印　　次： 2023 年 2 月第 1 次印刷

ISBN 978-7-5098-6236-0
定　　价： 66.00 元

▲ 1958 年 3 月 28 日，毛泽东视察重庆建设机床厂。

▲ 1958 年 3 月 29 日，毛泽东视察长江三峡。

▲ 1957 年 2 月 11 日，周恩来视察重庆钢铁厂，到职工家里看望职工群众。

▲ 1960 年 5 月 14 日，刘少奇视察重庆建设机床厂。

▲ 1963 年 4 月,朱德在中共重庆市委书记任白戈(左一)陪同下视察重庆。

▲ 1965 年 11 月 13 日,邓小平在重庆建设机床厂视察。

▲ 1950 年 2 月 4 日，邓小平、刘伯承、贺龙在重庆林园合影。

▲ 1950 年 7 月 31 日，西南军政委员会委员合影。图中前排右七为邓小平，右九为刘伯承，右十为贺龙。

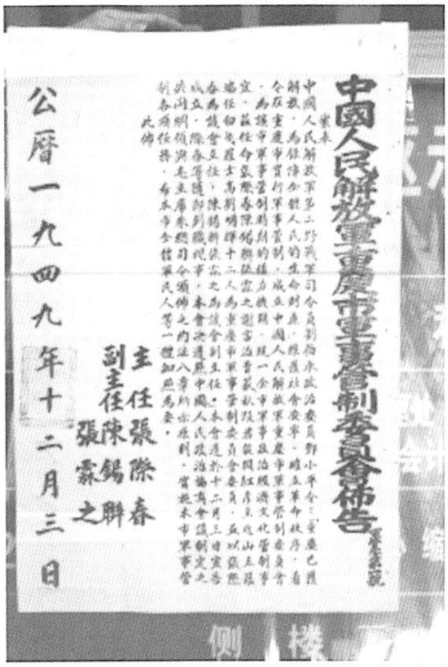

中國人民解放軍重慶市軍事管制委員會佈告

主任 張際春
副主任 陳錫聯 張霖之

公曆一九四九年十二月三日

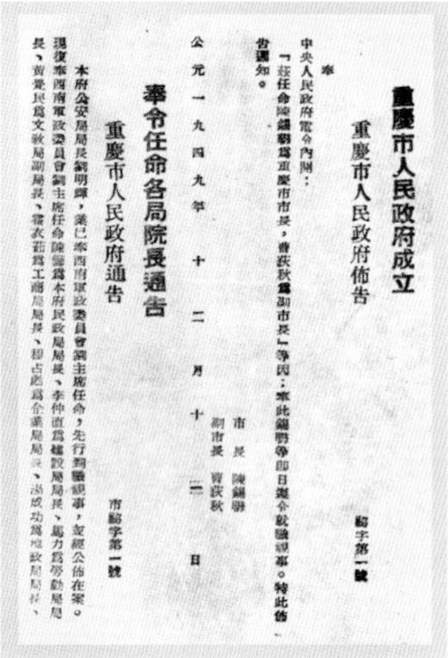

重慶市人民政府成立

重慶市人民政府佈告 秘字第一號

奉
中央人民政府電令內開：
「茲任命陳錫聯為重慶市市長，曹荻秋為副市長」等因；奉此錫聯等即日就職視事。特此佈告週知。

市長 陳錫聯
副市長 曹荻秋

公元一九四九年十二月十二日

奉令任命各局院長通告

重慶市人民政府通告 市秘字第一號

本府公安局局長劉明輝，業已奉西南軍政委員會劉主席任命，先行到職視事，並經公佈在案。現復奉西南軍政委員會劉主席任命陳廣為本府民政局局長、李仲直為建設局局長、馬力為勞動局局長、曹覺民為文教局副局長、霍衣藍為工商局局長、穆占匙為企業局局長、湯成功為地政局局長、

▲ 1949 年 11 月 30 日，重庆宣告解放，12 月 3 日，重庆市军管会成立，开始系统的政权接管。12 月 11 日，奉中央人民政府电令，重庆市人民政府宣告成立。图为军管会与人民政府成立布告。

▲ 1950 年 1 月 23 日至 29 日，重庆市第一届各界人民代表会议隆重召开，标志着接管工作胜利完成。图为大会会场。

▲ 在重庆市第一届各界人民代表会上，刘伯承作《为建设人民的生产的重庆而奋斗》的报告。1951 年 12 月，重庆市人民政府将奋斗目标——“建设人民的生产的新重庆”镌刻在重庆市区浮图关的山岩上。

▲ 1950 年 8 月，重庆市人民政府委员会第一次全体委员会议部分委员合影。前排右起徐崇林、张霖之、胡子昂、曹荻秋、陈锡联、汪云松、温少鹤、李唐彬、罗士高；后排右起艾芜、李紫翔、任白戈、张文澄、刘明辉、康乃尔、王永福、廖苏华。

▲ 1950 年 6 月，朝鲜战争爆发，10 月，中共中央作出“抗美援朝，保家卫国”的战略决策，重庆人民积极投入全国范围的抗美援朝运动。图为市民在解放碑游行集会。

▲ 为巩固新生的人民民主政权，解放初期开展了镇反运动。图为 1951 年 4 月，重庆市各界人民公审反革命分子大会会场。

▲ 土地改革运动是新民主主义社会改革的重要内容。图为1951年6月,合川南屏乡举行土改胜利大会,焚烧地租契约。

▲ 1951年7月动工兴建、1952年8月竣工的重庆市劳动人民文化宫是重要的文化活动场所之一。

▲ 经济恢复时期，各项事业都得到恢复和发展。图为 1951 年兴建、1954 年建成的西南行政委员会大礼堂（今重庆市人民大礼堂）。

▲ 经过采取统一财政经济、调整工商业、恢复发展农业生产和交通运输、开展市政建设等一系列措施，经济得到恢复和发展。图为重庆市百货公司两路口分店庆祝重庆解放两周年的热闹景象。

◀ 1951 年底到 1952 年上半年，全国开展了“三反”“五反”运动。图为重庆工商业工会会员举行“五反”游行。

▲ 成渝铁路的建设和投入使用，对改善四川地区落后的交通状况，促进经济社会发展具有重要的战略意义。图为 1952 年 7 月 1 日在重庆火车站举行的庆祝中国共产党成立 31 周年暨成渝铁路全线通车大会上，铁道部部长滕代远将毛泽东主席亲笔题写的锦旗授给西南铁路局。

▲ 能源建设是“一五”计划的重要内容。1952 年 12 月，国家“一五”计划 156 项重点工程之一、由苏联援建的大型火电厂——重庆发电厂开工兴建。图为苏联专家列文柯在送电车间检验仪表。

▲ 1953 年开始进行农业合作化的社会主义改造。图为北碚三元村农民报名加入农业合作社。

▲ 1954 年 7 月，重庆市第一届人民代表大会第一次会议举行。至此，各界人民代表会议及其常设机构协商委员会完成了历史使命。图为重庆市第一届人民代表大会第一次会议代表合影。

▲ “一五”计划期间，市政建设得到很大发展。1956 年元旦，重庆第一条无轨电车线上（清寺）—小（什字）段通车。图为当时使用的无轨电车。

▲ 1956 年 1 月，重庆市手工业生产合作社第一次代表大会召开。

▲ 1956 年 1 月 17 日，重庆工商界游行庆祝资本主义工商业改造胜利完成。

▲ 1956 年 5 月，中共重庆市第一次代表大会召开。大会提出，重庆是一个工业城市，党的领导工作的重心是工业生产。图为大会会场。

▲ 1957 年 3 月，“一五”计划全国重点项目之一长寿狮子滩水电站全面完工。图为水电站拦河大坝。

▲ 1957 年动工兴建、1958 年建成的朝天门客运港大楼,改善了当时重庆港口的窗口形象。

▲ 1958 年 12 月开工、1966 年 1 月竣工的牛角沱嘉陵江大桥是重庆第一座跨江大桥。

◀ “大跃进”时期，全民开展大炼钢铁运动。图为农村炼钢的情形。

▲ 1958 年 8 月 15 日，重庆市郊农村第一个人民公社——沙坪坝区红旗人民公社成立。图为红旗公社社员在田间集体劳动。

▲ 1959 年开工、1960 年落成的山城宽银幕电影院，1996 年被评为重庆十大标志性建筑之一。

▲ 20 世纪 60 年代中期，重庆成为全国三线建设的重点地区。图为川东造船厂建造的常规动力潜艇。

▲ 1966 年 3 月，中共重庆市第二次代表大会召开，任白戈代表市委作题为《更高地举起毛泽东思想伟大红旗，突出政治，为把重庆建设成为一个强大的工业基地而斗争！》的工作报告。图为全体与会代表合影。

◀ 1967 年 5 月，《人民日报》对样板戏进行报道以后，样板戏开始在全国传唱。图为重庆农村唱样板戏的人们。

▶ 1968 年以后，全国知识青年上山下乡运动大规模展开。图为重庆欢送知识青年上山下乡的情景。

▲ 位于长寿的中国石化四川维尼纶厂是 1972 年经中央批准引进的四套大化纤项目之一，该厂成为国内最大的以天然气为主要原料生产化工化纤产品的大型联合企业，是中国石化集团唯一的天然气化工企业。

▲ 1976 年 10 月，党中央一举粉碎“四人帮”，结束“文化大革命”，全国人民欢欣鼓舞。图为重庆市民游行庆祝粉碎“四人帮”。

▲ 1977 年，恢复由于“文化大革命”的冲击而中断了十年的高考制度。图为恢复高考后西南师范大学的大学生。

▲ 1978 年 4 月，中共重庆市第四次代表大会召开，钱敏代表市委在会上作工作报告，提出“把重庆建设成为祖国战略后方的先进工业基地，为建设社会主义现代化强国而努力奋斗”。图为全体与会代表合影。

实践是检验真理的唯一标准

▲ 1978 年 5 月，《重庆日报》转载《实践是检验真理的唯一标准》后，全市开始真理标准讨论。

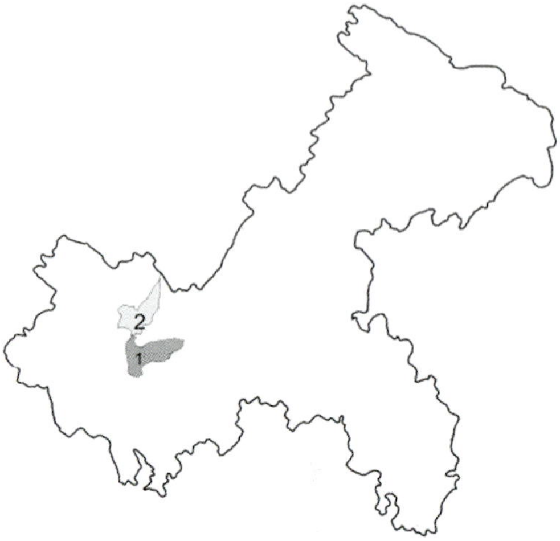

◀ 1950 年重庆市行政区示意图

1. 一至七区

2. 北碚行政管理处

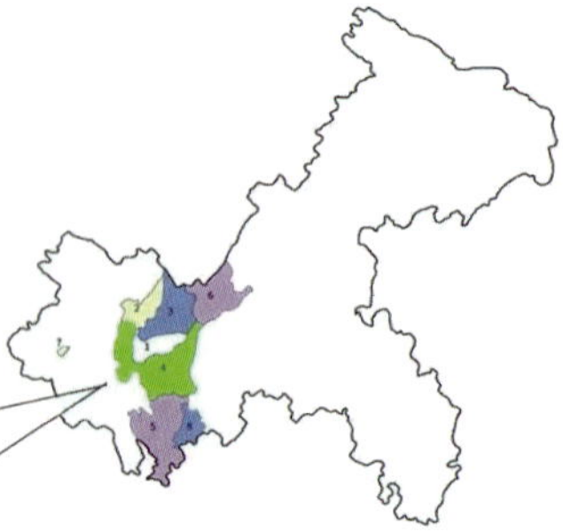

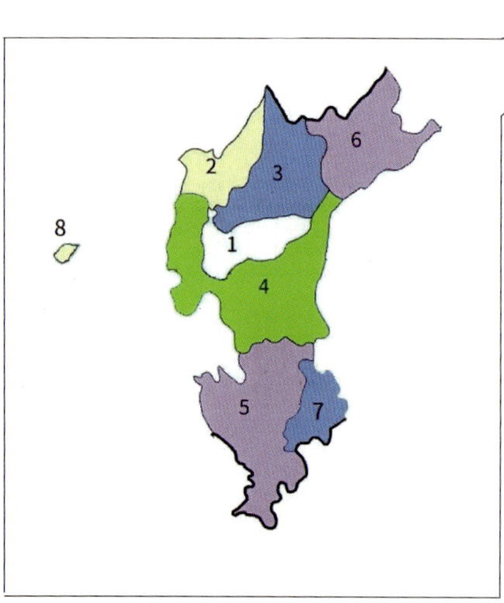

◀ 1952—1976 年重庆市行政区示意图

1. 一至五区

2. 北碚市(第六区、北碚区)

3. 江北县

4. 巴县

5. 綦江县

6. 长寿县

7. 南桐矿区

8. 双桥区

▲ 注:重庆市行政区域中一至七区于 1952 年合并为一至五区。1955 年重庆市第一区更名为市中区,第二区更名为江北区,第三区更名为沙坪坝区,第四区更名为九龙坡区,第五区更名为南岸区,第六区更名为北碚区。北碚区于 1951 年划出、1952 年划入重庆市。巴县于 1951 年划入重庆市,江北县、长寿县、綦江县于 1952 年划入重庆市。1953 年江北县、巴县、长寿县、綦江县划入四川省。1955 年设立南桐矿区。1959 年巴县、綦江县、长寿县划入重庆市。1974 年设立双桥区。1976 年江北县划入重庆市。

第二卷

目　录

第　一　编
重庆解放和向社会主义过渡的实现

（1949 年 11 月—1956 年 9 月）

第二编
社会主义建设的全面展开和社会主义道路的艰辛探索

（1956年9月—1966年5月）

第 三 编
“文化大革命”的内乱和重庆人民的抗争

（1966 年 5 月—1976 年 10 月）

第四编
在徘徊中前进和实现伟大的历史转折

（1976年10月—1978年12月）

第一编

重庆解放和向社会主义过渡的实现

（1949年11月—1956年9月）

1949年11月30日，重庆解放。作为祖国西南最大的工商业城市，重庆以其特殊的历史地位和重要的战略地位成为解放后西南地区唯一的中央直辖市和西南地区党政军领导机关驻地。在党中央和中共中央西南局的领导下，重庆人民怀着翻身作主人的喜悦，胜利完成城市接管，建立和巩固新生的人民政权；进行反封建的土地改革和厂矿企业的民主改革，开展轰轰烈烈的社会改造；统一财经，整顿金融秩序，调整工商业，建设成渝铁路；发展教育文化卫生事业，人民群众以极大的热情投入创造新生活。1953年，党中央颁布过渡时期总路线，提出采取社会主义工业化和社会主义改造同时并举的方针。中共重庆市委坚决执行中央提出的过渡时期总路线及其一系列方针政策，顺利完成对私改造和提前实现"一五"计划，社会主义制度在重庆得以正式确立。这一时期，是重庆经济社会发展比较好的历史时期，城乡人民群众生活改善和提高较快的时期，整个社会的政治建设、经济建设、文化建设全面展开，到处都是热火朝天、欣欣向荣的新气象、新风尚、新成果。

第一章
人民政权的建立和巩固

一、中共中央西南局驻重庆

新中国成立之初,全国实行大区一级行政区划建制。为了解放西南和统筹经营西南,建立新的社会秩序,中共中央决定设立中共中央西南局、西南军政委员会和西南军区,分管党政军事宜,从而构建起西南大区的政治框架。西南大区所辖地域为云南、贵州、西康三省,川东、川西、川南、川北四行署区,重庆直辖市①及西藏。西南局是中共中央在西南地区的代表机构。西南军政委员会是中央人民政府领导地方政府工作的代表机关,它起初为一级地方行政机关,1952年改为中央派出机关,1953年正式更名为行政委员会。西南局和西南军政委员会的筹建是在进军西南和城市接管基础上适应当时形势所需进行的。

1949年10月1日,中华人民共和国宣告成立,但是解放全中国的任务尚未完成。蒋介石精心选定大西南作为反攻基地,妄图依赖西南地区险关要隘构成的天然屏障、相对集中的军工生产基地和封建势力根深蒂固的反动巢穴与人民解放军作最后的顽抗。他亲临重庆,精心部署西南防御战略,集中了37个军90万人的部队,企图建都重庆,割据四

① 1950年7月,西南军政委员会定重庆市为西南行政区直辖市。1953年3月12日,重庆市由西南行政区直辖市改为中央直辖市。1954年大区撤销,重庆市划归四川省,改为四川省辖市。

川、云南、贵州、西康等西南数省。因此,解放大西南成为解放全中国的关键一役。为此,毛泽东为进军西南作了两项重要安排。军事上,他提出“大迂回、大包围”的总体策略:北路佯攻,东路突击,迅速切断敌人向云南乃至境外逃窜的路线后,围而歼之;用人上,经过反复斟酌,做出最后决定,让时任华东局第一书记的邓小平继续与刘伯承搭档,挥师西征。在 1949 年 1 月和 3 月召开的中共中央政治局会议和七届二中全会上,中共中央和中央军委先后就中国人民解放军第二野战军进军西南的时间、任务和组织领导等问题作出部署。

1949 年 11 月 1 日,第二野战军和第一、四野战军部分部队经过精心准备,正式发起西南战役。11 月 30 日,西南重镇重庆解放。由于解放军以迅雷不及掩耳之势攻取重庆,蒋介石破坏重庆的计划未能得逞,重庆的工业设施得以基本完好地保存。重庆的解放,使蒋介石建都重庆的美梦化为泡影,并为西南的彻底解放创造了极为有利的条件。

为了领导西南的全面工作,早在二野进军西南前,中共中央即开始考虑西南地区解放后的组织机构与干部人员的配备问题。1949 年 7 月 16 日,毛泽东在中央军委的一份电报中首次提出由邓小平、刘伯承、贺龙组成西南局。之后,中共中央确定邓小平、刘伯承、贺龙分别为中共中央西南局第一、第二、第三书记;刘伯承为西南军政委员会主席,贺龙、邓小平为副主席;贺龙为西南军区司令员,邓小平为政治委员。11 月 23 日,二野进军途经湖南常德时,中共中央宣布西南局正式成立。重庆解放后,12 月 8 日,刘伯承、邓小平率二野领导机关进驻重庆市区,中共中央西南局也入驻重庆办公。西南局下设办公厅、组织部、宣传部、统战部、财经委员会(后改为财经工作部)、纪律检查委员会、农村工作委员会(后改为农村工作部)、外事委员会、保密委员会、人民武装委员会、民族工作委员会、直属机关委员会等机构,代表中共中央对西南地区的政治、经济、军事、文化实行全面领导。

与此同时,西南军政委员会的机构筹建工作亦开始进行。1949 年 12 月 2 日,中央批准任命刘伯承为西南军政委员会主席。1950 年 6 月 28 日,中央人民政府又任命了西南军政委员会副主席、委员及所属各部、会、局、署、院负责人。7 月 27 日,西南军政委员会在驻地重庆举行第一次全体委员会议正式宣告成立,下设办公厅、人事局、财政经济委员会、文化教育委员会、人民监察委员会、土地改革委员会、民族事务委员会、民政部、公安部、司法部、财政部、贸易部、工业部、交通部、农林部、水利部、劳动部、合作事业局、文教部、卫生部、新闻出版局、最高人民法院西南分院、最高人民检察署西南分署、中国人民银行西南分行等部门。10 月,刘伯承离开重庆,调北京主持筹建陆军大学,但仍兼任西南军政委员会主席职务,实际工作由副主席邓小平和贺龙负责。1952 年 7 月,邓小平调北京任政务院副总理,由贺龙主持西南军政委员会工作。此外,1950 年 2 月 22 日,西南军区在重庆也正式宣告成立。

新中国成立之初的西南,虽然蒋介石的几十万部队被歼灭,但西南全境尚未完全解放,反革命的社会基础还未摧毁,封建势力基本上原封未动,敌人潜伏的应变组织尚待继续清理,人民政权的巩固仍然面临严重挑战。在帝国主义、封建主义和官僚资本主义的长期欺凌压榨下,西南经济落后、社会混乱、民生凋敝。针对这种状况,中共中央西南局、西南军政委员会和西南军区采取了一系列卓有成效的措施。开展城市接管、征粮剿匪、清匪反霸、减租退押、镇反肃特、抗美援朝等,迅速建立起新的革命秩序。

在中共中央西南局和西南军政委员会的领导下,随着战争的胜利结束,西南各地纷纷在接收工作基本完成、局势趋于稳定的基础上建立起省一级人民政权。西南军政委员会所属的云南、贵州、西康、川北、川南、川西、川东、重庆等八个省区市以及下属的各级政权建设,根据中共中央的指示和西南局的决定,采取了“分区包干”的办法,即将一定建制的部队,固定在一定地区,在同级党委领导下,负责城市接管和农村工作,建立党的组织和政权,发动群众建立工会、农会和其他民众团体。

西南解放后,国民党遗留下来的土匪特务分子活动十分猖獗。他们与封建势力相勾结,以游击战方式对抗人民政权,严重危害人民的生命财产安全,影响城乡经济交流和物资调拨。同时,人民政府接收了近 90 万的国民党军队、40 万左右的旧政权员工,加上进入西南的人民解放军,财政供养的人数高达 200 余万人。如果不解决好这 200 余万人的吃饭穿衣问题,局面势必大乱。因此,征粮问题成为解放初期巩固新生人民政权的中心任务。正当征粮工作开始进行,国民党残余势力所掀起的土匪暴乱蜂起,于是剿匪又提上议事日程。西南地区的剿匪过程,大体分为三个阶段。第一阶段,1950年2月至8月,集中兵力,进剿腹心地区和交通要道股匪。经过7个月作战,共歼匪48万人。第二阶段,1950年9月至1951年6月,会剿各省边沿地区股匪、清剿腹心地区残匪。通过9个月会剿省界地区股匪和残匪,共歼匪55万人,全部收复了土匪控制地区,保证了各省以土改为中心的反封建斗争的全面展开。第三阶段,1951年7月至1953年12月,进剿黑水地区和中越、中缅边境股匪,追捕匪首、净化西南全区。在此阶段作战中,共歼匪3.3万人。

在城市救济失业工人和贫民,收容散兵游勇和妓女乞丐,禁毒禁赌,净化了社会环境。解放前,整个西南地区吸毒者达600万人以上,川东地区约有14万人,重庆市约有2万人。烟毒的泛滥,给刚解放的西南地区的经济恢复和社会改造带来巨大的消极影响。在中共中央西南局的领导下,禁烟禁毒斗争从1950年9月到1952年底,历时两年多,不仅在物质上禁绝了烟毒,而且在思想上铲除了旧社会遗留在人们头脑中的"烟毒"。收容妓女乞丐、禁毒禁赌斗争的胜利,彻底转变了社会风气,更新了伦理观念,挽救了千千万万个受害者个人及其家庭。

在农村分期分批开展土地改革,挖掉了封建剥削的总根子。根据中央的要求,以邓小平为首的中共中央西南局决定,西南地区的土地改革运动首先于1950年冬季在少数地区开始试点,然后分三期进行。第一期从1951年1月至5月初,主要是在清匪反霸减租退押运动完成较好的地区开展。在土改过程中组织了民主党派、民主人士2500人参加土改,支援了农村的反封建斗争,并为当年的春耕生产打下了基础。第二期从1951年5月至10月,主要包括54个整县又71个县的一部分乡及5个城市的市郊区共计2900个乡的广大地区,参加土改人口近2400万,约占西南区人口的27%。第三期从1951年11月至1952年2月,共计完成3700万人口地区的土地改革,约占西南地区总人口数的42.6%。土地改革完成后,由于封建土地制度的废除,农村延续几千年的封建统治被连根拔掉,西南农村形势发生了根本的变化。

在经济上稳定物价，调整工商业，发展交通运输，恢复了城乡经济，改善了人民生活。进城之初，中共中央西南局和西南军政委员会以对人民负责的态度，收兑人民手中的银元券，平息了“金融风波”之后，又面临着一场物价猛涨、市场不稳的风险。以重庆为例，1950年春节前后一个月内，市场主要商品市场价格较1月份上涨1.08倍。邓小平多次召集财经会议研究分析，认为问题主要出在西南的收支不平衡和投机商人囤积居奇，扰乱市场。面对乱局，邓小平指挥若定，与不法商人斗智斗勇。他依靠中央政府从上海组织了大批生纱，从川东地区调集了大批粮食供应市民，稳住了市场，扭转了物价猛涨的势头。1950年4、5月间，随着物价趋于稳定，通货膨胀被遏制，过去社会上的虚假购买力迅速消失，西南出现了市场萧条、生产经营困难、私营工商业关厂歇店，新的失业现象出现等情况。6月，西南工商业调整全面展开。西南局通过召开工商厅局长会议和山货、煤炭、木材等行业的私商座谈会，根据照顾生产、消费、运销三方面利益的原则，订立了零售与批发、产地与销地之间的合理价差，使经过改善经营的厂商均可维持并有适当利润。政府各部门在调查研究、了解情况、宣传政策的基础上，通过订货、收购、加工、贷款给私营工商业以帮助，使重要的工厂、手工业和不少农村土产都得到扶助，产销情况开始好转。此外，西南军政委员会成立后作出的第一个重大决策就是“以修建成渝铁路为先行，带动百业发展，帮助四川恢复经济”。1950年6月15日开工建设的成渝铁路，成为拉动四川甚至西南经济恢复发展的巨大动力。这些得力措施的施行，使西南地区经济形势逐步稳定。

在工矿企业进行民主改革和增产节约运动，实现了企业管理民主化。1951年12月，西南局第三次城市工作会议决定，四川各地于1952年即以建筑、搬运和水上运输业为重点，在城市厂矿企业中领导职工群众进行民主改革。民主改革的斗争锋芒首先指向企业中的封建把头、恶霸分子和暗藏的土匪头子、特务分子、反动会道门头子，少数罪行严重又拒不坦白的人受到法办。继后，又废除了对工人实行人身压迫和封建剥削的规章制度，在此基础上进行生产改革，掀起增产节约运动。

在教育界、文化界开展对知识分子的思想改造运动,促进了知识分子世界观的转变,提高了爱国主义觉悟。在西南局的领导下,西南各地对旧有文化教育事业进行改造。教育工作方面按照中共中央制定的“严格保护,暂维现状,有计划、有步骤、有重点的逐步改革”的方针,各大中城市军管会在进城后,都相继颁布了《关于保护学校的通告》,通知各学校立即复课和废止反动教材。在人事方面,清除反革命分子及特务分子,组织校务委员会,实行民主管理。在课程与制度上,废除公民、伦理、六法全书和军训、童训等课程及反动的训导制度,代之以新的政治课及临时的生活辅导制,新民主主义教导合一的教育制度初步建立。文艺界则按照毛泽东“文艺为工农兵服务”的方针,提高旧艺人的政治思想觉悟,用新的观点改革旧戏,创造新的成果,在西南地区很有影响的川剧如枯木逢春,很快呈现出“推陈出新,百花齐放”的局面。

协助中央和平解放西藏,巩固了西南边陲,并在少数民族地区实行民族区域自治,实现了西南各民族的团结。解放西藏,是实现祖国大陆完全统一的历史使命,中央经多方考虑,最终于 1950 年 1 月把这一艰巨任务交给由邓小平任第一书记的中共中央西南局和贺龙担任司令员的西南军区,授命他们完成进军和经营西藏的重任。邓小平根据中共中央和毛泽东的指示精神,提出并制定了一系列正确的解决西藏问题的方针政策。他说,解决西藏问题,要靠政策走路,靠政策吃饭。提出进军西藏的基本方针是“政治高于军事,补给重于战斗”。在昌都战役之前,邓小平亲自起草并经中央批准解决西藏问题的“十项政策”,为中央人民政府与西藏地方政府谈判签署《关于和平解放西藏办法的协议》奠定了坚实的基础。西藏的和平解放,粉碎了帝国主义及西藏少数分裂分子制造“西藏独立”的图谋,实现了祖国大陆的统一。其后,经营西藏的特殊模式,为处理类似的民族关系和其他社会问题留下了宝贵的经验。西南局还非常重视对少数民族的统战工作,将其视为开创西南稳定发展新局面的关键,大力争取少数民族上层人士,努力消除民族隔阂,开创了西南地区稳定发展的新局面,维护了边疆民族地区的社会稳定。

在党内开展整党整风运动，进行反对官僚主义、命令主义、违法乱纪的斗争，增强了党组织的战斗力。西南解放后，一些干部在思想上出现了官僚主义、命令主义倾向，享乐主义和腐败行为也随之滋生。主要表现为有的部门为完成任务，在工作中存在强迫命令、形式主义，缺乏民主作风，不讲组织纪律和民主集中制原则，少数干部甚至闹婚姻改组和等级待遇问题。针对这些问题，西南局按照中央要求，于 1950 年布置了西南地区的整风运动，并于 1951 年至 1954 年开展了以整顿党的基层组织为主要内容的整党运动。经过整党整风，加强和改善了党的领导，发挥了共产党员的先锋模范作用，提高了党的威信，增强了党的战斗力，为党领导社会主义改造和即将开始的大规模社会主义建设作了必要的准备。此外，在干部的使用上，西南局强调党的干部必须懂得经济，会管理，坚持德才兼备的原则，大量培养年轻干部。各省、市、区借鉴老解放区“干部来自群众，领导来自基层”的经验，采取了四条措施，一是向由刘伯承兼任校长的西南革命大学输送学员，同时，各省市也开办了行政干部学校，面向社会公开招干，学习后分配工作；二是面向城乡基层单位，从参加接管和工厂、码头民主改革以及农村减租退押、清匪反霸斗争中涌现的积极分子中选拔干部；三是举办各种训练班，从大、中学青年学生中吸收大量干部；四是对留用人员实行教育改造使用的方针，量才录用。由于采取了上述措施，西南地区的干部队伍迅速扩大，特别是 20 世纪 50 年代初培养的一批年轻干部，为社会主义革命和建设作出了巨大贡献。

1954 年 6 月，为适应国家大规模的有计划的经济建设需要，加强中央的集中统一领导，并适当加强各省市党委的领导，中共中央作出撤销大区一级党政机构的决定。西南行政委员会于同年 11 月 1 日起停止办公。西南局于 12 月宣布撤销①。解放初期的中共中央西南局，正值西南地区经济社会发生重大历史变革的重要时期，西南局在坚决贯彻执行党中央各项方针政策的同时，结合西南地区的实际情况，制定、颁布了一系列符合西南地区实际的方针政策，全面领导了西南地区的各项重大运

① 1960 年 10 月，中共中央决定恢复成立西南局，1966 年西南局再次撤销。

动,在西南全境的解放、经济社会新秩序的建立和发展、各阶层各民族的团结与进步、加强执政党建设等方面取得了显著成绩,为西南地区大规模的社会主义改造创造了良好的条件,为有计划的经济建设打下了坚实的基础。

作为中共中央西南局第一书记、西南军政委员会副主席、西南军区政治委员的邓小平,与刘伯承、贺龙一道领导西南地区进行了大量开创性工作。在坐镇重庆、主政西南近三年的岁月里,邓小平创造性地贯彻执行党中央的路线方针政策,表现了卓越的政治智慧、高超的领导才能和求真务实的工作作风。他注意团结一切可能团结的人,分化争取敌人营垒中一切可能争取的人,调动各方面的积极因素;他谨慎稳妥地消除历史遗留的民族隔阂,促进各民族的团结,迅速改变西南地区的混乱状态,开创了西南地区稳定、发展的新局面;他参加领导了进军西藏与和平解放西藏的工作,实现了祖国大陆的统一;他始终牢记"两个务必"①,开展整党整风,加强党的建设,坚决反对官僚主义、命令主义、统一战线中的关门主义以及党内出现的享乐腐朽思想。邓小平主政西南的理论与实践,为巩固党的执政地位、积累党的执政经验、提高党的执政能力做出了卓有成效的积极探索,展现了一个无产阶级革命家、政治家、军事家的雄才大略。他所积累和创造的一系列新鲜经验,多次受到党中央和毛泽东的赞许,为他后来到中央领导岗位工作打下了坚实基础。

解放初期,作为西南大区所在地和中央直辖市的重庆,是西南党政军领导机构的驻地,是西南地区各项工作的领导中心和政策发源地,重庆自解放开始就站在了一个较高的起点上,具有重要的战略地位,发挥了西南地区政治、经济中心的重要作用。

---

① 毛泽东在党的七届二中全会上要求全党在胜利面前保持清醒头脑,在夺取全国政权后要经受住执政的考验,务必使同志们继续保持谦虚、谨慎、不骄、不躁的作风,务必使同志们继续地保持艰苦奋斗的作风。

二、人民解放军接管重庆

重庆的解放，粉碎了蒋介石集团企图建都重庆、割据西南、东山再起的图谋；标志着重庆人民受奴役受欺辱的半殖民地半封建时代的终结；标志着近一个世纪以来，重庆人民为推翻三座大山的压迫，争取民族独立、人民解放，前仆后继，英勇斗争，最终在中国共产党领导下取得了完全胜利。但是，由于战争的创伤和国民党反动派的破坏，解放初期的重庆面临巨大的困难。国民经济濒临崩溃，国民党政府滥发纸币导致通货膨胀，物价飞涨，多数工厂与商店处于瘫痪状态，大批人员失业；潜伏的国民党敌特和国民党政府溃退时恶意放出的大批盗匪、死囚大肆破坏；帮会势力横行，散兵游勇遍布大街小巷，社会秩序混乱，广大人民生活在极端贫困之中。面对如此困难局面，尽快完成接管工作、建立新的经济社会秩序是当务之急。

在这种形势下，各级党组织为顺利接管重庆做了大量的准备工作。首先是充分的干部准备。早在 1949 年 7 月，二野前委在南京时，中共中央就任命了重庆市及川东区委的领导成员。这些领导干部中，有些直接参加过南京、上海的接管工作，有一定的城市工作经验。与此同时，二野前委还调遣华东支前司令部的大批干部，并以此为骨干，招收上海、南京等地的进步青年学生，组成西南服务团，准备随军挺进西南，参加西南各城市的接管。二野军大也大量招收学生，为解放西南和接管建政储备了力量。二野进军途中驻湖南常德休整时，为接管重庆配备了 2000 多名干部。这些干部主要来自中共中央华东局、川干队、川东地下党、西南服务团及二野三兵团和二野后勤系统，是重庆接管的骨干力量。其次是对接管干部进行思想动员和政策宣传。在常德期间，二野前委召开接管干部会议，根据七届二中全会将党的工作重心由乡村转到城市的精神，对接管城市的具体方针和政策作出了明确指示。刘伯承、邓小平分别在会上传达了全国政治协商会议的情况及中央关于统战工作的指示，批评了关门主义。会上，接管重庆的主要负责人之一张霖之还专门对参与接管重庆的干部作了《关于接管城市的报告》，分析了接管重庆的有利条件和存在的困难，介绍了重庆的敌情社情，部署了接管工作的安排和步骤，对接管中可能出现的问题作了详细的政策规定和说明。最后是川东及重庆地下党组织根据全国形势的发展和上级党组织的部署，为迎接解放和接管重庆开展了一系列卓有成效的斗争。如护厂护校、统战和策反、组织治安维持会、控制部分敌对武装等，粉碎了敌人的破坏阴谋，为重庆比较完整地回到人民手中作出了贡献。

这些准备工作，从根本上保证了重庆接管的顺利进行。1949 年 11 月 30 日傍晚，人民解放军从南纪门、储奇门、朝天门等处进入市区，重庆宣告解放。12 月 3 日，以张际春为主任的重庆市军事管制委员会成立。军管会接管重庆的方针，一是自上而下对旧机构及其主管人员按系统接收；二是大力发动工人、职员群众参加接管。为了做到各系统有秩序的接管，军管会下设军事、政务、财经、文教、交通、后勤、房地产等 7 个接管委员会和公安部，把原属国民党的中央机构与省、市机构统一划归这 7 个接管委员会和公安部，并由这些部门派出军事代表到各单位进行接收。在接管方法上，各接管部门根据接管对象的具体情况分别采取了不同的接管形式。对多数单位是先接后管，对直接关系到国计民生的公用、交通、卫生、农村水利、救济等单位，则采取边接边管或未接先管的形式。

为了广泛发动群众参加接管，市军管会成立后，主要领导人立即分头与重庆各界群众接触，使人民群众了解接管政策，从而自觉地协助接管。12 月 9 日，军管会在曙楼大礼堂召开工人代表座谈会，刘伯承、邓小平、陈锡联等参加会议并讲话，大力宣传党的政策，有针对性地解疑释惑。12 日至 18 日，军管会分别召开学生代表、妇女代表、工商界代表等四个座谈会，均取得了很好的效果。当接管工作在各部门、各领域展开后，市军管会、市委、市政府通过组织各行业工会组织、学生组织、妇女组织等，层层发动群众，派出代表参加接管工作，清点查抄物资，保证了接管顺利进行。不少厂矿企业接管刚一结束，便已恢复生产或部分恢复生产。

为了便于统一领导，集中一切力量搞好接管，重庆在接管期间，除党务工作直属中共重庆市委领导外，其余一切权力属于军管会，令从军管会出，各项行政事务工作亦由军管会负责执行。市委对接管工作的领导主要通过军管会实现，军管会设立党组，各接管委员会和部均组建了党委会。随着接管工作的进展，1950 年 1 月中旬，各接管委员会的接收工作先后告一段落，属于市政范围的旧机构，逐步归市人民政府管辖，不属于市政范围的原国民党中央及四川省的机构仍暂由军管会代管。这样，重庆市的整个接管工作仅 50 余天就顺利结束，堪称奇迹。重庆的顺利接管，结束了山城人民长期处于帝国主义、封建主义和官僚资本主义统治的历史，为彻底清除旧社会的污泥浊水，确立良好的治安秩序，进行社会改造，恢复发展生产，打下了坚实的基础。同时，在接管中，重庆全部官僚资本的生产资料归国家所有，成了人民的财富，社会主义性质的国营经济初步建立，从而为以后重庆的社会主义改造奠定了经济基础。

1950 年 1 月 23 日至 29 日，重庆市各界人民代表会议隆重召开，标志着接管工作的胜利完成。会议代表 400 人，来自社会各界别、各阶层。列席及旁听代表近 200 人。中共中央西南局、西南军政委员会、重庆市军管会、中共重庆市委、市人民政府领导人邓小平、刘伯承、张际春、陈锡联、张霖之、曹荻秋等参加了会议。会上，刘伯承作《为建设人民的生产的重庆而斗争》的报告，陈锡联作《关于重庆的接管工作》的报告，邓小平作《团结起来，战胜困难》的报告。会议选出由 46 人组成的提案审查委员会，共收到提案 428 件，通过了关于劳动人民购买公债，召开各业座谈会协助生产，增进贸易、厉行节约，整理码头秩序等 212 件提案。会议选举产生了由陈锡联任主席的第一届各界人民代表会议协商委员会。协商委员会既是各界人民代表会议闭幕后经常进行政治协商的机关，又是协助人民政府加强与各界人民联系，贯彻执行会议通过的施政方针与一切决议的机关。

这次代表会议的召开，揭开了重庆历史崭新的一页。第一，会议代表来自社会各阶层，这是全市革命阶级和爱国民主人士大团结的标志。其广泛的代表性，说明各界人民代表会议是人民政府联系群众的最好的组织形式。第二,会议的共同目标,就是要在重庆市进一步实现工人阶级领导的以工农联盟为基础的人民民主专政,组织并且巩固工人阶级、农民阶级、民族资产阶级、小资产阶级及其他爱国人士的人民民主统一战线,以动员各阶层人民的力量,在党和政府领导下克服困难,建设人民的生产的新重庆。

三、建立新重庆的党政机构

(一)各级党政机构的建立

在进行接管工作的同时,建党建政工作也及时推进。早在二野进军西南前,中共中央就考虑到重庆和川东地区历史上经济社会紧密联系的显著特点,一并任命陈锡联、谢富治、阎红彦、张霖之、曹荻秋、魏思文等为重庆市委暨川东区委的主要负责人,以便统筹协调进军和接管工作。1949 年 12 月重庆解放后,根据实际工作的需要,中央正式分别任命中共重庆市委和中共川东区委领导班子。重庆市委由陈锡联任第一书记,张霖之任第二书记,曹荻秋任第三书记,王近山、段君毅、李唐彬、任白戈为常委。重庆市委驻城区枇杷山"王园"(今枇杷山公园),下设组织部、宣传部、统战部、政策研究室和秘书处等办事机构。重庆行政区划辖 18 个区和北碚管理局。川东区委由谢富治、阎红彦、魏思文等组成,谢富治任书记。川东区行政区划辖璧山(江津)、涪陵、万县、大竹、酉阳五个专区 33 个县。川东区委驻重庆南岸黄山,1951 年 4 月北碚划归川东区管辖后,川东区委移驻北碚。①

1949 年 12 月 11 日,奉中央人民政府电令,重庆市人民政府正式成立,陈锡联任市长,曹荻秋任副市长。随着接管工作的顺利进展,政府其他部门逐步建立,市政府机构和职能逐步建立和健全。1950 年 1 月

① 1952 年 8 月,川东、川西、川南、川北人民行政公署撤销,恢复四川省建制。川东行署所辖 5 个专区及万县市划归四川省,北碚市划归原重庆市。1997 年重庆直辖,当年川东行署所辖的 5 个专区中除大竹专区的大竹、邻水、广安、渠县外,均属重庆管辖。

9 日，市公安局成立，市军管会公安部的接收工作即宣告结束，市公安局正式履行公安行政管理职能。1 月 13 日，各接管委员会接收工作基本完成，市民政局、建设局、劳动局、文教局、工商局、企业局、地政局、卫生局及市人民法院正式成立。至此，市人民政府逐步全面履行各项管理职能。

为适应解放初接管工作的需要，市委按旧政权的 18 个区和北碚管理局的行政区划，组建了 19 个党委，由市委垂直领导。接管工作告一段落后，市委、市政府决定调整行政区划，1950 年 4 月 20 日，作出《关于建立区级党委组织和政权机构的决定》，并经第一次地方协商委员会会议通过，将原 18 个区调整为 7 个区，划北碚为第 8 区①。并根据各区的不同情况，将第一、二、三、四、八区定为一等区，相当于地专级，将五、六、七区定为二等区，相当于县级。改过去的区公所为区人民政府，明确规定区为一级政权组织，全市市民划归 1348 个居民户籍段。市委在各区分别建立区党委，各区范围内的工厂、企业、学校、机关等党总支、党支部统归区委领导。1950 年 6 月 1 日，第一区（今渝中区）正式成立。随后，8 个区的党委、政府陆续组建完成。

此外，市政府根据城区和郊区的不同特点，分别开展了民主建政工作。在城区成立居民段代表小组和街道办事处，在郊区和近郊县建立村、乡人民政府。

居民段代表小组是以居民段为单位建立的，是人民政权的基层自治组织，是建立街道基层政权的重要步骤，主要任务是随时向政府反映人民群众的意见和要求，及时向人民群众传达政府的政策法令，并带领群众认真贯彻执行。为此，居民段代表小组设生产、优抚、调解、卫生、宣教、治安、消防、妇女等工作委员会，组织居民开展拥军优属、生产救济、

---

① 解放初期，重庆城区区划主要有两次调整，变动较大。1950 年 4 月第一次区划调整：一至七区（区公所均驻渝中半岛主城内）组成第一区；九区（驻米亭子）、十区（驻香国寺）组成第二区；十三区（驻歌乐山）、十四区（驻磁器口）组成第三区；十七区（驻石桥铺）、八区（驻化龙桥）组成第四区；十二区（驻南坪场）、十五区（驻黄桷垭）组成第五区；十一区（驻龙门上浩）、十八区（驻弹子石）组成第六区；十六区（驻寸滩）组成第七区；北碚行政管理处（原北碚管理局，驻北碚场）组成第八区。1952 年区划再次调整，将原一至七区合并为一至五区。

治安消防、清洁卫生、调解纠纷及政治文化学习。为了顺利开展成立居民段代表小组的工作，1951 年，市政府在第一区金汤街进行试点，又在王爷石堡和骡马店两处扩大试点。1952 年，按照《重庆市段代表小组组织规程》，全市街道普遍展开建立段代表小组工作。1953 年，根据《城市居民委员会暂行办法（草案）》，全市又在居民段代表小组基础上建立居民委员会，各项工作由居民委员会具体负责。

街道办事处是各区人民政府的派出机构，主要办理优抚、救济、调解、文教卫生、结婚登记以及区政府有关居民工作的交办事项。后来，市内一些大型厂矿的人民代表提出厂区也应设立街道办事处，以减轻厂矿企业承担过重的非生产的社会事务。经市政府在重钢试点取得较好效果后，陆续在一些大型企业厂区内设立厂区办事处，接受当地区政府和企业党委的双重领导，贯彻执行政府法令。街道办事处建立后，其地位日显重要，任务繁重。它一头连接区政府，一头连接居民段代表小组，大量政府工作要由街道办事处去具体贯彻落实。“上面千条线，下面一根针。”经过几十年的发展演变，现在的街道办事处正由单一的居民工作重点转向地区城市管理和经济、社会生活管理，日益发挥着综合管理和综合服务的功能。

重庆郊区和近郊县的人民政府均在 1950 年初建立完毕。1950 年 12 月下旬，在全市范围内开展的减租退押、清匪反霸、抗美援朝、镇压反革命运动中，废除了国民党旧政府实行多年的保甲制度，保改为村，甲改为邻，建立了部分村人民政府。1951 年 1 月，重庆市郊县农村由点到面开始进行摧毁封建剥削制度的土地改革运动，逐步开展民主建政工作。全市农村经过村民大会选举产生了村长，建立了村人民政府。1951 年 4 月 12 日，重庆市人民政府委员会第二次全体会议修正通过了《重庆市乡人民政府暂行组织规程》《重庆市人民代表会议组织通则》。自 4 月开始，逐步推行农业地区的基层政权建设，在土改已完成地区召开乡人民代表会议扩大会议或乡人民代表大会，选举乡长、副乡长和乡人民政府委员。1950 年秋至 1951 年春，县辖区的区人民政府改为区公所，作为县人民政府的派出机构；乡公所改为乡人民政府。至此，由市到基层的各级政权均建立起来。

无论是建立各级党政机构,还是接管建政、成立社会经济文化事业单位,都需要大批干部。解放初期重庆干部来源的渠道主要有以下几个方面:一是来自华东支前司令部的干部;二是二野在南京、上海等地招收的以“西南服务团”的名义入伍的青年学生,以及部分随一野十八兵团入川的西北军政大学的学生;三是“川干队”,即在老区工作的川籍老干部和1947年被迫从重庆撤至解放区的原四川省委机关和新华社的干部;四是川东地下党撤退至解放区又随军返回重庆的干部;五是从二野三兵团兵团部和所属十二军等野战部队,以及南京公安局抽调组成的党政及公安接管干部;六是留守重庆及川东地区的地下党部分同志。1949年12月16日,川东区委、重庆市委发出《关于会师中处理组织问题的指示》,指出:“会师与整理组织,是我们当前的一个最重要的组织工作,对我们当前的任务有重大保证意义。”19日,川东及重庆地下党员与老解放区来渝干部在重庆城区曙楼举行会师大会,到会800余人。西南局及重庆市委领导刘伯承、邓小平、张际春、陈锡联、张霖之、于江震、程子建等人到会祝贺,刘伯承、邓小平、张霖之、于江震在会上讲话。刘伯承在讲话中指出,西南地区解放后的建设任务十分艰巨,要求大家加强学习,努力工作完成任务,加强组织性、纪律性,严格执行事前请示事后报告的工作制度。邓小平就会师的重要意义,双方应注意的问题、应持的态度讲了话,强调老区与新区的干部要团结一致,互相尊重,互相学习,取长补短,联系群众,努力完成新区建设的光荣任务。根据以上讲话的指示精神,各地各县也先后召开了会师会议,地下党员和外来的同志相互介绍情况,交换意见,研究当前工作。至1950年8月,原川东地下党组织共有1913人参加工作。尽管如此,由于各方面所需的干部缺额较大,各种训练班、各类干校、革命大学纷纷开办,吸收青年学生及失学失业知识分子参加工作,以应急需。如创办了由刘伯承兼任校长的西南人民革命大学,开办了重庆市人民政府行政干部学校,面向社会公开招考,学习后分配工作,到1951年底基本满足了干部需求。

(二)党的建设

随着各级政权的建立,党的建设成为搞好各项工作的根本保证。全市各级党组织成立后，立即投入接管建政、恢复生产、稳定社会秩序等工作中。为了及时传达贯彻中央和西南局的指示，统一思想，凝聚力量，加强领导，1950 年 3 月 27 日，市委召开第一次代表会议。会期六天，会议代表共 236 人，代表全市 114 个支部，2000 多名党员。会议由陈锡联作《重庆市今后的工作方针》的报告，张霖之作《关于工人工作及党的组织和领导工作》的报告，曹荻秋作《贯彻执行中央人民政府关于财经工作的决定》的报告。大会确定今后的工作方针是：面向生产，恢复与发展生产，把消费的城市变为生产的城市，建设成一个人民的生产的新重庆。并确定工人工作是一切工作的重点。这是一次重要会议，对于在刚刚完成接管、面临诸多矛盾困难的复杂形势下，统一全市党员和干部的思想，指导经济社会发展和党的建设，具有重要的意义。到 1954 年重庆市并入四川省建制时止，市委共召开 8 次全市党代表会议，仅 1950 年就召开了 3 次，研究部署各个时期的中心工作。在此期间，由于市委主要领导人调离，1950 年 12 月中央任命张霖之、曹荻秋、王维纲分别任市委第一、二、三书记。1952 年 9 月任命曹荻秋、彭涛分别任市委第一、第二书记。

重庆是西南地区最大的工商城市，产业工人多。而解放初，全市仅有党员 2379 人（含解放前重庆地下党员 340 多人），且大多集中在领导机关，基层的党员极少，众多的工矿企、事业单位没有党支部，有的基层没有一个党员。市委在 1950 年 1 月总结接管工作时指出：“我们目前在工作中的困难之一，是我们党在工人中的组织太弱，缺乏核心骨干领导，这是一切工作迟缓无力的重大因素”，“应立即加强党在工人中的组织工作”。同年 8 月市委发出《关于发展党的工作的指示》，贯彻中共中央“今后发展党员的重点应放在城市中，首先是工人阶级上”的精神。9 月，市委又召开了第一次组织工作会议，专门讨论在工人中发展党员的工作，强调在产业工人中发展党员的重要性和紧迫性。市委派出建党工作组，在大型厂矿中配备组织员，各区设立组织小组，协助工厂成立支部。从 1950 年 6 月公开中共党支部后即开始在工人中的建党工作。按照中共中央“严格审查、慎重发展”的方针，至 1951 年 5 月底，全市发展新党员 1635 人，大多数是产业工人。1952 年 7 月，中国共产党重庆市第七次代表会议上，市委又进一步提出，目前重庆仅有党员6000余人，为适应国家建设的需要，必须大规模地发展党员。要求各级党组织按照积极慎重的方针，对在“三反”“五反”运动与生产中涌现出来的大批够党员条件的优秀分子，应有计划、有准备地分别吸收入党，以巩固、健全党的组织。到1956年中共重庆市第一次代表大会召开时，全市党员发展到4.6万名，党员中工人成分的比例由4.6%上升为55.1%，各行各业都有一定数量的党员，党组织的分布也比较普遍。同时，根据中央召开的知识分子问题会议精神，市委重视在高级知识分子中吸收新党员的工作，到1956年底，高级知识分子中党员的比例由原来的7.6%提高到14.6%。

随着党的执政地位的巩固和党的队伍的扩大，各方面工作取得巨大成绩，使党在全市人民中的威望不断提高。而一些党员在革命胜利后，也逐渐滋长了以功臣自居的骄傲自满、贪图享乐的情绪和官僚主义、命令主义作风。同时，由于党组织的发展和党员数量的增多，一些思想不纯、作风不纯的分子，甚至极少数投机分子和坏分子混入党内。这些思想上、作风上和组织上的不纯现象，如不及时解决，将会严重影响党和群众的关系，阻碍党的路线方针政策的贯彻执行。为此，1950年4月，中共重庆市委纪律检查委员会正式成立，由张霖之任书记。市纪委紧密围绕党在各个时期的中心工作和政治任务，同党内各种违法乱纪行为作斗争，端正党风，严肃党纪，对防止和克服少数党员干部骄傲自满、脱离实际、脱离群众、纪律松弛现象，维护党的团结统一，保证党的路线、方针、政策的贯彻执行起了重要作用。此后，1950年5月1日，中共中央发出《关于在全党全军开展整风运动的指示》。西南局安排在1950年6月至9月集中进行一次全党的整风。6月5日，在中国共产党重庆市第二次代表会议上，邓小平作了《关于整风问题的报告》，报告回顾了我党历史上的延安整风和“三查三整”，以大量具体的典型事例指出，当前整风要解决的主要问题是官僚主义和命令主义，还有统战工作中的关门主义和干部中正在发展的蜕化腐朽思想。6月24日，张霖之、曹荻秋在全市干部大会上进行整风学习动员，公布了整风学习计划，再次强调开展整风学习的重大意义。之后，张霖之又作了加强自我批评完成整风任务的报告，阐述了个人英雄主义、胜利冲昏头脑和脱离群众的官僚主义的严重危害。全市参加整风的干部共4291人，其中县团级以上干部256人，区营级干部286人，一般党员干部1397人，非党干部2352人。通过分批集中学习，至9月底，整风基本结束，干部受到了深刻教育，改变了机关作风，提高了工作效率。

1950年的整风，是党在解放后为了适应执政形势，加强自身建设的第一次尝试。虽然初步解决了党内外干部中存在的官僚主义和命令主义，但对基层党组织还没来得及进行全面的整顿。于是，中共中央决定在1950年整风的基础上，开展一次以整顿基层组织为中心内容的整党运动。1951年底到1952年秋，市委根据全国第一次组织工作会议精神和刘少奇“为更高的共产党员条件而斗争的报告”，进行了整党。这次整党的目的是对全体党员和要求入党的积极分子进行一次共产党员八条标准的教育，对党的基层组织进行一次普遍的思想和组织整顿，以克服存在的组织不纯和思想不纯的现象。在正式进行整党之前，首先是系统学习文件，主要学习刘少奇的《论共产党员的修养》和《关于修改党章的报告》有关章节，中国共产党总纲“共产党员标准八条”，马克思、恩格斯的《共产党宣言》等，学习时间两个月。其次，是进行充分动员。张霖之、任白戈等均在分别召开的市委第一、第二机关直属党委党团员会议上，针对党员的思想情况进行动员，讲明整党的重要意义。

这次整党运动开始不久，“三反”运动开始了。“三反”运动的开展，一方面揭露了党员干部中的贪污现象，暴露了党政机关工作中严重的官僚主义；另一方面，这些问题的解决和整党联系在一起，丰富了整党的内容，促使整党运动向纵深发展。1952年2月，中共中央发出《关于整党工作必须与“三反”运动相结合的指示》。不久又发出了开展“五反”运动的指示。这样，整党就与“三反”“五反”运动结合进行。从1952年7月至9月底，为正式进行整党阶段，全市355个支部6585名党员中，有335个支部、6349名党员参加了整党，只有14个工厂支部和6个农村支部由于正进行民主改革暂时未能进行。在258个支部已作结论的3825名正式党员中，合乎党员八条标准与基本合乎标准的共3392名，占88.7%；不完全合乎标准的389名，占11.7%；不合标准的

44 名，占 1.139%。这次整党收获很大，普遍提高了党员觉悟，增强了党的战斗力。解放后的第一次大规模整党意义深远，为即将展开的第一个五年计划经济建设和“三大改造”奠定了重要的政治思想基础与组织基础。

四、整顿、恢复民主党派和建立群众团体

（一）各民主党派的整顿与恢复发展

政权的建立和巩固需要依靠方方面面的力量，包括发挥好民主党派的重要作用。重庆是中国民主同盟、中国民主建国会、九三学社及中国国民党革命委员会的组成部分“三民主义同志联合会”等民主党派的发祥地。各民主党派在反对国民党政府的独裁统治和建立新中国的伟大斗争中与中国共产党共同奋斗。有的政党曾被国民党政府下令解散，有的长期遭到迫害，有的处于地下斗争状态。新中国成立后，重庆有民革、民盟、民建和农工民主党 4 个民主党派，都宣告以《中国人民政治协商会议共同纲领》为自己的纲领，并接受中国共产党的领导，积极参加重庆各级人民政权的工作。与此同时，各民主党派针对自己组织内部不同程度地存在着思想混乱、成分不纯、派系纷争、领导机构不健全等问题，都作出了清理和整顿组织的决议，并确定在此基础上发展成员。鉴于上述复杂情况，市委统战部一面支持各民主党派暂停发展成员及对外活动，一面帮助协调内部纠纷和调整领导成分，协助各民主党派于 1950 年先后建立了市一级临时领导机构——“临时工作委员会”。

各民主党派临时领导机构建立后，市委统战部除积极协助其进行内部整理组织、建立各种制度外，重点帮助他们审查登记、组织学习、安置失业人员等。在整理组织的实施过程中，注意坚持了以下几条原则：一是在政治上坚持《共同纲领》的立场；二是进行个别审查，重新登记；三是由进步骨干来掌握整理组织的工作，努力协助各民主党派加强领导，健全机构，提高工作效率。先后召开了民主党派的组织、宣教、秘书和领

导工作座谈会，推动民主党派组织整理工作的落实。各民主党派在市委统战部的具体帮助下，均按各自中央的规定，制定审查党员的标准，坚持整理组织工作的顺利进行。从 1950 年 3 月开始到 1951 年 4 月止，重庆市各民主党派审查通过党籍的人数为 547 人，其中民盟 161 人，民革 102 人，民建 124 人，农工 158 人。[①] 通过整理组织，纯洁和巩固了民主党派组织，使各民主党派成员在思想上进一步划清了敌我界限，树立接受共产党领导的思想，为民主党派的组织发展奠定了基础。

新中国成立之初，中国共产党同各民主党派协商确定了各民主党派各自联系、发展的范围：民革为同原中国国民党有关系的人士、与民革有历史联系和社会联系的人士、与台湾各界有联系的人士和其他中上层人士；民盟为从事文化教育以及科学技术工作的高、中级知识分子；民建为经济界人士以及其他方面的专家学者；民进为从事教育文化出版以及科技等其他工作的知识分子；农工党为从事医药卫生以及科技、教育和其他工作的知识分子；致公党为归侨、侨眷中的中上层人士和其他有海外关系的代表性人士，以及其他方面有代表性的中高级知识分子；九三学社为从事科学、技术工作以及高等教育、医药卫生等方面的高、中级知识分子；台盟为居住在祖国大陆的台湾省籍人士。

由于历史原因，各民主党派在新中国成立前成员普遍很少。新中国成立后，各民主党派经过组织整理，在“发展与巩固相结合”“长期共存、互相监督”方针指引下，组织上得到较快发展。

1951 年，各民主党派在完成内部整理工作后，陆续开始了发展组织的工作。针对当时群众对民主党派认识不够、不愿参加民主党派，以及民主党派内部存在的“关门主义”态度和无原则开门的倾向，市委统战部认真贯彻中央关于协助民主党派发展与巩固组织的方针，着重帮助各民主党派学习理解其中央的决议，澄清在组织路线上的分歧和各种混乱思想；同时在广大群众中进行宣传，阐明民主党派的性质和任务，解除群众的顾虑。对各民主党派发展组织的具体工作，在工作安排、运作程

① 《重庆市统战政协文史资料丛书》编委会编：《重庆统一战线》，重庆出版社 2002 年版，第 206 页。

序、掌握标准、物色对象、推荐提名、召开发展对象座谈会等方面给予具体帮助和指导,使各民主党派的组织发展工作进行得比较正常。1951年,各民主党派都吸收了一批新成员,增加了民主党派的新鲜血液。到1951年11月底,全市共发展民主党派成员557人,其中民革108人,民盟252人,民建148人,九三学社43人,农工党6人。[①] 在市委统战部的支持帮助下,1951年9月3日,九三学社重庆分社正式成立,其时共有社员41人,使重庆市民主党派达到5个。

1952年6月,各民主党派根据内外部条件的变化,实行了将发展重点转向中上层的组织路线。市委统战部根据各民主党派成员结构的不同情况,采取不同的办法,协助各民主党派搞好组织发展。市民建会根据全市工业比重大于商业以及当时会员中上层人士少、中下层人士多、商业会员多于工业会员的情况,在发展对象上强调以上层为主,在工商比例上,适当向工业会员倾斜,以改变工与商比例倒置的状况。其他各民主党派在市委统战部的协助下,也本着上层为主的方针,着重吸收了一批在各阶层有代表性的人物,改善了民主党派成员的结构。

解放初期,民主党派的工作主要是围绕“恢复生产,救济失业,整顿税收,整训干部,改善作风”等全市中心任务,组织各民主党派参加减租、退押、反霸、土改、“三反”“五反”、抗美援朝运动,较好地配合了党的中心工作,发挥了重要的助手作用,扩大了党的政治影响,密切了党和各阶层人民的联系,进一步巩固了人民政权的执政基础。

在土地改革运动中,各民主党派参加了减租、退押、反霸及土改等工作。1950年下半年,按照上级关于秋季执行减租、退押、反霸的决定,各民主党派积极投入到运动中。各民主党派参加这一工作的有295人,占当时重庆市民主党派总人数的50%左右。市委统战部还从民主党派中动员组织了49名成员赴市郊区参加减租、退押工作。在减租退押中,市民盟曾在盟内发起五封信运动,要求每个盟员负责写信给5个亲友,向他们说明减租退押的意义,这对于提高他们对土改工作的认识,减少对

① 《重庆市统战政协文史资料丛书》编委会编:《重庆统一战线》,重庆出版社2002年版,第207页。

减租退押的抵触情绪与行动，起到了一定的作用。1951年市委统战部发动了三批近百名民主党派成员参加土改工作。

1952年1月，各民主党派在市委统一领导下，分别有重点地参加和配合了机关、文教界的“三反”运动及工商界的“五反”运动，占当时民主党派总人数的91.28%，其中参加“三反”运动830人，参加“五反”运动165人。运动中，市民建会选派一批会员参加工商联十余个重点行业的工作，并在会员中组织和培养典型，在工商联积极带头，有的还帮助有关部门破获了重大案件。民盟、九三学社等党派组织工作组深入各学校帮助其盟员、社员带头检查，配合行政领导开展工作，取得显著的成效。《惩治反革命条例》公布后，各民主党派积极发表声明，表示坚决拥护，在各民主党派的积极配合下，清查出藏在民主党派中的反革命分子36人，民主党派成员共检举并提供了130人的材料。经过“三反”“五反”运动，各民主党派再一次整顿和纯洁了组织，促进了内部团结，使民主党派成员在实际工作中得到了锻炼和考验。

1950年11月，各民主党派“拥护全国人民志愿抗美援朝保家卫国运动”的联合宣言发表以后，市委统战部迅速召开各民主党派宣教工作负责人座谈会，协助各民主党派对其内部学习和对外宣传工作进行了详细布置，联系民主党派成员的思想实际，采取多种形式，在各民主党派内部广泛开展时事政策学习教育活动，清除了亲美恐美等错误思想，纠正了对抗美援朝运动的一些模糊认识。同时还指导和协助各民主党派，结合“反谣言、反特、反破坏”对所联系的阶层和群众开展对外宣传活动。如市民盟先后在106个单位举行了32次座谈会，并分区邀请本市各大中小学教师召开座谈会50多次，参加教职工千余人次。市民建在拥军拥政运动中，发动会员和群众开展慰问工作，仅1950年后两月，市民建就与市工商联一起，深入到各行业中去，安排召开了小型座谈会70余次。通过深入扎实的宣传教育，提高了大家对美帝国主义侵略本性的认识，许多党派成员和他们所联系的群众，纷纷以参加示威游行、写慰问信、拥军优属、报名参加志愿军、报考军事干部学校、签爱国公约、捐爱国款等实际行动，投入到抗美援朝运动中去。如市民革以捐献慰问金、写慰问信等方式开展拥军优属工作，收到了良好的效果，仅1951年就发动成员认捐人民币6212.6万元(旧币)[①],为抗美援朝的胜利作出了贡献。

在政权建设上,中共重庆市委也十分重视对党外人士的政治安排。在重庆第一届市人民政府33名委员中,党外人士13名,占35%。在政府部门里,市卫生局、市工商局、市企业局均有党外人士任局长或副局长。党外人士、著名的“宝元通”老板黄凉尘出任西南贸易部部长。全市计有13名党外人士为全国人大代表,9人为全国政协委员。

工商联。解放初期,国营经济、国家资本主义经济、合作社经济、资本主义经济和个体经济并存。重庆的国营经济只接管了少数的大厂,而且都是基础工业。刚解放的重庆,公私合营、合作社等合作经济都还没有发展起来,轻工业、商业、服务业完全掌握在私营工商业者手上,全市私营工商户即有4万多家,占全市工商户总数的97%。[②]私营经济成了国家恢复和发展生产、经营的重点。因此,调动和发挥私营经济的积极性成为解放初期的一大任务,必须把他们组织起来,发挥其有利于国计民生这一面的积极作用。根据重庆市第一次各界人民代表会议的决议,1950年4月22日,重庆市工商业联合筹备委员会成立。经过一年多的筹备,1952年1月7日,在重庆市工商界第二次代表会议上,正式宣告成立以胡子昂为主任委员的“重庆市工商业联合会”。

市工商联成立后,把辅导工商业者学习对私改造的方针政策,调动工商业者的积极性作为主要任务,组织重庆工商界代表人士集体学习《共同纲领》和政策法令,学习相关的理论与政策。在加强学习的基础上,积极协助政府相关部门排解劳资纠纷、业务纠纷。对国家税收政策进行实事求是的宣传,鼓励照章纳税,反对偷税漏税。此外,市工商联在联系贷款、组织货源等方面反映广大工商户的意见和要求,帮助解

① 解放初期流通的人民币为1948年12月中国人民银行发行的第一套人民币。它相对于1955年发行的第二套人民币被称为旧币。1955年2月21日,国务院发布《关于发行新的人民币和收回现行的人民币的命令》。自3月1日起,中国人民银行发行新人民币,以新币1元等于旧币1万元的折合比率收回旧币。

② 《重庆市统战政协文史资料丛书》编委会编:《重庆工商联》,重庆出版社2001年版,第4—7页。

决开展业务的具体困难。在解放初的三年中，由市工商联协助工商户办理国家银行贷款700余亿元（旧币）；协助办理加工订货合同签证达7126件，金额计4946亿元（旧币）；发动工商户参加西南物资交流大会，达成交易1500余亿元（旧币）。在推销公债、为国家建设积累建设资金、恢复发展国民经济作出了贡献。

在抗美援朝运动中，市工商联推动全市95%的工商户签订了爱国公约，开展了爱国增产捐献飞机大炮活动，提前超额完成预定的20架飞机的指标，实际捐献26架。在减租退押与土改运动中，重庆市70%以上兼有土地的工商业者，退出押金计1000亿元（旧币），并有200多名工商业者到农村参加土改。通过“五反”运动，全市工商界受到了一次深刻教育，清算了“五毒”行为，并纷纷签订“五不”公约[①]，反对不法行为。

市工商联作为各类工商业者联合组成的人民团体，代表和反映会员的合法权益，宣传贯彻党和政府的方针政策，发挥了其他机关或团体不能替代的独特作用。

（二）群众团体的建立和作用

根据党在城市中要依靠工人阶级的指导方针，从1950年起，市委、市政府以工人工作为中心，积极筹组各类群团组织，使之成为党联系群众的桥梁和纽带。

工会。重庆作为大西南的工业重镇，拥有基础较雄厚的工业和数量众多的工人。党一贯重视重庆的工会工作。早在二野组建西南服务团时就成立了有400多人的工会大队，重庆市军管会也成立了工会筹备小组，筹组了重庆工会领导班子和干部队伍，为重庆解放后开展工会工作做好了组织准备。1949年12月2日，重庆解放后的第三天就成立了重庆市工会筹备组，并派出10个工作组到各区、各厂矿发动群众开展工作。12月9日，重庆市第一次产业工人代表会召开，推选了市总工会筹备委员会委员。到12月25日，全市已有40个重点工厂建立了工人代

① “五毒”指行贿、偷税漏税、偷工减料、盗骗国家财产、盗窃国家经济情报的行为。“五不”即不行贿、不偷税漏税、不偷工减料、不盗骗国家财产、不盗窃国家经济情报。

表会。27 日,以李震为主任委员的市总工会筹备委员会正式成立。从 1950 年开始,普遍宣传《中华人民共和国工会法》,陆续成立了 10 多个产业工会(或筹委会、筹备组)。1950 年底,全市 25 万工人已基本组织起来,有将近半数参加了工会组织,10 多万产业工人有 80% 成为工会会员。市总工会筹委会于 1951 年 3 月 27 日召开了第一次会员代表大会,正式成立以王维纲为主席的重庆市总工会。到 1952 年底,全市共建立了 23 个产业工会(其中 5 个是西南区的产业工会),6 个区工会办事处,1230 个基层工会组织。

市总工会从解放后建立筹委会起,就一直把组织职工恢复和发展生产作为中心任务。1949 年 12 月市总工会筹委会一成立,就及时提出“面向生产”的口号,动员职工“为建设新民主主义的新重庆而奋斗”。市工会筹委会派出的工作组深入工矿企事业单位,发动工人组建工会,组织职工协助政府参与接管官僚资本主义企业,抢修被破坏的设备,开展献纳器材运动,千方百计克服原材料和燃料严重缺乏的困难,尽快恢复生产。私营企业工会积极团结资方,加强劳资协商,配合搞好生产。1950 年,市总工会为贯彻全总六届五次常委会关于工会工作面向生产的决议,组织职工签订集体合同,开展劳动竞赛和合理化建议运动。1951 年 1 月,东北第五机器厂马恒昌小组提出 5 项竞赛条件,向全国职工发起挑战。重庆各行业职工广泛应战,形成解放后第一次大规模的爱国主义竞赛热潮。全市涌现了马恒昌式小组 283 个和大批先进个人。

围绕党的中心工作,维护工人的切身利益,提高工人的政治地位和文化水平,逐步改善工人的生产和生活条件,是解放初期工会工作的着力点。1951 年 3 月召开的全市第一届工会会员代表大会把深入开展抗美援朝运动、反特斗争和发展生产作为工会的中心任务。结合中心工作,工会通过成立工人俱乐部、图书馆,组织工人读报、收听广播,引导工人参加政治学习和娱乐活动。工会在大力组织职工恢复发展生产的同时,还尽可能地改善职工的劳动和生活条件,多给职工办实事。市总工会组织 121 个单位的 8.2 万人参加劳动保险,国营厂矿进行保安大检查,女工占多数的纺织行业等单位重视女工就医和子女入托问题。在

1952年内，全市有12万职工享受劳保待遇，100多个单位订立了劳动保险条例，进行了工资改革，实行八级工资制，工人工资普遍比解放前提高50%—118%。为了改善工人居住条件，工会在人民政府的支持下，于1952年和1953年修建了第一批工人住宅。到1953年底，在大溪沟、沙坪坝和小龙坎共建成工人住宅30幢2241套，从此各地的工人住宅陆续修建起来。为了满足职工对学文化、学技术的迫切要求，各级工会普遍举办业余学校。1952年，全市职工在文化学校学习的人数达到10.1万人，占青壮年职工的44.92%；扫盲9.5万多人，达到小学程度的有5800多人，达到初中程度的有100多人。在人民政府和企业大力支持下，市总工会修建了重庆市劳动人民文化宫。不少产业、区县工会和基层工会纷纷兴办了一批工人俱乐部、电影院。职工群众从解放初期的实际生活和切身体验中，感到工会的确是职工利益的代表者和维护者，为群众办了大量的实事好事，从而更加信赖工会，真正把工会当成自己的家，把工会干部当成热心为工人办事的亲人。从市总工会到各地基层工会，到处都可以看到由工人赠送的“工人之家”的牌匾。①

农会。重庆属于晚解放地区，新政权建立后，干部缺口很大，县级以下的农村基层政权实际上还掌握在伪乡、保长手里。1950年5月3日，重庆市委召开第一次郊区工作会议，发出《关于郊区工作的指示》，明确指出了对郊区农民工作的方针：肃清匪特，安定社会秩序，保卫农民生产，并有计划地组织与领导农民搞好生产，建立与健全农会组织，为土改准备条件。5月25日至28日，重庆市第一届农民代表会议召开，讨论通过了《重庆市农民协会组织章程（草案）》，选出了由陈筹任主任委员、由41人组成的重庆市农民协会筹委会。随后市郊各区县都经过农民代表会议建立了农民协会筹委会，并统一和整理了一些分散的农民群众组织，这就在农民协会的领导之下初步建立了农会的组织。1951年2月14日至16日，在重庆市第二届农代会上，正式成立了以陈筹为主席的重庆市农民协会。市郊各区县亦在土改过程中先后正式成立了农民协会。按照《中华人民共和国土地改革法》的规定，“农民协会是实行土地

① 重庆市总工会编：《重庆市总工会志》，重庆出版社1996年版，第6—10页。

改革的合法执行机关”。

各地农民协会建立后,由于缺乏深入的组织教育工作,走群众路线不够,很多地主、富农、退伍伪军官、流氓等混入农会,有的还坐上了农会的领导位置,因此造成农会组织严重不纯。在减租退押清匪反霸运动的准备过程中,各级党委对农会组织进行了初步整顿。一方面组织会员学习有关政策,另一方面重点整顿领导成分,清洗不纯分子。对出身成分好,本人犯有错误的农会干部、会员,则采取撤职、暂停活动或保留会籍、以观后效等措施。同时,大量吸收贫苦农民加入农会,并开始整编乡、保地方武装,实行“枪换肩”,组织人民武装自卫队。通过整顿,初步纯洁了农会领导成分,增强了战斗能力,为减租退押清匪反霸运动的全面展开奠定了基础。

经过减租退押清匪反霸运动中的初步整顿,农会组织不纯的状况有了一定的改善,但仍然比较突出。据统计,最差的村占 25%,一般的村占 40%,好的村只占 35%。土地改革中,各级党委进一步对农会组织进行了整顿。主要是进一步发动农民学习农会组织章程,从下而上的(主要是村、乡)审查农会组织,清理自己的阵营,清洗了投机分子与地主富农的代理人,将运动中出现的贫雇农积极分子选入农会领导机构,使贫雇农掌握了农会领导权,确立了贫雇农的领导优势,确保土改工作的顺利进行。

青年团。重庆团的工作一直很活跃,有较好的基础。抗日战争开始后,中共南方局专设青年工作机构,一批党的外围组织均以青年为主开展活动。解放以后,西南局根据西南地区社会历史的复杂情况,提出“先发展团的组织,后发展党的组织”的新区党的组织工作方针。这就决定了西南地区青年团工作的重要性和艰巨性。①

1949 年 12 月 12 日,重庆市军管会、市委、市政府联合召开了大中学生代表座谈会,刘伯承在会上赞扬青年人旺盛的革命斗志,鼓励他们为新重庆的建设贡献力量。1950 年 1 月,成立了由陈锡联(3 月以后由康乃尔接任)任书记的重庆市中国新民主主义青年团工作委员会。主

---

① 共青团重庆市委编:《青年团西南工委大事记(1950—1954)》(内部编印),第 1 页。

要任务是在重庆市委和上级团委领导下，建立团组织、发展团员，团结广大青年参加新民主主义各项建设事业，发挥团组织作为党的助手和生力军的作用。解放初，团市工委成立后，把组织青年协助接管、复工复课、建立新的社会秩序作为工作方针。利用寒假开办“寒假训练班”，培训学生积极分子，吸纳了一批青年加入团组织。以这批团员为基础，各大中学校团的工作陆续开展起来。5 月 4 日，团重庆市工委组织召开全市学生代表大会，正式成立重庆市学生联合会，标志着学生工作进入一个新阶段。

1950 年 7 月 24 日，青年团西南工委、重庆市工委、市学联与文教部门联合举办了为期一个半月的“青年暑期学园”，1.2 万多名大中专学生参加了不同层次的学习。西南局第二书记、西南军政委员会主席刘伯承亲自给学员作报告，这期学园发展新团员 1313 名。1950 年底，全市共有团员 1 万余人，团支部 431 个。至 1953 年 4 月青年团重庆市第一届代表大会召开时，全市共有团员 4.95 万余人，本次大会选举产生了青年团重庆市第一届委员会，曾德林当选为书记。

团组织建立后，迅速配合党的中心工作，发挥生力军和助手的作用。1950 年，团市工委发动 3 万多大中学生参加庆祝重庆解放大游行，发动 2 万多青年学生走上街头，开展禁用银元的宣传活动。其后在军管会金融部的领导下，组织 4 个禁用银元宣传队分赴江津白沙镇、合川、涪陵、长寿等地作宣传。组织各种报告会 400 余次，出版团的机关刊物《青年生活》周刊、《重庆团讯》等 10 万多份。1951 年，重庆主城第一区 4000 多名学生在区党委统一领导下编成 4 个大队，深入街道对市民开展时事、反特、拥军、拥政、禁烟、禁毒的宣传。团市工委抽调 30 多名团员到 21、24、29 兵工厂，豫丰、沙市、渝新、裕华等纱厂组织成立报刊阅读组，有 2500 多名工人参加阅读组活动；团市工委组织 500 多名大中学生到各区协助土地改革工作。抗美援朝运动开始后，团市工委积极动员组织全市青少年开展订立爱国公约、捐献飞机大炮和优待烈军属三大爱国运动，全市 2 万多学生参加了抗美援朝宣传。在“三反”“五反”运动中，团市工委也积极动员组织广大青年完成党交给团的任务。

妇联。重庆解放后,深受帝国主义、封建主义、官僚资本主义压迫和政权、族权、神权、夫权束缚,生活在社会最底层的妇女在共产党的领导下组织起来,与全市人民一道建设新重庆。1949 年 12 月 16 日,重庆市军管会、市委和市人民政府召开了重庆市妇女界代表座谈会,经到会代表民主推选产生了民主妇女联合会筹备委员会。筹备委员会的任务是团结各民族各阶层的妇女参加国家政治生活及生产建设事业,努力解除长久以来束缚妇女的封建枷锁,保护妇女儿童的合法权利,实现妇女解放男女平等。

培训妇女骨干是组织起来的首要一步。市妇联筹委会建立后,立即把培训妇女干部,提高妇女干部素质列入妇女工作的重要日程。1950 年,市妇联筹委会举办第一期新教育培训班,培训妇女骨干 90 多人。1951 年,市妇联在全市举办了 58 个不同内容的妇女干部短期培训班,参加培训的妇女积极分子共 9900 多人。同年还培训不脱产的基层妇女干部 3.77 万人。1951 年,全市共有 172.3 万名妇女通过妇代会形式组织起来。3 月 9 日,重庆市首届妇女代表大会召开,选举产生了以李蕴华为主席的市民主妇女联合会。大会总结了过去一年多来的工作,明确提出以深入开展抗美援朝运动、协助人民政府肃清匪特、建立健全妇女组织为今后的任务。

在重庆市委和市妇联的领导下,妇女工作卓有成效地推进。1949 年 12 月,市妇联筹委会根据全国妇联“以发动和组织妇女参加生产为中心”的妇女工作方针和市人民政府“恢复与发展生产”的施政方针,组织发动广大妇女配合接管、民主改革、镇压反革命运动、投入工厂商店的生产恢复与建设中。1950 年,市妇联筹委会生产部以分散的生产小组和组织合作社的形式,将工人职员家属、军烈属、街道家庭妇女共 10 万人组织起来参加各行各业的生产劳动。在抗美援朝运动中,妇女们一边积极生产,一边捐款捐物,以实际行动支援前方。重庆妇女界向志愿军捐献了“重庆妇女”号、“重庆工人”号、“巴县农妇”号共 3 架飞机和 5 万双军鞋。通过生产建设和社会活动的锻炼,妇女的社会地位有了显著提高。在市、区级的各界人民代表中,妇女占 18%。到 1952 年,市组建的市协商委员会共 37 名委员中妇女委员有 4 人,占 10.8%;市政府

30 名委员中妇女委员占 3.3%。在郊区农村 374 名乡政府委员中妇女委员 79 人,占 21.2%;在 3060 名乡人民代表中女代表有 1015 人,占 33%。此外,还有女乡长 6 人,女村长 28 人。①

五、为巩固人民政权而斗争

人民政权建立后,如何巩固新生的人民政权成为重庆党组织面临的迫切任务。为了彻底摧毁旧社会的残余势力,迅速建立革命的新秩序,全市先后开展了镇反肃特和郊区征粮剿匪等运动。面对美帝国主义的挑衅,重庆人民积极响应党中央的号召,以各种形式开展抗美援朝运动,充分表现了可贵的爱国主义和国际主义精神。

(一)镇反肃特

重庆曾经是国民党在西南的政治和军事中心,是国民党敌特组织的大本营。解放前夕,各地的反动势力在人民解放军的沉重打击下,纷纷麇集重庆,以作困兽之斗。仅特务组织即有“三层”(中央、西南、重庆)、“六套”(军统、中统、二厅、政工、宪特、杂特)。其外围组织还有在重庆各区的“社会服务队”,区下各保的“肃奸队”,工厂中的“劳工服务队”等等。国民党、民社党、青年党、三青团在重庆设立的市党(团)部、党(团)的区分部、区队、小队等有 950 多个。反动封建组织更为普遍,仅“一贯道”即有大小佛堂 100 余处。

在解放战争后期,人民解放军转入全面进攻时,1948 年国民党“中统局”即由重庆派遣 15 名特务骨干分子到台湾“特种训练班”受训,妄图作为在重庆的“地下组织”骨干。1949 年解放前夕,重庆警备司令部稽查处与“军统局川康区”又在重庆训练了一批特务分子。特务头子毛人凤、李修凯先后从台湾来到重庆,布置潜伏特务任务,提出了“化整

① 重庆地方志编纂委员会编著:《重庆市志》第 12 卷,西南师范大学出版社 2005 年版,第 282、299、289 页。

为零”“个人负责”“单线领导”等行动方针，安排大批特务以文化、教育、工商、金融、宗教等多种职业掩护身份。国民党重庆市党部又令各区以保为单位建立“肃奸5人小组”（肃奸队）。与此同时，还从监狱释放1万多名刑事犯。国民党反动派企图作垂死挣扎的这些罪恶行径，加之国民党军溃败时留下的散兵游勇，构成了重庆市解放初期反革命分子活动猖獗、社会秩序混乱的根源。

市军管会成立后，先后发布了一系列文件、公告。如“关于禁止非法接管的布告”“收缴非法武器电台办法的布告”“关于蒋军溃散官兵的登记办法”“关于着令解散非法党团组织的布告”“关于着令解散蒋匪特务组织的布告”“关于着令蒋匪宪兵登记的布告”和“关于颁布重庆市国民党特务人员申请悔过登记实施办法的布告”等。市军管会和市人民政府还通过报纸、广播、会议等多种手段宣传政策，发动心理攻势。尤其是针对当时社会治安的混乱现象，几次果断地采取措施，集中力量，有规模、有声势地进行打击，反革命分子的活动才得到有效遏制。

但反革命分子不甘心灭亡，仍作拼死反抗。在接管之际，潜伏的匪特分子有的勾结流氓、惯匪、散兵游勇进行猖狂破坏，仅1949年12月一个月内就发生破坏案件39起，盗案134起。有的改头换面，伪装地下党员、军事管制委员会的工作干部，到处招摇撞骗，或非法接管，或掠夺财产，并利用或伪造群众团体的名义，企图以合法地位进行阴谋活动。1950年元旦庆祝解放大游行时，就有160个“社团”报名，被政府否认而未能参加；2月23日，西南贸易部及西南军区后勤部合租的隆茂仓库被特务放火烧毁，损失物资价值180余亿元（旧币）；反革命分子刘大申伪造解放军十一军臂章、符号，冒充我军代表，接管了国民党海军江防舰队司令部和所属舰艇、机关全部官兵（内有26艘登陆艇），并接收了国民党11区自卫队全部武装以及各种军用物资。还有的张贴反动标语、散布谣言、抢劫、暗杀、放火、放毒、向哨兵打黑枪、破坏电线等，仅两个半月即发生抢劫案件140起。匪首张子南、郑宋仁等5人冒充检查户口，在市区抢劫5次；惯匪任自强在市中心公然行凶抢劫，并用手榴弹炸伤我军民10人。

现实情况证明，各种反动势力已向新生的人民政权发起猖狂反扑。

面对反革命分子的破坏和捣乱，针锋相对，严厉打击，迅速建立革命秩序，是各级政府的首要任务。根据西南局公安部的指示，1949 年 12 月至 1950 年 10 月，重庆市除了采取侦查破案、露头就打等零星打击外，还先后采取了两次集中行动，打击了一批猖狂活动的反革命分子。第一次是在 1950 年 1 月 18 日，以陈锡联为首组成了行动指挥部，经过周密准备，对潜伏在重庆市的国民党特务、残匪及扰乱金融秩序的犯罪分子实施了集中搜捕，逮捕了反革命分子和其他罪犯 1315 名，给敌人以严厉打击。大逮捕前，自首登记的特务在一个月内仅有 220 名。大逮捕后仅仅 11 天里，就有 1736 名特务人员登记自首，1 月份发生的抢劫案也下降了一半，5 月 19 日，对反革命分子进行了第二次集中搜捕，逮捕特务 416 名，再一次打击了反革命分子的嚣张气焰，受到人民热烈拥护。市军管会在各界人民的支持下，还采取收容散兵游勇，收缴非法武器电台，明令解散特务机关和各种反动党团组织，整顿交通和市容市貌，取缔金银黑市交易等一系列治乱措施，迅速结束了解放初期的混乱局面，社会秩序开始好转。

1950 年 10 月 10 日，中央发出《关于纠正镇压反革命活动中的右倾偏向的指示》。文件强调指出："为了打击帝国主义的阴谋破坏和彻底消灭蒋介石残余匪帮，为了保证土地改革和经济建设的顺利进行"，"必须镇压一切反革命活动"。1951 年 2 月，中央人民政府又颁发了《中华人民共和国惩治反革命条例》。两个文件的下达，掀起了镇压反革命运动的高潮。市委、市人民政府根据上级指示，于 1950 年 11 月 7 日召开公安干部会议，批评了部分干部的轻敌麻痹思想，并宣布成立以市委第二书记张霖之为主任委员的镇反委员会，统一领导全市的镇反运动。会议要求首先以工矿为镇反工作。会后，全市公安机关迅速行动，12 月 7 日集中逮捕了一批潜藏在厂矿企业的反革命分子，拉开了镇反运动的序幕。1951 年 3 月 13 日凌晨 4 时，全市戒严，出动公安干警、武装部队 9000 多人，按照事前审定的对象组织搜捕。当天共逮捕各类反革命分子和刑事犯罪分子 4296 名，缴获部分枪支、弹药和各种反动证件数百件。经市军管会军法处和人民法院审讯裁决，依法处决了一批罪大恶极、有血债、有民愤、群众痛恨的反革命分子。随着严厉的镇反攻势，

3 月 19 日市军管会颁发了《重庆市反动党团登记办法》,市人民政府发布了《取缔反动会道门实施办法》。到 4 月 10 日,自动登记的反动党团骨干分子 9715 名,反动会道门头子 1513 名,其他反革命分子 217 名。

重庆解放初为期三年的镇反运动,始终坚持“党委领导、群众路线、调查研究、掌握政策”的方针和“镇压与宽大相结合”,“首恶必办,胁从不问,立功受奖”的政策,取得了重大成果,基本上扫除了国民党反动派遗留的反革命残余势力,曾经猖獗一时的匪患以及遍布城乡的反动会道门骨干分子,都基本肃清,有力地支持配合了土地改革和抗美援朝。镇反运动带来了社会秩序的空前安定,有力地巩固了新生的人民政权。

(二)征粮剿匪

解放初期的土匪暴乱具有明显的政治性质,是被击溃但未被彻底消灭的国民党残余势力的拼死反抗。早在解放前夕,国民党中央陆军军官学校成都分校开办了 5 期“游击干部研究班”,培养各地游击骨干 3000 多人。国民党特务机关保密局西南特区将合川的华蓥山、永川的东西山列入“游击区”,并在涪陵、万县等地布置了潜伏特务。1949 年 11 月 19 日,国民党重庆卫戍司令部还召开了江津、巴县、綦江、南川紧急应变会议,要求各地把地方武装和民众组织起来,协同作战,并任命石孝先、廖海涛、谭济舟等为巴县、江津、南川等地反共保民师的师长、副师长。这些反革命分子和组成的反革命武装成为川东地区土匪暴乱的一支重要力量。如反共保民师第二师副师长谭济舟在綦江县组织了“川黔边区游击司令部”等 11 股土匪,有匪众 1600 余人。国民党川陕甘绥靖公署第一别动总队少将总队长段西铭,受胡宗南之命潜回原籍大足,串联永川、荣昌、隆昌、内江、安岳、潼南、铜梁、合川、璧山等县匪特,于 1950 年 1 月成立“川东北游击总司令部”,下设 9 个纵队、10 个直属支队、3 个直属大队,有匪众 2 万余人。另一部分反动势力,是旧政权中甘心为国民党反动政府殉葬的死硬分子。如原国民党第八行政区督察专员庹贡廷,在 1949 年 12 月下旬,同其党羽第八行政区参谋主任陈铨,纠集惯匪头子瞿波平、杨树臣和湖南陈渠珍匪部及国民党新编三十四师旅长周燮清,秀山县参议员、联防主任杨卓之等人组织“川黔湘鄂民众自卫军”等反革命武装，号称有8个纵队，大小匪首146名，匪特9800多名，攻打四川边界地区县区政府，杀害干部群众。

1949年11月，人民解放军40万大军向湘西、鄂西边境守敌发起猛攻，仅仅40天之内横扫1500公里，迅速解放了川东地区，建立了县区两级人民政权，结束了国民党的反动统治。但是，由于我大军挺进过快，并且主要寻歼国民党军队的主力部队，加上接管时期干部缺乏，对留用的国民党旧政权人员、旧乡保甲长、旧乡保武装未来得及加以改造。因此，这些封建反动势力基本未受到触动，一有风吹草动，便组织反革命武装与人民为敌。

大量的土匪盘踞在农村、山区，而为了保证我军部队、机关工作人员和城区居民粮食供应，平抑市场物价，必须从农村征收粮食，一场征粮剿匪的斗争势在必行。

重庆市辖区主要是城市，仅有一部分近郊区。川东地区的农村主要由川东行政公署管辖，所以川东地区征粮和剿匪的重点均在川东行署。

1950年1月8日，川东行署颁发《川东区1949年度公粮征收暂行办法》，规定“本区1949年度农业负担改为统一征收公粮（包括各级军费政费及地方建设费在内）。并确定一次缴足，严禁乡镇保甲擅自附加或摊派粮款”，“在各区田粮制度未彻底整理前，为实行田多多出，田少少出，合理负担原则，按年度征收公粮仍按旧赋元普遍征收，及大户加征两种办法进行”。根据规定，对地主等大户，除依率普征外，另外实行大户加征，最高可征到农业总产量的60%，特殊情形可征到80%。在征粮的同时，由解放军和地方干部组织的工作队下到各乡，开始对旧武装进行改造，收缴地主手中的枪支，组建人民自卫队，用于保护公粮。

对大户加征公粮，收缴地主的枪支，组织人民自卫队等措施，激起了地主阶级的不满。加上征粮工作中有的地方工作过粗，激化了与地主阶级的矛盾。这样，一些恶霸地主煽动和欺骗农民群众，勾结国民党旧职人员、残余武装，或者串通土匪，裹胁落后群众，提出“抗粮反共”的口号，举行大规模的武装暴动，公开对抗破坏征粮工作。

川东地区乃至全四川，匪乱最早是在璧山县，开始于1950年1月下旬。当时川东上千人以上的股匪，主要集中在璧山和涪陵地区。匪患肆虐时，涪陵地区有庹贡廷、陈铨、周燮清、谢建安、杨德滋、谭席珍等部。璧山地区有谭济舟、罗德清、张华清、白升荣、李隆光、黄荣卿、张伯龄、段西铭、郑茨耕等部。其中段西铭匪部是川东地区最大的一股土匪，总部设于铜梁县巴岳山黄砂槽一带，所辖20多个纵队及直属支队、大队，并伙同旧政府乡保人员，每乡组织一个大队，每保组织一个中队，纠集2万多人，匪患遍布大足、永川、铜梁、潼南等13个县。其他几十人、几百人的股匪不计其数。

至1950年3月，整个川东地区土匪已近15万人，提出“抗粮保命、开仓济贫、保国救民”，“共匪闹蜀川，贫富难保全，欲求扑灭尽，唯有办民团”，“一升米，一把柴，蒋委员长要回来”等口号迷惑群众。匪患最严重时，川东地区除长寿、城口、江北三县外，均发生土匪叛乱。綦江县有28个乡镇被土匪占领，从綦江通往重庆和贵州的公路被切断。江津县50%的乡政府驻地沦入匪手，全县21个区有9个区遭受土匪袭扰。荣昌除县城、仁义镇和成渝公路沿线场镇外，其余乡镇都被土匪占据。大足县的6个区32个乡被土匪控制或袭扰。酉阳、涪陵两地区的多数乡镇亦发生了匪患。仅酉阳地区的秀山、酉阳两县共85个乡镇就有70个发生地主武装暴动。秀山县城曾一度被土匪攻占，黔江地区匪部攻打黔江县城8天8夜。土匪所到之处，烧杀抢淫，无恶不作。据不完全统计，仅大足一县，段西铭匪众就烧毁民居543间，抢劫百姓4928家，抢劫谷物336万余斤，抢劫猪、牛6101头，杀害战士干部和群众269名。有的被土匪占领的地区还建立反动政权，实施反动统治。如“中国民众救国军东西山游击军区”司令白升荣等股匪，5月17日在永川吉安乡成立“永川县政府”，任命原国民党永川县参议员陈鹤鸣为“县长”，并举行了“就职典礼”。由于严重的匪患，征粮工作已完全陷入停顿。主要公路和长江、嘉陵江、乌江等水上交通被迫中断，城市粮食供应紧张，本已稳定的物价又趋高涨，社会秩序和政权建设都受到影响。

为保障人民生命财产安全和生产建设的顺利进行，捍卫新生的人民政权，西南军政委员会主席刘伯承、西南军区司令员贺龙、西南军区政治委员邓小平于1950年初联合签署命令，颁布剿灭西南地区猖狂作乱的土匪的命令，要求“各地人民解放军，一致行动起来，不惜任何艰苦疲劳，以不根绝匪类决不休兵之决心，坚决进行追剿”。1950 年 3 月 15 日，中共中央西南局、西南军区联合发出《关于一元化剿匪斗争的指示》，要求各地坚决贯彻军事进攻，政治瓦解，发动群众三者相结合的方针，团结社会各种力量，广泛开展剿匪统一战线，在党委领导下，统一剿匪工作。按照这一方针，万县、涪陵、酉阳、璧山等专区在中共川东区委、川东行署领导下，分别成立了军分区，建立了各级人民剿匪委员会。从 1950 年 3 月开始，大规模的剿匪斗争拉开了序幕。

川东地区的剿匪斗争分为三个阶段进行。第一阶段，1950 年 3 月至 6 月，为集中围剿阶段。主要采取先剿股匪后剿散匪，先剿腹心地区后剿边沿地区，由点及面的方法进行，战术上最大的特点是围歼。在详细摸清大小股匪活动地点、人数、装备等情况后，集中优势兵力，逐点围剿。这一阶段共打了大大小小数百次围歼战，共歼匪 8 万余人。其中各地剿匪委员会还大力开展政治攻势，瓦解匪众，除正面宣传党的政策外，还召集民主人士、乡保甲长、土匪家属开会，从各种渠道劝降、招降，效果显著。至 6 月底，投诚自新的土匪达 4 万余人。第二阶段，1950 年 7 月至 9 月，为分区进剿阶段。主要采取以“分散对分散”的方法，继续肃清小股土匪的活动，扩大净化区域。在大股土匪已被击溃或歼灭的情况下，各地剿匪部队调整兵力，化大为小，深入区乡，实行包干，清剿隐藏散匪。在实施军事进剿的同时，继续展开强大的政治攻势。在群众已广泛发动起来的地方，大都成立了乡保剿匪委员会，并将缴获的武器用来组织农民自卫武装，实行“枪换肩”，既保卫了生产，又扩大了剿匪的社会基础。各地群众纷纷向解放军及政府报告土匪行踪，一旦发现散匪流窜，均能及时捕捉归案。经过第二阶段的斗争，川东地区又歼匪 4 万余人，进一步扩大了净化区，为发展生产，搞活流通，开展征粮工作、土地改革和镇反运动扫清了障碍。第三阶段，1950 年 10 月至年底，属于会剿、清剿阶段。主要是对边沿地区的残匪进行会剿和对腹心地区的残匪进行清剿。川东腹心地区的股匪被击溃后，多数逃往贵州、湖北、湖南、云南等与四川交界的大山中，继续为恶。从 9 月下旬开始，川东军区组织兵力开始会剿，先肃清贵州之敌，而后由西向东协同湘西军区、鄂西部队实施会剿。3 个月内歼灭川黔湘鄂边界土匪 2.4 万余人，川东地区大规模剿匪战斗宣告结束。至此,整个川东地区匪患平息,剿匪斗争取得决定性的胜利。

一年多的剿匪斗争,取得了多方面的成果。一是通过剿匪斗争,全川东地区歼灭土匪近15万人,粉碎了国民党残余势力妄图复辟的阴谋,巩固了新生的人民政权;二是在剿匪斗争的有力配合下,到1950年底,川东地区胜利完成1949年度公粮征收任务;三是动员了群众,提高了觉悟,涌现出一大批优秀干部,为后来的土地改革、抗美援朝等运动奠定了良好的群众基础和干部基础。

(三)抗美援朝

新生的人民政权在与国内反动势力进行艰苦斗争的同时,还面临外部侵略的严重威胁。1950年6月25日,朝鲜内战爆发。美国政府立即作出武装干涉朝鲜内战的决定,并派遣第七舰队侵入台湾海峡。10月,美军无视中国政府一再警告,悍然越过三八线,把战火烧到中朝边境。中共中央应朝鲜劳动党和政府请求,并出于国家安全考虑,作出了“抗美援朝、保家卫国”的战略决策,重庆人民积极投入全国范围的抗美援朝运动。

1950年11月23日,由中共重庆市委宣传部长任白戈任主席的“中国人民保卫世界和平反对美国侵略委员会重庆分会”(即重庆抗美援朝分会)成立。分会办公室设在市委宣传部内,其成员由市委宣传部、市工会、市妇联、市团委、市青联和市群众团体及民主党派的干部组成。全市开展了声势浩大的宣传教育工作,在干部群众中广泛开展仇美、鄙美、蔑美的爱国主义思想教育运动。

从1950年11月起,各单位结合各种纪念节日、反特斗争控诉会、时事报告会、群众大会、街头宣传等形式有系统地组织时事学习。抗美援朝期间,重庆市先后组织由党政领导、军烈属代表、各界人士以及文艺团体参加的第一、二、三届赴朝慰问团和慰问文工团,组织各民主党派和人民团体参加志愿军归国代表团和中国人民赴朝慰问团的报告会。所有这些活动,群众踊跃参加,普遍受到深刻教育,提高了爱国主义觉悟。

捐款捐物,以实际行动支援前线,是抗美援朝运动的又一重要内容。从 1950 年 11 月起，人民群众就纷纷自发捐款捐物支援前线。截至 1952 年 2 月，全市人民自愿捐款 8069.9 亿元（旧币），可购买战斗机 54 架，超过原计划 39 架的 37.9%。还收到零星的慰问金 70 亿余元（旧币），各种慰问品近 10 万件。这些财物凝聚了全市人民对志愿军的深情厚谊，为抗美援朝取得最终胜利尽了自己的一份力量。重庆人民还以高涨的爱国主义热情普遍订立爱国公约，展开生产竞赛，增产节约，支援前线。

全市广泛开展拥军优属活动，鼓励广大青年踊跃参军参战。据市民政局和抗美援朝重庆分会 1953 年的统计①，抗美援朝期间，重庆先后有 2696 名青年参加志愿军赴朝作战，426 人 481 次立功受奖，207 人血洒疆场。铜梁县的邱少云②在上甘岭战役中，为了不暴露潜伏目标，任凭烈火烧身，直至壮烈牺牲，荣获特等功和“一级战斗英雄”称号，被朝鲜授予“共和国英雄”称号并获“金星”奖章及“一级国旗勋章”各一枚，成为全国人民学习的楷模，展现了伟大的抗美援朝精神。志愿军英烈的英勇事迹在家乡广为传颂，激发了后方广大群众投身于抗美援朝和生产建设事业的巨大热情。

---

① 以当时重庆行政区划为基准。

② 经中央批准，邱少云于 2009 年入选中央宣传部、中央组织部等 11 个部门联合组织评选的“100 位新中国成立以来感动中国人物”。

第二章

完成反封建的土地改革和各项民主改革

一、完成土地改革

解放后，为巩固新生的人民政权，迅速恢复和发展国民经济，稳步实现从新民主主义到社会主义的过渡，在各级党委的领导下，全市进行了轰轰烈烈的新民主主义改革，相继开展了农村土地改革、厂矿企业民主改革和城市社会改造，充分调动了各方面的积极性，解放了生产力，为国民经济的恢复和发展奠定了坚实的基础。

在农村，封建土地制度是造成农民贫穷和农业生产落后的根源。解放初期，重庆同全国一样，封建土地所有制严重束缚农村社会生产力的发展。占农村人口不到10%的地主、富农占有70%—80%的土地，而占农村人口90%以上的贫农、雇农和中农却只占有20%—30%的土地。重庆市郊区由于长期的土地兼并，使土地占有的集中状况尤为严重，有的乡地主占有全部土地的90%以上，甚至有的村土地全部为地主占有。如二区五里店乡共有田、土6050市石（每市石产量折合黄谷108斤，下同），地主即占有5554市石，占全部土地的91.8%；五区南坪乡玛瑙村的土地，竟全部为地主占有。[①] 为彻底改变这种状况，根据《中国人民政治协商会议共同纲领》关于“凡尚未实行土地改革的地区，必须发动农民群众，建立农民团体，经过清除土匪恶霸、减租减息和分配土地等项步骤，实现耕者有其田”的规定和《中华人民共和国土地改革法》的有关政策规定，从 1951 年春起，全市开展了轰轰烈烈的土地改革运动。

减租退押是土地改革的前期工作。所谓减租，是指减少农民租种地主土地租金。所谓退押，是指地主退还封建制度下农民为租地而不得不向地主缴纳的押金。高租、重押在当时的重庆市郊区及万县、涪陵、酉阳、璧山等专区农村极为普遍。通常地租会占到年产量的八成，押金与一年的地租相当，甚至高于地租。1950 年 3 月 10 日，西南军政委员会公布了《西南区减租暂行条例》，规定凡地主、旧式富农及一切机关、学校、祠堂、庙宇、教会所出租之土地，其租额一律按照原租额减低 25%，减租后租额最高不得超过土地正产物的 35%[②]。9 月 1 日，西南军政委员会又公布了《西南区退押实施办法》，规定在减租的同时，废除押金制度，要求地主、富农必须将押金全部退还给佃户，不算老账，不计利息。

1950 年 5 月 25 日至 28 日，重庆市第一届农民代表会议召开，讨论通过了《重庆市减租暂行条例（草案）》。10 月 23 日至 25 日，重庆市第一届各界人民代表会议第三次会议审议通过了《重庆市郊区减租实施细则（草案）》《重庆市郊区退押实施办法（草案）》。随后，开始在农村发动群众，宣传减租退押的政策措施，举办农村干部与积极分子训练班。市各界协商委员会成立减租退押协进会，吸收民主党派和工商界人士参加，协助进行减租退押工作。各区按市里的部署，亦先后成立了减租退押协进会。由于重庆是新解放区，郊区干部严重不足，市、区各有关部门动员和抽调一部分机关干部，吸收有条件参加运动的民主人士、青年学生、教师、工人和农村积极分子等社会力量，组成减租退押工作团。此

---

① 《重庆市委关于市郊区土地改革的总结报告》（1951 年 5 月 21 日），重庆市档案馆藏 1001/2/35。

② 四川省档案馆：《西南军政委员会纪事》（内部编印），第 29 页。

外,为使运动顺利进行,各地选择重点乡、村进行典型实验,在总结经验的基础上开展工作。

1950年11月起,减租退押运动全面展开。根据统一部署,乡、村农会和减租退押工作团在充分准备之后,普遍抓了以下几个主要环节:弄清租佃情况,登记田土产量,算出应减数目;召开群众大会,与地主展开面对面的说理斗争,使其同意减租;总结减租成绩,布置退押的具体要求;登记押金和召开评押小组会议,体现区别对待的政策;召开退押大会,令地主当场退押,对装穷叫苦的地主进行教育,对顽抗甚至破坏退押的地主进行坚决斗争;及时处理调剂出来的押金与物资,让多数农民分享斗争果实;庆祝胜利,动员生产与土改。至于农民内部的减租退押问题,按照在双方协商基础上由农会协调的原则处理。

在减租退押运动中,各地注意实行区别对待的政策,妥善保护工商业者。重庆是西南重镇,保护工商业不受侵犯,是稳定城市、恢复国民经济的重大政策措施。运动开始后,重庆周边川东地区的一些农民纷纷前来重庆市区追索工商业兼地主或避居重庆的农村地主应减退的押租,发生了农民擅自抓地主、搬工厂的原料、工具和商店货物等现象,在一定程度上造成了工商业者的恐惧与思想混乱。针对这种情况,市委采取“坚决保护工商业,坚决退出押金”的原则,规定对退押要区别情况,分别实行“急、缓、减、免”的政策,对抵制减租退押而来渝的地主,则通过各方动员、清查、检举乃至遣返回乡。为了有组织地处理这些问题,1951年1月2日,经市委报请中共中央西南局批准,西南局研究室、川东区委和重庆市委联合成立由曹荻秋任书记的“重庆市城乡减租退押联合处理委员会”,负责讨论和决定处理有关城乡交叉的减租退押问题。1月4日,对外正式设立由熊白涛任主任的川东农协驻渝办事处,负责处理具体工作。由于采取了上述措施,消除了工商业者的恐慌思想和随便捉人的混乱现象,既保护了城市工商业不受影响,又保证了农村减租退押的正常进行。据重庆市城乡减租退押联合处理委员会1951年1月底报告:全市“工商业已退出的押金占应退总额的90%左右,其中70%是自动办理的,30%是经过说理、讲法、谈判、协商、斗争等过程退出的,没有发现因退押而停业的情况”①。

重庆的封建势力历来很大,国民党败退前又有计划地潜伏了大批特务。在大规模的剿匪斗争结束之后,残余的匪特转移到农村隐蔽起来。他们与农村中的地主、恶霸相勾结,造谣惑众,胁迫农民,对抗党和政府,严重影响了社会稳定,阻碍了党和政府工作的开展。减租退押工作展开以后,恶霸地主的反抗非常剧烈,因此,在减租退押运动过程中还普遍开展了清匪反霸运动。为了有效开展这项工作,成立了重庆市清匪委员会,发动农民,重点打击发动武装暴乱、负有血债的惯匪及恶霸分子。人民法院组织临时人民法庭,下乡进行巡回审判,直接受理群众的检举揭发,及时召开公审大会,大张旗鼓地打击和镇压首恶分子。根据《西南区惩治不法地主条例》的规定,重庆市郊各区共检举出 150 余名匪特,斗争了恶霸地主 216 人。清匪反霸运动的开展,极大地震慑了地主恶霸分子,鼓舞了群众的斗志,大长了农民的威风,使减租退押运动得以顺利开展。

至 1951 年 1 月底,减租退押清匪反霸运动基本结束。参加这次运动的农民达到 90% 以上,在经济上获得大量斗争果实,初步改善了生活。市郊各区共减租黄谷 16351 市石,退押折合人民币 139.2 亿元(旧币),分得上述两项斗争果实的农民占 70% 左右,平均每个农民分得人民币 23.08 万元(旧币),黄谷 2.659 市石(折合稻谷 287.2 斤)。在政治上,废除了保甲制度,初步整顿了基层农民协会和人民武装自卫队,确立了贫雇农在农村的政治优势。各地普遍建立起以农民积极分子为骨干的农民协会,全市的农会会员发展到 46793 人,占全市农民总数的 32.2%,较减租退押前约增两倍。

经过两个多月艰苦、激烈的斗争,与毗邻地区乃至西南各省、区相比,重庆市郊区减租退押清匪反霸运动率先胜利完成,迈出了西南地区农村民主改革的第一步,也为土地改革打下了基础。

1950 年 6 月,中央人民政府颁布《中华人民共和国土地改革法》。

---

① 中共重庆市委党史研究室、重庆市档案馆编:《新重庆的起步》,西南师范大学出版社 1996 年版,第 162 页。

1951年1月20日至24日，重庆市召开第二届第一次各界人民代表会议，决定将土地改革作为1951年的八大任务之一，并通过《重庆市郊区土地改革实施办法(草案)》。为加强对土地改革的统一领导，1月底，以陈筹为主席的重庆市土地改革委员会正式成立。随后，各区县亦分别成立了土地改革委员会。委员会以农民协会为主体，党、政、工、青、妇、工商业者、民主人士、文教、公安、法院等部门派代表参加。各地土改机构建立后，采取多种形式，在农村和城市各界人民中广泛宣传土改的合理性、必要性和目的性，解释土改法令和方针政策，使之家喻户晓、深入人心。

1951年2月16日，市委召开第六次郊区工作会，讨论通过了《关于郊区即行土改必须注意的几个问题》，要求在土改中，必须放手发动群众，坚定地依靠贫雇农，团结中农，解决好城市建设与农民要求土地的矛盾，并就贫雇农分得土地后的缺粮、秋田收获物的分配以及土改中如何改造农村旧政权与建设人民武装自卫队等问题，作出了相应的决定。2月24日，《新华日报》全文刊登了经西南军政委员会批准的《重庆市郊区土地改革实施办法》《土改口号》和《关于参加土地改革工作人员的八项纪律的规定》。

为保证土改法律法令的正确实施，市和各区抽调干部，吸收民主人士、青年学生、教师、工人和农民积极分子等社会力量，组建土改工作队，举办土改训练班。土改工作队经过集中培训，认真学习土改法令，掌握各项政策和工作方法后，分期分批下到农村开展土改。从1951年1月下旬至2月上旬，各区抽调工作队员814名(平均每村7名)，其中机关干部和市委统战部组织的民主人士265名，学生420名，农民积极分子129名。

为了取得经验，指导面上工作，市委决定各级都要选择重点乡、村进行典型实验。市土改委员会、市农协、市民政局与二区区委联合在观音桥乡进行全市土改的典型实验，市郊各区分别派有1名至3名干部参加。市郊三至七区分别在磁器口乡、石桥乡、南坪乡、新兴乡、黑石子乡进行土改实验。巴县选择了界石、南泉、公平等10个乡作为实验乡。万县地委、涪陵地委、江津地委分别在万县五梁乡、天城乡，涪陵堡子乡，璧山来凤乡、鹿鸣乡开展土改试点工作。这些实验乡，由于领导重视，力量集中，多数在较短时间内即打开了局面，取得了经验。

在明确政策规定、制定法律法令、动员组织群众、进行土改试点等一系列充分准备的基础上，从1951年春天起，一场历史上规模空前的土地改革运动，在全市有领导、有步骤地展开。市郊区农村的土地改革运动是在1951年春、夏两季集中进行的。春季土改自1月中旬起，至3月底结束，历时两个半月；夏季土改自6月上旬起，至9月结束，历时三个月。土改的基本步骤大体分为五个阶段，即：宣传土改法令，整顿农会组织；划分阶级成分，没收和征收土地；查实土地，评定产量；公平合理地分配斗争果实；总结，发展生产。

根据党制定的“依靠贫农、雇农，团结中农，中立富农，有步骤有分别地消灭封建剥削制度，发展农业生产”的土地改革总路线，各地土改工作队进入乡村后，首先揭露敌人的破坏活动，向广大群众宣传党的方针政策。同时，通过访贫问苦，扎根串联，培养积极分子，壮大革命力量。各乡、村农会都及时召开各种类型的会议，利用一切形式广泛宣传土改的政策法令，反复讲清楚土改的目的、意义，促使群众提高觉悟。广大农民在此基础上，整顿农会组织，清洗投机分子，将运动中涌现的贫雇农积极分子选入农会领导机构，使贫雇农掌握了农会领导权，使农会成为当地土改中有权决定没收和分配土地财产的合法执行组织。

在群众基本发动起来后，开始划分阶级成分。政策依据主要是政务院《关于划分农村阶级成分的若干规定》，具体实施分四步进行，即：宣传政策，做到家喻户晓；自报成分，农会小组评议；农会审查，广泛征求群众意见；领导批准，三榜定案。如对评定的成分有不同意见，可向人民法庭申诉，经区、县政府审查批准后方可更改。阶级成分评定后，即开始按政策没收和征收土地。

查田评产工作开始后，隐瞒田土产量的现象比较普遍。农民，甚至一些村干部的顾虑都很多。一般是近地、好地少报，以便在照顾原耕的基础上分配土地时留下自种。远地、坏地多报，准备分给别人。根据这种情况，各地在农民中进行深入的团结教育，打破顾虑，说明评产的目的不是政府多要公粮，而是为了公平合理地分配土地。提出了“一人瞒田,大家吃亏”“田土评不好,土地分不公”等口号。为了公平合理地分配土地,采取了发动群众查实土地面积、评定产量等措施,改进了工作方法,消除了农民的思想顾虑。

分配斗争果实的步骤是先分田和房子,再分农具、耕畜、粮食和家具。分配前在农民中进行团结互让的教育,强调分田是为了发展生产,反对自私自利和极端平均主义,要公平合理,防止因土地少而争地造成内部不团结的现象。分配土地的主要对象是无地少地的农民。分配土地的原则是在照顾原耕的基础上,按土地好坏、远近抽补调整。农具、耕畜、粮食和房屋、家具的分配,主要是照顾贫雇农的需要,按照多缺多分、少缺少分的原则分配,一般是自报,小组民主评定,农会大会通过。由于贯彻了团结互让的原则,群众普遍反映满意。

分配斗争果实后,各地先自下而上通过农会小组对土改进行总结,回忆为什么能分得土地,为什么能翻身,进一步启发、提高了农民的思想认识和阶级觉悟,提高了党和人民政府的威信。尔后,分别召开了村、乡、区翻身庆祝大会,焚毁旧契约,发放土地证、房屋证,动员农民积极投入到农业生产和抗美援朝运动中去。

土改胜利结束以后,在经济上没收了地主阶级的土地、房屋及其他生产资料,在政治上摧毁了地主阶级的封建统治,地主作为阶级来说已经被消灭了。但也还存在不少问题:少数地主分子不服管制,放火放毒,扰乱社会治安或造谣破坏,反攻倒算,打击陷害积极分子;一部分干部、积极分子斗志松懈,个别人甚至贪污腐化;有的地方工作比较粗糙,存在着一些亟待解决的遗留问题。根据中共中央西南局的指示,各地在土改完成后开展了土改复查工作。复查的重点集中在极少数漏网的、土改后进行破坏活动的不法地主和反革命分子身上。通过复查,不仅进一步从经济上打垮了地主,满足了贫雇农经济要求,而且土改遗留问题基本上得到解决,在政策上纠正了土改中错划成分问题,对错划的地主改变了成分,对漏划的地主戴上了地主帽子,进一步贯彻了党的路线和政策,提高了农民的阶级觉悟,推动了农业生产,巩固了土改成果。

土地改革不仅是农村的变革,而且关系到与农村有着各种联系的社会各界。为了让民主人士了解土地改革的真实情况,在运动中,各级党委吸收民主党派人士和知识分子参加或参观土改,形成城乡最广泛的反封建统一战线。全国政协组织的以章乃器、胡愈之、陆志伟为正副团长的西南土改工作团一行90名成员,参加了巴县等地的土改,队员中有全国著名学者、著名民主党派人士、工商业者、宗教人士、机关和文教工作者等。西南局统战部组织以刘文辉、邓锡侯、熊克武为首的民主人士土改参观团驻点巴县南泉乡。他们一方面帮助农民进行翻身斗争,一方面通过斗争提高了自己的政治觉悟。通过这种方式,既消除了有的民主人士对土改的疑虑,又便于发现和纠正土改工作中的缺点偏差,有力地配合了土改的顺利进行。

在土地改革中,市郊区农民共没收田、土239123市石,征收田、土123119市石,共占全市郊区田、土514322市石的70.45%,没收大小农具18684件,耕牛270头,粮食2602市石,房屋34199间,大小家具144801件[①]。此外,万县地区共没收地主田土7735363市石,征收小土地出租者、富农多余土地和各类公田2303463市石,共计10038826市石,占田土总数的58.77%[②]。涪陵地区共没收地主的田5816949市石,土1635536市石,征收田777520市石,土349262市石[③]。江津地区共没收征收2054.20万余市石土地,占总土地的64.5%[④]。

土地改革的完成,使农村的土地占有情况发生了根本变化,占农村人口90%以上的贫农、雇农及中农,占有全部土地的90%以上,而占人口不到10%的地主、富农,占有的土地下降到10%以下,标志着在我国延续了几千年的封建制度的基础——地主阶段的土地所有制彻底消灭了,农民真正成为土地的主人。"耕者有其田"的理想在党的领导下变成了现实,长期被束缚的农村生产力获得了历史性的大解放,极大地激发了广大农民的生产积极性。土改中,广大农民不仅分得了土地,而且还分

① 《重庆市委关于市郊区土地改革的总结报告》(1951年5月21日),重庆市档案馆藏1001/2/35。

② 万州区档案馆藏1/3/53,第2页。

③ 《涪陵地区土地改革成果统计表》,涪陵区档案馆藏。

④ 中共重庆市委党史研究室永川编写组:《中国共产党永川地区党史大事记》(1949年11月—1983年3月)(内部编印),第32页。

得了大批其他生产资料和生活资料,他们普遍生产情绪高涨,纷纷添置农具,准备肥料,出现了群众性的爱国增产热潮。

随着土地改革的完成,粮食、棉花、油料等主要农产品的产量逐年增加。仅以市郊区粮食生产为例,实行土改的1951年,比1950年增产4.91%,1952年又比1951年增产6.47%。这充分显示了土地制度改革对解放农村生产力、恢复与发展农业生产的巨大推动作用,并直接促进了以农产品为原料的工业生产的恢复与发展,对整个国民经济的全面恢复与发展起到了重大作用。

随着土地改革的完成,农民的政治地位发生了根本变化,农民翻身做了主人。1951年3月11日,重庆市第一个农民政权——二区观音桥乡人民政府成立。至年底,市郊各区又有一批乡、镇召开人代会,建立了乡、镇人民政府。土改中,农民的政治热情十分高涨,踊跃参加各种组织。据1951年底统计:各级农会组织更加壮大和健全,会员总数达300178名,占全市农民总数的40%左右;农民自卫队员发展到33097名,占全市农民总数的4.4%。[①] 此外,工会、妇代会、青年团等群众组织亦有较大发展。

土地改革的完成,大大促进了农村文化的发展,出现了群众性学习文化的热潮。土改后,农民群众随着政治觉悟的提高和经济条件的改善,学习文化的热情高涨。各地普遍开办了业余文化识字班、社会主义教育班。农民一边学文化,扫除文盲,一边接受政治教育。巴县即使在农忙时,全县还办有社教班801所,有194803人参加学习。农民看到社会发展的光明前景,更加重视对子女的教育培养,各地在校学生人数都有较大幅度的增长。经济基础的剧烈变革,推动了思想、文化、道德、社会风貌等上层建筑的深刻变化。重庆市土改参观团的民主人士目睹这一深刻变化十分感动,他们说:“土改以后的农村,普遍呈现着活泼新生的气象。不论男女老幼,都洋溢着喜悦和欢笑。开会、扭秧歌、学习等活动,一洗旧农村的颓废腐化风气,为农村带来一股新生的力量。”[②]

---

① 1951年1月20日,西南军政委员会决定将川东区的巴县划归重庆市领导,重庆市的北碚区划归川东区领导,使得农会会员和农民自卫队员人数大幅增加。

② 《重庆农村经济》(内刊),1990年增刊,第261页。

二、在厂矿企业中开展民主改革

厂矿企业的民主改革，同土地改革一样，是摧毁封建制度的一项重要的社会改革。解放前，在厂矿企业中普遍存在着由封建把头把持生产和管理的腐朽制度。解放后，由于对厂矿企业的接管采取了“原封不动，一律包下来”的政策和“维持原状，迅速恢复生产”的方针，使企业内部的封建把头制度得以暂时保留下来。重庆是长江上游航运交通枢纽，有“九门七十二码头”，码头历来是封建势力盘踞之地。码头工人成分复杂，混有不少地痞流氓、反动军官、土匪和逃亡地主。封建把头严密控制着码头，残酷盘剥工人，勒索客商。建筑业中也存在着严重的封建把头剥削制度，如非法转包，层层剥削；把头包办伙食，克扣粮食菜金；工作时间长，安全没有保障等，严重危害了工人阶级的利益，也阻碍了国家基本建设任务的顺利完成。为彻底摧毁封建把头制度，从 1950 年 3 月到 1953 年 3 月，全市在厂矿企业中开展了轰轰烈烈的民主改革。

厂矿企业的民主改革首先在国营厂矿企业中进行。根据政务院财经委员会《关于国营公营工厂建立工厂管理委员会的指示》，1950 年 3 月 8 日，市军管会召开国营公营工厂军事代表、厂长及工会主席会议，决定开展民主改革，成立工厂管理委员会。12 月，西南局召开城市工作会议，提出要进行企业和行业的民主改革，同时明确了改革的目的、基本方针、重点和方法。改革的目的在于把旧社会遗留下来的服务于帝国主义、封建主义和官僚资本主义的旧企业，改变成为人民的、适应新民主主义经济需要的新企业。改革的基本方针是依靠工人，团结职员，搞好生产，以实现管理民主化和生产合理化。改革的重点在国营厂矿企业和重要行业。改革首先通过揭露和摧毁存在于旧企业中的封建把头制等各种压迫工人的制度和陈规陋习，清除隐藏在企业内部的反革命分子和封建残余势力，把一批在群众中有威信的工人和职员提拔到行政和生产管理的领导岗位上，建立工厂管理委员会和职工代表会议，吸收工人参加工厂管理,实行企业管理民主化,以确立工人阶级当家作主的地位。同时,通过民主改革运动,在工人群众中进行自我教育,消除封建行帮、地域观念所造成的隔阂,以加强工人之间的团结和工人同管理人员、技术人员之间的团结。

1951 年 4 月,根据西南局第二次城市工作会议精神,天府煤矿、20 兵工厂、24 兵工厂、29 兵工厂、豫丰纱厂、大溪沟电厂等重点厂矿企业开始进行民主改革试点工作。豫丰纱厂发动群众就本厂存在的问题提意见,广大职工在几天之内就生产、工资、卫生、领导作风等方面提出了很多意见,特别批评了领导的官僚主义作风。尔后厂里选出 364 名代表召开临时职工代表会议,厂军事代表在会上就自己的官僚主义作风和不相信群众的思想作了检讨,原来难以解决的工资问题也得到顺利解决。20 兵工厂召开了团结进步大会,厂军事代表在会上检查了自己的官僚主义、事务主义、脱离群众和独断专行等问题,许多职工也纷纷向工人群众检讨自己过去的错误。

在民主改革运动中,各工厂通过召开职工代表会议或职工大会,选举成立工厂管理委员会,除军事代表、厂长、工会主席三人为当然委员外,其余委员由职工投票选举。工厂管理委员会成立后,厂内的重大问题,尤其是与工人有密切关系的生产计划、工资福利、管理制度、业务经营、人事任免和奖惩办法等问题,都必须通过工厂管理委员会来解决。与此同时,各厂矿企业还检查了各种管理制度,特别是对旧社会遗留下来的一些管理制度进行了认真清理,根据生产需要和群众意见决定取舍。

1951 年 11 月 5 日,中共中央发出《关于清理厂矿交通企业中的反革命分子和在这些企业中开展民主改革的指示》,要求用足够的力量,发动与依靠工人群众,有领导有步骤地进行清理。11 月 24 日,市委发出《关于国营工厂企业贯彻增产节约、开展民主改革大检查的决定》。随即,各国营公营厂矿企业放手发动工人群众,展开了大规模的反特斗争。通过小组审查、大会控诉,检举出潜伏在企业中的大批特务、坏分子,其中登记自首者就达数千人。通过清理,打击了敌人,教育了工人,促进了生产。

国营厂矿企业的民主改革，经历了阶级教育、民主运动、调整组织、镇压反革命四个阶段。经过这些阶段，对工人进行了阶级教育，并提拔了 1645 名工人积极分子和职员为干部。隐藏在各工厂的 2039 名反革命分子和特务被揭发出来，并分别受到处决、逮捕、管制。取消了各种不合理的旧制度，建立起各种民主组织及新的生产管理制度。[①] 在各厂矿企业民主改革取得胜利的基础上，自 1952 年 9 月下旬起，市委又适时地将民主改革进一步引向生产改革，将党、政、工、团的领导力量完全集中到生产方面，即深入车间，面向生产，发现问题，解决问题。在生产改革中，围绕一切工作都是为了搞好生产、都应当服从于生产的原则，充分发挥技术人员和老技术工人的积极性，加强对技术工人的领导和思想教育，从而提高了生产效率，促进了生产的发展。

1950 年 6 月，重庆市工筹会召开扩大会议，专门研究如何改革私营企业的问题。针对各私营企业普遍存在的原料供应困难、产量低、用人多、浪费大、管理腐败、成本过高的生产现状，工人工资过高、工资占工缴比例过大、工资制度极不合理（主要是职员工资过高）的工资现状以及基层工会组织实行关门主义和形式主义、严重脱离群众且组织混乱、作用不大等问题，认为仅提出提高生产、减少浪费，是不能马上解决困难的，必须改革旧的腐朽的臃肿机构、改革不合理的旧制度，才能发挥工人的积极性；只有工人阶级成为国家和生产的真正主人，才能提高生产、减少浪费，进而确定了“反浪费、裁冗员、减高薪、提高生产”的改革方针。之后，在私营棉纺织业工厂开始试行民主改革。

1950 年 10 月，重庆市私营厂矿企业正式开始进行民主改革运动，大致经历了四个阶段：算细账、减高薪和减工资、裁冗员、建立民主管理制度。算细账是改革的关键所在，主要是让工人群众了解厂内已存在的严重危机和危险前途。通过算细账，工人们知晓了厂内盈亏实情，认识到改革的必要性。针对各工厂的不同情况，以减高薪和减工资作为降低成本的主要手段，如大明纺织厂自动减薪 30%，裕华纱厂职员减薪 47%、

① 《贯彻民主改革完成增产节约是 1952 年工矿企业的中心工作——段君毅同志在西南局第三次城工会议上的报告》，《西南工作》第 78 期，1952 年 1 月 22 日。

工人减薪30%,渝新厂职员最高减薪56%、最低减薪16%,沙市纱厂职员最高减薪74.74%、最低减薪49%。各厂采取自动报名、劳资协商会批准的办法,共裁减多余的工人、职员、警卫、帮工等546人①。工人发挥了生产积极性,努力提高质量,降低成本,使工厂扭亏为盈,资方的经营积极性也有所提高。通过召开劳资协商会议,工会和资方签订劳资合同来实现职工民主管理,废除了不合理的旧制度,撤销了不合理的组织和机构,达到了节约成本的目的。通过这些措施,减少了浪费,提高了产量,巩固了工会组织,密切了劳资关系,同时提高了工人的劳动生产积极性,有利于工厂的生产,也有利于整个工业生产的恢复和发展。

私营厂矿企业的民主改革运动收到了较好的效果,依靠群众清除了反革命分子和封建势力,纯洁了工人阶级队伍;广大职工在运动中受到深刻的阶级教育,极大地提高了政治觉悟;整顿、纯洁了各级组织,废除了旧的封建管理制度,初步建立起适应工人阶级当家作主的管理制度,充分激发了工人阶级主人翁责任感,促进了生产,提高了效率。

在对码头搬运工作的整顿方面,1949年12月27日,重庆市航运有关部门联合召开座谈会,讨论整顿码头秩序的问题,西南军政委员会主席刘伯承指示:必须把码头秩序搞好,这是搞好重庆秩序的标志。1950年1月20日,重庆市正式成立以副市长曹荻秋为主任的码头工作委员会,组成60多人的工作组进驻朝天门等主要码头开展工作。首先根据1950年1月23日市军管会颁布的《关于整顿码头秩序的布告》,废除了旧工会,明令取缔封建把头的一切特权,成立了码头管理委员会,把业务领导权掌握在工人手中,使工人最关心的"饭碗"有了保障。继而提出了反封建剥削、反压迫的斗争口号,处决了罪大恶极的特务连绍华,群众拍手称快。5月份组织了搬运工筹会,陆续建立了部分基层组织。1951年初开展了反封肃特的审查编队运动。首先从整顿内部着手,严格将封建把头特务恶霸与干部中存在问题的性质区别开来,由干部向工人作诚恳的检讨。然后发动群众,揭发混入工会制造派别斗争,掩饰自己罪

① 《重庆市委关于私营棉纺业改革工作总结》(1951年1月8日),《西南工作》第15期,1951年3月17日。

行的恶霸把头的罪恶,并对其斗争撤换。据统计,揭发出的特务恶霸占基层工会干部的 2.8%,封建小把头占 8.2%。运动中清洗出会的占原有会员 1567 人的 36%,同时又发展了 12% 的新会员,纯洁与壮大了工会组织。这时适值全国规模的镇压反革命运动开始,审查编队运动锋芒开始指向反特斗争,先后召开了两次万人以上的公审大会,枪决了特务恶霸李树云、谢雅南。整个运动中被斗争和处理的共 1255 人,其中特务及反动党团、反动会道门分子占 56.5%[①],为了巩固反封肃特的成果,进一步掌握码头情况,解决不合理的工资制度,随即转入工人内部自我教育的"三摆四评"运动[②],进一步加强了工人内部的团结,实行了比较合理的二等五级工资制,激发了工人的劳动积极性,提高了生产效率。"三反"运动开始后,在工人内部开展了"遵纪护货"运动,从检查当家作主思想着手,解决内部问题后,即转入检查人为的生产障碍,暴露与处理了潜伏的敌特,进一步教育了广大工人群众。

经过以上一系列的政治运动,比较彻底地摧毁了封建把头制度,基本上搞清了码头搬运系统的政治情况。运动中被斗争和处理的特务把头共达 1432 名。随着运动的发展,陆续废除了敲诈勒索等陋规,三次降低运价。随着封建剥削制度的废除及劳动组织与操作方法的改进,共转移了过剩劳动力 15297 名,工人平均每月工资收入从 1950 年不到 30 万元(旧币)提高到 1952 年的 47 万元(旧币),生活水平普遍提高,工会福利也有很大的发展[③]。经过运动的锻炼与教育,广大工人群众的政治觉悟也有了空前的提高,在斗争中涌现了很多积极分子,党团支部也随之普遍建立起来。

建筑业的民主改革是自上而下、层层部署展开的。1951 年 6 月 4 日至 21 日,全国总工会在北京召开建筑工会工作会议,要求坚决废除建筑业中的封建把头制度。7 月,中共中央批转这次会议的总结报告。

---

① 《重庆市委转报市搬运党委关于三年来民主改革工作的综合报告》(1952 年 7 月 17 日),重庆市档案馆藏 1001/4/25。

② 即摆苦情、摆工作、摆作风,评进步、评劳动、评体力、评技术。

③ 《重庆市委转报市搬运党委关于三年来民主改革工作的综合报告》(1952 年 7 月 17 日),重庆市档案馆藏 1001/4/25。

9月11日,西南局第一书记兼西南财经委员会主任邓小平签发《关于建筑工业管理的决定》,决定成立西南建筑工业管理局,统一管理西南各省、区及重庆市建筑业的工作;确定了西南建筑公司、重庆建筑公司、西南交通建筑公司、军区所属建筑公司的分工原则;重庆市总工会下设建筑工会,迅速开展工作,工作重点为反对封建把头制度,保证完成建筑任务。10月18日,市委召开建筑工人代表会议,明确提出了废除封建把头制度的方针任务,并由试点单位介绍具体情况和经验。到会代表着重讨论了如何发动组织群众,彻底摧毁封建把头制度,建立基层工会,加强工人阶级内部团结,全面完成基本建设任务等方面的问题。会议结束后,市建筑党委、市总工会、市建设局、市劳动局、市公安局等单位组成工作委员会,抽调300多名干部,分成5个工作队深入工地,组织全市建筑工人进行反对封建把头的斗争。国营建筑公司在市建筑党委领导下,各自组建民主改革的领导班子,组织本单位运动的开展。1952年结合"三反""五反"运动,开展了以反贪污盗窃为中心的反封建把头斗争。经过斗争,建筑业中的封建把头制度被彻底废除,这对节约国家基本建设费用,保障建筑工人的切身利益,发展建筑事业和提高工人的技术水平,更好地迎接即将到来的繁重的建筑任务,起到了重要的作用。

中小型厂矿企业民主改革比较晚,从1952年11月至1953年4月,按"先公后私,先大后小"的原则,分三批在229个厂矿、21971名职工中开展了民主改革补课①。同时于1952年12月至1953年3月先后对铁路、建筑、水上三个系统进行了民主改革补课工作。经过民主改革补课,进一步发动了群众,打击了敌人,基本上摸清了职工内部政治情况,纯洁了工人阶级队伍;提高了职工的政治觉悟,职工普遍认识到"民主改革的目的是生产","在私营厂矿搞好生产是为了工人阶级的利益",增强了主人翁责任感,在此基础上发展了党团组织,并整顿了工会基层组织;改革了不合理的制度,在私营厂矿争取资本家参加民主改革,进一步巩固和扩大了统一战线,改善了劳资关系。

---

① 《市委关于中小型厂矿民主改革补课工作的基本总结》(1953年6月17日),重庆市档案馆藏1001/4/25。

在厂矿企业民主改革的过程中，抗美援朝运动也在全国如火如荼地开展。面对较为严峻的经济形势和战争对物资需求的急剧增加，1951年10月23日，毛泽东在全国政协一届三次会议的开幕词中向全国人民发出了“增加生产，厉行节约，以支持中国人民志愿军”的号召，标志着全国性增产节约运动的开始。11月24日，市委召开全市党员干部大会，传达贯彻中央关于增产节约决议精神。12月1日，正式成立以市长曹荻秋为主任的重庆市增产节约委员会。重庆各区和市政府下属各局处成立增产节约分会。12月18日，曹荻秋在重庆市第二届第四次各界人民代表会议上作了《为开展爱国增产节约运动反对贪污反对浪费反对官僚主义而斗争》的报告，决定在1952年全市增产节约粮食50万吨。

经过全市各界人民的共同努力，到1952年底，重庆市增产节约粮食50万吨的任务胜利完成。增产节约运动的开展，不仅为国家增加了大量的物质财富，而且进一步提高了广大人民群众的政治思想觉悟，在物质和精神上对中国人民志愿军和抗美援朝运动给予莫大支持的同时，也为即将到来的大规模的经济建设打下了基础。

三、改造城市树立新风

城市的社会改造运动，是解放初期根据西南局的统一部署，在重庆市委和西南公安部的直接领导下，大张旗鼓地开展的一次大规模的群众运动。这次运动，从1949年底开始到1952年底结束，主要内容有收容散兵游勇游民乞丐、禁烟禁毒禁赌禁娼、宣传贯彻《婚姻法》、开展司法改革和教育文化卫生改革等。各项社会改造运动的开展，极大地推动了社会的进步，促进了新的社会风气的树立。

（一）收容散兵游勇游民乞丐

抗日战争期间重庆曾是国民党政府的陪都，解放前夕，又为国民党政府“行都”，还是西南地区军政首脑机构所在地。重庆是大陆解放最迟的大城市之一,地方封建把头、地痞流氓与反动的军警、特务麇集丛生,社会情况非常复杂。窜逃、隐藏在重庆的国民党溃散官兵数量在万人以上,约占当时全市总人口的1%。由于国民党政府的反动统治和连年水旱灾害,大批失去土地的贫苦农民、失业工人和公私职员被迫离开家园,流落街头,沦为游民乞丐。这种情况,构成对社会正常生活的严重威胁。

对于解放初期散布于各地的散兵游勇和旧有的军政人员,政府采取收容、资遣和录用的不同处理办法。1949年12月12日,市警备司令部颁布《关于蒋匪军溃散官兵的登记办法》,限即日起到12月20日止一律到指定地点登记集中。到20日,全市的12个登记处共收容蒋军溃散官兵6500余名,包括将官11名,校官340名,尉官1800余名。随着收容、登记人员的增多,1950年2月13日、3月31日,"重庆市资遣办事处""重庆市散兵游勇资遣委员会"相继成立,专门负责资遣与转送本地及外地收容的蒋军官兵、旧政权职员和一般难民。到10月,共遣转国民党官兵22751人,旧政府人员296人,难民2164人,散兵游勇9206人①。对于有一技之长、又未与人民为敌,且愿意留在新政府内的旧政府职员,则在审查教育合格后留用。

在收容散兵游勇的同时,开展了收缴非法武器的工作。1949年12月12日,市军管会颁布《关于收缴非法武器电台办法的布告》,规定凡国民党军政官吏、党特人员、散兵游勇、保甲人员、反动社团等所遗散隐匿之枪支弹药及无线电台,均为非法武器、违禁物品。各公安派出所均设有收缴站,在全市进出口要道设立8个水陆检查站。经过集中处置,基本上收缴了群众手中持有的非法武器。1950年1月18日和5月19日两次大搜捕,共收缴电台11部、手枪15支、炸弹5箱、子弹4000余发。1950年12月1日,市人民政府颁布《奖励检举私藏武器、非法物资暂行办法》,对收缴非法武器起到了进一步的推动作用。由于以上举措,截至1950年底,全市共收缴非法枪支10822支,子弹477箱又295133发,手榴弹145箱半又2259颗,炮弹713箱又2011颗,炸药15箱半又

① 周勇主编:《重庆·一个内陆城市的崛起》,重庆出版社1989年版,第429页。

167包及其他武器[1]。

此外,政府还有计划地收容散布于全市的游民乞丐。1950年2月25日,市军管会颁布收容处置、教育改造游民乞丐的布告,并制定了游民乞丐收容处理办法,决定采取分区设点设站收容、集中管理、组织劳动、进行思想政治教育的办法,清除其依赖、寄生意识,使之逐步实现自食其力。为了及时有效地处置游民乞丐,1950年3月,按《重庆市游民乞丐处理委员会》章程,以市民政局为主,联合重庆警备司令部、市公安局、市卫生局等组建处理乞丐委员会,下设三个收容所。到1952年底,总共收容游民乞丐20685人[2]。在经过一段时间的劳动教育后,则分别情况进行处理,有的资遣回原籍从事农业生产,有的则以劳代赈,参加市政建设,有的送教养院或保育院,有的则授以一技之长,使其自谋生路。

(二)禁烟禁毒禁赌禁娼

重庆是一座水陆交汇的大城市,往来人口不仅数量众多而且流动性大,加上帝国主义、封建主义和官僚资本主义的长期反动统治,解放前的重庆也是一个藏污纳垢的地方:烟毒泛滥、赌博盛行、娼妓众多。解放初期,重庆的鸦片烟民多达10万余人,占全市总人口的1/10,妓女也有1万人左右。虽然国民党统治时期连年不断禁烟禁毒禁赌禁娼,但由于政府腐败,各级官吏明禁暗纵,以致这些社会弊病愈演愈烈,久成顽疾。

解放后,人民政府即向这些社会顽疾宣战,以保障人民的健康,促进社会的稳定和经济的恢复。1950年2月24日,政务院发布《关于严禁鸦片烟毒的通令》。3月1日,西南军政委员会作出"严禁种植鸦片"的指示,拉开了重庆市禁烟禁毒的序幕。7月31日,西南军政委员会会议通过《关于禁绝鸦片烟毒的实施办法》,就禁烟禁毒中的一系列问题作出明确规定。9月26日,重庆市禁烟禁毒委员会成立。10月13日,市政府发出《关于彻底禁绝鸦片烟毒的布告》,明确规定自布告发布之日

---

① 中共重庆市委党史研究室、重庆市档案馆编:《新重庆的起步》,西南师范大学出版社1996年版,第185页。

② 《重庆》课题组:《重庆》,当代中国出版社2008年版,第63页。

起，任何市民不得制造、贩运、售卖烟土和毒品，如有违犯，除没收烟毒外并依法惩处。

从 1950 年 10 月起，全市开展了声势浩大的禁烟禁毒运动。重庆市禁烟禁毒委员会在各区设立分会，以派出所为单位设立支会，以户籍段为单位设立戒烟小组，作为市禁烟禁毒委员会的基层机构，从而形成了从上到下的禁烟禁毒斗争领导组织网络。其主要工作任务为禁烟禁毒的宣传教育、调查研究及烟毒运、制、售、吸、藏犯之检查登记，烟毒案件之查缉等。至 1951 年底止，重庆市陆续破获并处理大小烟毒案 22515 件，当众焚毁毒品 3 万余两，枪决罪大恶极的毒犯 27 名，判处死缓的 16 名，并有 1000 余名毒犯分别判处徒刑，大批毒犯受到惩治，大批烟民也经市卫生机关及各派出所的集中施戒，戒除了吸毒嗜好转向正业[①]。经过这一阶段的斗争，禁烟禁毒取得了初步成效，烟毒犯罪活动大为减少。但是烟毒的流行并未根绝，贩毒制毒活动由公开转向秘密，暗中流行情况仍较为严重。

1952 年 4 月 15 日，中共中央发出《关于肃清毒品流行的指示》，决定在全国范围内大张旗鼓地开展群众性的运动，对烟毒品进行一次集中的彻底的扫除，并对运动的方针、政策和打击重点等都作了明确规定。5 月 21 日，政务院再次发布《严禁鸦片烟毒的通令》。重庆市坚决贯彻中共中央、政务院的指示，有准备有计划地在全市开展了声势浩大的群众性的肃毒运动。

1952 年 5 月中旬，在市政府的直接领导下，由市公安、司法、民政、宣传等部门调集大批干部，成立了禁毒办公室，统一指挥全市肃毒运动，积极搜集整理原有的及“三反”“五反”中所暴露发现的有关线索材料，并逐步展开深入细致的调查工作。经过近三个月的摸底，基本上掌握了各地毒情。全市共查出大小烟毒案件 583 件，烟毒犯 6303 名。反复对证材料后，于 8 月 11 日、9 月 1 日和 10 月 4 日进行了三次大规模逮捕，共破获大的集团案 115 件，单案 2887 件；共搜捕大毒犯 3148 名，占全

---

① 《市公安局关于肃清烟毒流行运动的总结报告》（1953 年 5 月 15 日），重庆市档案馆藏 1001/4/18。

市毒犯总数的24.2%；缴获各种毒品21908两，制毒原料43944两，毒具6109件[①]。从此社会上烟毒活动基本禁绝。

赌博是旧社会遗留下来的恶习。解放前，重庆市赌场成半公开化状态。解放后，人民政府明令禁止一切赌博活动，特别是1950年7月至8月国家公安部召开了第一次全国治安行政会议后，各级公安机关把查禁赌博作为治安行政管理的一项重要内容，一经发现赌博行为，立即严肃查处，对各种赌具当场予以销毁。为消除赌博恶习，市委、市政府专门发出《关于严禁赌博活动的布告》，各级党委发动群众，公安司法部门运用报纸、广播等舆论工具，广泛深入地开展严禁赌博的宣传教育，大力查禁赌博，坚决打击赌博犯罪分子。通过这些措施，公开的赌博活动基本绝迹。

在严厉禁烟禁毒禁赌的同时，为整顿社会秩序，维护社会稳定，保障人民群众的身心健康，还进行了对妓女的收容与改造工作。到1952年底，共收容妓女6000余人，并将她们集中到一起，进行管理教育与改造。妓女的思想有一定的提高后，又针对不同的情况予以不同的处理，使之逐渐走上自食其力的道路，参加到生产劳动之中。

禁烟禁毒禁赌禁娼运动，使社会环境得到净化，混乱局面趋向稳定，也教育了广大人民群众，树立了新生人民政权在人民群众中的崇高威望和地位，为社会新秩序的建立奠定了坚实的基础。

（三）宣传贯彻《婚姻法》

1950年5月1日，中央人民政府公布《中华人民共和国婚姻法》，明确宣布废除包办强迫、男尊女卑、漠视子女利益的封建主义婚姻制度，实行男女婚姻自由、一夫一妻、男女权利平等、保护妇女和子女合法利益的新民主主义婚姻制度。《婚姻法》公布后，重庆市即开始按照新的婚姻制度试办婚姻登记，在婚姻登记中进行《婚姻法》的宣传教育工作。人民法院对于受理的婚姻案件也能本着婚姻法的条文规定与精神，给予适当

---

① 《市公安局关于肃清烟毒流行运动的总结报告》（1953年5月15日），重庆市档案馆藏1001/4/18。

的合情合理的处理，同时为了保证妇女和子女合法权益获得应有的注意与重视，在审理婚姻案件中，实行了妇联的陪审制。实行《婚姻法》后，妇女维权意识增强，人民法院受理的案件中婚姻案件的比例明显提高。

但由于中国社会曾经长期受着封建主义的统治，封建思想和封建婚姻制度的残余，不仅在一部分人民中，甚至在不少干部中依然留有根深蒂固的影响。因此，在贯彻执行《婚姻法》中仍然横陈着不少障碍。首先，不少干部认识不足，还不能深刻地认识到《婚姻法》的政治意义，认为《婚姻法》只是妇女的事，宣传《婚姻法》只是妇联的工作。其次，干涉男女婚姻自由、侵害妇女人权的行为仍时有发生。为此，市委于 1951 年 10 月 11 日发出《关于贯彻执行婚姻法的指示》，要求各区委、各级政府及各群众团体党组，各工厂党委，结合政务院《关于检查婚姻法执行情况的指示》及人民日报社论《坚决贯彻婚姻法，保障妇女权利》，进行一次《婚姻法》的学习及执行情况的检查。通过对《婚姻法》的宣传与重点检查，不少群众受到了关于婚姻问题的教育，对《婚姻法》有了初步的认识，自由婚姻、民主和睦的家庭不断出现，寡妇再嫁、童养媳回家等新气象日益增多，因婚姻问题自杀、被杀事件日渐减少。这说明封建婚姻制度开始崩溃，新民主主义婚姻制度逐渐建立。但在贯彻执行《婚姻法》上，还存在着若干严重问题和错误认识。就全市范围看，贯彻《婚姻法》还不深入、不全面，不少干部与群众尚未完全深刻的懂得并拥护新民主主义的《婚姻法》。

为了进一步贯彻《婚姻法》，根据中共中央及西南局的指示，1953 年 1 月 17 日，市委发出《关于开展贯彻婚姻法运动的指示》，决定成立重庆市贯彻婚姻法运动委员会，并建立办事机构。随即各区委、企业党委、公安局直属党委相继成立了贯彻婚姻法运动委员会，并进行了重点试验、干部训练、《婚姻法》执行情况的调查研究及宣传材料的收集准备等工作。全市共训练了区、乡、厂矿等基层干部 35433 人[①]。随后自 1953 年 2 月 20 日至 3 月 25 日开展了全市性的大规模的“贯彻婚姻法运动月”。

---

① 《市委关于贯彻婚姻法运动月的总结报告》（1953 年 5 月 15 日），重庆市档案馆藏 1001/4/18。

在运动月中，市、区各级部门组织运用各种宣传力量与宣传工具，根据中央发布的宣传提纲精神进行广泛宣传。据统计：各区共出动报告员 602 人，传授员 259 人，宣传队员 28133 人，共举行 1495 次报告会，召开 6323 次宣传解释会。同时，召开了婆婆会、丈夫会等其他各种类型的会和进行“家庭访问”，仅一区就访问了 68902 户，占全区总户数的 62%。还举办了展览会、广播会，出动广播宣传车，组织曲艺队到郊区农村、工厂演唱，放映电影，等等 ①。

经过广泛宣传，《婚姻法》家喻户晓、深入人心。广大群众普遍受到了一次深刻的教育，普遍树立起婚姻自由、男女平等的思想，开始形成新的社会风气。初步划清了新民主主义婚姻制度与封建主义婚姻制度的思想界限，改善了一部分旧的家庭关系，新型的家庭关系大批出现。普遍提高了男女群众劳动生产的积极性，特别是妇女在摆脱了封建婚姻制度与习惯的束缚以后，社会地位有了很大提高，生产积极性显著提高。

（四）开展司法改革

自重庆解放至 1952 年 9 月两年多的时间里，各级人民司法机关配合土地改革、镇压反革命、“三反”“五反”等一系列群众运动，共受理了 82300 余民事、刑事案件，处理了 17800 余婚姻案件 ②，保护了人民权益，维护了革命秩序，巩固了人民民主专政，并在各项工作中创造和积累了不少经验，锻炼了干部。但同时从各种群众运动中，特别是“三反”运动中，暴露出各级人民司法机关组织不纯和思想不纯的严重现象，特别在留用的旧司法人员中最为严重。为改变司法工作中的这些现象，加强人民民主专政，遵照中共中央和西南局有关司法改革的指示，从 1952 年 9 月 1 日至 10 月底，全市开展了群众性的司法改革运动，采取以市法院为重点，区县法院同时开展和内外群众同时发动的办法，分号召动员与发动群众、普遍检查与揭发检举、组织整顿三个阶段进行。

---

① 《市委关于贯彻婚姻法运动月的总结报告》（1953 年 5 月 15 日），重庆市档案馆藏 1001/4/18。

② 《市委关于司法改革工作的报告》（1952 年 9 月 9 日），重庆市档案馆藏 1001/3/18。

运动开始后,针对旧司法人员存在的恐惧思想和对抗情绪及部分新、老干部因认识不足抱着“无所谓”的态度,经过座谈动员、学习文件,并采用自我检查和相互检查相结合及典型批判、推动全盘的办法,帮助旧司法人员端正态度,统一思想认识,联系实际检查思想和工作。同时发动宣传员深入乡、村、所、段,组织学习宣传,广泛发动群众。

在普遍检查与揭发检举阶段,开始一般群众特别是当事人还有思想顾虑,揭发检举材料不多。为打消顾虑,市委召开会议,明确由一般群众的发动转向重点对当事人的发动,由各区县分区、所、段召开当事人会议,反复交代政策,并以所为单位,普遍设立群众检举接待室,揭发检举很快达到高潮。市和各区再相继召开大会,改判了部分案件,法院负责同志当场作了检讨,并结合处理了一批违法失职的司法人员,对当事人挨家挨户进行走访,鼓舞了群众的情绪,推动了内部检查和外部揭发。

对于群众检举材料,采取检举材料、调查报告和自我检查三者相结合的方法进行核实对证,分不同情况进行处理,做到件件有审查有交代。对情节重大必须改判的案件,由法院负责人亲自负责慎重处理,对工作作风恶劣的,由被检举人当面向群众检讨道歉。

检举材料处理完毕,随即处理失职人员。首先明确交代政策,在群众中作好思想动员,然后采取“自报公议,领导审核,上级批准”的办法进行处理。由于正确掌握了“思想检查从严,组织处理从宽”“坚持错误抗拒运动从严,自动彻底检查从宽”的处理方针,基本做到了留者安心、去者愉快、被惩办者服罪。失职人员处理完毕后,重新配备人员,调整组织机构,健全各种工作制度,专门组织力量,依靠群众清理积案。

这次司法改革运动,全市共动员机关干部 290 人,宣传员 1.1 万余人,共收到群众检举材料 12206 件,共处理司法人员 103 人,其中逮捕法办 2 人,清洗 1 人,行政处分 14 人,调离司法部门 77 人,调离审判部门 9 人[①]。

---

① 《关于司法改革工作报告——罗士高副市长在本市三届二次各界人民代表会上的报告》(1952 年 11 月 5 日),《重庆市政》第 65 期,第 6 页。

通过司法改革运动，一方面提高了广大人民的觉悟，为司法工作提出许多好的建议；另一方面也纯洁了司法干部队伍，提高了司法干部的思想觉悟和工作水平，改善了工作作风，增强了人民司法工作为人民服务的思想，为生产建设的恢复与发展创造了良好的社会环境。

（五）开展教育文化卫生改革

新中国成立初期，存在大量文盲。据市公安局统计，截至1950年2月，重庆市人口总数为108.6万人，其中大学文化程度的为1.87万人，中学文化程度的为11.29万人，小学文化程度的为31.31万人，文盲（包括6岁以下儿童）为63.56万人，占总人口的比重分别为1.85%、10.52%、28.96%和58.67%。教育和文化事业的恢复，成为三年恢复时期的重要任务之一。

《中国人民政治协商会议共同纲领》第41条规定："中华人民共和国的文化教育为新民主主义的，即民族的、科学的、大众的文化教育。人民政府的文化教育工作，应以提高人民文化水平、培养国家建设人才，肃清封建的、买办的、法西斯主义的思想，发展为人民服务的思想为主要任务"。按照这一规定，市委确定了文化教育工作方针："开展人民的文化教育事业，当前的教育事业，除注意一般文化科学教育之外，应普遍推行为人民大众服务的教育，与生产劳动相结合的教育，来扫除帝国主义、封建主义、官僚资本主义的旧的思想影响，和克服轻视生产劳动的观念。"① 在这一方针的指导下，重庆主要从四个方面进行了改革。首先，在学校内部推行民主改革。植根于半殖民地、半封建社会的旧学校的管理体制具有浓厚的专制色彩，教职员工和学生无权问津学校事务。为改变这种状况，市教育局在中学推行校务委员会制度，使之成为学校民主领导机构，改变了中小学校长独揽人事大权的传统，建立起统一的人事管理制度。同时，为配合学校行政机构的民主改革，确立了必要的会议制度，学生组织如学生会、青年团、少先队等也应运而生，彻底废除过去在小学教育中普遍存在的体罚教育。其次，实施"教导合一制

---

① 陈锡联：《关于重庆的接管工作》（1950年1月24日），《新华日报》1950年1月25日。

度”。在国民党统治时期，学校教育基本承袭英、美教育制度，“教”和“训”分而治之。人民政府接管学校后，迅速废除训育制度，改教务处为教导处，实施符合全面发展原则的“教导合一制度”，从1951年起，取消中小学具有过渡性的生活辅导行政编制，代之以副教导主任制，专事学生思想教育工作。再次，改革课程设置，贯彻爱国主义的思想政治教育。为了适应新社会对人才的需要，除保持数学、物理、化学、历史、地理等基本文化课程外，在大、中、小学取消了公民、党义、训育、军训、童训等科目，代之以主要传授爱国主义精神的政治课，文化基础科目的教材大都进行了改编。此外，推行教学方法改革。如推行教学观摩制和启发式教育，在经费普遍紧张的情况下，一些学校努力创造条件，发动学生收集标本，自制模型，进而充实了教学设备，丰富和生动了教学内容。

1951年到1952年，根据中央和西南局的指示，重庆各地还在教师中进行了思想改造，促进了知识分子立场、世界观的转变，在很大程度上克服了帝国主义、封建买办和资产阶级的思想影响，提高了爱国主义觉悟，增强了为人民服务的观点，获得了前进的方向和力量。

经过解放后三年的改革，重庆学校教育得到全面恢复，逐步建立起与生产相结合的、服务于广大人民群众的新型文化教育体系。截至1952年底，重庆普通中学47所，中等专业学校30所，小学1890所，在校生人数分别为27457人、11034人和320843人，比1950年分别增加33.08%、74.23%和31.16%[①]。高等教育方面，为适应国家大规模经济建设对人才的迫切需要，除对原重庆大学进行改扩建外，还根据国家建设的需要，相继成立了一批新的院校。如1950年先后成立的西南师范学院（今西南大学）、西南俄文专科学校（今四川外国语大学）、西南人民艺术学院（今四川美术学院）、西南农学院（今西南大学）和西南交通专科学校（今重庆交通大学）；1951年成立了重庆土木建筑学院（今并入重庆大学）等。到1952年底，重庆共有高等学校8所，在校生人数从1950年的5326人增加到7393人，增幅达38.81%。在培养大批建设人才的

① 重庆市统计局：《1950—1965年重庆市国民经济统计资料》，重庆市档案馆藏1082/3/448。

同时,也初步奠定了今天重庆高等教育体系的重要基础。

在三年恢复时期,为适应新中国经济建设和社会发展的需要,在教育恢复与重建中,重庆还广泛开展以扫盲教育为目的、以工农业余教育为中心的社会教育工作。主要采取创办夜校识字班、建立人民文化馆、组织工厂职工业余教育委员会和工厂文艺工作委员会等形式,广泛开展“以工教工”“以农教农”的读书运动,吸引工农群众参加学习;大力开展各工厂的文化教育活动,丰富广大人民的业余文化生活。至1951年底,全市共成立正式的职工业余学校121所,参加学习的固定职工达5.08万人;各厂矿企业中,90%以上都成立了业余学校或业余学习班;农民和街道居民也建立了485所业余学校,参加学习的人数达到19.68万人。仅巴县农村利用冬闲时间组织冬学的入学农民就达13万多人[①]。这其中,西南军区祁建华发明的“速成识字法”起到了重要作用,这个识字教学方案能使一个文盲在不到30天的时间里,学会3000多个常用汉字,并且会读、会写、会运用。在当时的中国人民解放军文化大练兵中使全国5000多万人摘掉了文盲帽子。

重庆解放后,文艺战线遵照毛泽东“文艺为工农兵服务”的方针,为满足广大人民群众的需要,首先开始了对旧文艺的改造和各行业协会组织的筹组。1950年共组织654名旧艺人进行政治学习和文化学习,改造旧思想、旧意识,提高政治觉悟和文化水平,为整个戏剧界的改革打下基础;同时组织市文协、剧协、美协等筹备会,正式成立了市音协和曲艺改进会,以公私合办的方式开办了“大众游艺园”,开展丰富多彩的文化艺术活动,使新的社会风尚和正当的娱乐方式逐渐形成。之后,又通过对文艺界的整风,使广大文艺工作者逐步认识到文艺为工农兵服务、为生产建设服务的道理和意义,全市的文艺工作在整顿和改造中得到发展。

电影是当时人们文化生活的重要方式和主流意识形态进行政治思想宣传的重要手段,因此电影事业成为整个文化事业恢复的重点之一。政府加强了影院的建设,尤其是郊区电影院的建设和对农民的巡回放映

① 《重庆市人民政府关于1951年政府工作的报告》,《重庆市政》第59期,第9页。

工作。电影院数量从1950年初的8家增加到1952年底的13家。座位数从8042个增加到11293个，观众人数从340.8万人增加到841.2万人，增幅分别达到40.4%和146.8%。从电影内容看，国产片的放映场次不断增加，从1950年的仅669场，增加到1952年的4402场①。

戏曲艺术方面，经过三年的改革和调整，戏曲文化日渐繁荣，看戏、听戏成为人们除看电影外的又一主要娱乐方式。到1952年底，重庆有川剧、京剧、越剧、汉剧和杂技5个剧种；有13个剧团，包括京剧团、汉剧团、越剧团、杂技团和9个川剧团；有13家剧院，如一川大剧院、人民剧场、实验剧场等，经营上采取公营、私营和公私合营等不同方式。这些剧团及演职人员经过文艺整风、思想改造后，党的文艺为人民大众服务的文艺方针逐步得到贯彻，演艺界除改编了49部川剧等传统戏曲外，还创作了一些新剧，如《刘胡兰》《从胜利走向胜利》《模范村》等。1952年，剧场座位数和观众规模均有大幅增加，达到10486个和440.68万人次，分别是1950年的2倍和2.6倍②。

群众文化体系的初步建立及其文化活动日趋活跃，在三年恢复时期具有特殊的意义。这种群众文化以各级工会组织和各区文化馆为依托，以广大工人群众和社区居民为主体，以对人民群众进行业余文化教育和丰富群众文化生活为目的，由此形成市民文化活动的基本模式。群众文化活动的形式丰富多彩，主要有自编自演话剧、秧歌和腰鼓舞、歌咏比赛、美术书法和写作等。而且各种活动开展频繁，群众参与热情十分高涨。1952年4月，西南地区首届运动会在大田湾体育场举行。从此，以篮球为主的群众性体育活动蔚然成风，打篮球或周末球赛、星期日球赛成为人民群众新的娱乐方式。这种情况表明，随着国民经济的恢复和财政收支平衡的实现，人民群众收入的逐步提高，人们的生活方式正在悄然发生变化。

由于重庆是西南军政（行政）委员会的所在地及中央直辖市，因而重庆作为西南地区文化中心的作用较为突出。当时，一大批或隶属西南

① 重庆市文化局:《重庆市一九五二年文化事业概况表》，重庆市档案馆藏1085/1/121。

② 重庆市文化局:《重庆市一九五二年文化事业概况表》，重庆市档案馆藏1085/1/121。

局直接管辖，或冠以“西南”二字的学校和文化机构在重庆相继建立。如高等院校有西南师范学院（今西南大学）、西南人民艺术学院（今四川美术学院）、西南农学院（今西南大学）和西南交通专科学校（今重庆交通大学）等；新闻出版机构有西南局机关报《新华日报》、新华书店西南总分店、西南新闻出版局、西南人民广播电台、西南人民图书馆、西南人民出版社、西南人民科学馆等。这些文化设施和文化机构的建立，不仅表明重庆已经建立起较为完备的新文化体系，为日后重庆文化事业的发展奠定了坚实的基础，而且也显示了重庆作为西南地区文化中心的地位。

这一时期，由邓小平题写宫名的“重庆市劳动人民文化宫”的建成，更是重庆文化建设史上的一件大事。重庆市劳动人民文化宫在原川东师范学校旧址的基础上于 1951 年 7 月 1 日正式动工兴建，1952 年 8 月 5 日竣工。该宫占地面积 8.27 万平方米，是重庆市最大的职工文化体育活动中心。它的建成，不仅对丰富广大职工的业余文化生活具有重要意义，而且还在一定程度上改变了市区的面貌，迄今仍是重庆市重要的文化活动场所之一。

1950 年，拥有 100 多万人口的重庆，卫生设施严重短缺，卫生条件非常落后，全市医疗机构仅 123 家，医疗床位数仅 2436 张，城市环境卫生恶劣，到处污水横流，垃圾随意堆放，人民的身体健康受到严重影响。恢复和发展卫生事业，改善城市卫生环境，成为这一时期的重要任务。

在国家卫生部提出的“面向工农兵、预防为主、团结中西医”的发展卫生事业的三项原则指导下，为了让人民群众养成良好的卫生习惯，摒弃陈规陋习，全市开展了持续数年的全民爱国卫生运动，进行了声势浩大的宣传工作。卫生部门编写卫生防预简明材料，通过报纸、电台、群众性集会等渠道向群众广为宣传，并配制幻灯片，组织巡回宣传队，深入城郊各区放映。同时，依托各级工会、青年团、妇联等组织，形成数万人的宣传队伍。采取“责任区制”“固定包干”等办法，挨家逐户传播新的卫生理念。

三年恢复时期，重庆初步建立起了医疗卫生防预体系和妇幼保健制度。1952 年底，重庆各区和巴县均建立了区卫生消毒站、防疫站、疾病防治所、卡介苗接种站等预防机构,医疗机构增加到320家,床位增加到4071张,分别为1950年的2.61倍和1.67倍[①]。一些大中型厂矿企业也建立了自己的医院、卫生所,从而使公共医疗卫生资源严重短缺的情况得到一定程度缓解。三年中,在全市范围内建立了21个妇幼卫生保健站和1个妇幼保健院,托儿所数由1950年的10所增加到1952年的95所,收托儿童达4047人,其中工人子女占入托儿童总数的1/2[②]。

城市环境卫生方面,三年中,建立了街道清洁制度,先后发动两次大规模的群众性清洁卫生大扫除运动,组织群众清运垃圾、疏通沟渠、改阳沟为阴沟、填平污水塘,大范围开展灭鼠灭蚊工作,填埋粪坑,修建厕所等。从而在较短的时间内,使城市环境卫生得到初步改善,垃圾乱堆乱倒的现象日益减少,人们逐步养成爱清洁、讲卫生的良好习惯。

---

① 重庆市统计局:《1950—1965年重庆市国民经济统计资料》,重庆市档案馆藏1082/3/448。

② 曹荻秋:《三年来重庆市政建设的成就》,《重庆市政》第59—66期合订本,重庆市档案馆藏。

第三章

恢复国民经济和各项建设的展开

一、稳定物价与整顿财政金融

解放后,迅速医治战争创伤,恢复国民经济和城市发展活力,建立新民主主义经济基础,成为各级党委和政府面临的首要而迫切的任务。对于工商业在国民经济中占据主体的重庆而言,首先面临的严重困难是经济秩序混乱,物价波动频繁和币制极为混乱等问题。于是,稳定物价、整顿财政金融便成为恢复国民经济的首要条件。

(一)稳定物价

解放初,不法奸商趁市场混乱、物资匮乏之机,哄抬物价,囤积居奇,制造混乱。据市财委的市场调查:1950年1月26日至2月3日的9天时间中,重庆市场上几种主要商品价格平均上涨66%。其中,米上涨184.46%,纱上涨70.51%,人民生活受到严重影响。为了平抑物价,西南区粮食、花纱公司在重庆市内有计划、有针对性地抛售大米、棉花,物价暂时稳定。但到2月13日春节前后,全市再度出现以米、纱为主的全面物价猛涨,10日之内,市场主要商品价格平均上涨85.5%①。5月下旬,

① 中共重庆市委党史研究室编:《城市的接管与社会改造》(重庆卷),西南师范大学出版社1995年版,第12页。

及时采取征税、发行公债、紧缩通货、有计划地调拨和大量抛售物资等措施,市场物价由涨转跌,日益趋稳,人心渐安。为把货源控制在公有制经济手中,确立国营商业在流通领域中的主导地位,保证市场供应,稳定物价,西南贸易部先后在重庆建立了 6 个大区级国营商业批发机构;重庆市也相继成立零售粮食、百货、五金、交电、化工、医药等 10 家市级国营商业机构,初步形成了国营商业批发、零售体系。为了集中人民手中的游资为生产资金,西南财经委员会借鉴上海、武汉等大城市经验,在重庆实施"折实保值储蓄",以大米、白布、菜油、盐、煤 5 种实物按当日牌价的总和折成"折实单位"。全市银行举办折实储蓄,市民存储支取均按当日《新华日报》公布的牌价支付。举办 4 个月后,直到物价基本稳定停办。市财经委员会于 1950 年 5 月对 42 种物品的物价进行市场调查,其总指数比两月前只上涨了 0.94%[①]。

1950 年 6 月朝鲜战争爆发后,军需物资吃紧,市场供应一度紧张,一些不法商人认为有机可乘,便囤积居奇,哄抬物价,致使市场物价在一个月之内暴涨 23%,尤其是不为国营商业公司控制的西药、面粉、五金器材、汽油等商品,上涨幅度更为惊人,部分绸布、面粉、卷烟商乘机进行投机的期货交易。为了彻底根治市场的混乱现象,建立市场新秩序,发挥市场调剂供需、联系产销的积极作用,以稳定物价、取缔投机、保障合法贸易,市工商行政管理部门对主要交易市场进行整顿和管理。先后在市内建立了粮食、花纱、布绸、山货、药材、西药、五金、液体燃料、油脂、面粉、干菜、土布、颜料、卷烟原料、食糖 15 个行业的市场管理委员会,使原来分散的茶馆码头交易,逐渐趋向集中,初步建立起交易制度,减少了盲目刺激市场的因素,便利了城乡交流。为保证人民生活必需品的供应,稳定零售市场价格,市零售公司从 1950 年 4 月至 10 月,在市区和郊区共开设了 30 家零售商店,专门经营粮、盐、油、布等,加强了政府对市场的干预能力,保障了市场物价的稳定。

随着工农业生产的恢复和发展,城乡物资交流日益扩大,市场日趋活跃,商业也出现了淡季不淡、旺季更旺的繁荣景象。市场成交量显著

① 蓝祯伟、魏仲云:《丹心铁骨曹荻秋》,重庆出版社 2009 年版,第 136 页。

增多，1951年比1950年面粉成交量增加7.49倍，大米增加1.86倍。1952年7月，西南物资交流大会在重庆召开，重庆公私代表团交易总额达5780余万元，其中私营占26.46%[①]。这对活跃城乡经济、繁荣市场，进一步加强工农联盟，促进工农业生产起到很好的作用。

稳定物价斗争的胜利，使解放前长期困扰人民的通货膨胀、物价飞涨问题，在解放不久即获得解决，人民群众的生活基本稳定下来，大大提高了人民政府的威信，密切了党和群众的关系。

（二）整顿财政金融

解放初期，受通货膨胀的影响，市场上币值极为混乱，银元券、银元、黄金、外币和人民币同时流通。由于当时随军带入重庆的人民币太少而暂时不能占据主币地位，一时间，金融投机活动十分猖獗，造成各业资金周转困难，严重影响工商企业的恢复和运转。为了整顿紊乱的金融市场，安定人民生活，1949年12月10日，市军管会发布《关于使用人民币及禁止使用伪币的规定》布告，宣布人民币为市场流通唯一合法货币，一切伪币如银元券及银元辅币券作废，禁止流通。

银元券本是国民党用以掠夺人民的工具，新的人民政府是完全可以不必负责的。但为了减少人民群众的损失，照顾人民群众的生活，在经济处于十分困难的条件下，市军管会仍然根据当时市场上的实际购买力，规定按人民币100元（旧币）合银元券1元的比价，限期五天兑换银元券，共兑出人民币10.13亿元（旧币），银元券很快就退出流通。同时，采取照顾债权人与债务人双方利益的原则，确定银元与银元券的比价在100∶250至100∶300，由债权人与债务人双方协商比值转换人民币。至1950年1月中旬全市银元券债权债务清理了30%[②]。

银元券废除后，人民币与银元同时并存，银元与人民币的自然比价是1∶4000。人民币还占领不了市场，市场物价也没有统一标准，人民群

① 中共重庆市委党史研究室编：《城市的接管与社会改造》（重庆卷），西南师范大学出版社1995年版，第12—13页。

② 中共重庆市委党史研究室编：《城市的接管与社会改造》（重庆卷），西南师范大学出版社1995年版，第11页。

众对人民币还缺乏信任。为统一市场货物标价,同时照顾人民群众使用银元的习惯,市军管会根据全国主要城市的物价情况,以能促使内外交流为原则,将银元与人民币的比价定为 1∶6000。但金融投机分子却趁机兴风作浪,制造金融市场混乱,造成银元黑市猖獗,不断升值,由 6000 元的挂牌价格一度上升到 9000 元以上。市场出现商人拒收人民币,市近郊甚至出现以物易物的原始贸易现象,棉纱也被作为货币流通,已消失多年的铜板也成了通货。一时人心浮动,物价上涨,银元黑市愈演愈烈,大街小巷都可听到倒兑银元的“银牛”手中敲击银元的叮当声及叫喊声,城区米亭子、较场口、两路口一带形成喧嚣的银元黑市。

一场整顿金融市场秩序,打击银元投机的斗争迫在眉睫。1950 年 1 月 20 日、2 月 22 日,市军管会相继公布西南军政委员会制定的《西南区金银管理暂行办法》和《西南区管理私营银钱业暂行办法》,严禁金银外币计价流通和私下买卖,严格取缔金银黑市交易,加强对私营金融机构的管理和监督。规定人们可以持有银元,暂不兑换。这样虽对持有少量银元的市民有些不便,但数量不多,影响不大,而主要限制了持有大量银元的地主官僚和投机商人的非法活动余地,国家也避免了因大量增大货币发行量导致物价上涨的风险。同时,国家按规定牌价,分别由人民银行收购黄金,中国银行收购外币,以充实国家黄金和外汇储备。

为了树立人民币的信誉,1950 年春,全市广泛发动群众,运用报纸、广播大造舆论,宣传《拥护人民币宣传提纲》,组织“拥币拒银”的万人大游行。以工人、学生为主力,运用文娱、秧歌的形式,在工厂、街道和农村场镇宣讲人民币是保护人民群众根本利益的唯一合法货币。由于广泛深入的宣传动员,广大工农群众反映强烈,纷纷要求统一币制,取缔金银黑市投机行为,为人民币的正常发行、流通澄清了认识,扫除了障碍。

在整顿金融市场、货币流通与加强金银管理的同时,在西南财经委员会的统一部署下,全市积极依法开展打击破坏人民币信誉和金银黑市投机的违法犯罪活动。市警备司令部和市公安局联合出动军警,全力扫荡米亭子、较场口、两路口 6 处银元黑市。自 1949 年 12 月至 1950 年 9 月的 10 个月内,市公安机关依靠群众,查处 1083 起扰乱金融市场案件,捉获各种人员 968 人。仅 1950 年上半年就收缴非法黄金 122 万市两，白银 568 万市两，银元 132 万元，美金 100 万元[①]。

此后，“银牛”开始流窜到背街小巷和乡场继续活动。为彻底摧毁银元黑市，市政府动用人民银行库存的银元，组织人员分头到“银牛”活动的地方，用高于市场的比价大量收购人民币，这一招很见效，“银牛”很快败下阵来，银元黑市被彻底摧毁，“银牛”也销声匿迹，人民币完全占领了重庆金融市场。

（三）统一财经

要使物价真正稳定下来，必须平衡财政收支，解决大量财政赤字问题。1950 年 2 月 13 日至 25 日，政务院财经委员会在北京召开新中国成立后的第一次全国财经会议，决定节约支出，整顿收入，统一全国财政经济管理。3 月 3 日，政务院发出《关于统一国家财政经济工作的决定》，决定采取统一全国财政收支、统一全国物资调度、统一全国现金管理等措施。同日，中共中央发出《关于统一国家财经工作的通知》，要求各级党委“必须用一切方法去保障这个决定的全部实施”。

1950 年 3 月 28 日，副市长曹荻秋在市第一次党代表会议上作《贯彻执行中央人民政府财政经济工作的决定》的报告，决定根据中央的精神和重庆的具体情况制定具体方案，保证贯彻执行。一是整顿编制，制定全年预算。成立以曹荻秋为主任委员的市整编委员会，分配市委、市政府、公安部门、工农青妇、文工团和各区人员编制数字，并从人力、物力、财力各方面厉行节约。同时成立全市的物资清理委员会，有计划地清理物资。二是整顿收入，求得收支平衡。改变轻税观点，加强征税，控制税源，同时健全税收机构，布置税收网络。三是争取物价继续稳定。采取举办零售公司与零售商店以及试办合作社等办法增加国营经济成分，逐步有计划地恢复公营企业，对私营企业尽可能扶持，完成公债推销，实行现金管理。

① 中共重庆市委党史研究室、重庆市档案馆编：《新重庆的起步》，西南师范大学出版社 1996 年版，第 188 页。

在各级党委政府和人民的共同努力下，政务院的决定很快得到全面贯彻并收到成效，市场物价基本稳定下来，这是重庆解放后党和政府在财经战线上一个具有重大意义的胜利，从此结束了国民党统治时期自抗战以来使人民深受其苦的恶性通货膨胀和物价飞涨的局面，也结束了旧中国时期重庆几十年财政收支严重不平衡的局面，为安定人民生活，恢复和发展工农业生产创造了有利条件。

二、国民经济恢复及其新变化

为恢复和发展国民经济，在中共中央西南局、西南军政（行政）委员会的直接指导下，各级党委和政府采取了一系列切实有效的措施。经过三年的艰苦努力，到 1952 年底，重庆市的国民经济不仅得到恢复，而且有较大发展，国民经济结构也出现了一些新的变化。

（一）恢复国民经济的主要措施

初步建立计划经济运行机制。为了消除国民党时期经济上的无序状态，加强对经济恢复的统一领导，按照中央统一全国财经的部署，重庆也在统一财经的基础上，初步形成了计划经济运行机制。1950 年 3 月，市委在《关于重庆市今后工作方针及几个具体问题的决定》中就提出了有计划地管理好经济工作的方针，这就是开展长期的、有计划地恢复与发展生产的工作；强调必须制定全市公营、私营生产与贸易的大体计划，对生产和流通给予计划指导，制订生产计划。同时，按照中央的要求，市政府成立了财政经济委员会，全市计划工作归市财委负责。重庆市从 1950 年到 1953 年为西南军政委员会所在地，是西南大区政治、经济、文化中心，实行中央直辖市计划管理体制。这一时期，重庆市计划管理直接受西南财经委员会的领导。重庆市作为省级计划单位，其计划纳入全国综合平衡，实行中央、大区、市、县四级计划，但以中央和大区计划为主。当时，占重庆市工业总产值 53% 的工业企业是中央直属企业，计划由中央直接下达;市属企业的工业产值仅占 17.1%[1],中央计划起主导作用。其次是西南大区的计划。西南大区一级的商业、物资供应站都设在重庆,西南大区的商业、物资、运输计划对重庆的经济也产生了重大的影响,对重庆在西南经济中心的作用起到了推动效果。

在这种初步的计划经济的指导下,市财委主要通过制订年度生产计划,综合运用财政、税收、信贷、价格等经济手段和经济合同对全市国营、公营、公私合营、合作经营、私营等不同性质的经济实体进行管理,并通过控制税源、以销定产、控制公务人员编制、增加国营经济成分、试办合作社等措施,有效地在较短的时间内使全市大多数工商企业恢复了生产。

扶持私营工商业。重庆是全国著名的工商业城市,私营经济在国民经济中占有很大比重。1950 年,国营经济占工业总产值的比重为 22.93%,公私合营占 14.5%,合作组织占 0.7%,私营占 61.87%。在商业中,私营经济占批发额的 73.94%,占零售额的 96.49%[2]。但是,绝大多数私营工商业因资金短缺、货源不济、产品滞销等原因处于停业歇业状态,帮助这些企业恢复生产,对于国民经济的恢复和发展有重大意义。

1950 年 4 月,为扶助工矿交通企业恢复生产,在中国人民银行重庆分行指导下,成立了重庆市金融联合贷款团,开始办理贷款业务,从资金上给予私营工商企业大力扶助。到 5 月底,共贷出款项 474 万元,其中 90% 以上贷给了私营厂商,对恢复生产、发展交通起了重大作用。在政府和工人的共同努力下,29 兵工厂和渝鑫钢厂等骨干企业迅速恢复了生产。5 月,西南军政委员会贸易部为扶助重庆市航运业,耗资 60 万元,替各私营轮船公司储存煤炭 1.6 万吨,以保证在长江洪水期到来时不致发生煤荒。政府还向各轮船公司贷款 93.8 万元,5 月底基本恢复了航运业。同时,市政府采取加工订货、收购代销等方式扶助私营工商企业。1950 年 2 月至 5 月,政府订购 8.6 万多吨煤,帮助各煤炭企业克服产品滞销困难。为扶持钢铁机械业生产,修建成渝铁路所需的第一批

---

① 周勇主编:《重庆通史》第 3 卷,重庆出版社 2003 年版,第 1457 页。

② 重庆市统计局:《1950—1960 年重庆市国民经济统计概要》,重庆市档案馆藏 1082/3/83。

器材分配给私营机器工厂承制的达500余吨,使停工已久的近30家大中型钢铁、机器厂于1950年6月重新开工,并由此带动400余家小型工厂陆续恢复生产。市粮食公司先后供给40多家碾米厂加工米7.8万余石,花纱公司在3个月内供给棉织业棉花7.1万担,使拥有12万锭的重庆棉纱工业得以迅速恢复。到1950年5月底,国营贸易公司向私营厂商收购各种货品投放的现金总数达1284万元,各花纱公司收购纱、布投放现金362万元,油脂公司投放现金78万元①。这些措施极大地鼓舞了私营工商企业的生产积极性,促进了经济的迅速恢复。

没收官僚资本,建立国营经济。官僚资本是国民党反动政权的经济基础,垄断了全国的经济命脉。由于曾经作为抗战陪都,官僚资本在重庆的经济构成中占有很大比重。没收官僚资本的一切工厂、矿山、铁路、轮船、银行和其他事业,并把它们改造成为社会主义国营经济成分,使之在国民经济中占据领导地位,为社会主义制度的建立创造条件,是中国新民主主义革命的重要任务之一。

1949年12月5日,市军管会开始向原国民党政府所属官僚企事业单位派出军代表,并召开员工大会,阐明接管方针,宣讲《接管约法八章》。在各单位广大群众的支持、协助下,财经、交通、后勤接管委员会先后完成了对官僚资本的接管工作,随即在这些企业推行民主改革,废除不合理的经营机构和经营管理方式,成立了工厂管理委员会;建立合理的工资制度和生产责任制;规定生产定额,技术标准;严格核算成本,裁汰冗员,并对旧的技术人员进行思想改造,使他们自觉地为人民服务。到1950年1月上旬,完成了对官僚资本的没收工作。全市共没收官僚资本企业80个,固定资产1.27亿元,占全市工业总产值的79%②。没收过程中,原企业中的工程技术人员、管理人员大都留用,基本上没有发生生产停顿或企业设备被破坏的现象。随后通过民主改革,把它们改造成为全民所有制国营企业。又根据中央的决定,把民营四川畜产公司、宝元通兴业公司先后转为国营中国畜产公司、国营西南百货公司。此外,

---

① 方大浩:《长江上游经济中心重庆》,当代中国出版社1994年版,第93—94页。

② 中共重庆市委党史研究室:《中国共产党重庆地方简史》,重庆出版社2006年版,第118页。

还开办了一批零售、信托公司等国营企业。

1951年1月5日和2月4日，政务院先后发布《企业中公股公产清理办法》和《关于没收战犯、汉奸、官僚资本家及反革命分子财产的指示》。根据这两个文件，重庆市又对隐藏在私人资本主义企业中的官僚资本作了彻底清理。将官僚资本与民族工商业资本合办的179户企业中属于官僚资本的股金全部没收转为国家股金，改为公私合营企业；把清理的敌产和公股公产、私营企业有公股公产的28家转为公私合营[①]。同时，根据国家的需要和资本家的申请，对聚兴诚银行、和成银行、民生轮船公司、天府煤矿等对国计民生至关重要的企业实行公私合营，形成重庆市的国家资本主义经济。

解放初期，中央人民政府曾允许外资在遵守中国法令的条件下，继续经营原有企业。但是，由于外资是依仗帝国主义的特权而发展起来的，随着这种特权的取消，大部分便难以为继，有的宣布歇业，有的则请求转让。朝鲜战争爆发后，1950年12月16日，美国政府宣布冻结中国在美国的公私财产，对中国实行封锁禁运。为了维护国家的尊严和民族利益，中国政府于12月28日发布《关于管制美国在华财产、冻结美国在华存款的命令》，针锋相对地宣布管制和清理美国政府和美国企业在华的一切财产，冻结美国在华的一切公私存款。于是，1951年1月31日，市军管会宣布管制在渝美商财产。此后，采取接管、征用、代管等方式，陆续将在渝的外国大使馆、领事馆、企业、银行、教会医院和公私房产收归国有。原接受外国津贴和外资经营的文化教育、救济机关及宗教团体，也纷纷到军管会重新登记，从而割断了与各帝国主义国家的联系。

解决劳资纠纷。解放初期，重庆私营工商业的劳资关系一度出现混乱，部分企业还出现了工人罢工的事件，原因在于一些倒闭企业所带来的解雇欠薪纠纷、部分工商业者对劳资两利政策的疑虑和部分工人对两利政策了解不够，在实际问题处理上不免有些偏向而形成的。针对这种情况，1950年1月23日，在重庆市第一届各界人民代表会议上，西南军

---

① 中共重庆市委党史研究室编：《城市的接管与社会改造》（重庆卷），西南师范大学出版社1995年版，第7—8页。

政委员会主席刘伯承指出:“恢复生产必须适当解决劳资问题,在工人职员方面应积极工作,照顾到资方有利可图,以获得自己生活所必要的工资,不可过高要求;在资方则应在正当途径上获得利润,不可过低发给或施以不合理的待遇,尤其要改变过去压迫工人的观点。现在应该双方协商,合理解决,订立合同以实现劳资两利。”① 以这个讲话为指导方针,1 月 29 日,重庆市成立了有政府和资方代表参加的劳资研究会,开始谨慎稳重地处理劳资纠纷。3 月 10 日,市委发出《关于订立劳资集体合同的指示》,一方面要求订立劳动合同,以稳定工人就业;另一方面宣传劳资两利、共同克服困难的思想,说服工人不提过高的要求,坚持低工资政策。而后市军管会公布了全国总工会发出的《关于劳资关系暂行处理办法》等文件,市政府也正式成立了劳动争议仲裁委员会,专事调解劳资纷争。

6 月以后,在订立劳资集体合同的基础上,市委及市总工会筹委会又广泛号召各单位建立劳资协商会议。到 11 月底,全市建立了劳资协商会议 48 个。协商会议作为劳资双方讨论、商议、决定企业生产、生活和其他重大问题的机构,遵循着发展生产、繁荣经济、平等协商、劳资两利的原则,使劳资双方经常见面,互相了解,及时协商,适当解决劳资双方的纠纷,消除了过去互不信任的局面。截至 1950 年 10 月,全市调处劳资纠纷共 1862 件②。在处理中,工人阶级在工会的领导下,照顾生产的实际困难,主动减低工资和待遇,以团结资方合力争取生产的维持和恢复。

经过各个协商会议的努力,全市劳资矛盾得到缓和,也促进了生产发展和职工生活的改善。同时,在这一过程中,促进了工人阶级的自身改造,有力地贯彻了党的统一战线政策,团结教育了资方,促使其自觉接受工人阶级的领导,初步建立起平等、民主、两利的劳资关系,从而调动了社会各方面的积极性,人们齐心协力地投身到恢复和发展社会经济的事业中,使处于瘫痪的国民经济在较短的时间内恢复了元气,战争的创

① 中共重庆市委党史工作委员会编:《接管重庆》(内部编印),第 47 页。

② 方大浩:《长江上游经济中心重庆》,当代中国出版社 1994 年版,第 97—98 页。

伤逐步得到平复。

恢复发展农业生产。农业是国民经济的基础。为恢复发展农业生产，1950 年 3 月 1 日，西南军政委员会发布《关于 1950 年春耕及农业生产的指示》，要求西南各地争取把 1949 年的耕地全部继续保持生产，不得荒废，并在这一基础上争取略加提高。同时强调，必须解决好与春耕和生产有关的重要问题：坚决剿灭土匪特务武装；帮助农民解决春耕的困难，搞好劳力组织及畜力、种子、农具的调剂；凡能实行减租的地区，实行“二五”减租[①]，减租后农民仍应交租；严格执行合理负担政策；在土地改革前，原来的土地关系不予变动；严禁种植鸦片；整理灌溉，防止水患，兴修水利，推广良种，防治害虫；提倡种棉植麻，发展家庭副业；如有荒地，当地政府应组织农民与军队进行开荒生产；组织农民协会，由农会开办训练班，培养农村干部；各地人民解放军应积极协助人民生产，减轻人民负担。11 月 16 日，西南军政委员会又发布《关于 1950 年恢复整理小型塘堰工程的指示》，要求各地动员农民，趁农闲时间，将旧有淤塞或年久荒废的小型塘堰渠道予以恢复、整理和改善，并增筑新堰，以增大蓄水灌溉效能。在安排 1951 年的工作时，西南军政委员会仍然重点强调恢复和发展农业生产，要求“1951 年农业生产，至少应保持 1950 年的水平并力求略有提高。对于棉花、烟叶、甘蔗等特种农作物生产，尤应按已定计划保证完成。为了适应由于农村改革而出现的极端有利于发展城乡经济的新情况，必须鼓励公私企业部门，面向农村收购农村土产和使工业品下乡，并有重点地试办合作事业，把城乡交流畅通起来”。[②]

在西南局和西南军政委员会的领导下，重庆各地为了恢复发展农业生产，采取动员群众兴修水利、发放农业贷款、减轻农业税收、大力推广先进技术、提倡和发展供销合作、保护贸易自由、奖励丰产等措施，还根据积极领导、稳步前进的方针，引导农民按照自愿互利的原则发展农业互助合作社，并以互助合作社为中心开展农业增产运动，促进农业生产的恢复和发展。

① 即按原租额减低 25%。

② 中共中央文献研究室、中共重庆市委员会编：《邓小平西南工作文集》，中央文献出版社、重庆出版社 2006 年版，第 334 页。

1952年,重庆市农业总产值由1949年的9.7亿元(按1980年不变价计算,下同)增加到11.93亿元,增长22.99%;粮食总产量由1949年的197.5万吨增加到229.6万吨,油料总产量由1949年的1.81万吨增加到2.06万吨,农业保证灌溉面积由1949年的30.6万亩增加到39.2万亩。[①] 此外,万县地区农业总产值由1949年的5.02亿元增加到6.18亿元,增长23.18%,平均每年递增7.73%。全地区耕地面积比1949年扩大14.69万亩,农作物播种面积扩大71.54万亩,农业生产连年丰收。粮食总产量由111.1万吨增加到130.2万吨,增加17.20%,年均增长5.73%[②]。涪陵地区农业总产值达到3.08亿元,比1949年增长18.8%[③]。江津地区农业总产值为3.75亿元,比1949年增长16.7%,粮食总产量153.3万吨,比1949年增长15.3%[④]。

开展市政建设。重庆特殊的地理位置和地形特征,使建设成本高、难度大,加之自1929年建市以后一直处于战乱之中,国民政府不可能也无力投入更多的时间和金钱建设重庆。因此,解放初期,城市建设没有总体规划,各种建筑都漫无系统、凌乱不堪,道路凸凹不平,交通运输拥塞不便,没有可容纳较多群众集会的广场,码头没有整齐的石阶梯道,能够经常行使的公共汽车仅有11辆。如此等等,足以反映当时重庆道路等市政设施的残破、衰败。

为改变这种落后面貌,市政府将市政建设当作一项十分重要的工作任务,提出了“为工业,为生产,为劳动人民服务”的市政建设方针,开始拟订市政建设初步规划。同时,在资金十分短缺的情况下,投入大量资金用于市政设施的恢复和建设。1950年至1952年三年间,基本建设投资总额为12035万元,其中城市交通运输及邮电、城市公用和文教卫生及科学研究分别为247万元、2021万元和1485万元,占全市基建投资

---

① 中共重庆市委党史研究室编:《中国共产党重庆历史大事记》,重庆出版社2001年版,第7、15页。

② 万县地区农业志编纂领导小组:《万县地区农业志》(内部编印),第104页。

③ 《当代四川》丛书编辑部:《乌江门户涪陵》,当代中国出版社1995年版,第27页。

④ 中共重庆市委党史研究室永川编写组:《中国共产党永川地区党史大事记》(1949年11月—1983年3月)(内部编印),第41页。

总额的2.05%、16.71%、12.33%[①]。若将三者相加，则占全市基建投资总额的比例超过30%。这使得重庆在短短两三年时间内，市政设施建设发生了一系列重大变化。

道路建设方面，以渝中半岛为中心，修建沟通工厂、矿山、学校、城镇的城市道路系统及衔接成渝铁路、汉渝公路、成渝公路和水运码头的对外道路。1950年新筑了北区干路、捍卫支路、杨（家坪）石（桥铺）公路、中二公路及嘉陵新村公路，全长计8367米；拓宽和翻修了西部地区交通的主干线两（路口）九（龙坡）公路（今为长江路和杨九路）、中区干线以及牛角沱至小龙坎公路一段，全长计16671米。1952年，相继完成了江北公路、人和路、大河顺城街、杨（家坪）石（桥铺）公路等七条道路的修建并开始通车，工程施工52.64公里。从而初步改变了城区道路断头路多，交通十分不便的状况。如北区干路的通车，缩短了沿线与中心区的交通一倍有余，减少了中区干路的拥挤，提高了沿线土地的利用价值；两（路口）九（龙坡）公路的拓宽与翻修，对成渝铁路的运输吐纳起了极大的配合作用。

如果说重庆市政道路的恢复与发展，为恢复生产、改善人民生活奠定了基础的话，那么，成渝铁路的修建，对于凸显重庆在区域经济发展中经济中心和工业中心的功能，发挥西南工商业重镇的作用具有更加重要的意义。

早在1903年，清朝政府即拟定修建成渝铁路，之后，北洋军阀政府和国民党政府也曾制定成渝铁路的修建方案。但历经40多年的风风雨雨，成渝铁路工程始终停留在图纸上。解放后，为了加快西南地区和中国内陆地区的经济恢复和发展，修建成渝铁路成为国家发展战略中的重要举措，在国家财政经济十分困难的条件下，由中央人民政府拨2000万公斤小米工价的先期启动资金，于1950年6月15日正式动工。为此，中央人民政府在铁道部内专门成立“西南铁路工程局”以统一领导和协调交通、工业、财政、民政等部门的工作，保证工程的顺利进行。7月8日，西南军政委员会又专门成立了以西南军区副司令员李达为主任委员

① 重庆市统计局：《1950—1960年重庆市国民经济统计概要》，重庆市档案馆藏1082/3/83。

的西南铁路工程委员会，按照花钱少、事情办得好的原则，统一领导，交通、工业、财政、民政等部门密切配合，保证工程顺利进行。为加快工程的进度，11 月，在原有军工筑路队的基础上，又决定动员民工参加筑路，并抽调大量地方负责干部进行组织领导。整个工程前后共计投入军工 28646 人，失业工人 18981 人，民工 70177 人①。

1952 年 6 月 13 日，全长 505 公里的新中国第一条由自己设计、自己建造、材料零件全部为国产的成渝铁路正式贯通。整个工程拆卸土墙及护坡 119170 立方米，开凿隧道 43 座，修建大桥 7 座，中桥 77 座，小桥 353 座，涵渠 1195 座，架设电线 7115.71 公里②。同年 7 月 1 日，在重庆、成都两市同时举行隆重的成渝铁路全线通车庆祝大会。党和国家领导人毛泽东、朱德、周恩来，西南大区领导人刘伯承、邓小平等纷纷题词祝贺，曾亲自见证了成渝铁路风雨变迁的民主党派人士、时任中央人民政府副主席的张澜，更以饱含深情的笔墨撰文，盛赞成渝铁路的通车“使我欢欣，使我振奋”，并代表各民主党派表示“更应向领导中国人民革命的中国共产党和毛主席，致其庆祝与拥护之忱”③。

新中国成立初期，成渝铁路的建设和投入使用，不仅具有重要的政治意义，显示了中国共产党人治理国家的决心和能力，而且作为西南地区城市大动脉，对于改善四川地区落后的交通状况，促进经济社会发展无疑具有重要的战略意义。成渝铁路通车后，“渝端东接长江航运，南连川黔公路及綦江铁路，对西南重工业的发展，给予了有力的支援。蓉端北衔川陕公路，西通康藏边疆，且与继续兴建的宝成铁路及成昆铁路构成铁路网，不仅使沿线物产糖、盐、煤、铁、粮食、桐油、药材等得到宽广的销路，并且在政治、经济及国防上，都起着重大的作用”④。

城市公用事业方面，每年均投入巨资，以逐渐满足人民生产生活的

---

① 赵健民：《为更好地完成西南铁路建设而奋斗》，《西南政报》第 22 期，第 8 页。

② 滕代远：《成渝铁路工程总结·绪言》，成渝铁路工程总结编辑委员会：《成渝铁路工程总结》，重庆市档案馆藏。

③ 张澜：《庆祝成渝铁路通车》（1952 年 7 月 15 日），《川西日报》1952 年 7 月 15 日。

④ 滕代远：《成渝铁路工程总结·绪言》，成渝铁路工程总结编辑委员会：《成渝铁路工程总结》，重庆市档案馆藏。

需要。公共汽车由1949年的11辆增加到1952年的168辆;载客人次从每月6.2万多人次,增加到每月85.5万多人次,分别为1949年的15倍和13.5倍;公共汽车运营里程也从1950年的161公里增加到1952年的348公里。解放前重庆市区共有路灯1080盏,但其中只有831盏可供照明,而且灯光极其灰暗微弱,路灯形同虚设,并且许多道路街巷无路灯。到1952年,路灯已增至7891盏,市区照明有了很大改进。1949年,重庆自来水管道仅有170多公里,远远不能满足市民的需要。为逐步改善这一状况,市政府在原有4个水厂的基础上,新建立1家水厂,新增自来水管道30多公里,全市水管总长度达到200多公里,日产水量从2万吨增加到3万吨,自来水饮用人口从1950年的25万人增加到1952年的近50万人。同时由于各自来水厂通过民主改革和技术革新,降低了成本,以至三年中,重庆自来水公司先后调整水价11次,使水价调整到0.44元/吨,与1950年2月0.92元/吨相比,下降了52.2%。在轮渡方面,1949年渡轮只有6艘,1951年恢复了渝李(家沱)、渝唐(家沱)两条航线,使整个航线达到12条,1952年航线增加至15条,渡轮增加到15艘。望龙门缆车公司经过精简组织、裁减冗员后,由于开支减少、工作效率明显提高、耗电量降低,从1950年起逐步盈利。这些新增的路灯、水管、水站及公共汽车的线路等大都着重于僻静小巷和居民聚居地区,不仅改善了广大人民群众的生活工作环境条件,也有利于市政建设的协调发展。

尽管解放初期重庆财政经济状况十分拮据,然而,西南局及市委却能从战略上着眼于城市发展,着眼于人民群众的文化需求,对市政设施的建设和规划,给予极大关注和大量投入,使一批公共文化设施相继开工落成。1951年4月,能够容纳20万人的大田湾体育场开建,成为当时重庆和西南地区大型集会或活动的主要场所。1951年7月,重庆市劳动人民文化宫开建,1952年落成。1951年9月,西南军政委员会大礼堂(今重庆市人民大礼堂)开始修建,工程不仅以高达600万元的造价、2.5万多平方米的建筑面积,成为当时的重庆第一市政建设项目,而且以其恢宏气势、独具民族特色的建筑风格享誉中外建筑史册。该大礼堂于1954年3月竣工后,即成为中共中央西南局、西南行政委员会以及重庆市诸多大型集会和活动的主要场所,至今仍发挥着作用,并成为重庆市最为著名的人文景观之一。

(二)三年国民经济恢复取得的成就

经过全市党政军民三年来的艰苦努力,到 1952 年底,新中国成立前遭到严重破坏的重庆国民经济得到全面恢复,并有了初步发展,全市财政经济状况得到基本好转,工农业生产较大幅度地超过了解放前的水平。1952 年,全市工农业总产值为 62604 万元(按 1957 年不变价格计算,以下同),比 1949 年增加 28582 万元,增长 84.01%,年均增长 28%。其中,工业总产值从 19399 万元增加到 44880 万元,增加 1.31 倍,年增长率达到 43.78%。现代工业获得快速发展,工业对社会发展的贡献率得到较大提高。在全市工农业总产值中,工农业的比重由 1949 年的 57.02∶42.98 改变为 71.69∶28.31。工业生产规模不断扩大,工业固定资产原值从 12728 万元增加到 34997 万元,增长 1.75 倍,这表明城市经济在国民经济中的地位凸显。全市职工总人数从 1950 年的 23.32 万人增加到 1952 年的 30.73 万人,增长 31.78%。工业增长质量有所提高,工业企业全员劳动生产率由 1950 年的 2136 元增加到 1952 年的 2898 元,增加 35.67%。其中,工业企业生产工人劳动生产率增幅尤为突出,从 2742 元增加到 4449 元,增幅达到 62.25%。

同时,由于计划经济运行机制初步建立,对官僚资本改造取得决定性胜利,以及通过公私合营等种种措施,公营资本生产能力得到迅速发展,以至于公、私营工商企业在全市生产总值中的地位发生了重大变化。1950 年,重庆工业总产值中各经济类型的比重,国营、公私合营、非国营(含初级国家资本主义、资本主义、合作组织和个体)分别占 22.93%、14.50% 和 62.75%。1952 年,这一比重被改写为 43.73%、20.43% 和 35.84%,国营和公私合营已占绝对优势。

三年来,由于市委、市政府坚定不移地执行了中央和西南局以生产建设为中心的城市发展方针,采取多种措施发展生产,稳定物价,促进商品市场得到较大恢复。全市社会商品零售额从 1950 年的 27381 万元,增加到 1952 年的 33309 万元,增幅为 21.65%。在商品市场的恢复中,公营商业开始占据主体，成为商品市场的生力军。在批发市场，国营及合作社营与私营的比重发生了颠覆性的变化，由 26.06∶73.94 转变为 73.10∶26.37。社会商品零售额，私营企业虽仍占据主要地位，但国营的比重已有较大提高，从仅占社会商品零售额的 3.37% 增加到 28.45%。在物资匮乏、供应短缺的历史条件下，正是由于人民政府对市场（尤其是批发市场）的有力调控，使生产和市场的恢复得以顺利进行，重庆这座工商业重镇的活力开始复苏，人民的生活亦随之得到较大改善。1952 年，全市财政总收入和总支出分别为 10424 万元和 4366 万元，比 1950 年增长 96.86% 和 265.35%。国民经济的恢复和初步发展，国家财政收支平衡，从根本上结束了国民党统治时期通货膨胀、市场混乱的局面，广大人民群众的生活有了较大改善。1952 年，全市工人平均工资为 452 元，比 1950 年提高了 24.52%。

农业生产方面，随着减租退押和土地改革的相继完成，广大农民分得土地，实现了农民千百年来“耕者有其田”的梦想，使劳动生产力得到极大解放，尤其是互助合作生产经营形式的逐步推广（1952 年，互助组已占农户总数的 19.8%），提高了农业生产率，农业经济获得较快恢复。1952 年，农业生产总值为 17724 万元，比 1949 年增长 21.21%。主要农产品产量均呈现出稳步增长的态势，粮食、蔬菜、油料、果类、生猪、小家禽、水产产量比 1949 年分别增加了 19.50%、19.10%、16%、12%、15.10%、5.60%、58.80%。[①] 农业经济的稳步恢复和发展，不仅为改善人民的生活提供了保障，而且为工业生产的恢复奠定了基础。

（三）国民经济结构的新变化

重庆的工商业是在殖民地、半殖民地社会中，在帝国主义、封建主义和官僚资本主义三重压迫的环境中发展起来的。重庆工商业在抗战时期获得跳跃式、突发性增长，现代工业的发展主要得益于特定历史条件下的政治、军事因素，而非城市生产力自身演变发展的结果，由此形成了

① 以上数据均引自重庆市统计局：《1950—1960 年重庆市国民经济统计概要》，重庆市档案馆藏 1082/3/83。

重庆工商业的基本特征：一是工商业构成比重中，商业比重过大，工业比重太低；加工修配业多于制造业，投机和中间商业多于生产和消费商业。在近3万户工商企业中，商业企业占2.27万户，其中银行保险业有130余家；工业企业仅2800余户，而生产低端产品的如土布、碾米业等占60%以上。全市未形成完整的工业体系，兵器工业所占比重过大。二是整个工业中消费性行业多，生产性行业少；输入性行业多，输出性行业少。工业与商业之间的关系比较松散。据1949年统计，全市经营消费品的商家有16118户，百货绸缎店有320家，大餐馆旅社也有150余家。由于重庆轻纺产品的生产品种比较单一，宝元通、中国百货公司等大批发商多向上海、江浙进货，销给重庆的中小批发商或转批给云、贵、川等省；设在市中区大梁子的百货批发交易市场，也是由几十家专营苏杭小百货商品的中小批发商组成。三是组织臃肿，效率低下，产品成本高。如私营沙市纱厂有纱锭1.2万枚，职工却有1500人，超过上海标准的3倍；上海制一件纱需20个工时，重庆却需58个工时，能源耗费也高于正常标准1倍到2倍。四是转运舶来品和消费物资的运输业相当发达，现代化的航空业、轮船业、汽车业与原始落后的人力车业、板车业，甚至轿行等运输方式并存。因此，调整、改造工商业，提高其生产效率，使之符合社会主义经济的发展需要，成为解放初期重庆恢复国民经济的重要任务之一。

为了给调整工商业提供可靠的依据，市政府从1950年4月开始，对工商业进行登记，全市公私工商企业共有2.4万余家，其中公营工业48家，公私合营工业23家，私营工业6958家，公营商业和公私合营商业69家，私营商业达17100余家①。6月，市工商业调整委员会成立，开始有步骤有重点地对工商企业进行调整。截至9月，根据量销为产的原则，调整煤矿、卷烟、火柴等行业；通过采购和加工订货调整了橡胶、面粉、钢铁、机器、被服、棉纺织等行业；根据供求关系调整了木货、五金等行业。由于进行了有重点的调整，在公私关系上有了明确分工，初步实行了统

① 重庆地方志编纂委员会总编室编著：《重庆大事记》，科学技术文献出版社重庆分社1989年版，第300页。

筹兼顾，从而使全市工商业在恢复生产的道路上，开始各得其所，在产销关系上逐步强调了计划性，防止了因盲目生产而导致的过分膨胀和过分萎缩，为实行计划经济打下了初步基础。

1950 年 10 月，重庆市第一届第三次各界人民代表会议后，工商业的调整逐渐转向与当时交通建设、市政建设、衣着饮食等方面有密切联系的钢铁、机器、五金电料、碾米、面粉、土布、砖瓦、木材、针织 9 个行业，特别是对私营资本占据统治地位的行业的批零差价、地区差价作了适当调整，使城乡物资交流更加畅通，公私关系更趋正常。在产销关系上由于原料与生产配合，生产与销售配合，大大降低了生产与销售的盲目性。同时，为了更好地配合调整工作，市工商联对原行业公会进行了整顿，实行明码实价，建立统一的计账制度，为查账计征创造了初步条件。1950 年内，还在 27 个行业中组织了 72 个联营社，参加厂商 1370 户①。

以上这些措施，都是市委、市政府全面贯彻执行中央关于“利用、限制资本主义”的方针在不同情况下的具体实践。正是通过采取加工订货、统购代销、以销定产等措施对私营工商企业扶持引导，以及对官僚资本的初步改造和在企业中普遍推行计划作业和成本核算制度，不仅大多数工商企业在精简机构、降低成本、改进技术、提高产品质量等方面收到明显成效，生产效率明显提高，而且增强了公营经济在国民经济中的比重，使资本主义私营经济占据统治地位的情况得到根本扭转，初步形成国营、公私合营、私营、互助合作、个体 5 种经济形态并存的局面。由于计划经济运行机制初步建立，对官僚资本改造取得初步胜利，公、私营工商企业在全市生产总值中的地位发生了重大变化。无论是工业总产值还是商业批零售总额，国营和公私合营企业所占比重均得到大幅提高，从而使社会主义经济在国民经济中的领导作用开始显现。尽管由于历史的原因，在以后的发展中，中国形成了纯之又纯的国有经济一统天下的计划经济体制，给国民经济的发展带来一系列问题，但是在解放初期，在物资匮乏、资金短缺、百业待举、百废待兴的情况

① 方大浩:《长江上游经济中心重庆》，当代中国出版社 1994 年版，第 100 页。

下,加强国民经济的计划性,强化国营经济的主导地位,对于遏制生产和市场的无序状态,对即将到来的大规模经济建设具有不可替代的重要作用。

三、开展“三反”“五反”运动

在全国性的增产节约运动中,揭发出大量的贪污浪费现象,而贪污浪费又与党和政府内部存在的严重官僚主义紧密相连。因此,中央在1951年12月1日和8日分别发出《关于实行精兵简政,增产节约,反对贪污,反对浪费和反对官僚主义的决定》及《关于反贪污斗争必须大张旗鼓地去进行的指示》,强调必须把“三反”斗争看作像镇压反革命运动一样重要,要大张旗鼓地发动广大群众。从此,“三反”运动在各地区各系统各部门迅速展开。

1951年12月18日,市长曹荻秋在市第二届第四次各界人民代表会议上作《为开展爱国增产节约运动反对贪污反对浪费反对官僚主义而斗争》的报告,重庆的“三反”运动由此发轫。此后,万县地区、涪陵地区、江津地区也纷纷召开“三反”运动的动员大会。“三反”运动到1952年6月底基本结束,历时半年,大致经历了发动群众、集中力量围剿大贪污分子、定案追赃三个阶段。

运动初期,由于人们认识不足,开展得相当缓慢。在领导方面,有的思想麻痹,认为本单位问题不大,反映不出什么东西;有的只停留在简单的学习动员阶段,不能深入;有的领导自己有问题,不愿坦白更不敢让群众发动起来检举自己。在群众方面,顾虑重重,怕检举、怕报复、怕得罪人,产生观望心理,一切视领导的态度如何而定。在那些行贿者中,更因对政策的不了解而产生怕追赔损失、怕补税罚款、怕吃官司等种种顾虑。为消除这些顾虑,推动运动深入迅速地开展,市委多次召开大规模的群众性的反贪污大会和反行贿大会,贪污分子在会上进行了坦白,行贿者坦白了自己的行贿并检举了贪污。对于抗拒运动而为群众极端愤恨的则坚决予以撤职或停职，对于一些认识不足的则先在党内教育批评，使其深刻认识后再放在群众中去检讨通过，从而打开了局面，形成了反贪污反浪费的良好氛围，推动了“三反”运动的开展。

在运动中，尽管大量的贪污问题暴露出来，但一些贪污数额巨大的贪污犯却很少坦白交代。1952 年 2 月，中共中央西南局发出《关于继续深入三反运动捕捉大“老虎”的指示》，要求进一步将运动推向深入，决定“除某些有重大嫌疑的部门或个人不忙于作出处理以便继续追查外，凡坦白检举运动已较深入的部门或单位，应于 2 月 5 日以前，迅速把大批普通中、小贪污犯处理完毕，以便争取重新组织力量迅速转到大、小‘老虎’的斗争”①。遵照指示，全市立即开始“打虎”行动，到 6 月底“三反”运动基本结束时，参加“三反”运动的机关工作人员共计 34714 人，贪污的 21035 人，占总人数的 60.59%；其中贪污 1000 万元（旧币）以上的 1642 人，占贪污总人数的 7.81%。参加运动的党员 2302 人，贪污的 868 人，占党员总数的 37.7%②。

1952 年 3 月 28 日，市级各机关团体在大田湾广场举行公审贪污犯大会，到会群众 6 万余人。大会对在“三反”运动中揭露出来的 23 名贪污犯，依其情节轻重及坦白程度分别判处死刑、有期徒刑、缓刑或免于处分。此次会后，“三反”运动开始转入定案追赃阶段。根据“严肃与宽大相结合、改造与惩治相结合”的方针和《中华人民共和国惩治贪污条例》，对贪污分子根据不同情况分别作了处理。到 6 月底“三反”运动基本结束时，重庆市 21035 个贪污分子中，免予处分的占 71.92%；受行政处分的占 13.66%；受刑事处分的仅占 3.09%；未处理者占 11.33%。在参加运动的 2302 名党员中，有不同贪污行为的 868 人，到运动结束时受到党内纪律处分的有 250 人，开除党籍的 78 人，留党察看的 41 人。在已查出的贪污金额总计 10688997 万元（旧币）中，追回赃款 6984478 万元

---

① 《西南局关于继续深入三反运动捕捉大“老虎”的指示》（1952 年 2 月），《西南工作》第 83 期。

② 《重庆市“三反”“五反”运动的总结及今后的工作任务——张霖之同志在市第七次党代表会议上的报告》（1952 年 7 月 8 日），重庆市档案馆藏 1001/3/4。

(旧币),占应追总数的65.34%[①]。

"三反"运动,是党在执政情况下保持共产党人和领导干部清廉,惩治腐败的初战,清除了干部队伍里的蛀虫,教育了干部的大多数,对抵制旧社会的恶习和资产阶级腐朽思想的侵蚀,形成清正廉洁的党风政风和健康的社会风气,起了很大作用。限于当时的历史条件和历史经验,"三反"运动采取了群众运动的方式,从而不可避免地会出现一些偏差。在"三反"运动高潮期间,在追查贪污犯的打"老虎"阶段,由于下达了一些过高的指标,在实际工作中助长了一些过火的做法,有些地方和基层单位发生简单粗暴、"逼、供、信"和斗争扩大化的情况,误伤了一些好人,各地党委和政府察觉后及时作了纠正。

在"三反"运动中,又暴露出大量的贪污盗窃与社会上不法资本家的行贿、偷税漏税、盗骗国家财产、偷工减料、盗窃国家经济情报的"五毒"行为密切相连,要彻底铲除"三害",就必须反掉"五毒"。为此,1952年1月26日,中央发出了《关于首先在大中城市开展"五反"斗争的指示》,要求向违法资本家开展一个大规模的坚决彻底的"五反"运动。2月上旬,"五反"运动在全国各地相继展开。

重庆的"五反"运动从1952年2月开始,经过普遍号召坦白、检举,反复动员、交代政策,重点检查并结合处理中小户,以及审查定案等阶段,于6月中旬基本结束,运动过程大致与"三反"运动相同。

在这次运动中,共有38146户工商户受到了"五反"运动政策教育。根据五类工商户划分标准,划为完全守法户的10762户,占总数的28.12%;基本守法户22232户,占58.28%;半守法半违法户4448户,占11.66%;严重违法户476户,占1.24%;完全违法户112户,占0.29%;另有116户因部分材料尚待证实未最后定案。全部处理后,后两类违法户的百分比约为1.83%。收到坦白检举材料共282399件,其中坦白141316件,检举141083件。违法金额经核算后共计5800余亿元(旧

① 《重庆市"三反""五反"运动的总结及今后的工作任务——张霖之同志在市第七次党代表会议上的报告》(1952年7月8日),重庆市档案馆藏1001/3/4。

币），除去减免部分，全部应退赃款 4000 余亿元（旧币）[①]。

“五反”运动有力打击了不法资本家严重的“五毒”行为，在工商业者中普遍进行了一次守法经营教育，推动了在私营企业中建立工人监督制度和进行民主改革，为后来用和平方式逐步改造资本主义工商业作了重要铺垫。这是新中国成立初期国家为确保迅速恢复和发展经济，回击资产阶级反限制斗争而取得的一个重要胜利。“五反”运动在揭露资本家不法行为的斗争发动起来后，不可避免地给社会经济生活带来冲击。在“五反”运动的高潮时，资产阶级普遍表现经营消极，出现了一时的市场萧条与工人失业现象。运动结束后，市委、市政府及时采取发放贷款、调整税收、提供原料、帮助解决加工订货、组织物资交流大会等一系列措施扶持私营工商业。1952 年，由政府收购、加工订货、包销的私营工业占工业产值的 60% 以上。1952 年 7 月，西南物资交流大会在重庆举行，市工商局组织 48 个私营行业成立代表团参加，购销总额达 1500 余万元。私营工商业持续恢复和发展，在解放后的头 3 年累计交纳税款 9920.5 万元，并在为社会提供产品，维持社会就业，培养业务技术人才等方面，显示出有利于国计民生的积极作用。

---

① 《重庆市“三反”“五反”运动的总结及今后的工作任务——张霖之同志在市第七次党代表会议上的报告》（1952 年 7 月 8 日），重庆市档案馆藏 1001/3/4。

第四章

社会主义工业化的起步

一、学习和宣传过渡时期总路线

土地改革和恢复国民经济的任务完成后，中共中央在1952年下半年开始酝酿过渡时期总路线，以便逐步实现由新民主主义向社会主义的转变。经过将近一年的酝酿，1953年9月，中央正式颁布了社会主义过渡时期总路线："从中华人民共和国成立，到社会主义改造完成，这是一个过渡时期。党在这个过渡时期的总路线和总任务，是要在一个相当长的时期内，逐步实现国家的社会主义工业化，并逐步实现国家对农业、对手工业和对资本主义工商业的社会主义改造"①。

过渡时期总路线提出后，在全党和全国人民中进行了广泛深入的学习宣传教育，在党内迅速统一了认识，也得到全国人民的热烈拥护，成为团结和动员全国人民共同为建设一个伟大的社会主义国家而奋斗的新纲领。1953年9月，《人民日报》公布了总路线的基本内容。12月，中央宣传部就学习宣传总路线问题，向全国作出安排部署。学习和宣传总路线的热潮迅速在全国各地蓬勃兴起。

1953年11月10日，市委召开全市科以上党员干部大会，市委第一书记曹荻秋作宣传总路线的报告，号召全市党员积极学习贯彻总路线，

---

① 《毛泽东著作选读》下册，人民出版社1986年版，第704页。

为胜利实现社会主义工业化的远大目标而奋斗。为了宣传总路线,市委领导多次向党内外干部作辅导报告;工、青、妇等群众团体也分别举办训练班,培养宣传总路线的骨干。12 月 12 日,市委又发出《关于大张旗鼓地向群众宣传党的总路线的计划》,要求动员与组织各方面的宣传队伍和力量展开学习和宣传总路线的运动,从而提高党员、干部和群众的社会主义觉悟,把思想和行动统一到总路线上。从此,一场声势浩大的学习宣传总路线运动在全市全面铺开。

在学习宣传过渡时期总路线初期,市民对总路线反响不一,各种思想纷繁复杂。一些从事轻工业的人认为,国家在“一五”期间将优先发展重工业,故而颇感失落;工商业界担心因总路线的实施可能危及自身利益而“苦闷”、疑虑;小手工业者、小商贩,甚至教育界的一些人士则认为总路线是工人、农民和机关干部的事,普遍存在与己无关的思想。针对这些情况,市委统一部署学习宣传工作,在短短的四五个月里,组织 11 万多名干部、教师及中学生,系统地学习总路线;市委和各级党委负责同志深入基层,传达宣传总路线精神,并组织一支由 5 万多名报告员、宣讲员组成的宣传队伍,运用报告会、座谈会、歌舞表演等形式,利用报刊、广播、宣传栏、黑板报等一切宣传工具,结合各行各业的具体工作,进行有步骤的、循序渐进的宣传活动。

学习和宣传总路线运动产生了较为广泛的社会影响。人们的社会主义觉悟普遍提高,开始将自己的工作与社会主义工业化的实现相联系,纷纷为早日实现社会主义工业化而付诸行动。农民积极上缴公粮,超额完成当年粮食收购计划;市民争相购买国债,全市在一个月内即超额 130% 完成建设公债的发行任务。同时,总路线的宣传还激发了人们学习政治理论、学习苏联、开展各种竞赛活动的积极性。西南师范学院、重庆大学等高校的一些教授,对唯物史观和唯物辩证法的著作产生了兴趣,开始自觉学习社会主义的一些相关理论。以胡子昂为代表的大批民族工商业资本家,通过学习也加深了对社会主义的理解,认识到实现社会主义是大势所趋,人心所向,走社会主义道路,是社会发展的必然规律,只有接受社会主义改造,才是工商业者的唯一光明大道。总之,总路线的学习宣传,鼓舞了广大人民的政治热情,推动了各项工作,为制定和实施“一五”计划,为生产资料私有制的社会主义改造奠定了必要的思想基础和政治基础。

二、制定与实施“一五”计划

(一)制定“一五”计划

1951 年 1 月,中央政治局扩大会议作出“三年准备,十年计划经济建设”的重大决策,决定从 1953 年开始实施第一个五年计划。后来国家逐渐确定为计划通过三个五年计划,大约 15 年的建设,基本实现工业化。从 1953 年起,我国开始了大规模、有计划的经济建设,社会主义工业化从此起步。

国家第一个五年计划,是我国由新民主主义向社会主义过渡,实现过渡时期总路线和总任务的重大步骤,是中央从我国的实际出发,坚持实事求是的原则,参照苏联的建设经验,经过反复讨论,多次修改而成。国家“一五”计划的基本任务是集中主要力量进行以苏联帮助我国设计的 156 个项目为中心的、由限额以上的 694 个建设单位组成的工业建设,优先发展重工业,从而初步奠定我国社会主义工业化的基础。根据国家“一五”计划对全国工业布局的设想,重庆被列为非重工业重点发展城市。国家对这类城市的方针是:投入有限的资金,改建扩建原有工矿企业,发挥原有工业基础的潜力;在城市建设上则以对城市基础设施的恢复性建设为主。①

但是,由于重庆是西南地区最大最具实力的工业城市,尤其经过抗战以后的超常规发展,已经成为当时全国最重要的工业城市之一,1952 年,重庆的工业产值占全市工农业总产值的 91.93%,其中,中央所属的国营和公私合营厂矿企业占绝大部分。因此,在全国“一五”计划中,国家有关部门仍然在重庆计划安排了大量的建设项目,总计达 8.28 亿元,

---

① 《重庆》课题组:《重庆》,当代中国出版社 2008 年版,第 91—92 页。

主要用于新建和改造在渝的中央、省属企事业单位的基本建设投资。其中，工业建设项目111个，投资5.46亿元，占投资总额的66%以上。在工业建设中，重工业投资4.91亿元，占工业投资总额的89.9%；轻工业5514万元，占工业投资总额的10.1%。国家对重庆的投资，占对四川全省投资额26.67亿元的31%。① 在这些投资中，重庆发电厂、长寿狮子滩水力发电总厂、重庆棓酸化工厂、长寿化工厂、重庆肉联厂、重庆罐头食品总厂、重庆茄子溪制材厂等项目被确定为国家重点工程，其中重庆发电厂还被列为苏联援助中国的156项重点项目之一。此外，中央还安排新建了重钢大平炉工程、重庆空气压缩机厂、中梁山煤矿、六一〇纺织厂等项目；改建和扩建南桐、天府和永荣煤矿、重庆特殊钢厂和綦江铁矿等大中型项目。这些中央投资项目成为重庆“一五”期间经济建设的主体，它们的实施与建设，初步奠定了重庆工业化的基础。

在中央对重庆实施大规模计划建设的同时，重庆地方党委政府也制定了相应的“一五”计划，大力发展地方经济。1952年，按照国家的总体部署，重庆在制定本年度国民经济计划的同时，便着手酝酿制定第一个五年计划。5月24日，重庆市召开第一届财政经济计划工作会议，试编了《重庆市1952年国民经济计划》，对编制1953年计划和第一个五年计划及十年计划作了部署。8月，重庆“一五”计划草案编制完成。

1953年5月15日，中国共产党重庆市第八次代表会议召开，出席会议代表共809人，代表全市863个支部、1.77万名党员。市委第一书记曹荻秋在会上作《市第七次党代表会议以后的几个主要工作总结与今后工作方针、任务的报告》。报告指出：全市的工作性质已经发生了变化，“社会改革工作已基本完成，国家的各种建设已逐步提到首要地位”。“过去习惯于搞政治运动的工作方法和领导作风，必须转变为搞建设的工作方法与领导作风”。会议提出这一年是“开始国家第一个五年计划建设的头一年”，要求各级党组织“切实把作风转变得深入、细致、踏实”，“动员全体党员、国家工作人员与全市人民为准确完成国家计划建

① 方大浩：《长江上游经济中心重庆》，当代中国出版社1994年版，第117页。

设而斗争”。

由于“一五”计划对于重庆来说是首次尝试编制国民经济中长期发展计划,统计资料残缺不全,资源调查十分有限,加之对中央的指导方针不甚了解,“草案”较为粗糙。草案编制完成后,市委市政府又经过多次反复讨论修改,并采取边实施、边修改、边补充的方针,最终于1954年7月完成编制工作。当月,重庆市第一届人民代表大会批准通过“一五”计划。1955年5月14日,副市长罗士高向全市第十次党代会作《关于本市国民经济第一个五年计划的报告》。1956年1月3日,市人民委员会①正式向全市下达“一五”计划。

重庆“一五”计划以“服务国家的重工业建设为中心,根据统一的国家计划,从国家整体利益的观点出发,使地方的利益同国家的利益结合起来”为指导方针,以“依靠广大人民群众的积极性和创造性,动员和利用本地方的一切内部资源,组织本地方各个经济部门和各种经济成分的活动,来完成和超额完成国家计划所给予本地方的任务,从而保证国家重点建设的需要,并促进本地方经济文化的发展”为根本任务,以“为国家社会主义建设需要服务,为中央国营厂矿企业服务,为农业生产及城乡人民生活服务。一方面,积极地组织与领导地方工业生产稳步增长,另一方面,加强对农业、手工业和资本主义工商业的社会主义改造,把它们纳入国民经济计划轨道之内”为主要发展方向。根据上述指导思想,重庆市“一五”时期社会经济发展的指导原则为:要与整个国家建设事业的发展相适应,从利用原有基础条件出发,为国家工业化的需要服务,为中央国营厂矿企业的需要服务,为农业生产和人民群众的需要服务;要确定适当的发展速度,不能盲目冒进;要合理安排建设资金,要注意国家经济建设重点是发展重工业,重庆市不是国家重点建设城市,拨款不多,资金必须合理地使用;要统筹兼顾和全面安排各类经济成分,以利推进社会主义改造。

“一五”开局,投资迅猛。计划规定,重庆“一五”期间计划总投资

① 即市政府。1954年9月20日一届全国人大一次会议通过的《中华人民共和国宪法》规定:地方各级人民委员会,即地方各级人民政府,是地方各级人民代表大会的执行机关,是地方各级国家行政机关。1968年5月被市革命委员会取代。

8354.82 万元，实际投资达 7978.93 万元[①]。其中，国家拨款 7169.79 万元，地方财政自筹 39.17 万元，企业自筹 767.75 万元，农场自筹 2.22 万元。具体投资分配上，地方工业建设 1990.77 万元，城市公用事业 3163.02 万元，文教卫生 2540.54 万元，农业建设 71.9 万元，建筑企业 212.7 万元。其所占比重分别为 24.95%、39.64%、31.84%、0.9% 和 2.67%。由于重庆是国营大型工业集中地，其产值占全市工业总产值的一半左右，"一五"计划确定了地方城市公用事业、文教卫生事业的计划均为国营工业、地方国营工业服务的原则，首先保证这些重工业的生产发展需要。而"一五"计划中用于工业建设投资方面的，只投资于地方工业部分，不包括中央及省所属的大型工矿企业。同时，也要求地方工业在逐步满足城乡人民生活需要外，还要在现有设备的基础上发挥为国家建设生产"零配件"的作用。

从资金分配结构来看，"一五"期间重庆在地方工业上的投资远远小于城市公用事业和文教卫生方面的投资。这与重庆当时的具体情况是密不可分的。

其一，重庆地方工业的基础决定了其重点在于调整而非大规模投资。重庆地方工业大部分是在抗日战争时期从外地迁来，或是应临时需要而发展起来的，与原料、市场结合得不够好，产供销常常不平衡，不能盲目发展。并且由于地方工业生产潜力大，设备利用率低，其主要问题不是增大投资，而是如何发挥其潜力。另外，重庆地方工业的基础零星破旧，生产落后，设备简陋且不平衡。1952 年，全市不包括个体手工业，共有工业户 1952 户，总产值仅 15752 亿元（旧币），平均每户产值仅 8.1 亿元（旧币）。大型工业虽有 403 户，但除 6 户棉纺企业外，平均每户产值仅 20 余亿元（旧币）。现代工业除棉纺外，其产值仅占总产值的 44%，在生产能力利用率方面，除棉纱、棉布、烧碱等 13 种产品的生产能力利用率达 50% 外，其余都很低。地方国营、公私合营及合作社营的劳动生产率更低。因此"一五"计划决定对本市地方工业采取调整和整顿现有

① 此投资范围限于当时重庆市管辖的主城六区，即一区（市中区）、二区（江北区）、三区（沙坪坝区）、四区（九龙坡区）、五区（南岸区）、六区（北碚区），并且不包括中央及省直属的企业和事业单位投资。

工厂,在平衡现有设备能力的基础上提高质量降低成本的方针。对地方工业的建设投资,主要用于新建和改造机械、轻工企业,并新建和扩建一些支农企业,将原有若干工厂转向生产农村需要的产品。

其二,重庆原有城市基础设施相当薄弱。“一五”计划的目的是要为工业现代化奠定坚实的基础,而城市功能的完善是工业现代化的重要前提。重庆是一个两江夹流的山城,原来的工矿企业很分散,学校、医院及文化、商业机构分布很不合理,交通条件差;城市基础设施严重落后于工业建设,公用设施既少且差。原有的城市基础设施条件远远满足不了现有的工业发展的要求。为了适应工业建设的需要,城市建设就必须相应地发展,投资比重就必须加大。而且重庆在城市建设过程中工业区分散,开山填沟的土石方工程造价高,因此城市建设投资就顺理成章地成了重庆“一五”计划中最大的投资。

其三,重庆原有的文教卫生事业与社会主义建设的需要严重不相适应。1952 年,重庆学龄儿童入学率仅为 40%,初中升学率只有 37.6%,远远满足不了培养建设人才的需要;卫生状况低劣,市民文体设施缺乏,人口素质整体偏低。因此为尽快改变这种与经济建设发展不相适应的落后的人口素质状况,必须加大对文教卫生事业的投资。重庆“一五”计划规定,对学校教育要坚决贯彻全面发展的方针,有步骤地实施基本的生产技术教育,积极提高教育质量,重点发展高中,适当发展初中和小学,并鼓励厂矿企业办学,提高群众自办小学,允许私人兴办小学,投资大笔资金新建文化、教育、卫生和体育设施。

另外,重庆“一五”计划对各项事业和农业、手工业和资本主义工商业的社会主义改造都制定了一个较高的发展指标。计划地方工业总产值增长 84.48%,年均增长 25.43%;组织起来的农户占农户总数的比例,由 42.28% 上升为 85%;国营批发商业由 56.39% 上升为 93.52%,国营合作零售事业由 31.95% 上升为 43.09%;道路长度增长 144.13%;中等学校在校生人数增长 242.54%。

在国家“一五”计划总体部署框架下,市委针对重庆非国家重点建设城市、自身基础薄弱、中央财政支持十分有限等实际情况,制定了具有鲜明地方特色的“一五”计划,在发展速度上把握得当,警惕盲目冒进;

在地方财政投放上也未盲目追求优先发展重工业，而是将重点放到急需改善的城市公用事业和文教卫生事业上。这种符合实际的计划、较为科学的发展方式较好地适应了当时重庆的社会经济状况，有力地推动了重庆工业化的起步。

（二）实施“一五”计划的主要措施

虽然重庆是一座工业城市，但仍然存在着工业基础薄弱，技术落后，产品质量差，品种单一，企业管理水平低，工人的文化知识和专业知识贫乏等问题，加之私营工商业所占比重大，对计划经济不适应，这些都阻碍了重庆的经济建设。因此，在“一五”时期，西南局和重庆市委、市政府为保障生产顺利进行，采取了一系列卓有成效的措施。

大力培养和选调干部，加强对经济工作的领导。“一五”计划开始时，中央要求各级党委从各方面抽调优秀干部，分配到工业战线，将他们培养成为工业建设的领导骨干。1953 年初，市委遵照西南局的指示，决定加强厂矿基层的干部力量。1 月 19 日，市委召开抽调干部座谈会。会议要求抽调一批干部到基层，深入钻研业务，学会工业工作，保证完成任务。会后，西南局从四川省各地县和军队转业干部中抽调了 959 名干部到重庆各大型厂矿任党委书记和车间的领导职务，其中县团级干部 89 名，地师级干部 13 名，加强了大型厂矿的干部配备。同时，市委从厂矿中提拔 2400 多名工人干部，加强了基层领导，从市属机关抽调近 600 名干部，加强了为适应经济建设而增设的市级经济部门的干部力量。

随着生产形势的发展，工业经济对于干部的需求日增。市委一方面采取由老厂抽调大批干部支援新厂的措施，另一方面大力培养、提拔工人干部，采取开办正规文化技术学校和各种短训班、扫盲班，加强职工文化技术教育，对在职干部组织短期轮训，建立后备干部名单制度、重点培训技术干部等措施，并特别注意提拔业务骨干和技术人员担任各级领导。1956 年，市委进一步提出，要迅速提拔一批干部加强领导，强调必须反对右倾保守思想和资历观点，正确贯彻执行“才德兼备”的干部政策，对于那些优秀的干部，应该大胆地破格地提拔到领导岗位。经过各级党组织的努力，1956年，全市提拔了科级以上干部4187人，基本配齐了各级领导干部。至1957年，两年间全市共提拔各级干部6000余人，保证了发展生产所需的干部力量，保障了“一五”建设得以顺利实施与完成。

进行生产改革，加强企业管理。从1953年起，重庆在企业中大规模推行生产改革。1月15日至16日，市委召开第三次厂矿工作会议，布置厂矿生产改革工作。会后，企业在民主改革的基础上，进行一系列生产改革，建立各种生产管理制度，初步建立起计划管理，进行工资改革，实行八级工资制，加强成本核算，纠正生产管理中的混乱现象，并把生产改革与增产节约运动结合起来。1953年9月，市委召开全市科以上党员干部大会，传达中央《关于增加生产、增加收入、厉行节约、紧缩开支、平衡国家预算的紧急通知》，号召全市开展群众性的增产节约运动。10月，市委又召开大型厂矿党委书记、厂长会议，对增产节约运动作了具体部署。1954年冬，针对企业产品质量低、浪费大、事故多的严重情况，开展了反浪费反虚假斗争。从1955年开始，又开展全面节约运动，组织全面节约劳动竞赛。1956年，在厂矿内部提出贯彻多、快、好、省的方针，积极开展增产节约运动，努力提高产品质量。为此，采取了一系列措施，加强技术管理，加强技术纪律，贯彻操作规程，制定产品质量标准，加强检验工作，建立和健全技术工作的组织制度，把完成质量指标和品种计划，作为衡量企业、车间、个人生产成绩的重要标准，并开展产品质量优良运动。在“一五”计划后期，重庆市的企业管理已进入计划管理的有效运转之中，保证了生产的不断发展。

“一五”期间，企业建立和健全财务机构，围绕开展增产节约运动，加强财务管理和财务监督，主要从加强企业收入的监督、协助基层单位改进财务成本管理工作入手，重点推行财务收支计划和班组核算制度，配合企业主管局在基层企业试行“凭单日记账制”，检查企业的财务计划和财务管理。这一举措的实施取得了增收节支、提高效益的良好成效。

大力开展先进生产者运动。为适应规模空前的建设高潮，动员广大职工投身社会主义建设热潮中去，全国总工会于1956年2月作出《关于开展先进生产者运动的决议》,3 月,中共中央发出《关于积极领导先进生产者运动的通知》。随后,一场轰轰烈烈的先进生产者运动在全市开展起来。学技术、学文化、学科学,交流技术操作经验,进行各种技术改造等,在各厂矿企业蔚然成风,广大职工的生产积极性和技术创造性空前高涨,主人翁意识进一步增强,涌现出一大批以重庆钢铁厂木工黄荣昌、西南制药厂工程师郑寿、重庆第三建筑公司砖瓦工杨长诗、重庆空压厂刨工李秉中、南桐煤矿矿工陆昌华等为典型代表的劳模和先进生产者。支援国家重点工程建设,发展重工业,为社会主义现代化争作贡献,成为社会各阶层人们的共识。在全社会的共同努力下,重庆提前并超额完成了"一五"计划。

三、"一五"计划的成就

(一)社会主义工业化的基础初步奠定

"一五"期间,工业生产全面高涨,发展速度很快。1953 年,全市工业总产值完成年度计划的 105%,比 1952 年增长 40%;1954 年,工业生产超额 4% 完成当年计划,比 1953 年增长 27%;1955 年全市工业生产超额 7% 完成国家计划,比 1954 年增长 11%;社会主义改造全面完成的 1956 年,一些投资项目陆续投产,工业总产值比 1955 年增长 18%;1957 年全市超额完成"一五"工业生产计划。全市工业总产值达 17.01 亿元,比 1952 年增长 184.5%,年平均递增 23.22%,高于全国年平均递增 18% 的速度。

从工业内部各产业的发展来看,作为重工业基础的能源工业得到了前所未有的发展,电力、煤炭、天然气全面开花。机械工业、冶金工业和化学工业发展迅速,分别增长 400.7%、225.2%、574.8%。建材、纺织、食品等基础工业部门也有很大发展。经过"一五"时期的发展,重庆形成了以食品、机械、冶金、纺织、煤炭 5 个部门为重点的产业结构,全市经济结构和技术结构都发生了重大变化,社会主义工业化的基础初步奠定。

能源工业。“一五”时期以电力和煤炭工业配套发展为主的能源工业建设,为当时重庆的工业,尤其是重化工业的发展奠定了坚实的基础。

重庆是西南地区的经济中心,但是作为重工业基础的能源工业却相当落后,特别是作为工业动力的电力资源更是少得可怜。解放初期,重庆仅有几座火力发电厂,装机总容量仅 1 万多千瓦,且遭到国民党军警溃退时的疯狂破坏。经过三年的恢复建设,遭到破坏的发电设备得到恢复,扩建了大溪沟电厂,新建了一批变电站,改造了旧电网,全市初步形成了统一电网,但这些发展仍然远远满足不了社会经济发展的需求。当时有民谣称:“马路不平、电话不灵、电灯不明”,“电摇机器不如手,油灯反比电灯明”,可见当时电力供应之紧张情况。因此,能源工业成为重庆“一五”建设的重点,而重庆能源工业建设的重点又放在了发展电力工业上。根据西南地区工业发展的需要,国家决定将苏联援助的 156 项重点工程之一的自动化火力发电厂建在重庆,修建重庆发电厂。1952 年 12 月,重庆发电厂第一期工程正式动工兴建,发电装机总容量为 2×1.2 万千瓦,工程总投资 3614.13 万元,占“一五”期间重庆重工业投资总额的 6.28%。第一期工程的全部设备均由苏联提供,40 多位苏联专家参与了工程从勘测、设计、施工到试运行的全部过程。1954 年 4 月和 7 月,两台 1.2 万千瓦的机组相继建成发电,成为西南地区第一座具有先进技术装备的火力发电厂。重庆发电厂建成发电后,重庆地区电力增加了 126%。

在建设火电厂的同时,按照“水火并举”的方针,重庆长寿龙溪河梯级开发工程亦被列为全国重点工程。它是由狮子滩、上洞、回龙寨和下洞 4 个梯级电站组成,总装机容量 10.45 万千瓦,总投资 1.393 亿元。其中狮子滩电站是整个梯级电站的骨干工程。该工程于 1954 年 8 月 1 日开始兴建,装机容量 4×1.2 万千瓦,总投资 9717 万元,1957 年 3 月建成投产,成为我国依靠自身力量设计施工的第一座中型水电站。1958 年龙溪河梯级电站全部竣工投产,成为我国第一条全流域开发的河流。它在规划、设计、施工和电站运行等各方面,培养和锻炼了一大批领导骨干和技术人才,为我国后来的水电站建设提供了极其丰富和宝贵的经验。同年3月5日,国务院总理周恩来和副总理李富春、李先念视察狮子滩电站,对中国自己设计、自己施工的水电站给予了高度评价。周恩来还亲笔题词勉励:“为综合利用四川水资源树立榜样,为全面发展四川经济开辟道路”。

能源工业基本投资的另一重点是煤炭工业和天然气工业。重庆处于四川盆地的丘陵地带,特殊的地质结构使重庆拥有较为丰富的矿藏资源。解放初期,西南局领导极为关注对重庆和西南地区矿藏资源的勘探和开发。1950年初,邓小平曾约见著名地质学家黄汲清,询问西南地区地质勘探情况。后经西南军政委员会研究决定,在重庆成立以黄汲清为所长的西南地质调查所,下属3个普查勘探队、2个石油队、1个水文队。之后,该调查所相继对中梁山煤矿、綦江铁矿、九龙坡铁路工程和巴县、綦江一带的石油、天然气地质情况进行调查,为重庆煤炭工业和天然气工业的发展奠定了基础。

这一时期,西南煤炭管理局和市人民委员会先后投资上亿元,首先改造了南桐、永荣、天府等一批骨干矿井,同时安排新建了南桐鱼田堡煤矿、砚石台煤矿和中梁山煤矿。其中鱼田堡煤矿新建了西南地区第一对年产60万吨的竖井——鱼田堡一号竖井。它是在苏联专家帮助下自己设计、施工的重点项目,1958年5月30日建成投产。建设吨煤投资成本由31元降到25元,节约国家投资29%。在建设过程中,为矿井建设培训了技术人才5000多名,成为以后重庆和四川煤矿建设的基本骨干力量。经过“一五”时期的煤矿建设之后,全市原煤产量由1953年的166.96万吨提高到1958年的573.75万吨,增长2.44倍。

重庆市的天然气工业也在“一五”时期开始起步。1955年由甘肃永昌钻探大队组成石油沟钻探大队,发现了位于重庆巴县的石油沟气田和位于綦江县的东溪气田。1956年,在綦江建设了重庆市第一个炭黑工厂和第一条就地供气系统。重庆的天然气工业由此发轫。

冶金工业。“一五”期间,在冶金工业建设上,国家主要改建和扩建了重庆钢铁公司和特殊钢厂。重庆钢铁公司当时名为101钢铁厂,这座晚清时由张之洞创办的汉阳铁厂,经过抗战的烽火硝烟,此时已经发展成西南最大的工业企业。“一五”期间,国家建设的重点是重工业,这给重庆的钢铁企业带来了重要的发展机遇。其间,国家投资4383万元新建了由我国自行设计的大平炉车间,分别在1954年4月和6月建成了两座50吨炼钢平炉。1956年又扩建了大轧车间,分别改造和新建了两座加热炉和一台矫直机。同期对中小型轧钢车间和重钢三厂的450毫米轧机也进行了改造,使重庆钢铁公司的生产能力大为提高,钢产量1957年比1952年提高了8.8倍,生铁产量提高了1.6倍,钢材产量提高3.7倍。国家还投资1544万元对重庆特殊钢厂进行改建扩建,主要新建了冷拉车间,共投资582万元,设计能力4500吨/年,1956年竣工投产,1957年冷拉钢材8446吨,大大超过设计能力。又改造了一栋轧钢车间,由1952年生产14464吨上升到1957年的64701吨,钢厂生产字号由1952年的57个增加到1957年的218个,钢的合金由1950年的12.89%达到1957年的41.42%。到“一五”期末,钢铁工业有了较大的发展。1957年生铁产量达到11.9万吨,钢产量35.4万吨,钢材37.2万吨,分别比1952年增长0.92倍、6.4倍和2.8倍。重庆成为西南最大的钢铁生产基地,对于支援西南地区和全国各地的重点建设起了积极作用。

与钢铁工业配套,四川省1954年将中国工业炼气股份有限公司、渝光电熔厂、中国电化厂股份有限公司、华新电气冶金公司、重庆渝鑫钢铁厂、恒昌电化厂6家私营小厂在长寿合并成立川江电冶厂(1966年更名为重庆铁合金厂)。该厂除了继续生产享有盛誉的电石,主要生产炼钢所需的硅铁和锰铁。

“一五”期间,国家对有色冶金工业也进行了投资。对一〇三厂(前身为重庆炼铜厂,现名重庆冶炼厂)投资113万元,扩建厂房4336平方米,新增反射炉、转炉、电解槽等一批生产设备,并通过技术革新,使该厂技术水平进入国内先进水平,电解铜年产量由1949年的250吨增加到5948吨。重庆冶金工业的发展,为重庆及西南地区的机械、兵器等加工工业的发展,提供了原材料供应保证。

机械工业。“一五”时期是重庆机械工业大发展时期。在解放初期通过没收官僚资本组建国营机械工业的基础上,国家投资改造扩建了一批骨干企业。1955 年，一机部[1]派出包括苏联专家在内的 10 余人的专家工作组到重庆机床厂指导，进行了包括技术管理、工艺编制、工装设计制造等方面的改造，使技术水平、管理水平、产品质量都有了很大提高，产量增加 7 倍。1957 年，齿轮机床产量由 1954 年的 32 台提高到 260 台，成为当时国内规模较大的制造齿轮加工机床的专业厂。同时，重庆一批老兵工厂在苏联的援助下进行改扩建，形成了苏式 54 型枪弹的生产体系。从 1952 年开始，对民族资本的私营机械厂进行了全行业的公私合营，同时进行调整合并，形成重庆通用机器厂、重庆电机厂、重庆水轮机厂、重庆矿山机器厂、重庆气体压缩机厂、重庆轴承厂、重庆标准件厂、江北机械厂、重庆第二机床厂、重庆水泵厂、重庆第二电机厂、重庆汽车制造厂、重庆汽车配件制造厂等。经过“一五”时期的发展，重庆机械工业总产值 1957 年比 1952 年增长 4 倍多，达到 2. 53 亿元，在重庆工业中的比重占 15.22%，在四川省的机械工业中占有举足轻重的地位。

化学工业。“一五”时期是重庆化学工业发展的重要阶段，国家投资 5739 万元，相当于“一五”时期国家对四川全省化学工业投资的 99%。作为国家重点项目之一的重庆棓酸厂（重庆合成化工厂）经过改、扩建后，达到了年产 3000 吨塑料制品的生产能力，成为西南第一座现代化的化工企业，也是当时国内规模最大的塑料厂。1956 年，重庆的另一项国家重点项目——重庆长寿化工厂扩建项目被正式批准，1957 年 7 月正式动工，1958 年 11 月 15 日建成了我国第一套合成橡胶工业化生产装置，结束了我国不能生产合成橡胶的历史。在“一五”建设时期，重庆还新建了重庆农药厂，改扩建了中南橡胶厂、重庆油漆厂、重庆染料厂、天原化工厂等，使之逐步成为重庆化工的骨干企业。重庆化学工业总产值在重庆工业总产值中的比重，由 1952 年的 1.6% 上升到 1957 年的 3. 67%。

纺织工业。解放初期，纺织工业是重庆工业中最大的行业之一，占四川纺织行业总产值的 85% 左右，是当时全国六大纺织工业基地之一。

① 一机部是“中华人民共和国第一机械工业部”的简称。其前身是“中华人民共和国重工业部”，成立于 1949 年。1952 年，一机部成立，主管民用机械、电信、船舶工业。

“一五”时期,重庆纺织行业在原有的基础上,通过大规模的调整、迁并和改造扩建,改善了生产布局,提高了生产能力。原有的10多个棉纺织厂被合并为规模相当的7个厂;中国毛纺厂与制呢厂合并为重庆毛纺厂;近30个棉织、针织厂合并为5个棉织厂和1个针织厂。另外,新建和改建了重棉一、二厂的织布车间,新建了重庆印染厂,形成了重庆纺织工业的主干力量。同时进行了对私改造,使所有纺织企业均被纳入国家的计划管理体制之下。“一五”之后,重庆纺织工业生产能力大大提高,除棉纱保持原有生产能力外,棉布、呢绒、毛线的产量分别提高1.5倍、2.6倍和5.6倍。1957年,全市纺织工业总产值比1952年提高65.92%。

食品工业。解放后,党和政府高度重视食品工业这一关系国计民生的主要行业,并从政策上、措施上鼓励其发展。“一五”时期,各级党委政府对食品工业进行了有计划的投资建设。1954年,国家投资172万元新建了重庆罐头食品厂,一年后即实现对外出口。1956年2月,国家投资近千万元兴建重庆肉类联合加工厂。工厂原定为由苏联援建的国家重点项目,后改为国内自行设计,在“一五”期间先行建设成为日宰杀生猪能力1000头,冷库容量1200吨的规模。1958年12月,重庆肉联厂全面完成建设,一座冷藏量逾万吨,拥有屠宰、熟肉食品加工、生化制药等规模生产能力的大型肉类加工企业正式投产,改写了重庆市无肉类加工业的历史。同期,重庆还发展了粮食加工、榨油、卷烟、酿酒、调味品、糖果点心、屠宰等原有行业,成立了重庆市食品公司、蔬菜公司、油脂公司。1957年,重庆市食品工业完成产值3.02亿元,年均增长32.48%,比1949年增长8倍,占全市工业总产值的18.15%,在全市工业行业中居第一位。在江津、万县、涪陵等地区,食品工业在“一五”期间也得到了很大的发展,开工兴建了永川食品厂、江津糖果厂、荣昌虹桥食品厂、璧山糖果糕点厂、永川酿造厂、綦江酿造厂、永川肉联厂等一批食品工业企业。1954年10月,川东最大的食品企业——万县市私营新兴罐头厂建成投产,主要生产肉类、鱼、鸡和水果罐头,日产100吨,产品出口至苏联、东欧等国家。

建材行业。“一五”时期,通过对一些骨干企业的新建和改组扩建,重庆市建材工业有了较大发展。重庆茄子溪制材厂是我国“一五”期间国家重点工程。1953年，国家特聘苏联专家设计，拨款197.75万元建设该厂。茄子溪制材厂第二年即实现利润16.5万元。1958年工厂的锯材产量达到12万立方米，超过设计生产能力，当年实现利润181万元，收回了建厂投资。1953年，扩建重庆水泥厂，从美国爱力斯公司引进一台回转窑，配以国产电机，建成较先进的第二条工艺生产线，使水泥生产能力由4万吨扩大到28万吨。另外，还新建了第一、二、五砖瓦厂等骨干企业。全市建材工业总产值在“一五”期间提高了3.4倍。

轻工业。“一五”时期，根据为国家重点建设项目服务和满足人民生活需要的原则，发展地方工业的方针重点放在轻工业方面。新建了一批与人民群众生活息息相关的企业，恢复发展了造纸、灯光、玻璃、肥皂、热水瓶、竹木家具、皮革、工艺品等10多个行业，组成了一批地方国营企业和公私合营企业，如重庆造纸厂、重庆热水瓶厂、重庆灯泡厂、红岩玻璃厂、益丰干电池厂、重庆火柴厂等。1957年全市轻工业总产值比1952年增长3.9倍。

经过“一五”时期的发展，重庆市的工业总产值占到了四川全省的35%。其中，钢和钢材均占100%，发电量占73%，生铁占50%，水泥占87%，原煤占82%，金属切削机床占95%，硫酸占93%，烧碱占72%，棉布占66%，卷烟占71%。重庆不仅成为四川及西南钢材、水泥、煤炭、酸碱等原材料供应基地，同时为四川及西南地区建设供应大量轻工业品，发挥了西南工业基地的重要作用。

由于全市主要资金、资源、人力和物力均向工业倾斜，致使工业增长速度大大高于农业。工业年增长率为25%，而农业仅为6%。工农业的比重发生了重大变化。1952年，工业和农业占工农业总产值的比重分别为71.69%和28.31%；1957年，这一比重改写为85.7%和14.3%。在工业内部，重工业不断加强，轻工业在绝对规模稳步扩大的同时，在工业总产值中的比重则逐年下降，形成了新的轻重工业格局。

这种经济结构的变化，是基础原材料工业发展迅速，生产资料的生产得到加强的结果。重庆钢铁公司、特殊钢厂、重庆发电厂、南桐煤矿、川江电冶厂（重庆铁合金厂）等成为重庆的骨干企业。机械工业和一些军工企业也得到了较大发展。这些都与优先发展重工业的指导方针相吻合；而且工业总产值中轻、重工业比例的新格局，标志着重庆工业结构已经发生明显变化，一个门类较为齐全的工业体系已经初步形成。

另一方面，在优先发展重工业的思想指导下，在轻工业尚未充分发展的情况下，即偏重发展重工业，这又对重庆工业的基本特征——重型结构的形成产生了直接影响。其负面作用，如环境污染大，能源消耗高，国民经济比例失衡，资本原始积累不充分等弊端，随着重庆现代化的推进而逐步显现。

（二）基础设施和城市格局发生巨大改变

基础设施和各种社会事业的落后，严重制约了经济社会的发展。“一五”时期，重庆立足于为工业现代化奠定坚实的基础，大力发展基础设施建设。在重庆地方投资中，城市公用事业占到了39.64%，大大超过了地方工业投资数额。

交通建设全方位发展。交通闭塞一直是制约经济发展的重要因素之一。“蜀道难难于上青天”，是对重庆交通状况的真实写照。这种状况与工业现代化建设的迅速发展，与城市规模的扩大乃至城市人口的增加不相适应。因此，“一五”期间，重庆在内河航运、铁路等方面进行了重点建设，初步改善了交通落后的状况。

在水路运输方面，整治长江航运，改造港口码头。自1953年始，对川江进行了大规模整治，先后炸掉130多处险滩，工程总量达到500多万立方米，航道水深最浅处保证2.9米。从1954年起，对川江进行航标改造，清除旧的英式助航标志，配设新型的苏式锁链船标2743座，主要河段上都设置了航标灯，实现了千里川江包括三峡江段的夜航。川江整治以后，宜昌上行重庆的行船周期由原来的5—6天缩短到3—4天，全年基本上可通航1500吨的船舶，使川江航道通过能力比50年代初期提高了20倍。同时，重庆港口也进行了较大规模的改造。1957年，国家交通部投资500万元改造重庆九龙坡码头，两年后投产。另外，新建和改建煤炭、粮食、杂件和钢铁等6座码头，新建了仓库、货场、铁路专用线，新置机车及各类起重运输机械设备，使九龙坡港成为铁路、水路联运码头,年通过能力由 11 万吨上升到 170 万吨。此外,朝天门等码头也进行了改造,使重庆港在“一五”时期比解放初期客运量增长 2.46 倍,货运量增长 8 倍多。1957 年同 1952 年相比,重庆港口吞吐量由 62.8 万吨上升到 337.5 万吨,增长 4.37 倍;水路运输货运量由 133.3 万吨上升到 584.5 万吨,在交通货运量中占主体地位,增长 3.39 倍。

在航空运输上,增加航线,改善硬件设施。1952 年 11 月,西南民航管理处在重庆设立(1956 年迁往成都),重庆成为西南民航的中心,有重庆到北京、天津、上海、成都、昆明、贵阳、南昌、西安共 8 条空中航线通向外地。同时,为了适应日益繁忙的民航运输,国家在“一五”时期着重改善了重庆机场设施。1953 年,国家投资修建了白市驿机场客机坪、候机楼、发报台、导航台、市内营业处等,进一步改善了重庆对外交通的条件。

在公路建设方面,修复已有公路,修建新公路。解放初期,重庆仅有公路 836.5 公里,且多是支离破碎,能行驶的路段不多,汽车亦仅有 2000 多辆。解放后,市委领导人民群众抢修国民党军队溃退时破坏的公路、桥梁,恢复交通,同时修筑新的公路。1952 年动工修建重庆至南充的渝南公路,1953 年建成通车,全长 216 公里,重庆市境内 131 公里,是重庆市解放后修筑的第一条公路干线。同时,区、县、乡齐头并进,修筑新的公路。到 1957 年,全市公路里程发展到 2236 公里。

铁路建设方面,川黔线的支线三江至万盛线建成通车,这条线路承担了南桐、东林等地的煤炭运输和川黔边区五县部分地区的客货运输。铁路运输发展迅速,1957 年货运发送量达到 254.6 万吨。

“一五”时期,重庆的交通状况得到较大改善。内河运输和公路运输的恢复,成渝铁路和三万(三江至万盛)铁路的修建,为改善生产力布局创造了条件,使重庆工业建设地区分布发生了较大变化,促进了重庆工业布局日趋合理。一方面,在合理利用、改扩建传统工业基础的同时,开辟了中梁山、南坪、道角、石门、窍角沱等一批新的工业点;另一方面,在远郊区、县开始进行工业建设。5 年中,先后在成渝铁路沿线的江津白沙、璧山来凤、大足玉龙、永川永昌等地兴建了一批机械工业和纺织工业企业,重点开发了龙溪河梯级电站和南桐煤矿工业区,从而打破了以往主要沿江建厂的畸形格局,使重庆市的工业生产力布局趋于合理。

城市基础设施得到空前发展。“一五”时期,市政府按照“为工业服务,为生产服务,为劳动人民服务”的方针,投资3163万元建设城市基础设施,重点对道路、公共交通、饮用水、排水系统、公共娱乐场所等进行了大规模的建设和改造,使城市基础设施得到较大改善。同时,为了加大城市建设宏观管理的力度,市委于1952年成立了城市建设委员会,专门负责统筹规划市政建设和城市管理,使市政公用事业有了极大的发展。

在城市道路方面,针对当时一些地区尚无公路,人们出行困难的状况,市政府采取新建城市主次干道,接通断头路,改建老路,裁弯取直,连接新的工业小区等方式,初步形成了城市道路网。1953年,投资337.52万元,新建改建公路13条,长79.7公里。沙坪坝到北碚的渝碚路,石桥铺至小龙坎的石小路,海棠溪至铜元局的海铜路,界石南泉公路,缙云山公路等相继修成投入使用;大坪至杨家坪段的路幅由6—9米拓宽为33米。1954年,投资281.85万元,新建两路口到肖家湾段的公路,路宽22米;翻修了新华路和陕西路,改变了朝天门的面貌。1955年,投资253万元,新建了中梁山公路和大田湾道路,开建袁茄公路(袁家岗至茄子溪),完成了上清寺到小什字全长5.5公里的无轨电车线路。1956年和1957年继续投资新建和改建了城区一些主要干道,并且将两路口至杨家坪的长江路改建为高级路面。1957年集资修建的两路口到杨家坪的无轨电车线路,仅用18个月即建成投入运行,平坦舒展的“两杨”大道,带动了大坪、杨家坪、沙坪坝、大渡口、中梁山等区域的发展。

在公共交通方面,解放初期,重庆只有11辆破旧公共汽车和大量人力车,到1957年,公共汽车营业线路新增348公里,车辆增加到191辆,增加无轨电车20辆,新建了两路口缆车道。公共交通的改善,方便了市民的出行。

在城市照明方面,继解放后恢复时期新装路灯6960盏后,“一五”时期又新装路灯2791盏,使路灯总数达到1949年的10倍多,改变了山城夜间昏暗不明的状况。

旧重庆排水设施极为简陋,许多街道污水横流。市政府继解放后恢复时期投资215万元新建下水道68公里之后,在“一五”时期又投资

287万元，集中在市中区、沙坪坝区、九龙坡区、北碚区新建下水道56公里，使下水道总长度增至1957年的124公里，为1949年的3.1倍，初步形成了市区的排水系统。

"一五"时期，重庆投资457.73万元建设城市自来水供应，自来水生产能力比"一五"前提高一倍，供水水管长度增加88公里，主要集中在两路口至杨家坪、汉渝路至磁器口、小龙坎地区等工业小区，全年供水量增加2.6倍，达到1250万吨。

在这一时期，邓小平、贺龙等西南局领导人更以战略家的眼光，从现代化城市发展的高度，开始着力于提高市民生活质量，建设塑造城市形象的公共娱乐场所和城市标志性建筑。在他们的大力支持和直接领导下，一大批公共设施先后落成。解放初期，重庆只有南、北温泉等少数几个公园，"一五"时期，新辟了动物园、枇杷山公园、少年宫，建成了宏伟壮观的重庆人民大礼堂，后者至今仍是重庆的标志性建筑。这一切使重庆的城市面貌和基础设施大为改观。

(三)经济社会全面快速发展

农业生产得到迅速发展。"一五"期间的重庆农业，扩大了粮食播种面积，巩固和发展了长江和嘉陵江沿岸的蚕桑基地，重点建设了城市蔬菜副食品基地，开始建设长寿湖和大洪湖商品鱼基地，农业生产稳步增长。1956年，全市粮食产量提前一年达到"一五"计划的目标。1957年全市农业总产值比1952年增长23%，年均增长4%。从1954年起，全市粮食实现自给有余，1956年调出粮食1213万斤。

政府财政状况不断好转。"一五"时期，随着生产的发展，市财政状况逐步好转，城乡人民的生活也得到进一步改善。1953年至1957年，市财政收入逐年上升，5年累计收入15.92亿元，支出8.58亿元，上缴国家7.34亿元。基本改变了解放初期财政状况困难的局面，实现了财政收支平衡，保证了预算内各项费用支出，使经济建设得以顺利进行。

政府财政收入的增加，也为改善城乡人民生活创造了条件，政府通过适当发放救济金和逐步安排就业的方式，做到了人人有饭吃，有衣穿。为救济贫困人口，市人委从1955年1月到1956年9月，发放救济金

128 万元,共救济贫困人口 14 万余人次。与此同时,社会劳动就业人数不断扩大,全市从 1950 年到 1956 年,累计安排就业人数达 14 万多人。

人民生活得到不断改善。“一五”期间,城乡居民的收入不断增长,以 1952 年至 1956 年为例,职工的货币工资增加 37.15%;手工业者收入增加 37%;郊区农民的人均收入(含现金和实物)增加 43%。城乡居民的年收入以 6%—7% 速度递增,全市人民购买力比 1950 年增加 56%。同时,继续贯彻稳定物价的方针,根据“基本不动,个别调整”的原则,有计划地调整了部分工农业产品的价格。5 年中先后提高了 26 种农副产品的收购价格,平均提高幅度为 24%,对部分工业品价格也进行了有升有降的调整,以保持物价的基本稳定。5 年中市场零售物价年递增率仅为 1.1%,而同期全民企业职工工资年均递增 6.6%。农民也因农副产品收购价格的提高,收入显著提高。人民生活水平的稳步上升,也促进了市场的不断繁荣,1957 年社会商品零售总额达到 8 亿多元,比 1952 年增长 68.4%。

同期,居民的生活条件也得到不断改善。人均住房面积由 1952 年的不足 2 平方米提高到 1957 年的 3 平方米。居民教育医疗条件得到不断改善,劳动保护也得到加强。“一五”时期,工业、建筑、交通等全民企业职工千人死亡率大大下降,从 1950 年的 15% 降为 1957 年的 0.27% 左右。

文化教育事业初步发展。“一五”期间,市政府根据当时经济发展的需要,对全市扫盲工作进行了具体部署。“一五”期间,各种识字班、识字小组、夜校、业余学校等遍布全市。仅 1953 年 1 月、2 月份,全市农村报名参加扫盲学习的人数即达 5.6 万多人,占应入学人数的 45.5%,学知识、学文化蔚然成风。

医疗卫生事业取得长足发展。截至 1957 年,全市共有医疗卫生机构 726 个,病床 7864 张,疗养院 22 个,医务人员 6880 人,与 1952 年比,分别增加了 120%、81%、300%、106%。为充分发挥传统中医的作用,创立了两个中医院和一个门诊部,成立中西医结合的联合诊所 112 个。由于医疗卫生保健事业的发展,过去较为流行的诸如伤寒、痢疾等传染病得到有效控制,各种疾病的治愈率也不断提高。

总之,“一五”时期是重庆历史上的一个重要发展时期。1957 年,全市生产总值比 1952 年增长 44.99%。其中,第一产业比 1952 年增长 25.27%,第二产业比 1952 年增长 169.17%,工业的增长大大快于农业的增长。在工业内部,轻、重工业经济比重逐年接近。“一五”计划结束时,工业已成为重庆经济的主体,在四川省也占有较重的地位。经过“一五”时期的建设,各个领域都取得了前所未有的成就:工业建设规模扩大,社会主义工业化基础基本形成;市政基础设施得到较大改善,工农业生产快速发展;文化、教育、医疗卫生等方面取得长足进步,人民生活水平不断提高。通过“一五”时期的建设和发展,进一步强化了重庆作为西南地区和长江上游重要工商业城市的地位。

但是,“一五”时期,又是我国初步尝试建设社会主义和实行计划经济的开端,从中央到地方,在国民经济统筹安排及社会各个领域的协调发展上,过度偏重重工业而忽略农业的发展,为以后的发展留下了隐患。就重庆而言,“一五”时期,重庆对农业的投入仅占全部地方投入的 0.9%。工业总产值以 25% 的速度递增,农业总产值的增长速度则仅为 6%。工农业发展速度和发展水平失衡,势必导致工业快速发展与农业供应不足的矛盾,进而制约工业化的发展。在工业内部比例中,轻工业又大大低于重工业。这些问题都对以后重庆经济社会的发展造成了不利影响。

第五章

生产资料私有制的社会主义改造

一、农业互助合作运动的波浪式前进

生产资料私有制的社会主义改造，是党在过渡时期总路线的基本任务之一。随着第一个五年建设计划的实施和社会主义工业化的起步，分散的小农经济和脆弱的资本主义经济无法适应国家工业化的需要，因而在进行社会主义工业化建设的同时，对农业、手工业和资本主义工商业实行社会主义改造，成为全党和全国人民的重要任务。在中央的统一部署下，重庆从 1953 年开始对农业、手工业和资本主义工商业进行社会主义改造（“三大改造”）。

“三大改造”，就其实质而言，就是把生产资料私有制改造成为社会主义公有制，这是一场生产关系领域的深刻变革。农业是国民经济的基础，是现代工业原料的主要来源和工业原始积累的重要途径。尽快提高农业生产水平，使之担当起中国实现工业化的重任所需，便显得十分迫切。因此，在“三大改造”中，对农业的社会主义改造首当其冲。

（一）举办互助组

解放后，党领导人民在农村完成了土地制度的改革，消灭了在我国延续几千年的封建地主所有制，获得土地后的农民迸发出空前的生产积极性。由于长期的贫困造成生产资料严重不足，一些地方的农民开始自发地组织起来，互帮互助，尝试着走互助合作的道路，这在解决生产困难、促进生产发展上取得了一定的成效。对于农民组织起来的积极性，中央给予了充分的肯定。1951 年 12 月，中央在党内发布了《关于发展农业生产互助合作的决议（草案）》，决定采取循序渐进的方式来实现对农业的改造，提出了“根据自愿互利，典型示范和国家帮助的原则，采取由农业生产互助组，发展到以土地入股、统一经营为特征的半社会主义性质的初级农业生产合作社，再发展到生产资料集体所有的完全社会主义性质的高级农业生产合作社的过渡形式，逐步把个体农业经济改造成为社会主义集体经济”①。

重庆各地经济发展情况和社会情况不同，土改完成的时间也不尽相同。土改完成后，各地党委和政府均马上将农村工作从领导土地改革转移到领导生产上来，不失时机地引导农民组织起来走互助合作道路，开展爱国增产运动。1951 年春，第一期土改结束，正值春耕的农民在邻里之间或亲戚之间互相帮工——“换活路”，自发地形成了一些换工性质的互助组。各级党委顺势对此进行合理引导和鼓励。6 月 22 日，重庆市委办公厅发出通知，要求必须把领导农业生产作为今后的中心任务，而发展农业生产的途径则是把分散的农民逐步组织起来。1952 年 10 月，土地改革基本完成，各地区各级党委都将农村工作的重点逐渐转移到了发展农业生产互助合作上来，根据实际情况相应地制订了各自的工作计划。

在土改运动中，各地区均采取在某一地先行试点，成功后再将经验推广出去的办法，减少了工作中的弯路。同时，在土改工作中，农村涌现出一批表现积极的优秀分子，被吸收为团员和党员。因此，各地党组织首先选择一些基础比较好的地方试点，号召农村的积极分子、团员和党员组织起来，搞互助合作生产。在这些积极分子的影响和示范下，农民纷纷加入互助组织，成立了换工队、变工队、代耕队、幼托组等名称不一的互助组织。在璧山县青杠乡青杠村岳水清互助组、北碚区金刚碑乡团

① 中共中央党校党史教研室选编：《中共中央党史参考资料》（八），人民出版社 1980 年版，第 12 页。

结村张莉蓉互助组、长寿县渡舟乡向金全变工队、涪陵县世忠乡邓家村李吉安互助组等一批典型示范互助组的示范下，各地的互助运动迅速发展起来。

（二）试办初级社

互助合作运动经过两年的发展，组织起来的常年互助组数量大大增加。其中一些典型常年互助组已达到了较大规模，组织制度也逐渐完善，并取得了粮食逐年增产、收入逐年增加的好成绩，大大改善了参加互助组农民的生活，使他们感受到"组织起来"的优越性，激发了生产积极性。但同时，随着互助组的发展，领导骨干缺乏和劳动力不足等问题日益突出，这些问题在互助组内得不到有效解决。于是，有许多较有基础的常年互助组及其组员，希望进一步组织起来，建立土地入股的农业生产合作社。

1953 年 3 月，西南局在长寿县渡舟乡进行农业合作化试点，先后派大批干部实地帮助指导。渡舟乡向金全常年互助组在原来 6 户农民的基础上，扩大为 9 户，成立了长寿第一个初级农业生产合作社——前进农业生产合作社。入社的农户，实行土地入社分红，集体耕种；耕牛、农具折价入社；劳力实行集体安排，评工记分；年终实行决算，根据劳动多少和土地入社分红及耕牛、农具等投资多少，进行收益分配。渡舟乡的试点工作为后来重庆及西南地区各地的农业合作社探索出了成功的路子。

1953 年，党中央公布了过渡时期总路线，12 月又通过了《中共中央关于发展农业生产合作社的决议》。全国进入发展初级农业社阶段。随着总路线宣传活动在重庆的开展，农民的社会主义觉悟及互助合作的积极性普遍高涨，已经加入互助组的农民希望由互助组进入到发展以土地入股、统一经营为特点的初级农业合作社，一些未加入互助组的农民也希望直接进入初级社。同时，各级党委和政府开始将生产、供销、信用三大合作和实行粮食统购统销政策紧密结合起来，推进了初级农业合作社的普遍发展，进入了互助组和初级社同步推进、同时大发展的时期。1954 年 1 月 29 日，重庆市委重新成立了农村工作委员会，由市委秘书长辛易之兼任书记，以加强对农业合作化运动的领导。1954年春耕以前，全市建成初级社21个，入社农户483户，占全市总农户的0.66%。到1954年5月，全市组织起来的农户已占到了农村总户数的62.01%，形式上仍以互助组为主。

经过一年多的试办，各级党委逐步摸索出了组建初级社的方法，掌握了一些解决问题的实际经验，初级社的优势也逐渐显现出来。1954年春耕前建立的21个社的产量比1953年提高了10%—15%，较互助组提高8%，比单干户提高20%。这些社在秋收后进行了分配，社员收入显著增加，稳住了农民的心，增强了他们对农业社的向心力。初级社在当时表现出很强的生命力。初级社的土地和主要生产资料还是私有的，在产品分配上除按劳分配外，还保留了土地分红，能进一步调动农民的积极性；统一经营，能比互助组发挥更大的优越性；规模适当，一般只有10户至20户，适宜当时干部的管理水平，有利于组织生产。自1954年夏开始，各地纷纷将市地县试办农业社扩大为区、乡试办农业社，农业合作化运动升温，农业合作社开始普遍发展。特别是1954年至1955年之交的冬春两季，进入了群众性创办农业社的大发展时期，市、区、乡都集中力量办社，农业社由198个猛增到588个（不包括新组建的南桐矿区①），入社农户从8477户猛增到25825户，占总农户的38.17%。在生产上，农业合作社也充分表现出了优越性。

但1955年初级合作社的迅猛发展，也出现了一些简单粗糙、单纯依靠行政命令的现象。一部分社质量不高，社内矛盾比较突出；有的建社时未能很好地尊重群众自愿的原则；有的贪图增加社内公共财产，对耕畜、农具、林木等私有财产不折价或折价偏低；多数新社经营管理差，财务制度不健全，还延续互助组时的管理方式。市郊三区②金刚农业生产合作社开始时男女社员43人挤在一块洋芋地里干活，形成挖土的锄头打架，栽洋芋的人在地上乱跑，浪费了人力；新立农业合作社每天由社长临时排工，社员扛着锄头不知到哪块地上干活，造成“人等活”的现象。

① 1955年，重庆市南桐矿区成立，1993年改名为万盛区，2011年撤销，并入綦江区。

② 1955年改名为沙坪坝区。

四区[①]光明蔬菜社和六区[②]大中农业社的社员最初做活时“一窝蜂”，造成窝工现象，影响了生产的效率。这些问题直接影响了社员的生产情绪，引起社外农民的一些误解。重庆市郊农村出现了生猪、耕牛锐减和滥伐林木等异常情况。

针对这些情况，根据党中央和国务院于1955年1月10日发出的《中央关于整顿和巩固农业生产合作社的通知》精神，市委决定对合作社暂停发展，集中力量进行整顿。经过整顿，除极少数社员退社，入社农户略为减少以外，农业社基本上巩固下来。至1955年6月止，在市郊80个乡中，有13个乡基本实现了农业合作化，入社农户占总农户的31.57%。至此，农业互助合作运动发展的第二阶段基本结束。

在这个阶段中，农业社会主义改造的步伐比较平稳，农业生产合作、供销合作、信用合作及粮食统购统销工作相互配合，都有很大的发展。农村干部从建社、整社中，积累了经验教训，为迎接农业生产合作化高潮提供了有利条件。1955年7月初，重庆市委决定了市郊冬春两季的发展计划，计划市郊农村冬春两季发展合作社要各乡限定在60%左右，超过70%的要暂停发展。但不久，农业合作化形势发生了根本的变化。

（三）实现初级农业合作化

1955年上半年，中共中央领导人在农业合作化的速度问题上发生了严重分歧。中央农村工作部部长邓子恢强调合作化的艰巨性、复杂性和长期性，认为合作化运动不宜发展太快；毛泽东则强调在农民中蕴藏着很高的社会主义积极性，要求加快推进合作化运动。7月31日，毛泽东在全国省、市、区党委书记会议上，作了《关于农业合作化问题》的报告，尖锐地批评了某些同志的“右倾错误”。他说：“在全国农村中，新的社会主义群众运动的高潮就要到来。我们的某些同志却像一个小脚女人，东摇西摆地在那里走路，老是埋怨旁人说：走快了，走快了”。10

① 1955年改名为九龙坡区。
② 1950年改名为北碚区。

月11日，中共扩大的七届六中全会通过了《关于农业合作化问题的决议》。在会上，毛泽东以《农业合作化的一场辩论和当前的阶级斗争》为题作报告，进一步严厉地批评了所谓的“右倾机会主义”。政治压力使本已加速发展的农业合作化运动，以更加急速的态势，在全国迅即掀起高潮。

全国农业合作化高潮，同样也推动了重庆农业合作化的发展。全国省、市、区党委书记会议后，重庆各级党委由上而下地传达贯彻了这次会议的精神，加强了对组建合作社的领导，检讨和批判“小脚女人”走路的右倾保守思想，加快了合作社的组建。由于农业社优于单干，不少农民确实愿意入社，这是主流。也有入社动机不纯和随大流的，有些中农怕“不入社吃亏”“不入社受夹磨”，地主、富农想入社“寻求保护”，贫雇农中的困难户想靠农业社解决自己生产、生活困难。在全国加速发展的态势下，重庆也迅速形成了一个人人入社，争先恐后“千家万户奔向合作化”的高潮。1955年底，重庆郊区除南桐矿区外，江北、沙坪坝、九龙坡、南岸、北碚区等都基本实现了半社会主义性质的初级农业合作化。

（四）实现高级合作化

在初级农业合作化迅猛发展的同时，更为迅猛的高级农业合作化浪潮也随之而来。1955年10月初，市委在批转三区《关于南坪乡爱国社由初级社转为高级社的请示报告》时指出：重庆市郊农业生产多兼营副食品生产，收益多；解放前郊区土地集中，自耕农民少，土改后农民分得相等土地，土地所有权系国有；又兼市郊交通、文化发达，接受社会主义教育机会多，因此农业生产合作社由低级到高级的转变比一般农村较易，在1955年10月，市郊二至六区已有10%左右的初级社要求转为高级社。要鼓励市郊农业社由初级向高级转变。1955年11月以后，《重庆日报》《重庆市政》等报刊陆续登载以《在市郊农村可以办更多、更好的高级社》为代表的一系列文章，掀起了一个大办高级社的宣传热潮。在当时过热空气的影响下，市委农委于1955年11月至年底，将南岸区新兴乡（今涂山乡）的8个中、小型初级社合并为3个高级社。1956年元旦，经市委批准，又在南坪、新兴两个乡建立了以乡为单位的集体农庄。南坪集体农庄庄员1241户，占全乡总农户的94.22%；新兴乡集体农庄庄员746户，占全乡总农户的96.1%。

进入1956年后，全国社会主义改造的气氛越来越浓烈。1月初，中央出版了《中国农村的社会主义高潮》一书。此书一出，立即在全国掀起了由初级社转为高级社的高潮。1月11日，北京市郊的初级农业合作社全部转为高级社，完成了农业社会主义改造。在此影响下，重庆市郊的广大干部与农民也纷纷向市委请求，将初级社全部转为高级社。1956年1月15日，经市委批准，江北、沙坪坝、九龙坡、南岸四个区的初级农业社全部转为高级社；16日，北碚区的初级农业社也全部转为高级社。至此，在短短几个月的时间里，重庆市郊的高级农业合作化就基本实现，农业社会主义改造基本完成。

在市郊农业合作化高潮过去以后，市委要求继续进行农业合作化的后继工作。一是派出大批干部参加整社，帮助高级社完善领导机构，制订生产计划和经营管理制度，掀起农业生产的高潮。二是在3月底以前，分期分批处理农村地主、富农、反革命分子的入社问题。按其表现，经群众审评并报有关部门批准，分别定为社员、候补社员或管制生产。三是帮助南桐矿区加快农业合作化的步伐。1956年6月，南桐矿区全部建立起高级农业生产合作社。至此，市郊农村已完全实现高级合作化，入社农户达83945户，占总农户的97.8%。

在农村推行互助合作，实现由小农经济、个体经济到农业社集体经济的变革，是符合中国实际情况的一种富有中国特色的创造。从重庆的情况来看，从互助组到初级社，兼顾了农民的个体积极性和集体积极性，注意贯彻自愿互利原则，注意协调农民中各方面的利益，是比较成功的。但1956年初，“过急、过快、过粗”地全面推行高级社，进而在几天之内就取消了社员生产资料的私有权，实现了社会主义改造，导致了一系列问题。如一些地方违背“自愿互利”原则，强迫农民入社；有些社规模过大，农户多达500户以上，加之干部管理水平差，农业社的管理较为混乱；一些社在生产组织、劳动调配、收益分配等方面，过分强调集体利益而忽略农民利益，挫伤了农民的生产积极性，对农业生产的发展造成了较大影响。

二、手工业合作社在整顿中前进

自近代开始,重庆逐步发展成为一座工商业城市,传统手工业在社会经济中占有突出地位。传统手工业属于自然经济的小生产范畴,分散、落后、保守、资金少、规模小等,是一般手工业的共同特点。但重庆的手工业,是随着城市工商业的发展和人口的增多而产生、发展起来的,这就使重庆手工业除具有一般手工业的共性外,还有一些自身的特点。比如面向城市的服务性行业多;市场化水平较低,原材料大多依赖国家供应;成本高,品质低,缺乏艺术性较高的手工业品。

为了尽快提高重庆手工业的整体水平,满足城乡人民的需要,新中国成立后,市委对手工业采取重点试办、摸索前进的政策。市政府采取加工订货等措施,通过掌握供销的手段对维系国计民生的重点行业如食糖、罐头、木竹器、铁作、土布毛巾针织品、玻璃、电灯等行业进行大力扶持,逐步引导手工业者走组织起来的道路。一些手工业工人和独立劳动者由于自身力量薄弱,也要求走合作化道路,以生产自救的形式组织起来。1950 年初,市妇联将一些街道妇女组织起来纺麻线、纳鞋底、做军鞋,成立了全市第一个手工业生产小组——重庆市江北麻线供销生产合作社。合作社采取发原料、收成品,分散生产、集中供销这种初级的手工业合作方式将手工业者组织起来,解决了他们的困难。在这种生产小组的形态中,原有的生产关系没有改变,仍然是分散生产,只是从供销方面把手工业者组织起来。它是组织手工业者最初级的形式,也是手工业者最容易接受的组织形式。

1950 年 10 月,重庆市成立合作社联合社筹备处,旨在"选择本身具有一定组社条件,并有发展前途的手工业进行组社"。到该年底,这种合作社已达 29 个,参加者 2218 人。1951 年,全市又按照全国第一次手工业生产合作会议所制定的《手工业生产合作社章程规则(草案)》,对有基础的生产自救组织进行了整顿,建立符合要求的手工业生产合作社、组。在整顿旧社的同时,亦注意发展新社。这种按照《章程》整顿成立的合作社,生产资料仍为私有,一般也是分散生产,也是在供销环节上组织起来,但它在有些生产环节上开始集中生产,并开始购置公有的生产工具。至1952年底,第一批按章程组织起来的手工业生产合作组织共16个,社员1169人,当年完成产值146万元。这些组织起来的合作社,经过一系列改造,改进了操作技术,调动了社员的生产积极性,生产效率大大提高。至1953年底,生产合作社增加至21个,社员1433人,年产值达到270万元,比上年增加85%。互助合作组织的优越性逐步显示出来。

1953年下半年,过渡时期总路线的出台,标志着国家进入了有计划经济建设时期。手工业的社会主义改造被纳入了过渡时期总路线,成为当时党和国家经济建设总任务的重要部分,这极大地促进了手工业合作化的发展。1954年2月,西南财经委员会召开西南区第一次手工业工作会,贯彻中央关于"积极发展,稳步前进"改造手工业的方针。3月,市手工业合作社联社成立,并制定了全市手工业合作化发展计划。根据不同行业的特点,采取生产小组、供销合作社、高级合作社等各种不同的形式。至年底,全市手工业合作组织急增到180个,社员6639人,年产值达838.8万元。

在努力推进合作化的同时,市委也对工作中的一些偏差不断进行整顿,着力贯彻中央"自愿互利"和"统筹兼顾"的原则,并要求手工业合作化的所有工作都应当以"提高工效,提高质量,降低成本,切实满足城乡人民生产及生活的需要"为目的。这些安排符合当时重庆手工业的实际情况,兼顾了发展社会生产力和逐步建立社会主义制度的要求,使得手工业合作化得到不同程度的巩固和提高,手工业经济稳步发展。

1955年下半年,农业合作化进程在批评"小脚女人"的浪潮中突飞猛进,手工业改造则被批评为步伐太慢。在这种形势下,手工业改造的步伐也急剧加快。12月,在北京召开的第五次全国手工业生产合作会议上,中央着重批判了"右倾保守"的思想,制定了手工业社会主义改造的全面规划,要求在1956年和1957年两年内,基本完成手工业合作化改造。在这种大环境下,重庆手工业改造急速发展。在1955年12月一个月内，就有近4000人被吸收进了合作社，这相当于解放后历年参加互助合作的手工业者总数的一半。进入1956年，全市上下洋溢着“跑步进入合作化”的气氛，各行各业手工业者和手工业工人互相串联，成群结队地拥向各级联社递交集体入社申请书。1月18日，全市从南岸区开始，掀起了一个敲锣打鼓集会入社的高潮，同一个地区的同一个行业联名申请入社，由区政府领导接受申请书，召开大会批准入社，会后举行盛大游行，庆祝手工业合作化的伟大胜利。1月19日，全市25个行业的36234名手工业者被批准入社，占手工业总人数的96.35%，共成立543个合作社组，完成了手工业的社会主义改造。

手工业社会主义改造的完成，在一定程度上解决了个体生产的不稳定性和季节性问题，使生产有了计划性；一定规模的集中，有利于资金积累和小规模技术改造；合作组织中社员之间的分工协作，也使提高劳动效率成为可能。但是，由于在工作上的急切而简单操作所造成的问题也显而易见。如合作社的规模过大，少则100人，多则300人；一些根本没有协作关系，本应走街串巷不宜集中的服务和修理行业，如磨剪刀、锉刀、刻字、挑花等也被强行集中，甚至有集中了200余人的豆腐社，既不利于消费者，也增加了管理上的混乱和困难；合作社里的分配平均主义严重，大部分行业不分技术等级，不论产品质量和工艺，均按件计酬；在管理上，机构庞杂，组织重叠，脱产人员过多。从市级到区级的手工业管理机构多达20余个，脱产干部有3000多人，占手工业总人数的10%以上。凡此种种，市委在合作化完成初期即有深刻的认识，并提出了一系列的改进意见，调小了一批合作社，调整了一些不适当的组织形式，改革了不合理的分配方式和工资制度，恢复了一些服务网点，重新开展一批串街游乡、翻新补旧的便民业务。

从总体来看，对手工业采取过分单一、集中的组织形式，并不符合手工业分散性和地区性的特点，违反了手工业生产、管理和供销的特有规律，与发展生产力的初衷和满足人民群众的需要也不尽一致。

三、推进资本主义工商业的公私合营

解放初期，重庆是西南工商业重镇，也是西南最大的私人资本集中地，有私营工业 6958 户，私营商业 18020 户，资金 5218 万元，从业人员 11.26 万人。当时全四川资本 10 万元以上的私人资本家 25 户，约 20 户在重庆。因此，加强对私营工商业的社会主义改造，对于建设重庆社会主义工业化，具有重要的意义。

解放之初，市政府接收了官僚资本和民族资本主义工商业者合资的企业 179 户，对其中的官僚资本股金 5726 万元进行了没收，但同时承认了民族资本主义工商业者的财产所有权，并加以保护，将这些企业改造成为半社会主义性质的公私合营企业，建立起国家资本主义经济。1951 年 5 月，清理了国民党政府逆产和公股公产，私营企业有公股公产的 28 家，均转为公私合营。1951 年和 1952 年，又根据国家的需要和资本家的申请，把聚兴诚、和成等各家银行都实行公私合营，在金融业全行业建立起公私合营银行，并把轮船业的民生公司、煤矿业的天府煤矿等攸关国计民生的重要企业实行公私合营，尽先纳入国家资本主义的轨道。经过这一时期的不断调整，不断发展，公私营经济发生了重大变化。到 1952 年，在工业方面，国营经济占 40%，公私合营经济占 25.47%，合作社占 1.35%，私营经济占 33.18%。商业方面，国营上升为 53.05%，合作社占 4.68%，私营占 42.29%，社会主义经济成分已经超过资本主义经济成分。

1953 年，党的过渡时期总路线提出后，国家对资本主义工商业的社会主义改造全面展开。按照中央的要求，重庆也加快了对资本主义改造的步伐，对私营工商业的政策从以往的利用、限制转变为“利用、限制、改造”，逐步扩大了加工订货、包销代销等初级国家资本主义形式的适用范围，对少数条件成熟的大型私营厂矿则采取公私合营的形式，以期将私营工商业纳入社会主义计划经济体制的范畴。

过渡时期总路线公布后，重庆工商界反应不一。一些人疑虑重重，担心进入社会主义时私营企业可能被没收，认为过社会主义关是痛苦的，对前途感到消极彷徨；一些人因不理解总路线而反对公私合营；而一些人因企业本已穷困潦倒，希望通过改造起死回生。针对工商界的思想反映，为使私营经济改造顺利、平稳进行，市委首先在工商界进行了为期半年的总路线宣传教育活动。在活动中，党政领导到企业作报告，培养学习骨干；派市、区工商联常委深入基层进行宣传。1954年2月24日，重庆市工商联第六次会员代表大会召开，市委第一书记曹荻秋专门就企业的改造、人的改造和消灭阶级等问题作明确解释，市有关部门负责同志作专题发言，对工商界人士做思想工作。经过多方努力，广大工商界人士逐步认识到，走社会主义道路是中国社会发展的必然规律，只有接受社会主义改造才是工商业者的唯一出路。

为打消工商业者的顾虑，在关系工商业者切身利益的利润分配上，中央确定了将企业盈利分为所得税、企业公积金、职工福利基金、资方股息红利的"四马分肥"方案，资本家可取得"资方股息红利"。市委根据中央所确定的原则，在利润分配中强调和确保资方所得份额，规定公私合营股东股息红利可以占盈余总额的25%，并制定了公私合营及私营企业利润分配方案。通过1953年、1954年两次的利润分配，资方所得比解放以来历年都高，从而调动了工商业者接受社会主义改造的积极性。

随着统购统销政策的贯彻落实和计划经济体制的初步建立，重庆私营商业所面对的市场环境也发生了很大变化。商品流通被逐渐纳入国家计划体系，市场的集散作用相对缩小。1954年，公私商业营业额都出现下降，而私营商业的营业额下降幅度更大。上半年私营批发商的营业额普遍下降了45%，10月，私营零售商的亏损面达70%左右，有的行业甚至达到90%以上，即使一些纳入国家资本主义的经销店，也难以维持。私营工业的产供销也愈来愈离不开国营经济的扶持。到1955年，私营大型厂矿接受国家加工订货、统购统销、收购经销的占其生产总值的比重已由1953年的86%上升到94%以上。同时已经公私合营的企业生产经营发展很快，职工收入和生活福利都有明显改善。

到1954年4月，粮食、油蜡杂货、薪炭煤商、布绸、屠牲5个行业的批发业务全部由国营取代。私营大型批发商逐渐失去作用,中小批发商和批兼零售商也都受到不同程度的影响,经营出现了困难,对其进行社会主义改造已势在必行。为此,市委采取“能继续经营者,暂时维持经营;能转业者辅导转业;能做批发或受国营商业委托代理批发业务者,利用其成为国营商业的批发经销店或代理店,上述办法未解决者,由国家统一处理”的措施,根据批发商的不同情况进行了不同的安排处理。为了有利于批发商的改造,1954 年 5 月,成立了包括 12 家市级单位参加的领导转业办公室,采取统一处理的方针,首先对土产输出、五金电料、百货、文教、新药、颜料、盐商 7 个主要行业进行了处理和安排,重点解决私营批发商及其工人与资金的出路问题。对作为重庆私营批发业重头的土产输出业,由于大部分为运输批发商,无零售商,资金少,人员少,因此采取清理资金、歇业解雇的方法,资金交由重庆投资公司投入需要的企业,批发商和工人由总工会、劳动局、商业局安排工作。对其他批发商则按照市委的指示分别处理,工作由国营公司按归口包干。至 12 月底,全市应转业的批发商大部分由有关国营公司安排为经销、代销店,少数资金较多、条件较好的批准转入有利于国计民生的工业企业。对一部分未安排的资方从业人员,先后举办短期学习班进行集中学习,然后分别予以安置。此时国营批发商业的比重已达 91.84%,私营只占 8.16%。1955 年,市委又提出继续处理批发商及城乡贩运商方案,到下半年,私营批发商全部改造完毕。

对私营零售商业的改造,通过与私商订立供销合同,统一安排零售计划,按国营、公私合营、私营的比例分配货源,将私商逐步纳入国家计划的轨道。据统计,1954 年 6 月,纳入经销、代销的私营零售商为 9745 户,占商业零售总户数的 41%。到 8 月,又将棉布、食糖、食用植物油、颜料 4 个行业 1095 户,连同商贩 160 户,全部实现经销、代销,纳入国家资本主义轨道,并在其他国营相关行业中订立了供销合同 4099 户。这就稳定了国营商业阵地,初步积累了对私商进行社会主义改造的经验,打下了对私商改造的初步基础。由于当时国营商业网点十分有限,私营零售商业仍是城乡人民获取生活资料的主要渠道,在稳定城乡市场的前提下,重庆着力贯彻中央“总的踏步,着重改造”的政策,提出“维持下来,加以改造”的方针，克服部分干部对资本主义工商业的改造要求过急，企图在短时间内纳入国家资本主义轨道的倾向，私营零售商的经营困难得以缓解，同国营经济的联系也日益密切，为国营商业经销和代销的私商比重也日渐加大。

对私营工业的改造则是在解放后头三年恢复时期对私改造的基础上进行的。一方面，进一步加大了加工订货相关工作的力度。1953 年 9 月，市政府出台《重庆市加工订货管理暂行办法》，确定市工商局为统一管理加工订货的执行机关。1954 年 5 月，又对加工订货的统筹计划、原材料的供应和管理、产品质量的督导和检查等问题作出具体规定，以引导初级形式的国家资本主义快速发展，使加工订货、统购统销的产值，在私营工业总产值中的比重不断上升。1953 年这一比重为 69%，1955 年则上升为 82.17%。接受加工订货的企业也日益增多，1955 年比 1953 年增加了 55.53%。另一方面，加强了对公私合营工作的领导，对条件成熟的企业或行业实行公私合营。

1954 年 6 月 15 日至 17 日，市委召开第一次公私合营工作会，传达中央公私合营扩展计划会议精神，以及中央财经委员会关于有步骤地将雇佣 10 人以上的资本主义性质的工业基本上改造为公私合营企业的意见。会议研究和确定了公私合营扩展及整顿方案，从而加快了全市公私合营的进程。1955 年，先后有 44 家厂矿采取个别合营、先并后合等方式按计划进行了公私合营，不仅如此，随着国民经济计划程度的不断提高，一些行业出现了全行业合营的发展趋势。如长江航运业中的民生、上海、川江 3 个合营公司和上海中兴海运公司，在计划经济的体制下分散经营，不仅加大了统筹安排长江航运业务的困难，难以发挥规模经营的优势，而且存在机构重叠，人员浪费，技术力量分散，制度不统一等缺点，使经营效益难以提高。应这 4 家公司资方代表的要求，1955 年 6 月 20 日，国务院批准他们实行全行业合营，股东股息由“四马分肥”办法，改为实行定息制度。同年 11 月，橡胶、电池、棉布、文教用品、五金、石油业也先后实行全行业公私合营。

全行业公私合营的出现，使企业的生产关系发生了质的变化。在个别企业的公私合营中，利润分配主要根据“四马分肥”的原则。在这一原则下，资本家对其资本仍享有支配权。而全行业公私合营后，利润分配则改为“定息”。在这些企业里，资本家不只是退出了生产领域，它所能得到的以定息形式表现出来的那一部分剩余价值，也同原来的企业断绝了联系，它的生产资料从此失去了作为职能资本的作用。企业成为没有资本家的国营企业，工人成为企业的真正主人。可见全行业公私合营的出现，标志着对私营工商业的改造开始进入一个新的发展阶段。

1955 年 10 月，随着中共七届六中全会的召开，农村合作化运动掀起高潮，中央要求批判“右倾保守”思想，加快全行业公私合营的步伐。12 月，市委制定进一步对私改造的全面计划，调集大批干部，组成 14 个工商业专业公司，并在 42 个行业中分别成立公私合营或合作商店的工作委员会，同时舆论宣传部门也进行了大量宣传报道，为全市工商业实行全行业公私合营进行了一系列组织准备和思想准备。

进入 1956 年，工商业者接受改造走社会主义道路已是大势所趋，人心所向。1956 年 1 月 4 日，北京在全国各大城市中率先实现全行业公私合营，这一消息传到重庆，引起很大反响。1 月 11 日，全市 42 个行业的负责人都自动申请实行全行业公私合营。1 月 16 日，得到市人委批准。至此，全市 42 个行业包括 14602 个工商业户、9.3 万多名从业人员的私营工商业，全部按行业实行公私合营。1 月 21 日，全市各界举行 30 万人的盛大游行，庆祝社会主义改造取得全面胜利。

此后到年底，全市对新合营的企业进行清产核资、债务处理、定股定息、人事安排等工作。在清产核资中，采取“公平合理、实事求是”的原则，发动资方自清自报，经民主评议再报主管部门批准；本着“从宽处理、尽量了结”的原则处理了新合营企业的原债权债务关系；本着包下来，“量才使用、适当照顾”的原则，全部安排了私方在职人员的工作，并及时发给资方应得股息，逐步改善职工生活福利。对新的 562 家合营厂分别改组合并为 99 个单位。同时，全市对公私合营企业的生产作了统筹安排。因此，公私合营后的企业生产经营环境改善，职工群众和私方职员的劳动积极性高涨，劳动生产率普遍提高，生产呈现出快速发展的态势。1956 年，合营工业企业总产值比上年普遍提高 40%，合营或合作商店营业额也增加了 50% 以上，对私营工商业的改造基本完成。

四、计划经济体制的形成

伴随着“一五”计划的实施和“三大改造”的推进与完成，计划经济管理体制也应运而生。这一体制的建立，首先缘于在特定历史条件下对社会主义的认识。其次，新中国成立伊始，百废待兴、百业待举，资金短缺，物资严重匮乏。在这种情况下，只有采取消费品的集中管理才能保障人民群众生活的需要，只有对生产要素计划配置，才能有效地进行经济恢复和重点建设。这是历史的选择。于是，在制定实施“一五”计划和进行三大改造的过程中，从中央到地方，高度集中的计划经济管理体制便得以初步建立。

重庆为了促进工业生产的迅速发展和确保“一五”计划的顺利完成，也逐步建立起了一套高度集中的计划经济运行机制和管理体制。1954 年 9 月 1 日，成立由鲁大东任主任的市人民政府计划委员会。市计委成立后，先后编制了各年度的国民经济计划和重庆“一五”计划，对全市经济从宏观上进行统筹管理，与此同时，还逐步加大了对企业的微观管理，逐渐对国营经济实行直接计划管理。从 1953 年起，借在全市范围内开展增产节约运动之机，逐渐建立起各级政府对企业的计划管理，乃至具体行业计划管理，即政府给企业下达指令性计划指标，企业所需生产资料由主管部门按计划供应；产品由商业、物资部门收购或调拨。对国营商业、合作商业实行对一、二类商品计划收购和计划销售的制度；关系国计民生的主要产品由政府下达指令性计划。对其他经济成分则是在三大改造的过程中，通过公私合营、加工订货、统购包销、收购经销、代购代销、批购零销等措施，将其逐步纳入国民经济的运行轨道。甚至在企业的内部管理上，市委和市政府也要求各厂矿企业必须建立计划管理制度和作业计划制度，包括企业的月、旬作业计划，班组作业计划，劳动力使用情况，技术措施，如何降低成本等各种计划。从而在工业生产领域，形成了政府职能部门对生产从宏观到微观的管理模式。与此相适应,在物资供应上实行按计划统一分配政策,而物资管理又分国家统配和部管物资两类。1957 年,重庆有统配物资 231 种,部管物资 301 种,涵盖了工矿企业所需绝大部分原材料和生产资料。

金融管理方面,在国家统一的金融政策指导下,重庆逐步建立起金融管理体制。即中国人民银行重庆分行负责货币的发行,统一平衡信贷资金,统一金融市场的管理,统一负责企业的结算,代理财政金库,实行“统存统贷”的管理体制。

除此之外,重庆计划经济管理体制初步形成的重要体现还在于统购统销制度的建立。随着国家大规模经济建设的展开,工业的快速发展,城市人口的大量增加,急剧加大了对商品粮食的需求量。而土改后一家一户的小农经济增加粮食生产和提高粮食商品率的能力显得很有限,在粮食供应不足的情况下,小农余粮户又有待价惜售心理,特别是私人粮商粮贩借此机会企图操纵粮食市场,投机活动猖獗,粮食问题十分严重。为了保障人民的基本生活需求,稳定市场,解决日益紧张的粮食供求矛盾,1953 年 10 月中央决定对粮食实行统购统销政策。

1953 年 11 月,开始对农村余粮实行计划收购。市政府要求所有生产粮食的农民必须按照国家规定的收购粮种、收购价格和计划收购的分配数字,将余粮售给国家。统购的品种有大米、稻谷、小麦、黄豆、高粱等。各地采取“农户自报,重点评议,调查摸底,干部带头”的办法,动员余粮户交售余粮。当年,市郊区统购任务就超额完成 11%。1954 年 5 月,在全市范围内开展夏粮的统购工作。1955 年 10 月,贯彻执行国务院发布的《农村粮食统购统销暂行办法》,制定了“实施方案”,开始对农村粮食收购实行“定产、定购、定销”政策,粮食统购制度正式形成。

在城市,粮食计划供应制度也逐渐建立。1953 年 11 月,市政府决定城市居民和农村缺粮户实行凭购粮证定量供应;以粮食为原料的工商业单位实行定额登记凭证供应;机关、学校等团体食堂实行计划凭证供应。同时,严禁粮食自由买卖和贩运,所有粮食经营、加工、销售的商店和工厂统一归当地粮食部门领导;所有私营粮商一律禁止私自经营粮食，只能由国家粮食部门委托代销粮食；所有私营粮食加工厂一律不得自购原料，自销成品，只能为国家代工；一切非粮食机构和私商禁止经营粮食，农民的粮食只能卖给国营粮店或合作社。为了顺利推行该政策，市委加强对粮食计划供应的宣传，采取一系列措施加强对粮食市场的严格管理，设立了粮食专管机构，并妥善安排私营粮商，还多次召开会议研究解决粮食统购统销问题。1955 年 9 月，市委制定粮食定量供应暂行办法的实施方案。从 10 月起，在全市范围内实行城镇粮食“以人定量”供应办法，粮食定量划分为 4 类 9 等 18 级，正式形成了城市粮食计划供应制度。

统购统销政策的实施大大促进了农业互助合作运动的发展。实行粮食统购统销，在具体工作中牵涉到核定各户余粮，动员各户交售，同农民直接打交道，非常烦琐。这就促使各级党委政府大力发展农业生产合作社，将农民组织起来，国家通过合作社下达和完成粮食统购任务，而不再与单独的农民打交道，从而大大减少了工作难度。而农业合作化的发展反过来又促进了统购统销政策的推进。

同时，随着大规模经济建设的全面铺开，其他农副产品也出现供不应求的局面。继粮食定量供应后，植物油、棉布、猪肉等生活必需品先后实行计划供应，同时，对粮食的调剂、收购和蔬菜生产也作了严格规定。1957 年 9 月 20 日，市人委发布命令，决定全部封闭郊区农村的国家粮食市场，以后农民需要的粮食品种调剂和必要周转，一律通过国家粮店进行，严禁私人粮食交易及贩运，甚至对能够替代粮食的红薯也禁止自由上市买卖，对于蔬菜则实行“计划生产，计划收购，超产收购”的政策。这些政策的实施大大压缩了私营经济的经营范围和活动空间，成为推动私营工商业社会主义改造的重要步骤。

统购统销政策所有方针政策的确定，所有收购与供应的数量、标准和价格，都必须由中央统一规定或经中央批准，地方只能执行。因此，统购统销政策在重庆的全面推行，意味着这种带有浓郁指令性计划调节制度，从工业生产领域扩展到农业生产领域，从生产决策扩展到消费决策，计划经济体制逐渐形成。

在“一五”计划和三大改造进行期间，重庆计划体制经历第一次重大变化。1950 年,重庆作为直辖市,以省级计划单位直接纳入全国综合平衡。1954 年,西南大区撤销,重庆由中央直辖市改为省辖市并入四川省,但鉴于重庆的特殊地位,国家对重庆实行计划单列体制,其计划仍纳入全国综合平衡,在四川省的计划中单独列出。重庆计划单列体制直到 1958 年才被取消,改为各项计划均由四川省统筹安排。

第六章
“一五”计划时期政治建设与文化建设

一、党的建设与中共重庆市第一次代表大会的召开

虽然“一五”时期各方面建设捷报频传，但中央高度重视“三反”运动后党的建设出现的新问题，清醒地认识到，加强执政党的建设，不仅关系到党的自身巩固和发展，同时关系到党在过渡时期总路线所规定的工业化和社会主义改造任务的顺利实现。1953 年 1 月 5 日，中央发出《关于反对官僚主义、反对命令主义和反对违法乱纪的指示》，要求各级领导机关在 1953 年结合整党、建党及其他工作，从处理人民来信入手，检查一次官僚主义、命令主义和违法乱纪的情况，并向它们展开坚决的斗争。根据中央指示，各地开展了“新三反”运动。3 月 6 日，市委发布《关于开展反官僚主义、命令主义和违法乱纪斗争的指示》。12 日，市委召开全市科以上干部大会进行动员，市委第一书记兼市长曹荻秋号召结合中心工作开展反官僚主义、命令主义和违法乱纪的斗争。14 日，曹荻秋发表告人民书，欢迎各界人民对政府所有工作人员发生的官僚主义、命令主义和违法乱纪行为进行检举揭发。同时，市政府抽调一批机关干部、干校学生、民主党派工作人员 1000 余人，组成若干访问队深入群众访问，欢迎群众检举揭发。23 日，曹荻秋致函重庆市民对各

种错误大胆检举揭发，表示对检举材料和意见做到件件有交代，事事有着落。一周之内，市民的揭发检举材料就达 10338 件。截至 4 月 8 日，市政府第二次居民访问工作队工作全部结束，居民群众揭发检举材料共 23892 份，其中属于违法乱纪的有 3259 件。重庆市百货公司由于领导官僚主义严重，致使大量商品积压，使国家财产损失 200 亿元（旧币）。市政府抓住这一官僚主义典型案例召开大会公开处理，以教育党员和政府工作人员。曹荻秋在大会上讲话，号召结合工作，继续深入开展反官僚主义的斗争。市委纪委书记李唐彬宣布了对有关人员的处分决定。

“新三反”斗争的开展，仍然是中国共产党在执政条件下加强党的建设的一次新的尝试。它是继 1950 年的整风和 1951 年开始的以整顿党的基层组织为内容的整党运动的一个重要组成部分。

在提出过渡时期总路线、全国开始“一五”计划建设的时候，党内发生了高岗、饶漱石进行分裂党的活动、破坏党的团结的严重事件。1954 年 2 月，党的七届四中全会揭发批判了他们的阴谋活动，一致通过《关于增强党的团结的决议》。决议强调党的团结是党的生命，要求全党，尤其是党的高级干部提高维护党的团结的自觉性，同一切破坏党的团结，损害中央的威信，妨碍中央的统一领导的言行作坚决的斗争。

市委通过对党的七届四中全会文件的有组织的传达学习，结合反对高岗、饶漱石分裂活动的斗争，在党内普遍展开了反对资产阶级个人主义思想的斗争。市委认为：个人主义有多种表现，但个人主义的骄傲自满情绪“在一部分同志中仍然是严重的”。这些同志总爱以自己的“优点”去比别人的所谓的“缺点”，“在他们中有一种所谓‘第一’的思想，说什么这是西南第一，那是全国第一。其实他们所谓的‘第一’完全是他们主观的东西，如重庆乐器厂的手风琴的质量就赶不上成都的即为一例。”“有的同志因为有骄傲自满情绪就把个人作风夸大起来，在同志之间的关系上抱着互不服气，互相瞧不起的态度，总觉得自己能力强，资格老，或者文化高，因而发展到不尊重集体领导，处处以个人为中心，什么都要‘以我为主’”。有的人“甚至专横霸道，压制民主，对批评者实行打击报复，严重违反党的纪律”。曹荻秋指出：“骄傲自满已成为目前威胁我们党的生活的严重思想倾向，它正从政治上、组织上来腐蚀和瓦解党，解除推动党的事业前进的批评与自我批评的武器，破坏党的原则，破坏党的团结，损伤党的战斗力，可使共产党员堕落成为卑鄙的资产阶级个人主义者。同时，给党的事业带来严重损失，危害着国家社会主义工业化与社会主义改造事业。目前某些党的组织内部的不团结，某些单位之间的工作关系不协调，恰恰就是这种骄傲自满所造成的恶果的明证。”

由于党处于执政地位，长期以来在革命根据地和战争环境中形成的一些领导方法和工作方法需要适应新形势而加以改进；新的形势新的任务又需要党去探索新的领导方法和工作方法。因此，曹荻秋结合反对资产阶级个人主义思想的斗争，继续对官僚主义进行批判。他说，解放以来通过“三反”与“新三反”对官僚主义曾作过清算，引起了各级机关干部的警惕，在工作中曾有若干改进。但官僚主义的根子并没有铲除，最近以来又有了滋长。目前官僚主义所表现的主要形式是文牍主义，不少的领导机关以要求工作的正规化为借口，过多地以文字领导代替了生动的具体指导。文字领导对某些领导机关来说是必要的，而且是一种不可缺少的领导方法，但不能不顾具体情况，不管单位大小，均要订出文字的月度、季度工作计划，作出文字的工作总结。这样就把许多可贵的时间消耗在文字的游戏里，于工作不但无实际的指导意义，而且增加了下层干部工作的负担。有的部门所发文件已到惊人程度，如市工会联合会1954年所发油印文件共300多万字，近50万份，几乎等于每两天出一张四川工人日报。另外一种现象是有些部门会议过多，每月仅有30天，而他们竟召开了三四十次的会议，有些负责同志每月要花三分之二以上的时间在会议上。也就因为这样，形成了有的部门有所谓会议多、公文多、加班加点多“三多”，下基层少、冷静考虑问题少、专门研究工作总结经验少“三少”，吵干部不够、吵情况掌握不住、吵互相配合不好“三吵”现象。[①] 由于官僚主义的存在，已严重影响了工作质量的提高，影响了党的某些任务的更好完成。为此，市委提出：克服领导上的官僚主义、主观

① 《中国共产党重庆市历次代表会议重要文件选编（一）》（内部编印），第345—346页。

主义是目前改进领导方法与领导作风的中心环节。反对文牍主义,减少不必要的文件、公文、表报,加强对工作的具体的指导;精简一切不必要的会议,提高会议质量。提倡领导干部对工作要亲自动手,深入基层,调查研究,抓好典型并通过典型总结经验的工作方法去指导工作。紧缩编制,精简机构,改变某些机关机构庞大,层次重叠,忙闲不均,人浮于事的现象,使机关工作简化,以提高效率,克服官僚主义。由于市委决心大,措施有力,“新三反”斗争取得显著成效。

1954 年 7 月,重庆市“新三反”斗争胜利结束。对于开展批评与自我批评,坚持党的集体领导的原则,落实党的政策,克服官僚主义、主观主义,特别是资产阶级的个人主义,收到了较好效果,扩大了党内民主,增强了党的团结,改进了党的领导作风,把党的建设从思想上组织上提高了一步。

为了巩固“新三反”斗争、反高饶分裂活动斗争的成果和审议重庆市发展国民经济的“一五”计划,中共重庆市第十次代表会议于 1955 年 5 月 10 日至 22 日召开。大会通过了曹荻秋《提高党的工作的思想性与组织性,大力反对资产阶级思想,为保证胜利完成国家第一个五年计划而斗争》和市委副书记罗士高《关于重庆市国民经济第一个五年计划的报告》,并根据全国党代表会议关于成立党的中央和地方监察委员会的决议,成立了以李唐彬为书记的中共重庆市监察委员会。

从 1955 年下半年起,根据中央《关于展开斗争肃清暗藏的反革命分子的指示》,在全市党政机关和群众团体机关、高等学校、中小学(不包括学生),国营、合作社营和公私合营企业开展了内部肃反运动。斗争的重点是那些明显或较明显有反革命嫌疑的分子,斗争的方法是发动检举、号召坦白,再按照性质、情节的轻重分类排队。市委成立了肃反机构五人小组,配备训练了骨干力量,组织有关人员进行政治形势教育、肃反方针政策教育以及对党和政府要“忠诚老实”的教育,进而摸清肃反对象的底数,注重掌握有关证据材料,发动群众开展斗争,促使嫌疑对象主动坦白,交代问题。

内部肃反运动共进行了四批,至 1959 年初基本结束。据 1959 年 1 月五人小组的报告,共有 942671 人参加了运动,清查出反坏分子 3172

人，占参加运动总人数的 0.34%[①]，其中有一些是反动职务较高，罪恶重大的反革命骨干。对全市的敌特组织，在解放后几年清理的基础上，又进一步进行了系统的清理。这次运动，清除了混入党政机关的一些反革命分子，澄清了一些干部的历史问题，有利于保持干部队伍和党员队伍的纯洁。但由于当时对阶级斗争尖锐的程度估计得过于严重，有些问题政策界限不清，致使一些地方和部门出现斗争面过宽、处理过重等偏差。

经过解放后创造性工作，党的建设卓有成效，各项建设蓬勃开展，人民生活日益改善，社会呈现欣欣向荣的崭新面貌。1956 年 5 月 28 日至 6 月 10 日，中共重庆市第一次代表大会举行。这次大会是在全市社会主义改造取得决定性胜利、社会主义建设出现全面高潮、全市工人掀起了先进生产者运动热潮的形势下召开的。出席大会的代表共 511 名，代表全市 49480 名党员。会议的主要内容是总结解放 6 年多的工作，确定今后的任务。李唐彬代表市委作了题为《加强党的工作，加强党对工业的领导，深入持久地开展先进生产者运动，为全面提早完成和超额完成五年计划而奋斗》的工作报告。《报告》回顾了重庆解放 6 年多来的工作发展情况，指出 1953 年以前为恢复与发展生产的阶段，以后转入有计划的经济建设阶段。在恢复与发展生产阶段，总的是根据中央七届二中全会决议的精神，执行了西南局提出的“为建设人民的生产的新重庆而奋斗”的方针。在转入有计划的经济建设阶段，主要是动员和组织全市人民进行以工业生产为中心的经济建设。《报告》认为，重庆市的政治情况已取得了根本变化，过渡时期中“谁战胜谁”的问题已根本解决，工人阶级领导权已取得了巩固的地位。《报告》强调指出：重庆是一个工业城市，党的领导工作的重心是工业生产。要胜利完成这一任务，必须做好党的工作，加强党对工业的领导，保证完成和超额完成五年计划。大会一致通过《中国共产党重庆市第一次代表大会决议》，要求党的领导工作重心仍然需要放在工业工作上，同时必须继续加强党的建设工作，改进领导作风和领导方法。大会选出重庆市出席中共四川省第一次代

① 《关于目前肃反工作情况和今后意见的报告》（1959 年 1 月 19 日），重庆市档案馆藏 1001/10/367。

表大会的代表；选举产生了中共重庆市第一届委员会。一届一次全会选举阎红彦为市委第一书记（未到职），任白戈、李唐彬、鲁大东、辛易之为市委书记，市委常委共11人；还选举产生了以廖苏华为监委书记的中共重庆市监察委员会。1959年9月，中共中央决定阎红彦不再兼任中共重庆市委第一书记，任命任白戈担任市委第一书记。

二、第一届人民代表大会和政治协商会议的召开

我国的人民代表大会制度，是由中国共产党提出的适应中国国情的国家最根本的政治制度。经过解放后3年的经济恢复和建设，为正式实行人民代表大会制度、结束由各级地方各界人民代表会议及其常设机构协商委员会代行人大职权准备了条件。

1953年，在经济上开始实行有计划的大规模建设的同时，在人民民主政治建设和法制建设方面也开始了新的起步，这就是《中华人民共和国全国人民代表大会及地方各级人民代表大会选举法》的颁布、全国基层普选工作的完成和地方各级人民代表大会的先后召开。

选举法的通过和公布，在我国人民的政治生活中具有重大历史意义。人民第一次行使权力，通过选举代表管理国家大事，标志着我国人民民主政治发展的新阶段。选举法规定只在乡、镇、市辖区及不设区的市等基层政权单位实行直接选举，而在县以上则实行间接选举，只在县以上采用无记名投票方法，而在基层政权单位则一般地采用举手表决的投票方法。

为了加强对中华人民共和国宪法草案的宣传和讨论，1954年5月29日，市委决定成立由罗士高任主任的市级宪法草案讨论委员会。6月中旬，我国第一部宪法草案公布后，市委立即组织普遍深入的各种讨论。6月16日，市委宣传部部长任白戈在重庆市劳动人民文化宫举行报告会，讲解关于宣传与讨论宪法草案的问题，全市报告员、宣传员2000多人参加。同日，市委向各级党组织发出《市委关于向群众宣传和组织群

众讨论宪法草案的计划》。各级党委把新宪法的学习宣传当成一件大事来抓,学习活动既轰轰烈烈又比较深入地进行。据统计,市里组织报告员深入各地作宪法草案的报告达 800 多场次。同时,市里还培训了宣传员、传授员 1 万多人和广大积极分子一道深入群众宣传、组织讨论,使群众了解宪法草案的基本精神,懂得宪法草案巩固了解放后的幸福生活和各种自由权利,体现了广大人民群众建设社会主义的共同愿望,提高了党员群众的政治热情和生产积极性。各新华书店为配合宪法草案的学习宣传,发行了宪法草稿单行本 19 万册,还发行了大量的刊有宪法草案的各种刊物。通过学习宣传,受教育群众达到 100 万之多,有组织的听报告的群众达 50 万人以上。各区在召开人民代表大会时,都认真学习讨论宪法草案并通过了拥护宪法草案的决议。《重庆日报》经常刊登工会、文艺界、妇女、青年代表座谈会和重庆市第一届第一次人民代表大会的发言,以引导群众对宪法草案的学习。

根据中央人民政府委员会 1953 年 2 月 11 日通过的《选举法》的规定和中央选举委员会 1953 年 4 月 3 日发出的《关于基层选举工作的指示》,重庆市于 1953 年 4 月 4 日成立由罗士高任主席的市选举委员会。随即选举委员会着手进行基层选举的准备工作,全市共划分厂矿选区 47 个,学校选区 16 个,街道选区 122 个,农村选区 454 个。至 1954 年 1 月,全市基层选举工作全部结束,共选出区人民代表 1056 人,乡人民代表 1949 人,共建城乡政权 54 个。1954 年 7 月 20 日前,全市 6 个区的第一届第一次人民代表大会和人民武装部队先后选出了重庆市第一届人民代表大会代表 313 名。

在基层选举工作中,首先进行人口调查登记工作。这是我国有史以来第一次全面的普查人口,所得数字和资料,不仅为选举工作打下基础,而且也为国家的计划建设提供了可靠的根据。在人口普查的同时,还进行了选民登记的工作,按照选举法的规定,正确地处理了选民资格的问题。基层选举的完成,大大推动了全市民主制度的发展,并为召开县以上各级人民代表大会奠定了基础。

重庆市第一届人民代表大会第一次会议于 1954 年 7 月 23 日至 25 日举行,应到代表 313 名,实到代表 272 名。这次会议是全市人民在中国共产党的领导下，民主自由的权利和参加管理国家事务的权利有了进一步发展的标志。市长曹荻秋致开幕词，副市长罗士高代表市政府作《1954年上半年工作及下半年工作任务》的报告。报告汇报了1954年上半年全市工业、国营商业、合作社商业的工作情况，以及对农业、手工业的社会主义改造情况。提出下半年的基本任务是：集中主要力量做好工业工作；加强对市场的领导，稳步扩大国营商业和合作社商业；积极地逐步地进行对资本主义工商业和对农业、手工业的社会主义改造；相应地加强文化教育工作与政治工作，使之更好地为国家经济建设服务。此外，会议还有关于学习、宣传《中华人民共和国宪法草案》，学习贯彻中共中央关于撤销西南大区行政机构和重庆市并入四川省建制以及选举全国和四川省第一届人民代表大会代表等重要议题。由于当时全国人民代表大会尚未召开，《中华人民共和国宪法》《中华人民共和国地方各级人民代表大会和地方各级人民政府组织法》尚未正式颁布，因此，会议决定将重庆市人民政府组成人员的换届选举推迟到重庆市第一届人大第二次会议进行。市第一届人民代表大会任期三年，召开了四次代表大会，会议主要对完成第一个五年计划，继续加强与反革命的斗争，加强党同人民群众的联系，经济建设，三大改造，科技工作，知识分子的改造和使用等问题，做了一系列富有成效的工作。

重庆市第一届人民代表大会第一次会议的召开，标志着重庆社会主义政治制度的基本确立。此后，重庆市各界人民代表会议的职能发生了变化。重庆市各界人民代表会议是重庆解放初期，在不具备召开普选的地方人民代表大会的历史条件下建立的过渡性的组织形式。从国家形态、民主政治建设方面看，这期间的各界人民代表会议制度虽然不够完善，但它的建立和职权的实施，调动了广大人民当家作主的积极性，密切了各级人民政府与群众的联系，为实现由新民主主义向社会主义民主与法制建设的轨道转变，为建立地方各级人民代表大会制度，奠定了重要的政治基础。

1950年1月，重庆市召开了第一届第一次各界人民代表会议，并由会议选举成立了各界人民代表会议的协商委员会，以执行各界人民代表会议常设机构的职能。1951年10月遵照中国人民政治协商会议第一届全国委员会的通知，重庆市协商委员会又执行了中国人民政治协商会议地方委员会的职权。

根据1953年5月5日召开的重庆市第四届各代会第二次会议作出的在全市开展普选工作的决定，重庆市选举产生了第一届人民代表大会代表。1954年7月23日，重庆市第一届人民代表大会第一次会议胜利召开。至此，重庆市各代会的历史使命圆满完成。作为各代会的常设机构的重庆市各界人民代表会议协商委员会在重庆市第一届人民代表大会第一次会议召开以后，不再具有各界人民代表会议常设机构的职能。这时的重庆市各代会协商委员会，根据中国人民政治协商会议章程，经过与各民主党派各人民团体及有关方面负责人反复协商，商定了中国人民政治协商会议重庆市第一届委员会的参加单位、委员的名额和人选，以及第一次全体会议的召开日期。

1955年2月16日至19日，中国人民政治协商会议重庆市第一届委员会第一次全体会议在重庆市协商会礼堂举行。出席会议的委员131人，应邀列席会议的有全国和省政协在渝委员、民主党派代表共126人。会议传达了全国政协第二届委员会第一次会议的情况和周恩来的政治报告，听取和讨论了市各界人民代表会议协商委员会的工作报告，选举曹荻秋（中共）为政协主席，李唐彬（中共）、裴昌会（民革）、陈离（民革）、周钦岳（无党派）、杨松青（中共）、肖华清（民盟）、夏仲实（民革）、黄墨涵（民建）为副主席。

中国人民政治协商会议重庆市委员会作为中国人民民主统一战线的地方组织，在动员和团结全市各界人民完成过渡时期的总任务和反对内外敌人的斗争中，在接下来的“一化三改造”中发挥了重要的作用。

在“一化三改造”中，重庆市委按照党的政策，围绕贯彻落实过渡时期的总路线开展统战工作。1953年底，在私营工商业者中大张旗鼓地开展了过渡时期总路线的宣传教育。当时，重庆工商界人士对总路线的认识反映出两种情绪：一是消极情绪，担心进入社会主义时私营企业可能被没收，认为过社会主义关是痛苦的，对前途感到消极彷徨；另一种是急躁情绪，认为社会主义改造大局已定，不如早日过渡为好。针对工商界的思想反映，市委分层次组织工商界代表人物和广大工商界进行为期半年的总路线学习，学习人数达 7.11 万人次之多，在学习中，重庆市党政领导作了 11 次报告。此外，还派市、区工商联的常委深入基层进行宣传。1954 年 2 月 24 日，重庆市工商联第六次会员代表大会召开，市有关部门负责同志作了专题发言，市委第一书记曹荻秋针对思想实际就企业的改造、人的改造和消灭阶级三者关系作了明确的阐释，很受欢迎。市委还邀请工商界著名代表人物、市工商联主任委员胡子昂多做工商界人士的思想工作。通过学习，广大工商界人士认识到走社会主义道路是社会发展的必然规律，只有接受社会主义改造，才是工商业者的唯一光明大道。他们说：“总路线使我们出死路，走生路”。很大部分工商界人士表示拥护总路线，工商业的社会主义改造工作顺利地展开。

在这样的氛围中，社会主义改造高潮迅速到来。重庆工商界人士的思想发生重大转变的一个标志是 1955 年 12 月 28 日召开的重庆市工商联第三届九次执监委联席会议。全体委员在学习了毛泽东关于资本主义工商业社会主义改造的指示后，联系近几年的社会实践，纷纷表示要把自己的前途与国家的前途结合起来，跟共产党走社会主义道路，积极要求公私合营。会议闭幕前一天，传来北京全行业公私合营的消息，各行业深受鼓舞，连夜开会酝酿，联名提出公私合营的申请，迅即实现了全行业公私合营。

三、稳步推进教育文化事业

（一）教育事业的发展

解放后，通过对各级各类学校的接管、接办、调整充实和增办，重庆教育事业得到迅速发展。到 1957 年第一个五年计划完成时，重庆（含江津地区）的幼儿园由 1950 年的 32 所增加至 521 所，入托幼儿数由 2808 人增加至 37501 人，教职工由 105 人增加至 3602 人。小学由 1950 所增加至 8162 所，学生由 410500 人增加至 1099913 人，专任教师由 13660 人增加至 29617 人。普通中学由 1950 年的 89 所增加至 184 所，学生由 27213 人增加至 138981 人,专任教师由 1658 人增加至 5331 人。中等师范学校由 12 所虽然减至 10 所,但学生却由 2664 人增加至 5147 人,专任教师却由 185 人增加至 267 人。中等专业学校由 26 所增加至 34 所,学生由 5062 人增加至 25278 人,专任教师由 413 人增加至 2061 人。大专院校由 11 所虽然减至 10 所,但学生数却由 6228 人增加至 15211 人(不包括七军医大人数),专任教师却由 707 人增加至 2193 人(不包括七军医大人数)。

在此基础上,根据国家教育部的统一布置,按照“以培养工业建设人才和师资为重点,发展专门学院,整顿和加强综合大学”的方针和既考虑发展远景,也照顾当前需要的原则,重庆高等院校于 1952 年至 1954 年和 1955 年至 1956 年进行了两次院系调整。调整后的大专院校有:重庆大学、西南师范学院、重庆土木建筑学院、西南农学院、重庆医学院、西南政法学院、重庆第七军医大学、重庆通信学院、西南俄文专科学校、西南美术专科学校、重庆师范专科学校等。通过调整,使规模过小、系科庞杂、师资不足、力量分散的弊端得到初步克服,师范和工、农、医院校得到加强,基本满足了重庆和西南地区对工业建设人才和师资的需要。调整中,由于对社会科学的重要性认识不足,因此对政法、财经、文科专业削减过多,造成了这类专业人才在以后的社会主义建设中严重缺乏的不良后果。同时,理工分割、文理分家,造成专业设置过细,专业面过窄,也违反了教育与科学发展的客观要求。

这一时期,各级政府坚持“学校为工农开门”的方针,采取有力措施为工农群众的子女入学提供方便。市政府明确规定各校应尽先招收工农子女,并制定了对贫苦烈军属及工农子女减免学杂费办法,工农子女入学率迅速上升。以普通中学为例,1952 年各中学工农子女占在校生比率为 33.28%;到 1954 年,初中达到 61%,高中达到 59.72%。同时,大力开展工农群众业余教育,提高群众素质。重庆解放后,成人识字教育得到蓬勃开展。1950 年上半年,工农及城市劳动人民有 31111 人参加文化学习。1952 年上半年增加到 198110 人(不包括北碚)。各区公、私立小学普遍举办民众夜校,进行以识字为主的文化教育。为使业余文化教育普及到所有机关、工矿、农村和街道,市政府发布《关于推广速成识字法，大力开展识字运动的决定》，建立市、区、派出所（乡）三级识字运动委员会，领导扫盲工作。1953 年 3 月，重庆市人民政府成立扫除文盲工作委员会。通过各级政府的提倡和努力，工农劳动者的文化水平和觉悟都有了显著的提高。仅 1951 年 1 月 18 日，重庆市 1100 个公私立小学附设的社教班举行结业典礼的劳动群众即达 39156 人。

此外，为培训干部，相继创办了公安学校、西南人民革命大学（到 1953 年 10 月结束时，共培养各类建设人才近 10 万人），青年团西南团校、中共重庆市委党校、西南局直属机关文化补习学校、市第一中级业余政治学校。1956 年，市政协还创办了民主人士政治学校，如工商界短期政治学校。

（二）文化艺术的初步繁荣

解放后前七年的重庆文化艺术工作，可分为两段。解放初期，首先建立文联机构和文学、音乐、戏剧、曲艺等各个协会，建立了一批群众文化馆等群众文化阵地，结合党的各项中心工作，执行毛泽东为工农兵服务和“普及第一”的方针，开展多种多样的广泛的群众文化活动。同时，创办了一批文艺刊物，以促进和推动创作。1953 年中国文学艺术工作者第二次代表大会之后，重庆市文艺界把发展创作、以创作为中心作为发展文艺的指导思想，到 1956 年，出现了文化艺术的初步繁荣景象。其中，川剧改革和话剧创作演出的繁荣是其突出的标志。

重庆是川剧的发源地之一，川剧艺术有着广泛的社会影响。但是川剧毕竟是旧时代的产物，在新的时代条件下，如何评价历史人物、如何分清神话与迷信、爱情与色情等问题，日益紧迫地摆到党和政府的面前。1951 年 5 月，周恩来总理签发了《政务院关于戏曲改革工作的指示》。5 月 7 日《人民日报》为此发表了《重视戏曲改革工作》的社论，号召执行“百花齐放、推陈出新”的戏曲方针和以“改人、改戏、改制”为中心的戏改政策，这些都是戏改工作的纲领性文件，为戏改工作指明了方向。市委十分关心和重视文艺工作，特别是高度重视川剧传统剧目的挖掘、整理、修改，使重庆市的川剧艺术在 50 年代到 60 年代中期，呈现出历史上空前繁荣的鼎盛时期。任白戈多次给戏曲艺人、戏改干部作报告，全面阐述政务院指示的精神。他指出：改人、改戏、改制是当前的主要任务。“三改”的关系是相互联系的：改戏是中心，改人是基础，改人改制可同步进行，而改戏要采取“先易后难，先存后改”的步骤，既慎重又稳妥地进行改革。要走群众路线，将党的方针政策交给群众，派出戏改干部，依靠老艺人，分期分批对旧戏曲班社进行民主改革。在市委的领导下，旧戏曲班社的改制，一般经历了民主选举管理委员会，改私人所有制为集体所有制，再改为国营的三大步骤。在川剧改革方面，至 1951 年底，审定了流行最广泛的川剧传统剧目 400 个，供各剧团演出。由任白戈亲自担任市戏改组长并参与修改的川剧《柳荫记》，参加 1952 年第一届全国戏曲观摩演出大会，获剧本奖和演出奖，轰动了首都和全国文艺界。《秋江》《评雪辨踪》获演出奖。先后由重庆市戏曲曲艺改进会、重庆市戏曲工作委员会编辑，重庆人民出版社出版的《川剧》剧本选集，1951 年至 1959 年共出 88 辑，选刊重庆发掘整理的川剧传统剧目和一些著名演员的演出本，共有大中小型剧本 176 个。

解放初期，进军西南的部队文工团有 10 多个汇集在重庆。他们在街头、厂矿、剧场用秧歌剧、快板剧、话剧等形式，进行了一系列的宣传演出和正规演出。地方上新成立的重庆市文工团、西南革大文工团、西南人民文工团、西南人民艺术学院实验剧团、西南工人文工团等与部队文工团互相支持，有力地配合了“三反”“五反”、抗美援朝等各项政治运动，使刚解放的山城人民受到形象的爱国主义教育。1952 年 7 月 1 日成渝铁路通车后，在市委的领导下，重庆市文工团（即后来的重庆市话剧团）派出主要创作人员田广才、赵铿、石曼、石玺等人，深入重钢参加劳动、搜集素材，创作出反映四川人民在成渝铁路建设中艰苦斗争的多幕话剧《四十年的愿望》。市委书记张霖之为此剧的修改专门召开市委常委会。在剧本修改排练过程中，市委宣传部长任白戈多次亲临剧团予以指导。该剧于 1952 年 9 月 5 日首演于红旗剧场（抗建堂）。后累计演出上百场，累计观众 10 余万人次，盛况空前。1953 年 5 月，中国青年艺术剧院在北京上演该剧，周恩来、贺龙等亲临看戏，周恩来称赞这是“一出歌颂中国工人阶级的好戏”。贺龙称这是“第一部反映祖国大规模生产建设的剧本”。次年，该院携此剧赴朝鲜，为中国人民志愿军和朝鲜人民军进行慰问演出。之后，相继有上海、福州、兰州、湖北、哈尔滨、成都等地的13个话剧团体，先后上演了该剧。1956年，重庆市话剧团对该剧部分主创人员作了调整后参加第一届全国话剧会演，分别获得创作、导演、表演、设计、制作等奖。1959年，该剧被列为解放10周年优秀作品，由人民文学出版社公开出版。这一时期，话剧演出引人注目的还有市文工团的《钢铁是怎样炼成的》、西南人民文工团的《龙须沟》、西南革大文工团的《密苏里旋舞曲》、西南人民艺术剧院的《曙光照耀莫斯科》《一个木工》等。在创作方面，还有市曲艺改进会的《为和平而斗争》《恶霸连绍华》，市战斗剧社的话剧《工人万岁》等。

在其他文学形式方面，为了纪念建设人民的生产的新重庆，作家们深入基层创作了一批反映时代的好作品。比如：曾克的《细纱女工樊巧云》《工人阶级的母亲》；殷白的《一根钢轨的诞生》；邵子南的《以下水道为证》《田德胜的来龙去脉》；沙汀的《到朝鲜前线去》《控诉》《母亲》；艾芜的《访问张国富的母亲》。特别是作家张晓在1954年由中国青年出版社出版的《土地上的星光》，是解放后第一部反映工业建设的长篇小说；作家高缨1951年在重庆出版社出版的叙事诗《丁佑君之歌》，以及继后出版的《狮子滩人》《三峡灯火》等诗集，均产生了较大的反响。

在文化设施建设方面，也取得了很大成就。1951年3月重庆市文化局成立后，经军管会文教接管委员会和西南军政委员会分别接管并移交的旧有文化艺术机构共72个。其中电影发行管理机构1个，电影院11个，剧团乐团21个，剧场8个，图书馆2个，博物馆2个，艺术馆1个，民教馆1个，书店及出版社（书局）25个，统由市文化局管理和使用。不久，市政府又先后将城区交通要道口的剧场、电影院周围的相当数量的房地产划归市文化局，作为改建扩建文化机构和设施的场地。当时，在西南局邓小平、刘伯承、贺龙等领导的直接关怀下，发挥区位优势，重庆文化设施建设形成第一次高潮，相继建成一批具有标志性的大型公共文化娱乐场所。1954年，堪称亚洲第一的重庆人民大礼堂建成。随后，抗建堂改建为专演话剧的红旗剧场，国泰电影院改建为西南一流的和平电影院。新建的长江剧场、建设电影院、文化宫礼堂、解放军剧院等相继投入使用。1955 年,市委决定将枇杷山原市委办公大楼和宣传部大楼及附属设施,划归市文化局作为市博物馆新馆和市图书馆新址。截至 1958 年底,市文化局直接管理的文化机构和设施 35 个。其中,直属剧团 9 个,剧场 8 个,电影院 10 个,图书馆 1 个,博物馆 1 个,艺术馆 1 个,新华书店 2 个。全市共有剧团 18 个,剧场 13 个,电影院 25 个,文物保护单位 23 处,文化馆 7 个,开始形成社会主义文化艺术事业和城乡文化艺术活动的网络。

就在 1949 年 11 月 30 日重庆获得解放之后的第 10 天,重庆人民熟悉的《新华日报》于 12 月 10 日重新与重庆及西南地区人民见面。新出版的《新华日报》是中共中央西南局的机关报,是解放后在西南地区出版的第一张党报,主要面向西南,但重庆是西南局驻地,重庆的新闻报道也占了相当的篇幅。1950 年 1 月 3 日,新华书店西南总分店开业,后来在重庆及川东地区的书店及发行网络有了很大的发展,为人民群众提供了越来越多的健康的精神食粮。1950 年 1 月 4 日,重庆人民广播电台开始播音。7 月,新华社重庆分社正式成立。1952 年 8 月 5 日,中共重庆市委机关报《重庆日报》创刊,邓小平题写了刊名。《新华日报》在西南大区撤销之后,于 1954 年 8 月 31 日终刊,部分工作人员合并到《重庆日报》。在此期间,重庆人民出版社、重庆川剧院、重庆自然博物馆等文化设施和机构也相继建立和完善。重庆初步建立起较为齐备的文化体系,为后来的发展提供了基础。

(三)科技、卫生、体育的改革与发展

在 1950 年开始的 3 年经济恢复时期,市级有关部门和企事业单位建立了科技管理机构,成立了重庆市科学技术普及协会和自然科学专门学会联合会等群众团体,动员和组织科技人员与工人群众共同努力,修复破旧生产技术装备,迅速恢复生产,开展试验研究。科技工作主要围绕完成生产任务,加强技术管理,改进工艺技术开展。钢铁企业推行苏联的“快速炼钢”等先进操做法,并针对电力和废钢供应不足的困难,试验成功独具特色的“三联热装”电炉冶炼新工艺,运用陈旧的设备轧制

成功中华人民共和国成立后第一根重型钢轨。兵工企业试制生产仿苏式常规武器和通信设备。民用机械部门制造出全齿轮传动机床,研制成功国内最大的1000千瓦火轮机、450吨浮船坞等。制药厂在国内首先研制成功四氯乙烯、一溴二萘酚等新药。1953年开始进行大规模经济建设的第一个五年计划。工矿企业普遍学习苏联经验,引进一批新技术新设备,扩建和新建一批机械、冶金、电力、化工和食品加工企业。广大科技人员和技术工人响应中央关于“向科学技术进军”的号召,意气风发,忘我劳动,积极开展合理化建议和技术革新运动,改造老设备,改进工艺技术,试制新产品。全市冶炼钢种增至200种以上,研制成功国内第一台连续铸钢机,试制成功国内首批滚齿机、剃齿机等精密齿轮加工机床,开始制造起重机、1000千伏安变压器、高压水泵、轴承、手扶拖拉机等机械产品和酚醛塑料、合成橡胶、化学药品、农药等化工产品以及罐装食品。建成24000千瓦煤粉炉火力发电站和装机容量10万千瓦的梯级水力发电站,以及人民大礼堂和体育馆等重大建筑工程。农村兴修水利,改良灌溉,大力推广高产良种水稻少秧密植,施用化学肥料和农药等耕作技术。工农业生产蒸蒸日上,产品种类、数量和质量迅速增长和提高。

1953年3月,市爱国卫生运动委员会决定,从3月20日至4月20日为爱国卫生运动突击月,集中力量开展“二灭”(灭蝇、灭蚊)、“三除”(除污水、垃圾、粪便)、“四干净”(室内外干净、个人干净、饮水干净、畜圈干净)运动。4月5日至5月20日,开展春季爱国卫生周,重点解决一些平时难以解决的清洁卫生问题。如沙坪坝、大坪地区有一长45米、宽28米、深3米的污水塘,为蚊蝇滋生地,经8天艰苦劳动,变为清水塘。7月15日至20日,开展夏季爱国卫生周,以消灭蚊蝇、加强食品卫生管理和搞好防暑降温为重点内容。1956年3月中旬,重庆市人大代表张省等8人对全市爱国卫生工作进行了五天视察,共视察街道、工厂、学校等17个单位。通过视察,进一步促进了环境卫生管理。南岸区沿江岸边达到了无垃圾堆的要求,重庆火车站、朝天门码头等场所的卫生面貌有了明显改善。1958年至1959年,国家把爱国卫生运动纳入国民经济建设规划,列为社会主义建设内容之一。重庆市各地区和部门从此把爱国卫生工作列入各自的规划；研究解决各行各业在“四化”[①]建设中出现的影响卫生、危害人体健康的问题；加强城乡卫生基本建设，卫生宣传教育和监督管理；动员广大干部、群众深入持久地搞好除四害讲卫生，控制和消灭疾病；防治污染、保护环境和生态平衡，不断改善城乡卫生面貌，提高人民健康水平，以保证社会主义现代化建设顺利进行。

解放后，体育事业开始起步，并得到迅速发展，体育行政管理机构也日益健全。1952 年先后成立中华全国体育总会重庆分会和重庆市体育运动委员会。一些体育事业单位和单项体育协会、群众体育组织相继建立。重庆市体育训练班（后改名为重庆市体育工作队）成立于 1952 年 11 月，主要任务是培养优秀运动员，推动群众体育运动，代表四川省或重庆市参加全国性和四川省的体育竞赛。为推进群众体育事业的发展，1955 年，市体委、市工会联合会和团市委协同配合，根据国家体委公布的《职工体育协会组织暂行条例（草案）》和中华全国总工会关于《开展职工体育运动暂行办法纲要》精神，在有条件的产业系统和基层厂矿建立职工体育协会。至 1956 年底，在第一机械、第二机械、重工业、煤矿、电力、纺织、商业、海员、运输、公安、卫生、教育、建筑、银行等行业及系统建立体育协会 14 个，极大地推动了群众性体育活动的开展。在体育场馆设施方面，承担全国及省市级单项体育竞赛的重庆市体育场建成于 1956 年 3 月，规模宏大，设施齐备，至今仍然是重大比赛的场馆之一。1957 年杨家坪体育场建成使用。一大批企事业单位自建的体育场馆也如雨后春笋般建立起来。市中区、南温泉、沙坪坝、杨家坪、桂花园等业余体校、棋艺及武术学校，为国家培养了一批又一批的优秀运动员，为全市体育水平的提高作出了贡献。

1951 年 5 月 4 日至 7 日，在大田湾举办了重庆市第一届人民体育检阅大会（市第一届运动会），有工会、农民协会、部队、机关、学校等 194 个单位 2629 名运动员参加，市长曹荻秋担任运动会组委会主任委员，从此拉开了全市体育运动竞赛的帷幕。1956 年 5 月 1 日在市体育场举行了第一届重庆市工人运动会，有 21 个单位 1700 名运动员参加，有 40 多

---

① 即半机械化、机械化、半自动化和自动化。

个男女竞赛项目。这次运动会创造了一批全国工人运动会新纪录。比如,西南政法学院教育工作者蒋淑筠分别以2分45秒6和5分56秒2的成绩打破女子1500米和3000米自行车全国纪录。九龙坡铁路子弟校教师熊明君以13秒7的成绩打破女子80米低栏全国工人运动会纪录。重钢工人李炳元打破举重次轻量级四川省和全国纪录。严春梅以49.92米的成绩打破女子手榴弹全国工人运动会纪录。重庆市市级学生运动会开展得更加活跃。20世纪50年代至70年代,大、中、技校学生“三好杯”篮球、排球、足球和一些单项比赛每年举行一次;田径、游泳、排球、乒乓球、射击等项目均列为市级学生运动会的比赛项目。学生运动会大大促进了青少年体育运动的开展,为发现和培养体育人才提供了条件。

从1953年到1956年,在党的过渡时期总路线的指引下,市委领导全市各级党组织和人民群众开始了大规模的经济建设,努力实施第一个五年计划,有计划地对农业、手工业和资本主义工商业进行社会主义改造,同时开展了政治建设和文化建设,通过全市人民的共同努力,顺利实现了从新民主主义向社会主义的转变。

第　二　编

社会主义建设的全面展开和
社会主义道路的艰辛探索

（1956 年 9 月—1966 年 5 月）

社会主义制度确立后，党中央领导全国人民开始转入全面的大规模的社会主义建设，独立自主地探索符合中国实际的社会主义建设道路。中共重庆市委坚决贯彻中央制定的一系列方针政策，带领全市人民超额完成了第一个五年计划。1958年至1960年，由于对经济发展规律认识不足，党的指导思想出现"左"倾错误，开展了一场声势浩大的"大跃进"与人民公社化运动，重庆经济社会发展受到严重影响，结构性矛盾更加突出。"大跃进"与人民公社化运动以前所未有的规模投入的大量资金和劳动力，在经济建设的某些方面也积累了一定的物质基础。

1961年1月，党的八届九中全会正式通过"调整、巩固、充实、提高"八字方针，决定从1961年起，在两三年内对整个国民经济实行调整。市委认真贯彻中央一系列指示，采取果断措施，对农业、工业、商业、科学、教育、文化等各方面政策均进行了重大调整。经过五年的艰苦努力，经济情况明显好转，基本走出困难境地。但与此同时，党对国际国内形势估计过于严重，政治领域内"左"的指导思想再度抬头，一场以反修防修、防止和平演变为主旨，"以阶级斗争为纲"的社会主义教育运动在全国展开。按照中央和四川省委的部署，市委一方面继续进行国民经济调整，另一方面在全市城乡开展社会主义教育运动，阶级斗争再度扩大化。

第七章

社会主义建设的良好开端和整风反右派斗争

一、宣传贯彻党的八大精神

(一)八大精神的学习贯彻

在生产资料私有制的社会主义改造已经取得决定性胜利，“一五”计划即将完成的关键时刻，中国共产党第八次全国代表大会于1956年9月15日至27日在北京举行，这是党在全国执政后召开的第一次全国代表大会。大会《关于政治报告的决议》明确提出：我国社会的主要矛盾不再是工人阶级和资产阶级之间的矛盾，而是人民对于建立先进的工业国的要求同落后的农业国的现实之间的矛盾，是人民对于经济文化迅速发展的需要同当前经济文化不能满足人民需要的状况之间的矛盾。实质是先进的社会制度同落后的社会生产力之间的矛盾。党和人民当前的主要任务，就是要集中力量来解决这个矛盾，把我国尽快地从落后的农业国变为先进的工业国。决议的着眼点在于把我国生产力发展还很落后这一基本国情突出出来，强调在生产资料私有制的社会主义改造已经基本完成的情况下，国家的主要任务是在新的生产关系下保护和发展生产力。这是八大最重要的理论贡献，也成为当时全党的共识。党的八大的召开，标志着党对中国社会主义建设道路的探索取得初步成果。

为贯彻落实党的八大精神，1956 年 10 月 15 日，市委召开党员领导干部大会。八大代表、市委书记鲁大东在会上传达了八大会议精神，要求全市党员干部认真学好八大的各项决议和文件，并以此来检查和改进工作。11 月 1 日，市委又召开常委会，专题研究八大精神的学习贯彻，对学习的内容、重点和方式方法作了具体安排。7 日，市委下发《关于学习和宣传党的第八次全国代表大会的决议和文件的意见》，要求全市党员干部用八大精神统一思想，统领各项工作；把组织八大文件的学习和宣传作为政治思想工作的中心任务；贯彻执行党的群众路线、克服官僚主义和主观主义，深入开展先进生产者运动，全面超额完成 1956 年计划，并为迎接第二个五年计划积极做好一切准备工作。14 日，市委召开八大文件学习报告会。八大代表、市委书记、市长任白戈作了《关于学习八大文件的第一次报告》，他就生产力与生产关系、资产阶级的两面性问题、资产阶级和工人阶级的两个前途问题、“百花齐放、百家争鸣”“长期共存、互相监督”等问题，作了理论辅导。

按照市委的统一部署，市级各部门、各区县、大型厂矿、学校和街道党委认真组织党员干部和群众学习八大文件。在学习过程中，广大干部围绕八大提出的我国的社会性质、政权性质、面临的主要矛盾、开放自由市场和与民主党派长期共存、互相监督等问题普遍关注，展开了热烈讨论：多数人认为应在有计划的领导下开放自由市场，这对增加社会商品，满足人民需求是有好处的；而同民主党派长期共存、互相监督的方针，是中国共产党根据中国特殊的历史条件、社会条件而制定的，它充分估计了民主党派过去、现在和将来的作用，正确处理了中国共产党与民主党派的关系，具有深刻的现实意义。通过学习，工人们纷纷表示要努力钻研技术，迅速提高本领，保证全面完成第一个五年计划；农民们也表示要坚决贯彻勤俭办社的方针，积极发展副业，增加社员收入，超额完成增产任务。学习、宣传和贯彻八大精神，鼓舞了全市人民建设社会主义的积极性和创造性，对重庆市提前并超额完成第一个五年计划起到了巨大的推动作用。

（二）“二五”计划的制定

重庆市编制第二个五年计划酝酿开始于1956年下半年。此时各行各业正在努力完成第一个五年计划，各项指标完成情况令人满意，形势喜人。市委、市人委向市计划委员会提出拟定重庆市“二五”计划的任务，并提出“充分发挥企业、事业及外地迁渝企业、事业单位的潜力，为国营工矿、交通运输及城乡人民生活生产服务；地方工业包括手工业，要面向农村，与农村经济结合，为农业生产和农村生活需要服务；‘二五’计划发展速度总的来说不超过‘一五’计划，其中地方工业总产值每年增长10%左右，农业单位面积产量每年增长4%—5%”的基本方针。

1956年11月，市计委在充分调研的基础上，向市委提交了《重庆市第二个五年计划各项主要指标的初步意见》。11月10日，市委常委会专题讨论市计委提供的《初步意见》，经过充分讨论后形成决议，要求在制订第二个五年计划的各项指标时，应注意几个问题：第一，在考虑第二个五年计划城市建设时，应根据重庆市工业建设的任务和公布的情况，进行全面规划。根据全市的发展情况，今后城市建设应以杨家坪地区为中心，现可着手规划和修建干道，其他下水道、自来水、路面等可因陋就简，逐步建设。对国营工业过去修厂房不修宿舍和商业网的情况，应向上反映加以改变。第二，在地方工业的规划中，应适当提高轻工业的投资，以满足全市人民对消费资料日益增长的需要。第三，关于文教事业的投资，应根据国家普及教育的指标和要求制订，不必按地方工业投资的比例确定。其他对远景规划如修长江大桥、在市区修建铁路以加强运输力量等问题，可提出意见供中央参考。①

《重庆市第二个五年计划各项主要指标的初步意见》是比较切合实际的，无论是轻重工业的比重，发展速度的把握，还是文教事业的投入，城市建设的规模和大型项目的投资等，都是实事求是的。如钢铁生产1957年是35万吨，按照每年增长5%—10%的比例，到1962年达到65万吨左右；城郊蔬菜亩产1957年是5700斤，按照每年增长4%—5%的

---

① 《市委常委会议记录》（1956年11月10日第39次常委会议），重庆档案馆藏档案1001/12/96卷。

比例，到1962年达到亩产7200斤。但是，随着反右派斗争和“反右倾保守”运动，特别是以钢铁产量的高指标为先导的“大跃进”运动的开展，很快就把“二五”计划的发展轮廓吹掉了。主要表现在1958年1月正式制定的《重庆市1958年—1962年工业发展纲要》和《重庆市实现“1956年—1967年全国农业发展纲要（修正草案）”的简要规划》上。《纲要》和《规划》的指导思想、产量指标等显现出“大跃进”前奏的痕迹。如钢铁1957年才35万吨，要求1962年达到170万吨—200万吨；生铁1957年才7.7万吨，要求1962年达到100万吨—120万吨；粮食1956年亩产503斤，要求1962年达到1100斤；生猪1956年才17.8万头，要求1962年达到60万头。

重庆“二五”计划的酝酿过程，是全面建设社会主义由良好开端逐步偏离正确轨道，开始向高指标、浮夸风转变的过程，更是由比较实事求是，逐渐转变为脱离实际的“大跃进”的过程。最后通过的“二五”计划，无论是工业、农业，还是基本建设项目，均提出了一些难以完成的高指标。“二五”计划规划修建的嘉陵江大桥和长江大桥，分别在“三五”计划末期（1966年）和“六五”计划中期（1980年）才建成。然而，就是这些高指标，在1958年下半年的“大炼钢铁”运动和人民公社化运动中，仍被视为“右倾保守”，一再被修改提高，从而严重脱离了重庆实际，使重庆的经济建设步入危机。

二、学习《关于正确处理人民内部矛盾的问题》和整风运动的开展

（一）学习《关于正确处理人民内部矛盾的问题》

1956年，在生产资料私有制的社会主义改造基本完成后，中国开始进入建设社会主义的新时期。这一年，国际上，苏共二十大后，东欧一些社会主义国家出现了动荡不安的气氛。6月和10月，波兰事件和匈牙

利事件[①]的相继发生,在社会主义阵营内部引起巨大震动和思想混乱,西方国家的反动势力也借机掀起反苏反共反社会主义的浪潮。中共中央认为,苏共二十大全盘否定斯大林的做法,混淆了人民内部矛盾和敌我矛盾,用对付敌人的方法来对待斯大林,因而引发了波匈事件和世界性的反共浪潮。斯大林问题和波匈事件极其尖锐地表明,社会主义制度下仍然存在着各种矛盾,能否正确区分和处理敌我矛盾与人民内部矛盾,关系到社会主义建设的成败,关系到人民政权的存亡。在共产党执政的情况下,正确处理人民内部矛盾尤为重要。在国内,由于社会主义制度刚刚建立,许多环节还有待完善和巩固,人民对新的社会制度尚需一个认识和熟悉过程,三大改造的急促完成本身也造成了一些不完善的地方,加之苏共二十大和波匈事件的影响,导致我国政治、经济生活中出现某些紧张情况,罢工、请愿等事件时有发生。据不完全统计,1956 年 9 月到 1957 年 3 月,全国有 1 万多工人和 1 万多学生参加了罢工和罢课请愿。这一时期,重庆市也先后发生 14 起请愿、哄闹、罢工等事件。[②]

毛泽东经过深入思考,在世界社会主义发展史上第一次提出两类不同性质的矛盾,并就如何认识和处理这些矛盾作出回答。他认为,发生少数人闹事的原因,有些是由于领导上存在着官僚主义和主观主义,在政治或经济政策上犯了错误。还有一些不是政策不对,而是工作方法不对。再一个因素,是反革命分子和坏分子的存在。这些原因归根到底是社会敌我矛盾和人民内部矛盾的反映,其中大量表现为人民内部矛盾。1957 年 2 月,毛泽东在最高国务会议上作了《如何处理人民内部的矛盾》的讲话。这篇讲话后来经过整理并作了若干修改与补充,以《关于正确处理人民内部矛盾的问题》为题,于同年 6 月 19 日公开发表。讲话围绕正确处理人民内部矛盾的主题,系统地分析和阐述了农业合作化问题、工商业问题、知识分子和青年学生问题、少数民族问题、肃反问题、少数人闹事问题,以及关于统筹兼顾、适当安排,百花齐放、百家争鸣,长

---

① 前者指 1956 年 6 月 28 日,波兰西部的波兹南地区发生由于工人的某些要求没有得到满足而引起的流血冲突。后者指 1956 年 10 月 28 日,匈牙利首都布达佩斯发生的大规模游行示威和骚乱事件,许多共产党人在这一事件中惨遭杀害。

② 俞荣根、张凤琦主编:《当代重庆简史》,重庆出版社 2003 年版,第 156 页。

期共存、互相监督,勤俭节约和中国工业化道路等,为科学分析和正确处理人民内部矛盾,提供了强大的思想武器。

同年4月,市委召开第五次全体委员扩大会议,集中学习毛泽东在最高国务会议上的报告。会议认为,在大规模的疾风暴雨式的群众性阶级斗争基本结束的新形势下,人民内部矛盾显得更加突出,采取正确的态度和原则来对待与处理人民内部矛盾,具有重大意义。会议分析了重庆发生请愿、哄闹、罢工、退社等事件的原因主要是由于“一五”时期重庆的工业和基本建设事业飞跃发展,工人队伍增长较快,新进人员成分复杂,大多数缺乏劳动锻炼,把大量的非无产阶级思想带到工人阶级队伍中来,过高要求物质享受。在郊区农村中,1956年全部进入了高级社,高级社在派工、分配等问题上存在不足,导致部分社员不满,要求退社。与此同时,市委对这一新形势估计不足,对新工人的政治思想教育不够,在生活福利问题上,有些可以及时解决的问题悬而未决。有些属于厂矿企业本身不能解决但又属可以解决的问题,未及时请示上级解决。加之部分干部对待新工人缺乏耐心,缺乏同志式的关切和爱护,甚至采用简单生硬的方式处理问题,往往引起反感,引发闹事。

实际上,三大改造已经从经济上消灭了剥削制度,在国内基本解决了敌我矛盾问题。而全市历次闹事中除个别事件有敌对分子操纵或兴风作浪外,尚未发生过纯政治性的闹事,基本属于人民内部矛盾的性质。对待人民内部矛盾,应该采取“团结——批评——团结”的方法来处理。市委认为,过去在处理闹事问题上,由于阶级分析不够,对闹事中的极个别敌对分子没有通过群众揭发批判,予以孤立,在群众中彻底搞清大是大非,这是不足的地方,应该汲取教训。① 于是,4月25日,市委发出通知,要求各单位暂时停止干部理论学习两个月,立即组织党内外干部学习《关于正确处理人民内部矛盾的问题》,认真分析本部门存在的人民内部的具体矛盾,研究解决的办法。毛泽东的报告精神迅速在全市各机关、学校、民主党派、企事业单位和区县进行了传达。一时间,正确处理

① 《市委关于第五次全委会议的情况报告》(1957年4月15日),重庆市档案馆藏1001/12/66。

人民内部矛盾成为广大干部谈论和学习的中心。通过学习讨论,不少人对过去在处理人民内部矛盾问题时简单生硬的作风作了检查,认识到今后必须进行调研,把矛盾性质搞清楚。大家一致认为,毛泽东正确处理人民内部矛盾的提出,创立了关于社会主义矛盾学说,创造性地发展了马克思列宁主义,整个报告贯穿着辩证法,起到了从思想上武装全党和全国人民的作用。

5 月上旬,市委组成四个调研组,就工矿企业中的矛盾、党与学生关系、党与高级知识分子关系,以及党与民主人士关系等进行调研。调研采取召开各种座谈会、组织调查小组深入基层访问等方式,广泛征求意见,研究矛盾的表现、发生原因和解决的可能途径。经过一个月的调研,调研组发现不少重要的矛盾问题。

工矿企业中的矛盾主要有四个方面:一是企业管理和生产的矛盾。有不少企业管理或经济工作中的规章制度与生产不相适应,束缚了生产。二是岗位工作之间和部门工作之间的矛盾,在一些单位存在个人与集体的关系不够协调的问题。三是解决职工福利问题与国家建设资金不足的矛盾。不少厂矿的职工住房和托儿所不够,医疗力量薄弱,职业病防治措施不力,以及食堂伙食满足不了职工的要求等。四是领导和被领导的矛盾。随着生产的发展和工人的增多,不少厂矿的领导不是从认真贯彻党的方针政策、倾听群众的意见和要求来解决或缓和矛盾,而是采取行政命令、粗暴地压制等官僚主义作风,使矛盾更加尖锐。如重庆钢铁公司要新辟料场,须拆迁 100 多户职工宿舍,有关领导干部不体谅群众困难和要求,采取强制办法命令搬迁,对待一部分不愿搬走的职工,采取切断水源、电源,甚至扔家具等粗暴办法,引起群众公愤。

教育方面的矛盾主要有三个方面:第一,表现在教学方法、教学质量不能满足学生的要求。“一五”计划实施以后,学校发展快,造成师资队伍,特别是新教师和一部分老教师教学水平不适应要求,不少学生对授课内容感到不满。另外,也有一部分学生对学校要求过高,不切实际。第二,学生的个人志趣、爱好和国家需要的矛盾。第三,领导作风不够民主,思想工作方法简单生硬,引起学生不满。不少学校对可以解决的困难如改善伙食和医疗卫生条件等,没有很好地解决。对目前办不到的一些生活福利，也没有很好地向学生解释。

团结高级知识分子的矛盾主要表现在合作共事问题上，即知识分子要求信任、支持、有职有权，与党内某些人的宗派主义思想，不愿意或不善于与他人合作共事的矛盾。有些党的领导人和党员对党员高级知识分子缺乏真正的同志友谊，不能在思想感情上打成一片。对党外高级知识分子信任支持不够，党员专权包办、党外人士有职无权的现象，在某些机关、学校、工厂中不同程度地存在着。

团结民主人士的矛盾主要表现在民主党派为社会主义服务所担负的任务和它所处地位之间的矛盾。不少民主党派反映，一部分机关、学校、企业，并没有把民主党派放在适当地位，全市党和行政部门的许多活动也没有民主党派参加。

通过学习贯彻毛泽东《关于正确处理人民内部矛盾的问题》的报告，市委和有关部门对以上矛盾高度重视，研究相应的解决办法，民主党派也提出不少好的建议，有的问题向上级作了反映，有的问题分轻重缓急陆续得到了解决。

（二）开展党内整风

1957 年 4 月 27 日，中共中央发出《关于整风运动的指示》，要求全党深入开展反对官僚主义、宗派主义和主观主义的整风运动，提高马克思主义水平，改进工作作风，以适应社会主义改造和社会主义建设的需要。

5 月 3 日，市委召开常委扩大会议，传达学习中央《关于整风运动的指示》，并决定成立由市委书记任白戈为组长的整风领导小组。会议要求各级党组织了解和研究党员的思想状况、党与群众的关系，以便为即将开展的整风运动做准备。18 日，市委再次召开常委扩大会议，要求各级党组织采取多种方式，鼓励、欢迎群众大胆指出党和政府工作中的缺点、错误，为整风运动创造条件。20 日，市委召开党员整风动员大会，安排部署全市整风工作。会议强调，整风运动是全市各级党组织当前最中心的一项任务，必须立即行动起来，主要领导带头，全力以赴，争取整风运动的彻底胜利。

整风运动从 1957 年 5 月开始，截至 1958 年 7 月，历时 14 个月，经过大鸣大放、反右斗争、大整大改和学习文件、批评反省、提高思想等四个阶段。为尽量避免可能出现的混乱局面,运动采取分批进行的办法,即首先从机关事业单位、大专院校、各民主党派和企业开始,八九月份后逐步推广到中小学、一般企业、手工业合作社、农业合作社等社会各个层面。

5月20日,市委召开记者招待会,任白戈在会上强调,新闻报道是大鸣大放方针的吹鼓手,报纸、广播应该把鼓擂得更响。同日下午,市委文教部召开市各高等学校党委书记和党员院校长会议,要求各校坚决支持群众大胆鸣放,充分揭露各方面工作中的官僚主义、宗派主义和主观主义的错误,帮助党组织整风。从5月下旬至6月上旬,市委分别召开文化、艺术界、新闻出版界、工商界、医药卫生界、各民主党派、无党派民主人士座谈会,听取他们提出的批评建议。

特别值得一提的是,知识分子在党的"百花齐放,百家争鸣"方针的鼓舞下,对党真心诚意邀请大家帮助整党表现出极大的热情。6月1日前后,西南师范学院、西南农学院、俄语专科学校、美术专科学校、建筑工程学院、重庆大学和西南政法学院及各民主党派连日举行座谈会,对一些基层党组织和党员提出批评建议。在大鸣大放、大字报的号召下,校园里大、小字报铺天盖地,有些学校部分学生还组织了社团,有的学生甚至到其他学校举行讲演。

从各种座谈会的发言及大、小字报的内容来看,绝大部分都是各阶层人士从不同角度对党的工作提出的批评和建议。在城区,主要涉及工矿企业管理上的问题和公私双方的矛盾,党与学生和高级知识分子的关系,党与民主党派的关系等。在郊区农村,农民们对党的统购统销政策、合作社的管理、城乡关系、工农关系等问题纷纷发表意见。这些意见,即使是一些片面乃至错误的意见,但从本质上反映了广大人民群众希望党组织和一些党员干部改进工作作风、提高管理水平、进一步搞好工作的良好愿望。这无疑有利于改进各方面的工作,有利于调动各方面积极性进行社会主义建设。在整风中营造出的浓厚的民主氛围,也有利于推进我国民主与法制建设的进程。

在这段时间里,运动的发展是正常的。市委和有关单位党组织的主要负责人自始至终到会或看会议简报，虚心听取意见。市委常委会密切关注运动的发展方向，先后于 5 月 22 日、25 日、27 日三次召开常委会，研究有关问题。市委认为，“全市全党整风运动已经开始，各党组织必须加强对党内外‘鸣’‘放’的领导，组织调查研究，揭发矛盾，并分析、明确本系统各方面的具体矛盾，进行排队，弄清重点，使群众知道整风中要解决什么问题。”① 市委指出，应抓紧时间，集中力量研究各种会上提出的问题，凡能办到的，应马上解决，并组织新闻报道。对不正确的需要展开争论的意见，如开放政权等应与左翼、中间分子进行协商，以便展开有准备的、真正是说理性的争论，明辨是非，最后达到中央指示中要求的四个目的。②

在整风运动中，发扬民主、发动群众向党提出批评建议是完全必要的。但是，从全国来看，随着整风运动的进行，出现了一些复杂情况。除了人民群众对党的工作作风提出批评意见外，也有极少数资产阶级右派分子以帮助共产党整风为名，乘机散布反党反社会主义言论。如攻击解放后一系列的政治运动，把土地改革、思想改造、三反五反、肃清反革命和农业合作化等说成“一团糟”；攻击党的领导，污蔑社会主义制度，说党的领导是“党天下”“家天下”，说“党委制是产生一切错误的根源”，要求共产党退出机关，公方代表退出公私合营企业，民主党派同共产党“轮流坐庄”；抹杀社会主义改造和建设的成绩，造谣说“总路线执行以来党群关系更坏了”，污蔑农业合作社“乌黑一团”，认为实行统购统销后“农民没有吃的”，“农民生活不好”，煽动农民对党不满；在高校，有人提出“外行不能领导内行”，主张“教授治校”，“党委十天滚出学校”等。这些言论对一些群众，尤其是对青年学生产生了较大影响，社会上一度出现思想混乱局面。联系东欧的波匈事件，中央认为，有必要对这一思潮进行批判和反击。于是，整风形势发生逆转，以正确处理人民内部矛盾为主题的“和风细雨”式的整风运动，迅速转变为敌我矛盾的、疾风暴雨的反右派斗争。

---

① 《市委常委会第 29 次会议记录》（1957 年 5 月 22 日），重庆市档案馆藏 1001/12/85。

② 《市委常委会第 31 次会议记录》（1957 年 5 月 25 日），重庆市档案馆藏 1001/12/98。四个目的：处理好人民内部矛盾，反对主观主义、宗派主义和官僚主义。

三、严重扩大化的反右派斗争

1957年5月16日，中央发出党内指示，在肯定党外人士对我们党的批评百分之九十以上是诚恳的、正确的同时，特别指出：要注意社会上有少数带有反共情绪的人跃跃欲试，发表一些带有煽动性的言论，企图将正确解决人民内部矛盾、巩固人民民主专政以利社会主义建设的正确方向，引导到错误方向上去。中央决定，对这些错误言论，放手让他们发表，原样地在报纸上报道，暂时不加以批驳，以便暴露其反动面目。5月中旬，毛泽东写了《事情正在起变化》一文，标志着中央的指导思想开始发生变化，运动的主题开始由正确处理人民内部矛盾转向对敌斗争，由党内整风转向反右派。6月8日，《人民日报》社论《这是为什么？》指出，少数右派分子想推翻共产党的领导，推翻社会主义制度，最广大的人民群众是决不许可的。同一天，中共中央发出《关于组织力量准备反击右派分子进攻的指示》，对反右派作出部署。此后，党中央和毛泽东对右派分子的比例作了估计，并对反右派的步骤、策略等问题作了安排，要求各单位对所属人员按左、中、右标准排队。8月、9月间，中央又分别向各地农村和企业发出指示，要求在工人和农民中开展以社会主义教育为主要内容的大鸣大放大辩论，实际上形成了对部分工人、农民的批判和斗争。这样，一场全国规模的、全民反右派斗争迅速掀起。

6月14日，市委召开常委会，检查部署整风和反右派工作。会议决定，已经大鸣大放的单位，需按左、中、右三类人员进行排队。在排队中，对不要共产党领导、敌视人民政府的人确定为右派分子必须谨慎，名单确定后要报上级党组织审定，以防发生偏差。随后，市委成立了各系统整风反右领导小组。

从6月中旬到9月，反右派斗争进入高潮。6月中旬，市委根据中央的指示和四川省委的安排，在机关、学校、企业等单位，在党内和党外，分别开展了反右派斗争，并对如何划分右派分子和"反社会主义分子"

作出具体规定。在斗争中，各部门采取大会、小组会的形式对所谓右派分子进行批判，有些地方和单位甚至出现粗暴行为。15 日，全市 5000 余名职工在市人民大礼堂集会，批判反党、反社会主义的谬论。15 日至 20 日，民主促进会重庆分会、九三学社重庆分社、民主建国会重庆市委、农工民主党重庆市委、民盟重庆市委、民革重庆市委等民主党派分别举行会议，决定开展整风反右斗争。21 日和 22 日，《重庆日报》连续发表《坚决回击右派分子》和《坚决同右派分子划清界限》两篇社论。随后，全市各界青年 1000 多人举行反右派大会，号召全市青年团结起来，彻底粉碎右派分子的猖狂进攻；各界妇女也集会声讨右派分子的反动言行。7 月 1 日，西南师范学院 5000 名师生员工揭发批判右派。18 日，西师和各高校、重钢、北碚区等 28 个单位的代表举行大会，揭露所谓罗容梓、董时光[①]“右派集团”的活动。7 月底，民建重庆市委、市工商联、民革重庆市委、民盟重庆市委、农工民主党重庆市委等民主党派和组织分别召开会议揭批“右派分子”舒军、李康[②]等人。从 8 月 2 日到 9 月初，全市 21 个中专和 3 个技工学校的教职员工 2700 余人在沙坪坝集中整风学习，先后共批斗了 100 多名“右派分子”和 9 个“右派集团”。8 月，市委书记、市长任白戈在市委常委会上指出：“反对资产阶级右派，是一场激烈的阶级斗争，它对于国家前途和全国人民的命运关系十分重大。”号召全市人民“积极参加这一场斗争，彻底粉碎资产阶级右派的进攻，将斗争进行到底”[③]。

在这期间，中央于 1957 年 7 月 11 日转发中央统战部《关于划分左、中、右的标准的建议》，认为右派里面有一部分极右分子，这些极右分子中一部分于政治上已处在敌我界限的边缘。几天后，中央又断定资产阶级右派和人民的矛盾是敌我矛盾，从而把右派分子从人民队伍中划出，列入敌我矛盾范围。这样直接导致了反右派斗争在数量和性质两个方面的严重扩大化。

---

① 二人当时均为西南师范学院教授。

② 见后文“舒军、李康反党集团”。

③ 任白戈：《全市人民团结起来，粉碎资产阶级右派的猖狂进攻，为巩固社会主义革命胜利、继续深入开展增产节约运动而奋斗》（1957 年 8 月 4 日），重庆市档案馆藏 1001/9/180。

市委根据中央精神，也连续下发了几个指导性文件：一、《关于右派分子骨干分子审批手续的规定》指出："按照中央历次指示精神，在一时分不清一般右派、中右与右派骨干时，可暂划低一级（即分不清中右与一般右派时可暂时划为中右；分不清一般右派与右派骨干时可暂时划为一般右派），留待斗争中继续观察，量好尺寸，该戴什么帽子就戴什么帽子。"[①] 二、《重庆市委关于如何划分中间偏右分子与一般右派分子的参考材料》指出："在反右派的斗争中准确地进行人物排队（即划分左、中、右），特别是区别一般右派与中右，是争取团结中间分子和孤立分化右派分子以取得这场斗争彻底胜利的重要问题。在目前斗争中，各级党组织应特别注意掌握的是对中右分子与一般右派分子的划分问题。中右分子与一般右派分子的划分，主要在政治上有原则的区别，即右派是反共、反社会主义，中右分子不是根本上反共反社会主义，还应从具体人出发，联系一贯工作表现，参照历史情况，同时还要看在运动中的变化加以全面、综合考察，具体划分，才不至于把中右分子误划为右派，或漏掉了右派分子。"[②] 三、《市委关于在工程技术人员中开展反右派斗争的几项规定》指出："在反右派的斗争中，对待厂矿企业内的工程技术人员要慎重，要注意区分有真才实学的与一般'马路政客'。各单位要从具体情况出发，在确定右派分子时，一般应不超过参加运动的工程技术人数的5%—6%。如超过这个比例数就应严格审查，防止误打了中间分子。[③] 四、《市委关于在工人、农民中不划右派分子的通知》指出："在农村中，对于地主、富农、反革命分子和其他坏分子，没有改变成分的，即照原来的成分对待，已经改变了成分又进行捣乱的，可以分别恢复他原来的成分，戴上原来的帽子，但不叫右派分子。富裕中农的资本主义思想应当批判，不要戴右派分子的帽子。工厂中科室以上的干部和技术人员可以

① 《关于右派分子与右派骨干分子审批手续的规定》（1957年8月26日），重庆市档案馆藏1001/9/176。

② 《重庆市委关于如何划分中间偏右分子与一般右派分子的参考材料》（1957年9月1日），重庆市档案馆藏1001/9/192。

③ 《市委关于在工程技术人员中开展反右派斗争的几项规定》（1957年9月2日），重庆市档案馆藏1006/1/484。

划右派分子，在工人中则只定先进、中间、落后的界限，不作左、中、右的划分。是阶级异己分子、反革命分子、流氓分子、坏分子的，可按各人具体情况加以确定，但一律不用右派分子的名称。工人、农民中已经划出了右派分子的，应当改正。"①

从以上几个指导性文件中可以看出，市委执行中央反右斗争的指示是坚决的，无论是在干部、知识分子和民主党派中划分左、中、右，还是在右派比例的分配上，无论是在发动群众，运用小组会、集会的形式对右派分子进行批判，还是利用各种媒体（报刊、广播）进行揭露等，市委都是积极的。因为，在当时的形势下，对极少数右派分子的进攻予以坚决反击，在人民群众中进行坚持社会主义道路的教育，以巩固新建立起来的社会主义制度，是完全正确和必要的。但是，由于党中央主要领导人对当时阶级斗争和右派进攻的形势估计得过于严重，把大量的人民内部矛盾当作敌我矛盾，把大量思想认识问题当作政治问题，同时由于采取群众运动的方式，这就很难避免运动中的过激行为，很难把握尺度，使运动越到基层越容易出现反右派严重扩大化的倾向。

重庆在反右派斗争中，揭露出的几个所谓"反党集团"，主要如下：

一是张文澄、王匡时、谢予"右派反党集团"案。张文澄，市委常委、宣传部长。王匡时，市委宣传部副部长。谢予，市委宣传部马列主义教研组组长。在 1958 年 1 月召开的中共重庆市第一届代表大会第二次会议上，市委错误地作出了《开除右派分子张文澄党籍的决议》，《决议》认为："1957 年 5 月，正当资产阶级右派猖狂向党进攻之时，张文澄及其右派反党集团利用其手中掌握的权力，使用资产阶级的阴谋手段，曲解党的方针、政策，把他所领导的宣传、文教部门，作为向党进攻的阵地。存心打乱市委的整风部署，积极支持、指示宣传部门和报社的党内右派分子向基层煽风点火，逼迫市委实行无计划、无领导的鸣放，企图使当时的大鸣大放脱离党的领导，按资产阶级右派的计划发展，把运动引导到反党、反社会主义的方向去，便于资产阶级夺取党的领导权，以达到资本主

① 《市委关于在工人、农民中不划右派分子的通知》（1957 年 9 月 10 日），重庆市档案馆藏 1006/1/496。

义复辟的目的。”①

二是张显仪、邓平“反党联盟”和“三平一龙反党集团”案。张显仪,市委候补委员,市工会党组书记、主席。邓平,市工会秘书长。反右斗争开始后,重庆便把反“经济主义”“工团主义”作为工会反右派斗争的重要内容。从 1957 年 11 月开始,先在市工会开展声势浩大的反“工团主义斗争”,错误地把全市工会干部在工会理论研讨和整风时对工会工作提出的一些问题和正确意见批判为攻击党的领导和社会主义制度,把张显仪主持审定的向全国总工会的汇报提纲——《关于工会工作的几个问题》定为“工团主义”的“反党纲领”,把市工会在党的方针指导下按照工会特点和《工会法》开展独立活动,批判为搞“独立王国”“与党分庭抗礼”。张显仪、邓平被打成“反党联盟”,邓平和生产部长郭平、建筑工会主席王延平、省电力工会(当时在重庆)主席贾飞龙还被打成“三平一龙反党集团”。市工会除错划右派分子 28 人外,还错定了“工团主义分子”26 人。

三是舒军、李康“反党集团”。舒军,市人大代表,民盟中央候补委员、民盟四川省委委员、民盟重庆市委委员兼组织部长。李康,四川省政协委员,市政协委员兼副秘书长、民盟中央候补委员、民盟四川省委委员、民盟重庆市委委员兼宣传部长。市委整理的《右派分子典型材料》错误地认为:“舒、李二人利用他们手中掌握的权力,借传达民盟全国工作会议精神的机会,以反对‘教条主义’为名,大肆宣传‘章(伯钧)、罗(隆基)同盟’的主张,提出了民盟的‘十条纲领’,鼓励盟员要带头争、大胆鸣,要打抱不平,盟员组织要作摘帽子、解围、撑腰和政治保险工作,污蔑党与民主党派的矛盾是主要矛盾,民主党派地位要摆正,公开与党分庭抗礼。在市民盟系统内,组织舒、李反党小集团,积极贯彻章、罗右派集团的政治路线和组织路线,排挤进步领导,把持民盟工作,将民盟推向右转。”②

据统计,重庆的反右派斗争共有 121720 人参加,被打成右派者达

① 《关于开除右派分子张文澄党籍的决议》(1958 年 1 月),重庆市档案馆藏 1006/1/320。

② 《中共重庆市委关于处理若干右派分子典型材料》(1958 年 2 月),重庆市档案馆藏 1006/1/327。

6596 人，占参加运动总数的 5.4%。党员右派分子 562 人，占参加运动党员总数 24003 人的 2.3%。科以上干部中有右派分子 201 人，约占科以上干部 3601 人的 5.58%，其中局处级以上有右派分子 61 人。①

反右派斗争中，宣传文教系统和民主党派是重灾区。据市委 1958 年 7 月 31 日统计，整个宣传文教系统共有右派 2399 人，占全市右派总数的 1/3 强。其中有三人是市委宣传部正副部长（张文澄、王匡时、陈孟汀）。再从几个具体单位来看，重庆日报共有采编人员 38 人，划右派分子 14 人，占 36.84%；五个编委中，就有两个右派分子。市作家协会共有编辑、创作人员和工作人员 55 人，划右派分子 13 人，占 23.63%；其余虽不是右派，但也几乎全是“白旗”②。全市 86 个理论教员中，右派分子 12 人，占 13.95%。民主党派中，共划右派分子 262 人，占全体成员 1788 人的 14.65%；民盟划右派分子 155 人，占全体成员 854 人的 18.34%；民盟市委 23 个委员中有 12 个是右派，占委员总数的 52.1%，专职和兼职正、副部长 12 人中，除一人是中右分子外，其余 11 人全是右派。③

在反右派斗争的同时，1957 年 9 月，重庆市又发动了“四民”（工人、农民、手工业者、街道居民）的全民整风运动。这个运动也采取大字报、大鸣、大放、大辩论的形式，同时结合大整大改、大破不合理的规章制度、精简机构、下放干部参加劳动和坚定农民走合作化的道路。在这个运动中，全市有 3843 人定为反社会主义分子，占参加运动总人数 802172 人的 0.48%。其中，工人队伍中反社会主义分子占 0.6%，农村中四类分子占 1%—2%。④

反右派斗争严重扩大化，把一大批有才干的知识分子、富有管理经验的工商业者、长期与共产党“肝胆相照、荣辱与共”的民主党派人士和工人、农民、手工业者中有头脑的人错划为“右派分子”或“反社会主义

---

① 《重庆市整风运动总结报告》（1958 年 8 月），重庆市档案馆藏 1006/1/520。

② “大跃进”运动中，曾把一些坚持实事求是、反对浮夸的人，以及一些所谓具有资产阶级学术观点的人都作为“资产阶级白旗”加以批判、斗争甚至处分。当时把这种做法叫作“拔白旗，插红旗”。

③ 《重庆市整风运动总结报告》（1958 年 8 月），重庆市档案馆藏 1006/1/520。

④ 《重庆市整风运动总结报告》（1958 年 8 月），重庆市档案馆藏 1006/1/520。

分子”,误伤了许多同志和朋友,给他们造成了长期的委屈、压抑和伤害,使其不能在社会主义建设中发挥应有的作用,有些人甚至流离失所,家破人亡。而在这一斗争中把思想认识上的不同见解和对领导机关和领导人的批评意见当作“反党言行”予以惩处的做法,堵塞了广大干部和群众的言路,严重损害了民主和法制建设,对人们的政治生活产生了长期消极影响。

第八章
“大跃进”与人民公社化运动

一、“大跃进”运动的开展

（一）“大跃进”运动的兴起

1957年秋冬以后，随着整风反右派斗争接近尾声，中央的主要精力逐步向经济建设上转移，但是，反右派斗争的扩大化又使党内“左”倾思想日益严重。9月至10月，在中共八届三中全会上，毛泽东改变了中共八大一次会议确定的在经济建设上既反保守又反“冒进”的方针，严厉批评了1956年纠正冒进倾向的正确措施，提出要恢复1956年的“多快好省”“农业四十条”和“促进委员会”[①]，明确肯定了急于求成的“跃进”思想，否定了稳步前进的建设方针。10月25日，全会基本通过的《全国农业发展纲要（修正草案）》（即“四十条”）公开发表，要求组织全民讨论，制定实施规划。27日，《人民日报》在为讨论和贯彻执行“农业四十条”发表的社论中，要求“有关农业和农村的各方面的工作在十二年内按照必要和可能，实现一个巨大的跃进”。与此同时，社会主义阵营的“赶超”浪潮，也推动了毛泽东对“大跃进”运动的发动。11月，

① 1956年，在经济建设速度问题上，中央出现分歧。一种意见认为，经济建设应该“多、快、好、省”，强调高速度；另一种意见注重“稳中求进，综合平衡”，强调有计划按比例发展。支持前一种意见的称之为促进委员会。

在莫斯科举行各国共产党和工人党代表会议，毛泽东率中国代表团参加。人类第一颗人造地球卫星由苏联发射到太空，这件事给世界社会主义阵营以巨大鼓舞。苏联提出15年赶上和超过美国，毛泽东在会上提出中国15年赶上和超过英国。这实际上是发出了制定高指标的号召。中共八届三中全会和莫斯科会议，吹响了我国“大跃进”的号角。

为贯彻党的八届三中全会精神，发动“大跃进”运动，市委于1958年1月14日至18日召开中共重庆市委第一届代表大会第二次会议。除正式代表410名外，各区、市级部委办局、大型厂矿、高校的负责同志列席会议。会议的主要内容是报告全市整风运动的进展情况，讨论、决定深入开展整风运动的问题，并动员全党鼓起革命干劲，推进全市的生产高潮，实现建设社会主义“大跃进”。会议讨论通过了《重庆市实现1956年到1967年全国农业发展纲要（修正草案）的简要规划》。

《简要规划》提出了蔬菜、粮食、生猪和兴修水利等方面不切实际的要求。如蔬菜单位面积产量：原要求1958年亩产6000斤，1962年8000斤，1967年1万斤；修改为1962年1万斤，1967年1.2万斤，比原来的规划提前五年实现。粮食单位面积产量：原要求1958年亩产700斤，1962年增加到1000斤，1967年增加到1200斤；修改为1962年1200斤，1967年1400斤，提前八年达到全国农业纲要粮食指标的要求。生猪：原要求1958年30万头，1962年44万头，1967年48万头；修改为1962年48万头，1967年56万头。兴修水利：原要求七年内水旱田基本消灭普通旱灾，1967年使所有水田、旱田、土都能得到必要的灌溉保证，灌溉设备的抗旱能力提高到30天；修改为在1960年基本消灭水、旱田普遍旱灾，1962年使所有水田、旱田、土都得到必要灌溉保证，灌溉设备的抗旱能力提高到30天，比全国农业发展纲要消灭普通水旱灾的指标提前五年实现。

会议还指出，重庆是一个工业城市，在四川省委的领导下，负有支持全省农业生产和生活需要的任务。1958年要生产农药15100吨，化肥18200吨，煤气机150台，农业水泵900台，以及各种农业机械。强调无论工业、市郊农业、基本建设、交通运输和财贸等各个方面，都必须把生产计划订得又先进、又可靠，体现出又多、又快、又好、又省的勤俭建国方针,同时制定出保证这些计划能完全实施的组织措施,大力开展社会主义劳动竞赛,贯彻执行先进带动落后的原则,继续广泛深入开展先进生产者运动,为实现计划而努力奋斗。

这次会议后,重庆生产建设上急于求成的思想开始抬头,各行各业都相继提出了“放卫星、献大礼、跃进再跃进”的口号。2月,市委提出1958年工业总产值比上一年度增加50%,市人委提出在三年内提前完成第二个五年计划,然后在提前两年的基础上再翻一番。5月,市委提出1958年粮食增产1.2亿斤,总产量达4亿斤,比1957年增产40%,争取完成增产2.2亿斤,总产量达5亿斤,比1957年增产78%。一场全民“大跃进”运动伴随着批“右倾保守思想”的声浪,在巴渝大地拉开了序幕。

(二)开展“反浪费、反保守”运动

在经济建设上既反保守又反“冒进”的思想不仅在中共八届三中全会上受到批判,而且在1958年1月和3月分别在南宁、成都召开的中央工作会议上再次受到更加严厉的批判。在南宁会议上,毛泽东提出:“反‘冒进’使六亿人民泄了气,是方向性错误。”在成都会议上,毛泽东强调“冒进”是“马克思主义的”,反“冒进”是“非马克思主义的”,根本否定了从国民经济恢复到“一五”计划时期的成功经验,助长了指导思想上“左”的倾向。

在这种氛围下,毛泽东于1958年2月又在全国发起了“反浪费、反保守、比先进、比多快好省地建设社会主义运动”。2月26日,四川省委布置在全省厂矿企业中开展“反浪费、反保守”运动,要求采取大鸣、大放、大字报、大辩论,开现场会和展览会等形式,揭露和批判浪费、保守的现象及其危害性,掀起生产“大跃进”和文化“大跃进”运动。3月,市委发出《关于开展反浪费、反保守运动的指示》,要求各级党组织从生产“大跃进”和加速社会主义建设出发,充分发动群众,揭发和克服一切浪费和保守思想;要求全市所有单位一般不得兴修礼堂、办公大楼、疗养院等非生产性建筑;要求各单位在制订计划时,破除迷信,解放思想,用同样的人数和同样的财力、物力,办出比原定计划多百分之几十以至数以倍计的事业。要通过这次运动，克服主观主义、官僚主义、宗派主义“三风”，扫除官气、暮气、阔气、骄气、娇气“五气”，改变脱离实际、脱离群众的工作方法和工作作风，把多快好省的社会主义建设方针贯彻到一切工作中去。

市委指示下达后，全市在1249个单位中开展了反浪费、反保守运动，参加运动的人数达43万人，提出了520多万条意见，贴出大字报800多万张。[①] 涉及的主要问题有：克服领导作风上的“三风”“五气”；打破旧的规章制度，调整机构；取消领导干部的特殊供应；解决试验田产量过低的问题；解决当前计划指标保守与规划不完善问题；清理仓库，抢救一批即将霉烂变质的物资；扫除文盲与除四害、讲卫生问题；机关事业单位掌握政策方针的准确和正确问题；纠正文牍主义和官僚主义问题等等。

在反浪费、反保守运动中，许多区县和单位提出了以“双反”（反浪费、反保守）为动力，“以天不怕、地不怕的雄心壮志，实干、苦干、拼命干，一天等于二十年”及“事事争第一”“人人争第一”等口号。各种“比武打擂”、报喜、送捷报、“放卫星”等层出不穷。据市工会联合会编《在大跃进中重庆市创造的全国新纪录》统计，截至1958年4月，重庆市创造的全国新纪录就达一百多项。在“双反”运动的氛围中，激发了人们的创新热情，涌现了一大批先进生产者，如建设机床厂青年工人廖世刚革新技术，实行多夹工件，多管工序，多机床管理，大幅度提高了工作效率。但是，更多的是不顾客观条件，盲目攀比，这就容易造成虚报浮夸，甚至出现“放卫星”的情况。

此外，在反浪费、反保守运动和“大跃进”运动中，大量合理的规章制度也被废除，违背了客观规律，造成生产无政府状态，生产力遭到很大破坏。如重庆钢铁公司大大小小的制度即有650种，截至1958年4月，修改的达262种，占41%；废除的216种，占33%。全公司原有表报1716种，修改合并的有134种，占7.8%；废除的629种，占36.6%。这些规章制度中有很多科学合理的也被废除，造成了工作中的随意性和生产中的

---

① 孙先余：《大力总结和推广先进经验，广泛技术革新运动，为实现生产大跃进计划而奋斗》（1958年5月8日），重庆市档案馆藏1032/2/819。

混乱局面。

总之,反浪费、反保守运动,实际上是一场批判“保守”,继续鼓励“跃进”的运动,是想通过对所谓“保守思想”的批判,来鼓励人们的干劲,从而掀起“大跃进”运动。因此,这一运动自然助长了正在发展的“左”倾错误。

(三)社会主义总路线的学习宣传

1958年5月,党的八大二次会议正式提出“鼓足干劲、力争上游、多快好省地建设社会主义”的总路线。这条总路线反映了广大人民群众迫切要求尽快改变我国经济落后状况的普遍愿望,表明党力图在探索中国自己的建设社会主义的道路中打开一个新的局面,但它却忽视经济发展的客观规律,夸大了主观意志的作用,导致“二五”初期全国范围的经济建设盲目追求高速度。八大二次会议还指责当时许多比较实事求是,对高指标、“大跃进”持怀疑态度的人是“观潮派”“秋后算账派”,说他们举的不是红旗而是“白旗”,号召全国各地都要“拔白旗、插红旗”。这些批评的压力,大大助长了浮夸的不实之风,使急于求成的“左”的思想进一步膨胀起来。会议对八大一次会议确定的第二个五年计划的指标作了很大修改。其中,工业方面普遍提高一倍,农业方面普遍提高20%—30%,钢产量从1200万吨提高到3000万吨,粮食产量从2500亿公斤提高到3500亿公斤。这样,第二个五年计划的执行从一开始,就走上了“大跃进”的轨道。

党的八大二次会议后,市委于1958年5月27日发出《关于学习和宣传八大第二次会议文件和社会主义总路线》的通知,要求立即在全市范围内展开声势浩大的学习宣传八大二次会议精神和总路线的群众运动。通知下发后,各级党委和解放军驻渝部队党组织迅速作出具体部署,立即动员和组织有阅读能力的干部学习文件进行宣讲。全市共出动了包括干部、工人、教师、学生和文艺工作者在内的15万人宣传大军。市委、市人委所属单位的许多干部,在机关附近的街道向居民进行宣传;建设机床厂、裕华纺织厂等厂矿,参加总路线宣传的职工达到5%;市中区由5000多工人、学生和文艺工作者组成的文艺宣传队伍,散布在全区的大街小巷，生动活泼地展开总路线的宣传；沙坪坝区的重庆大学、重庆建筑工程学院等大中学校的5500多名师生，深入各街道居民段开展宣传活动。就连农村也有2000多名乡干部和教师、学生参加宣传。

在多快好省、反“右倾保守”、做促进派和革命派的总路线学习宣传过程中，不切实际的思想逐步抬头。如建设机床厂提出“大搞技术革命，在6月份献出万条妙计”的口号；重庆水泵厂职工提出把总路线精神贯彻到6月份生产计划中，保证6月份全厂总产值提高一倍；江北区观音桥乡农业社干部和社员，在听了总路线宣传后，决定把积肥计划由2.5亿斤提高到5亿斤，把扫盲计划由半年内扫清全乡青壮年文盲，改为四个月，并提出“苦战半个月，再办六个工厂”的口号；南岸玄坛庙地区十三个居民段的居民在学习总路线的座谈会上提出“苦战三昼夜，段段办工厂”的目标，并于当天晚上组织干部群众分段研究筹办，三天之内办了九个工厂和社组。这些“跃进”计划，在全市各行各业层出不穷。

（四）工农业“跃进”指标的重新确定和城市发展构想

社会主义总路线的学习宣传助长了急于求成的思想，在实际工作中表现为“二五”计划指标草案的一再加码。1957年2月重庆市拟定的“二五”计划草案中提出：“二五”期间，重庆市的发展速度不超过“一五”计划的速度，其中地方工业总产值每年增长10%，农业单位面积产量每年增长4%—5%。而后来通过的《重庆市1958年—1962年工业生产发展纲要》则规定，“在第二个五年计划期间，全市工业生产将比1957年增长八至十倍”。1958年6月下旬市委农村工作会议提出：“市郊农村的中心任务是力争高速度的发展农业生产，尽可能快地提前实现全国农业发展纲要四十条所规定的各项指标。粮食产量保证4亿斤，争取5亿斤，千方百计达到6亿斤，蔬菜8亿斤，生猪40万头。”[①] 商业系统提出“破常规，争上游，赶天桥，赛米市”[②] 的口号，开展了工商计划、采

① 《市委农委在市第六次农村工作会议上的报告》（1958年6月25日），重庆市档案馆藏1032/2/419。

② “天桥”是指北京的天桥商场；“米市”是指天津的米市大街。它们都是全国商业红旗单位。

购、库存、销售“四合一”的“大购大销”计划，即“工厂生产什么、商业收购什么，生产多少，收购多少”。这种大购的结果，造成了大量不合格、没有销路的产品也收购入库，增加了积压报损商品。

1958年6月，在市三届一次人代会上，市长任白戈所作的《政府工作报告》中提出“要尽快把重庆建设成为以钢铁为中心的综合性现代化工业城市”。《报告》指出：根据总路线的精神和四川省委的部署，重庆市“二五”时期经济建设的主要任务是“以钢为纲，全面跃进”。在工业方面，大量发展钢、铁、煤和各种有色金属材料，发展多种具有特殊用途的高级合金钢和钢材、建设强大的钢铁联合企业以及煤矿和有色金属冶炼企业，做到钢、铁、煤、焦和金属材料基本自给并有适当输出；在1957年钢产量35万吨的基础上，1958年达到70万吨，1959年突破100万吨；计划在“钢铁元帅”的带动下，使工业产值在“二五”计划期末比“一五”计划期末翻几番。在农业方面，“计划在两年内把本市郊区建设成为一个生产蔬菜和生猪的强大基地，计划年产蔬菜8亿斤，生猪出槽40万头，以保证城市的需要，在1960年蔬菜、生猪除全部自给外，还应争取略有结余。”在文教方面，计划一年之内基本扫除25万青壮年文盲，扫盲毕业标准是能认、写一千字左右的常用字，能读懂四川工人日报或四川农民日报上的新闻，能写便条、记工账，写简单的书信。一年之内普及初中教育，普遍开展勤工俭学活动。在卫生方面，把除“四害”（老鼠、麻雀、蝇蛹、蚊子）为中心的爱国卫生运动经常化，进一步消灭蟑螂、臭虫、墨蚊以及残余的鼠雀蚊蝇；争取在1958年内基本消灭白喉、伤寒、副伤寒、流行性乙型脑炎、疟疾等疾病。在城市建设方面，计划修建白沙沱铁路大桥和鹅公岩铁路、公路两用大桥；加大公路建设的力度，“在三五年内，全市基本上做到厂厂有公路，乡乡通汽车，城区干道晴天无飞尘，雨天无泥泞”；改扩建西区公园、沙坪公园、少年宫、文化宫、大田湾体育场、大阳沟菜市场等一批公园、休闲娱乐场所和集贸市场，大量植树造林，“在三年内把重庆变成一个绿化、美化、香化的城市。”①

① 任白戈：《坚决贯彻执行社会主义总路线，为尽快地把重庆建设成为一个综合性的现代化城市而奋斗》（1958年6月），重庆市档案馆藏1032/2/510。

1958年11月,重庆市建设委员会在1953年《重庆市城市建设规划轮廓性的初步意见》的基础上,再一次对重庆城市进行规划,形成《重庆地区城市初步规划说明(草案)》。《草案》把全市分为市中区、大杨区、大渡口区、沙磁区、中梁山区、江北工业区、弹子石工业区、南坪工业区、李家沱—道角工业区9个片区,在外围规划了北碚、歇马、西彭和南桐4个卫星城,从而体现了“把重庆建设成为综合性现代化工业城市”的要求,对重庆城市发展方向产生了较大影响。此外,根据苦战3年改变城市面貌,绿化、美化、香化、净化重庆,把炎热的山城变成绿树成荫的大花园的设想,《草案》提出了超前性的构想,规划在市区干道和两杨路采用一般平原城市沿街建筑高大楼房的方式,构成热闹繁华的街景;临江干道如嘉陵江、南区干道和北区干道应作为滨江路处理,临江一面不建房屋,适当布置小游园,傍山修建高大楼房,造成美丽的风景线并丰富城市的外貌和侧影。要求在市内原有公园的基础上,“各地区应因地制宜新辟区级公园、水上运动公园、街心花园或小游园,并可置茶座、水池、喷池,做到风景别致、小巧玲珑。”在远郊区如缙云山、长寿湖、南岸苦竹坝等地,建设专供人们渔猎的休闲度假地等。①

任白戈所作的《政府工作报告》和《重庆地区城市初步规划说明(草案)》,描绘了重庆综合性现代化城市的蓝图,反映了人民尽快改变重庆落后面貌,实现社会主义工业化、城市公园化、人与城市和谐发展的美好愿望。但是,上述规划中片面追求高指标、高速度,倚重发展工业,尤其是重工业,一些经济指标严重脱离重庆实际,使重庆的社会发展潜伏着巨大危机。应该说,报告提出了一些好的发展思路和努力方向,但在当时的社会氛围下,拟定的具体计划指标和发展目标程度不同地打上了“大跃进”的烙印。

(五)全民大炼钢铁与重钢、二钢、三钢的扩建

1958年8月17日至30日,中央在北戴河召开政治局扩大会议。会议的中心议题是讨论当年的钢铁生产和建立人民公社问题。会议正

① 《重庆》课题组:《重庆》,当代中国出版社2008年版,第117页。

式决定1958年钢产量比1957年翻一番，达到1070万吨，1959年达到2700万吨—3000万吨。会议通过的第二个五年计划指标，比三个月前中共八大二次会议通过的指标普遍翻了一番。这次会议把“大跃进”和人民公社化运动迅速推向高潮，以高指标、瞎指挥、浮夸风、“共产风”为主要标志的“左”倾错误严重泛滥开来。

为贯彻北戴河会议精神，1958年9月4日，市委召开有4000人参加的党员干部大会，号召全党动员、全民动手，充分利用一切有利条件，调动一切积极因素，克服一切困难，破除迷信，解放思想，高度发挥主观能动性，在全市迅速掀起一个轰轰烈烈的全民大办钢铁的群众运动。会上再次把1958年钢产量70万吨、生铁产量7.7万吨的计划分别加码到86万吨和23万吨，并专门成立由市工业部副部长马力任主任的市钢铁办公室，统一规划掌握钢铁生产计划和进展情况。同时，还成立了由市财贸部长余跃泽任局长的市矿务局，统一协调地质勘探、采矿和运输工作。会议决定，市领导任白戈、鲁大东、辛易之等组成督察组，深入各厂督促检查。第二天，《重庆日报》发表了题为《坚决完成生产86万吨钢的伟大任务》的社论，把重庆的大炼钢铁运动推向高潮。

扩建几大钢铁厂。1958年上半年，全市钢铁跃进计划完成得很不好，截至7月底，钢只生产了25万吨，生铁只生产了5.8万吨，离全年计划相距甚远。为完成86万吨钢、23万吨铁的任务，市委决定扩建几大钢铁厂。

重庆钢铁公司是全国为数不多的钢铁企业，也是当时四川乃至西南钢铁生产基地，因此重庆基建投资的重点便向重钢等钢铁基地倾斜。1958年2月，冶金部召开会议审查重钢扩建方案，确定新建620立方米高炉及58—1型焦炉各两座。3月11日，国务院批复：“同意按年生产铁50万吨、钢60万吨的规模进行设计。”3月底，北京黑色冶金设计总院等单位根据国务院批文对重钢进行了初步设计。不久，在“投资减半、产量翻番”的“大跃进”口号下，冶金部于5月6日下达重钢改建计划，决定用三年时间完成重庆钢铁公司第一厂改建，规模为年生产铁120万吨，钢120万吨，一次建成，并相应增加焦化、轧钢和其他辅助设施。随后，北京黑色冶金设计总院和鞍山焦化耐火设计院按上述规划进行设计，编制了年产生铁120万吨、钢锭100万—120万吨，钢材73万—93万吨的《重庆钢铁公司扩建基本方案》。

1958年7月16日，重钢的扩建工程尚在设计进行中，重庆市便召开了重钢高炉新区开工典礼大会，开始动工新建两座高炉、两座焦炉和四座转炉厂，在钢铁工业战线开了“边设计、边施工、边生产”的先例。由于基本建设的准备不足，致使上述项目的基建过程拖得很长。两座620立方米高炉分别于1960年2月29日和1970年6月1日投产。中山堂转炉厂、虹桥院转炉厂、葛老溪转炉厂虽然均于1958年11月投产，但于1961年的国民经济调整中又相继停产，设备另作他用。只有刘家台转炉厂于1959年5月动工，同年9月投产。

此外，重庆第二钢铁厂也扩建和新建了炼钢车间，增加电炉7座。重庆第三钢铁厂新建20吨平炉1座，3吨电炉2座；新建高炉5座，扩建1座，加上原有两座，总容积为647立方米。这些大型钢铁厂成为全市大炼钢铁的主力军。

其他工业建设重点以钢铁生产为中心。为配合重钢的扩建工程，在电力工业方面，修建大洪河水电站，扩建重庆发电厂。在机械工业方面，在石门、上桥等地建设发展通用机械工业区，在歇马场和海棠溪等地建设发展农用机械制造工业，在各区县和城镇发展了一批日用工业。在交通运输方面，修建了川黔铁路赶水至小南海段和我国第二座跨长江的铁路桥——白沙沱长江大桥，建设了第一条巴渝天然气管道。

“小土群”[①]运动的开展。在抓紧几个大型钢铁厂扩建和生产的同时，从1958年9月中旬开始，全市掀起了一个群众性的土法炼钢运动。在工厂、矿山、机关、部队、学校、街道和农村，无论是工人、机关干部、解放军战士，还是学校师生、街道居民和农民，从白发苍苍的老人到戴红领巾的少年儿童，全市有80万人投入了这场“钢铁元帅升帐”的战斗。在重庆1200平方公里的土地上，到处是炼钢铁的人群，到处是炼钢的声音。“全党全民为钢而战”“分秒不放，斤两必争”“向时间要钢铁”等口号响遍全市。在“破除迷信，解放思想”，“敢想、敢说、敢干”的号召下，

① 指小高炉、土法炼钢、群众运动。

"大、中、小结合，土法洋法并举"的炼钢热潮一浪高过一浪。当时有首歌谣："好个重庆城，山高路不平，人口二百万，都是炼钢人。"据统计，全市建起小、土、群炼钢炉1.4万余座，仅沙坪坝区，就建炉2141座。重庆钢铁公司所属各单位建炉510座，其中公司基建部门建炉200多座。市委大院里，也建炉3座。[①]这些"小土群"炼钢炉由于占用了大量基建设备和物资，致使主要基建工程因物资缺乏而使工期延长，加之本身炉温低、渣子稠、产品杂质高而无法炼出合格的钢锭，造成了严重的浪费。

捐献废旧金属运动。为了保证"钢铁元帅升帐"，支援钢铁和机械的生产与建设，1958年9月1日，市委发出《关于进一步动员全市职工和居民开展一个群众性的捐献废旧金属运动的紧急通知》，要求各级党委必须有领导有组织地发动职工和居民以"清""挖""捞""找""换""拆"等办法，大力搜集各种废金属6万吨至8万吨。

"清"即清理各厂矿企业仓库多年来堆积已报废的与待报废的旧机器、各种金属料头和各种废旧金属。"挖"即挖掘历年来埋在地下的各种废旧金属，包括报废产品，废边角、跑屑，废自来水管等。"捞"即打捞解放前沉于长江和嘉陵江的轮船、铁驳、钢锭、弹壳等。"找"即搜寻散落在各个角落里和居民手中的零星废旧金属及金属器皿。"换"即凡旧金属，特别是铜、钢、铁做的楼梯踏板、走道、屋顶等，可用其他材料调换的则加以调换。"拆"即凡是用钢铁做的铁门、铁栏、铁架等，在不破坏建筑物的原则下，均可拆除或用非金属材料代替。

《通知》下达后，群众热情很高，干劲很大，截至9月13日，就搜集废钢铁7.1万吨，废铜1200吨。但其中也存在不少问题，如有些单位组织群众到厂矿去挖掘废钢铁时，不尊重领导意见，不按指定地点挖，拆了不该拆的水管、电缆、钢轨等。有少数单位对政策注意不够，将罗汉寺、真武山、觉林寺、大佛寺等寺庙内的钟、香炉、神像、旗杆等拿走，引起宗教人士和当地干部群众的不满。还有少数单位在搜集废金属中，互相争夺，影响团结。为此，市委下发《关于在搜集废旧金属中应注意几个问

① 《中共重庆市委关于开展全民炼钢运动情况的报告》（1958年10月28日），重庆市档案馆藏1032/2/610。

题的通知》,明令禁止上述行为。

4 万人上山突击采矿炼铁。为了保证炼钢炉的“粮食”——铁的充分供应,并同时完成全市 23 万吨生铁的任务,市委决定组织一场 4 万人上山突击采矿炼铁的“淮海战役”,计划在 1958 年 11 月、12 月内烧结铁 11.7 万吨。其中,綦江 6 万吨,南桐 2.5 万吨,北碚 2 万吨,江北 2000 吨,沙坪坝 4000 吨,南岸 2.5 万吨,九龙坡 3500 吨。[①] 于是,一支由大、专、中学生和机关干部、农民、街道居民组成的炼铁大军,向綦江、南桐矿区等地矿山挺进。他们采矿、砍树、修路,采取大窑烧铁的办法,在市郊的矿区到处升起了火焰。在近两个月采矿炼铁中,炼出的几乎全部是达不到标准的废铁。而綦江、南桐、北碚等地茂密的山林几乎被砍光,严重地破坏了生态环境。

这场由各级领导挂帅、男女老少参加的全民大炼钢铁运动持续了 3 个月,然而,1958 年全市钢产量仅 47.43 万吨,铁 11.33 万吨,未能完成计划任务。此外,在这场运动中,随意破坏规章制度,致使钢铁和煤矿企业重大事故不断,仅 1958 年第 4 季度,全市就发生人身伤亡事故 276 起,比 1957 年增加 44.5%;死亡 287 人,比 1957 年增加 354.3%[②]。事故发生后,许多厂矿没有认真检查原因,总结经验教训,以致同样的事故不断发生,不能得到有效的控制。

(六)科教文卫事业的全面“大跃进”

在“以钢为纲、全面跃进”的方针指导下,受轰轰烈烈的全民大炼钢铁运动影响,全市科教文卫系统也迅速掀起“跃进”高潮。

科学技术。“大跃进”期间,为了促进全国工业建设的超速发展,实现许多产品任务“7 年超英(国)、15 年超美(国)”[③] 的“跃进”计划,中共中央发出了“向技术革命进军”的号召。为推动科学技术的不断发

---

① 《市委批转萧泽宽同志关于组织四万人上山大搞烧结铁的情况报告》(1958 年 11 月 18 日),重庆市档案馆藏 1032/2/640。

② 《关于 1958 年厂矿企业工作总结及 1959 年第一季度政治工作意见》(1959 年 1 月),重庆市档案馆藏 1032/2/651。

③ 《重庆》课题组:《重庆》,当代中国出版社 2008 年版,第 171 页。

展，重庆首先加强了对科学技术的组织领导工作。从1959年起，市和各区县相继成立科学技术委员会，作为同级政府管理科技工作的职能部门，初步建立起科技管理体系。同时还建立了一批市属独立的科研机构和一些企事业单位的试验研究机构，科技开发研究力量逐步加强，研制成功世界第一台弧形连续铸钢机及其浇铸工艺、行星轧钢机、天然气旋焰炉部分氧化法制取稀乙炔新工艺、齿轮加工自动线等新技术和新装备，研制成功第一台电子计算机，试制成纵横电话交换机等一大批新产品。

市委、市人委和群众团体深入发动群众，在各行各业开展的技术革新和技术革命群众运动也颇有生气，在四川省乃至全国都有一定影响，以工业战线上的群众性技术革新运动尤为突出，促进生产建设快速发展。继"一五"时期开展先进生产者运动以后，1958年全市掀起了学习廖世刚的技术革新运动高潮。一时间，各工业企业刻苦钻研，革新技术，改进操作、工具、设备和劳动条件的先进事迹层出不穷，产生了一大批革新能手，提高了生产效率。1960年2月，为迎接以"四化"[①]为中心的全国技术革命现场办公会议在重庆的召开，重庆技术革新运动再掀高潮，并提出了"老厂改新装，新厂日日新，新兵变老兵，新老齐跃进；一厂顶数厂，一人顶数人"的口号。

无可否认，"大跃进"时期，重庆的技术革新运动通过破除迷信，解放思想，唤起人们创造意识，营造浓厚的学科学、用科学的社会氛围，不断提高劳动生产率，起到了一定的积极作用。然而，不切实际地追求高速度、高指标、高精尖的技术水平，不经严格科学试验就普遍推广不成熟的技术经验，"土"法炼钢，农业放"高产卫星"，技术革新的群众运动此起彼伏，这无疑与严谨的科学精神及科学发展规律背道而驰，造成人力物力的巨大浪费，生态环境受到严重破坏，也损伤了科技人员和工农群众的积极性。

教育。为了加快教育发展速度、尽快改变教育落后面貌，1958年3月4日，全市召开了中等、初等和工农业余教育"跃进"誓师大会。市领

① 当时是指半机械化、机械化、半自动化和自动化。

导在会上提出全市教育工作苦战两年的目标，即 1958 年普及初级中学教育，实现半工半读的学校达 90%；1959 年扫除文盲，力争教育质量赶上北京、上海。具体做法如下：

一是幼儿教育。根据中央提出的要在 3—5 年内使大多数学前儿童能入托儿所和幼儿园的指示，发动群众大办幼儿园。从 1958 年至 1960 年，重庆市的幼儿园和在园幼儿人数大幅度增加。这种不顾客观条件的盲目发展，使幼儿园的管理水平和教学设施跟不上，保教人员的素质差，很多幼儿园难以为继，陆续关闭。

二是中小学教育。这一时期，中小学教育加速发展，出现了“民办小学”和“民办中学”。从 1958 年至 1960 年，小学、中学的数量和学生人数迅猛发展。由于中小学教育盲目发展，超过了国民经济的承受能力，师资和教学设备严重不足，教育教学质量均难以保证。

三是中等和高等教育。这一时期的中等师范学校由 10 所增至 18 所，中等技术学校、技工校由 34 所增至 65 所，高校由 9 所增至 13 所，学生由 15211 人增至 22959 人。由于增速过快，给中等和高等教育事业造成了严重混乱。

与此同时，教育部门为落实党中央、国务院关于教育事业为无产阶级服务、教育与生产劳动相结合的方针，在大、中、小学开展了较大规模的勤工俭学活动，每周学生劳动时间分别为：高中学生 8—10 小时，初中学生 6—8 小时，小学 9 岁以上的学生 4 小时。各种校办工厂也相继建立。这些举措在引导学生理论联系实际，知识分子与工农相结合，以及教学、科学实验与生产劳动相结合等方面取得了一定的社会效果。但是，由于学生生产劳动、政治社会活动过多，扰乱教学秩序，违背教学规律，导致教学质量下降。

此外，扫盲运动在这一时期也掀起高潮。为完成市委提出的两年内扫除全市青壮年文盲的任务，市教育局提出建立包教包学责任制。要求一切机关、团体、工矿企业有文化的干部，大、中、小学的教师、学生及街道的知识分子，均须一人包一人，一人包一户，或几人包一个生产小组，定时定量地完成扫盲任务，以期形成一个千人教、万人学的群众性扫盲运动高潮。该运动历时两年，对全市部分青壮年学习文化起到了一定的推动作用。但采取群众运动的办法,过分强调主观能动性,忽视教育发展的客观规律,试图在一两年内完全解决文盲问题显然是不可能的。

文化。随着工农业“大跃进”,文化工作也不甘落后。大批作家、艺术家、诗人、演员下厂下乡下连队深入生活,与工农兵相结合,创作出《钢铁山城大联唱》《跃进舞》《丰收舞》,歌剧《刘文学》《活的向秀丽——王自容》,话剧《为了六十一个阶级兄弟》,诗词《重访杨柳村》,曲艺《江竹�》等作品。

同时,文化系统也提出了一些不切实际的计划。如《1958—1962 年宣传文教工作规划》提出,在 1962 年或第三个五年计划期间,建成重庆电视台;半年之内做到社社有广播,两年之内做到每个生产队都有广播;1958 年增建三个电影院,两年内建成一个宽银幕电影院,重点发展六个农村电影放映队,做到每个合作社由现在每二十天看一次电影改为每十天看一次电影,五年内创办一个电影制片厂;五年内使市图书馆成为西南地区的大型图书馆,1958 年内做到农业合作社都有图书室,三年内每区设一个相当规模的图书阅览室;五年之内建成西南地区的大型博物馆。不难看出,这是一个带有全面“跃进”色彩的规划,其中的项目除宽银幕电影院、电视台等极少部分在“二五”期间完成外,绝大部分项目在改革开放后才陆续完成。

医疗卫生。为全面贯彻为工农业生产服务的方针,1959 年,全市组织保钢、保煤、保焦、保产和抗旱、突击“四秋”兴修水利等医疗队,新建了公社医院 50 所,管区分院 250 所,医疗保健所 485 个,保健员、脱产卫生人员共 9880 余人,平均每 600 农业人口中就有一个卫生人员。[①]与此同时,全市还开展了声势浩大的“除四害讲卫生”运动,消灭了大量的鼠、雀、蚊、蝇,治疗了 41.9 万多名钩虫病患者,使两万多个重患者恢复了劳动力。然而,“除四害讲卫生”运动只是昙花一现,随着粮食紧张、自然灾害频繁,各种疾病,特别是水肿病大量发生,这一运动偃旗息鼓。

① 《重庆市教育和科学技术、文化、卫生、体育等方面社会主义建设先进单位和先进工作者代表大会上的报告》(1961 年 4 月 15 日),重庆市档案馆藏 1001/11/101。

二、人民公社化运动与人民公社体制的形成

（一）人民公社化运动的兴起

1958 年春，以提前实现全国农业发展纲要为中心，许多地方出现了“跃进”局面，跨社、跨乡、跨区的群众性兴修水利、改造低产田土和农业丰产运动兴起，并超过了高级社的范围，因而中央提出了建立更大型的农业合作社问题。1958 年 4 月，中共中央发出的《关于小型的农业社适当合并为大社的意见》指出，农具改革运动和正在迅速实现的农田水利化，都说明农业合作社如果规模小，在生产的组织和发展方向，势将发生许多不便。因此，把小型的农业合作社有计划地适当地合并为大型的合作社是必要的。《意见》下达后，各地迅速掀起了并社高潮。刚开始有的叫高级社，有的叫集体农庄，也有的叫人民公社，后来毛泽东经过视察，认为“人民公社”是个好名字，于是立即传遍全国。1958 年 8 月 15 日，重庆的第一个人民公社沙坪坝区红旗人民公社宣告成立，它由原沙坪坝覃家岗乡 5 个农业合作社合并而成。

1958 年 8 月底，中央在北戴河召开政治局扩大会议，通过的《中共中央关于在农村建立人民公社问题的决议》明确指出：“几十户、几百户的单一的农业合作社已不适应形势发展的要求。在目前形势下，建立农林牧副渔全面发展，工农商学兵互相结合的人民公社，是指导农民加速社会主义建设，提前建成社会主义和逐步向共产主义过渡的最好组织形式，它将发展成为未来共产主义社会的基层单位。”由此，重庆的人民公社化运动和全国其他地方一样，一哄而起。经过 1958 年 8 月、9 月、10 月三个月的时间，全市农村实现了人民公社化。其中，重庆市郊建起 19 个人民公社，入社农户达 99% 以上。年底划归重庆的巴县、长寿和綦江三个县建立了 211 个人民公社。江津专区 8 个县，不到一个月就建立了 324 个人民公社。万县专区共建立 412 个人民公社。涪陵专区共建立 495 个人民公社。至此，重庆农村多数在 1956 年上半年建立起来的

高级农业合作社,被政社合一的人民公社所代替。

当时,干部、群众都是拥护办人民公社的。究其原因,一是党有号召,毛泽东也说人民公社好。经过减租退押、土地改革,党和毛泽东在农民中的威望很高,真正是党指向哪里就奔向哪里。二是人人厌倦办合作社时的定额管理,每天晚上熬夜评分。三是每年春夏荒,农村进行粮食返销,常常是有粮户和无粮户都在叫缺粮,真假难分,干部群众往往争吵不休,公社办了食堂,这个难题就不存在了。四是"三面红旗"① 强调人民公社是走向共产主义的桥梁。

人民公社的特点,第一是"大"。重庆的农业合作社基本上是一村一社、一乡数社,人民公社则一乡一社甚至数乡一社,规模扩大了十倍至几十倍。据重庆七区三县建立的 230 个人民公社统计,平均每个公社约 4800 多户,最大的公社达万户以上,最小的也有 3000 户。② 刚开始,原则上是一乡建一个人民公社,后来有的扩为一区(县辖区)一社,乡改为管理区,甚至筹办一县一社(联社)。基本的生产单位规模过大,很不利于管理。

第二是"公"。人民公社成立初期,把原来几十个贫富不同、条件各异的合作社并在一起,财产全部上交公社,由公社统一核算、统一分配,并认为这是所有制上的"大集体""小全民"。有的公社甚至在一个县范围内实行统一收支,统一核算,共负盈亏。这种形式,名为扩大和提高公有制,实际是贫富拉平,让穷队共富队的产。同时,在"彻底消灭生产资料私有制的残余"的口号下,将社员的自留地、自养牲畜、自营的成片果树以及一些较大的生产工具等都收归集体所有。家庭副业、小商小贩以及集市贸易等都被取缔。在实行"生活集体化"过程中,农民的部分生活资料,如房屋、衣被、家具等也被无偿调用,实际是对农民的无偿剥夺。此外,上级政府机关还经常无偿抽调公社的物资和劳力。这些做法混淆了集体所有制和全民所有制界限,犯了平均主义的错误,导致"共产风"泛滥。

---

① 即总路线、"大跃进"、人民公社。

② 中共重庆市委党史研究室编:《中国共产党重庆历史大事记》,重庆出版社 2001 年版,第 59 页。

第三是“政社合一”。农业合作社实行乡社分立的管理体制，乡是基层政权，社是农业经济组织。人民公社建立后，实行政社合一、分级管理体制，人民公社既是一级政权，又是一种经济组织，两者合二为一，实行三级管理，由公社统管全社的生产安排、劳力调配、物资调拨和产品分配，生产大队仅负责生产管理和部分经济核算，生产小队则只是具体组织生产的基本单位。这样就使公社领导往往用行政手段直接管理经济，违反经济规律，侵犯生产单位应有的自主权，造成生产经营方面的瞎指挥。同时，人民公社还把供销、信贷、手工业合作社同农业合作社都合并起来，集工农商学兵、农林牧副渔于一体，即把政治、经济、文教、军事等方面的工作统统集中到公社，致使党政不分，政企不分，权力过分集中等现象更加严重。

第四是供给制和工资制相结合的分配制度。农业合作社基本实行多劳多得的分配制度，公社则取消了评工记分和生产责任制，普遍实行供给制和工资制度相结合的分配制度。在供给部分粮食、伙食和基本生活用品之外，按照多劳多得的原则分配给社员一定数额的货币工资。如沙坪坝红旗人民公社，通过群众讨论确定伙食供给、月工资标准为：“伙食标准每人每月五元（其中油盐等杂费二元），全部发给集体食堂掌握，口粮仍按国家标准发给社员饭票，凭之用餐。工资制等级共分六级，一级四元，二级五元，三级六元，四级八元，五级十元，六级十一点五元，凡是公社的农副业人员都参加了评级。”① 当时流行的顺口溜：“干不干，两块半，吃饭有人管，娃儿有人看”，就是人民公社的生动写照。

第五是推行“组织军事化、行动战斗化、生活集体化”。人民公社建社初期，各地普遍把公社劳力按军事编制，建立以民兵为主体的班排连营建制，在公社统一指挥调动下，采取大兵团作战的方法，这就为县、社无偿地调用农民的劳动力提供了可能性。与此同时，社、队普遍建立公共食堂、托儿所、敬老院、缝纫组等，以为这样就解放了妇女、节约了劳力，可以把家务劳动社会化，还可以培养集体主义、共产主义精神。实际

① 《中共沙坪坝区委“关于红旗人民公社实行半供给半工资制的报告”》（1958 年 10 月 20 日），重庆市档案馆藏 1001/11/128。

上，在贫乏的物质条件、原始的技术设备和落后的管理水平下，这种社会化只能造成人力物力的更大浪费，给群众生活带来更多的不便，因而遭到群众的普遍反对。

上述情况表明，初期农村人民公社带有浓厚的平均主义和军事共产主义色彩。当时各条战线特别是工农业“大跃进”的所谓巨大成就，使领导者误以为具备了向共产主义过渡的条件，过分地强调人的主观能动性和变革生产关系的作用，对在贫穷落后的国度建设社会主义的艰巨性、长期性认识不足，缺乏耐心。这是探索建设社会主义道路过程中的一次严重失误。

（二）大办公共食堂

公共食堂是“大跃进”和人民公社化的产物，是当时实现持续“跃进”的一项措施。早在个体生产的时候，农民相互之间就有互相帮助的习惯，特别是在请客、设宴、红白喜事或农忙的时候，大锅大灶一块聚餐也是常有的事。农业合作化以后，由于社员劳动时间一致，很有规律，一些地方的农民自发地合家并户，人手多的帮单身汉，或在农忙时各户的柴米由少数几个炊事员做饭后集体送到劳动地点。后来将这种做法经常化，并且用制度固定下来，就形成了公共食堂。

起初，公共食堂的家具是由社员提供，粮食自带，带多少吃多少，交多多吃，交少少吃，油盐钱也采取集资的办法，定期公布账目，受到大多数农民特别是农村妇女的欢迎，有的人把公共食堂叫作“幸福堂”“安乐窝”，许多食堂都贴着“人民公社无限好，公共食堂暖人心”“手巧行家饭，万家一条心”等对联，食堂成了农村的政治、文化、经济活动中心。1958 年 10 月，沙坪坝区红旗、石桥、井口、歌乐山 4 个公社的农民率先办起公共食堂，其他各区县农村纷纷效仿。1958 年底，涪陵专区建起了公共食堂 46138 个，在食堂用餐的社员达 1053486 户，占人民公社社员总户数的 97.5%。地区所辖各县的人民公社还组建了托儿所共 60391 个，入托儿童达 704117 人，占应入托儿童总数的 85.2%。[①]1958 年底，

① 中共重庆市委党史研究室：《重庆“大跃进”运动》（内部编印），第 71 页。

万县专区共建食堂74151个，就餐农户106.58万户，占农户总数的92.6%；创办幼儿园、托儿所43287个，入托儿童32.83万人。[①]

初办公共食堂的几个月，因为生产队集体有粮食，蔬菜队有菜，粮食和蔬菜问题比较好解决，吃饭不要钱，不定量，“放开肚子吃，甩开膀子干”，一月内条件好的食堂能吃上几次肉。但是，上级规定社员全家只能在食堂吃，不能带回家。有老人和病人的社员家庭不能适应，意见很大。能买到煤的食堂，解决燃料暂时问题不大，买不到煤的食堂燃料就成大问题，先是上山砍树，砍下的树是湿柴不好烧，后来出现拆毁社员的破门框，烂木制家具作引火柴，甚至拆毁边远山区社员房子当柴烧，引起极大矛盾和群众反感。三四十户的小食堂，离食堂远的社员要走二三里路。百户以上的大食堂，远的社员要走三到五里路，冬天黑得早，下雨天道路泥泞湿滑，一些社员在回家路上摔跤，饭菜倾倒在地，一家人只好烧点开水，放点盐，凑合一顿。因此大家对公共食堂“议论”越来越多，意见越来越大，加上食堂管理普遍较差，经常不能按时吃饭，或吃“夹生饭”，菜冷汤凉，社员由“意见”变“怨气”，“怨气”变“火气”，与食堂管理人员和炊事人员关系紧张。于是，出现上山下地干活，站着、坐着的时间比干活时间多，“谈吃”成为中心内容和普遍现象，消极怠工严重。

1959年春，结合贯彻中共八届六中全会做出的《关于人民公社若干问题的决议》和有关指示精神，开始整社工作。群众对公共食堂意见最多，市委和区县委每次召开农村干部会、电话会，公共食堂和“吃饭问题”都成为会议的主要内容，食堂成为矛盾集中的焦点。为此，市领导要求各级党委一手抓生产、一手抓生活，集中一段时间把食堂整顿好；要求各级领导蹲点，消灭质量差的“三类食堂”。并采取划蔬菜地、养猪、纯洁炊事人员队伍等政策措施，提出“食堂是我家，人人都爱它”等口号，企图巩固公共食堂，但实际结果都不太管用。1959年底，因粮食减产歉收，食堂粮食不够吃，尽管“粗细搭配”，“糠菜半年粮”，也仍未解决问题，甚至有的食堂基本断粮。1960年秋后，随着农村粮食短缺问题日趋严重，许多公共食堂已无力开伙，形同虚设。市委按照有领导、有步骤

① 中共重庆市委党史研究室：《重庆“大跃进”运动》（内部编印），第36页。

的原则逐步解散公共食堂。到 1961 年底,全市所辖 7 区 3 县农村近 3 万个公共食堂只剩 22 个,搭伙人数仅 1350 人。1962 年 3 月,公共食堂全部解散。

严酷的现实证明,农村公共食堂不是“大跃进”带给农村的新鲜事物,而是“大跃进”带给发展农业生产的重大障碍,并进一步加重了困难。

(三)城市人民公社的兴起

人民公社化运动不仅在农村开展,而且也向城市推行。1959 年重庆市的总人口为 400 多万,其中,城市人口 200 万,大量的厂矿、学校职工家属和居民闲居街道。在工农业生产“大跃进”的氛围中,市委提出街道工作“要以生产为中心,生产、生活、教育三位一体”,全面地组织城市人民的经济生活。1959 年 9 月,第一个以街道居民为主的城市人民公社——市中区七星岗人民公社成立。到 1960 年 4 月底,重庆市区全部实现了人民公社化。除南桐矿区外,6 个区成立了 37 个城市人民公社。其中,市中区 10 个,江北区 6 个,沙坪坝区 7 个,南岸区 5 个,北碚区 5 个,九龙坡区 4 个。这 37 个城市人民公社囊括了其辖区内的所有工厂、企业、学校、医院、街道和近郊个别生产队,每个公社人口 2 万人到 5 万人不等。有的公社管辖范围大到方圆面积约 10 平方公里,如磁器口人民公社。此外,据统计,城市人民公社共办起街道工厂 800 多个,9.5 万多人参加生产;建立了 3800 多个公共食堂,170 万居民中有 140 万人搭伙;开办各种托儿所、站、园 1500 多个,入托儿童 11.72 万人;建立了群众自我服务组织 4000 多个,街办、社办敬老院 4 个,入院老人 300 多人。在全市街道中,群众自办小学 58 所,中学 36 所,入学人数达 3.84 万多人。[①]

城市人民公社与农村人民公社一样,是集工农商学兵于一体的政社合一的组织,它实际上是街道人民委员会管理职能的扩大。一些大工厂、大专院校等参加人民公社仅流于形式,从财权归属到管理,仍然属于

① 《中共重庆市委关于重庆市建立城市人民公社情况的报告》(1960 年 4 月 6 日),重庆市档案馆藏 1001/11/145。

其所属系统。公社办的公共食堂、学校、敬老院和托儿所大都是昙花一现,仅存数月或一两年即行解散;办的一些街道工厂也基本上是一些规模小、技术含量低、机械化程度不高的手工工场,甚至手工作坊,在1961年的调整中,除少数被解散外,多数转归商业、民政、街道等部门。

三、初步纠“左”与三县划归重庆

(一)整顿人民公社

“大跃进”和人民公社化运动很快便造成城乡经济困难。毛泽东是“大跃进”和人民公社化运动的积极倡导者和推动者,同时也是较快地通过调查研究觉察到运动发展中出现尖锐问题的领导人。他认为只有纠正这些已经察觉到的“左”倾错误,“大跃进”和人民公社化运动才能健康发展。为此,党和政府进行了初步纠“左”的努力。从1958年11月初开始,到1959年夏季,党中央相继召开了第一次郑州会议、武昌会议、八届六中全会、第二次郑州会议以及上海会议、八届七中全会等重要会议,发出了一系列重要指示,并相继制定了《关于人民公社管理体制的若干规定(草案)》及《关于人民公社的十八个文件》,明确指出“在公社所有制方面前进得过远了一点”,要求纠正“一平二调三收款”,明确规定三级所有,队为基础。

1959年初,重庆根据中央的指示和省委的部署,开始对人民公社进行第一次体制调整。1月,市委召开会议,决定用5个月的时间,对人民公社进行一次整顿。其内容包括对干部群众普遍进行社会主义和共产主义的宣传教育,澄清错误思想;明确人民公社的集体所有制性质,确定公社为“三级管理、大队核算”;结合整社,处理生产、分配、生活福利、劳动组织、经营管理方面出现的问题。为此,全市抽调了3000多名干部组成省整社生产检查团重庆分团,市委书记任白戈任团长。2月,市委整社工作队首批到达巴县接龙区,取消了营、连、排建制,实行公社、大队、生产队三级管理;在选好公社、大队和生产队领导班子的基础上,建立了田间生产责任制，考勤、学习制度，粮食、农具保管制度等；初步整顿了党团支部，改进了干部作风，彻底清理了账目。

在整社过程中，工作队发现1958年公社化时的贪污盗窃、隐瞒私分较为严重。据长寿、巴县等地调查，约有30%—40%的社队干部有贪污多占、超支挪用行为。重庆市、江津专区、涪陵专区和万县专区均组织力量算清或基本算清了国家与公社之间的账目，并对公社、生产大队、生产队之间的账目作了初步清理。通过清理，部分干部对贪污盗窃、隐瞒私分、铺张浪费等行为作了初步交代。如江津县五级干部会议上，交代贪污盗窃的有2181人，贪污现金94128元，粮食10.98万斤；挪用公款有1956人，金额48371元；瞒产私分的有5822个单位（人），私分现金10213元，粮食1281.6万斤。[①]

1959年5月和6月，中央分别发出紧急指示和通知，规定下放生猪和三类农副业产品经营权，恢复社员自留地。6月，市委贯彻省委《关于人民公社必须认真把几项权力下放到生产队的规定》，决定把大部分猪由公社下放到生产队饲养，归生产队所有，并实行了公有公养、公有私养和私有私养三种形式，大力发展养猪事业；把经营农副产品和经营不属于国家统一收购的三类产品的权力，下放给生产队；允许社员私有自养羊、鸡、鸭、鹅、兔等小家禽家畜；允许社员耕种屋旁、村旁、水旁、路旁的零星闲散土地，谁种谁收。随着这些政策的调整和执行，农村中“共产风”的蔓延受到一定遏制。

（二）对工业战线的调整

在农村实行一些纠“左”措施的同时，工业战线也开始了部分调整。一是钢铁、煤指标的调整。中共八届六中全会和第二次郑州会议后，全国钢铁指标由年初的2700万—3000万吨降为1800万—2000万吨，生铁由4000万吨降为2900万吨，机床由30万台降为13万台，原油由800万吨降为420万吨，基本建设投资由500亿元降为360亿元。1959年4月，重庆的钢铁指标也由年初的120万吨减为105万吨，煤炭

① 重庆市农业委员会：《重庆市农业志综述》（1995年内部编印），第99页。

由770万吨减为700万吨。[①] 但这仍然是一个过高的指标,“以钢为纲、全面跃进”的方针并未根本改变。二是缩减基建项目。1959年7月30日,市委在缩减基建项目会议上强调:基建方面当前的问题是项目过宽,投产很少,浪费很大,并认为基建项目的重点应放在煤、铁、农业方面。会议认为,除水利工程外,其他基建项目都应停下来,经过审查后一批一批的上。会议还要求坚决完成精减9.5万职工的任务。

(三)江津四固定作业组

面对严重的经济困难,一些基层党组织和广大干部群众从本地实际出发,积极探索恢复经济的具体办法。铜梁县上游公社制定的生产队下生产小组职权范围的10条规定和合川县渠嘉乡化龙公社制定的生产队下生产小组的13条规定,就是这样的例子。当时大家反复讨论认为,要想改变人民公社化后的混乱现象和生产队规模过大不好组织领导生产的问题,需要作出一些调整:一要在生产队下面划分生产小组,每组10多户,小组人员、劳动力要大体固定;二要根据居住条件,本着有利于就地出工的原则划分土地;三要大体的划分耕牛、农具的饲养、管理和使用;四要有奖惩。并在此基础上形成《铜梁县上游人民公社西部管理区关于大队、生产队、生产小组职权范围的规定》和《合川县渠嘉化龙公社生产小组职权范围十三条》两个材料报中共江津地委。

1959年4月8日,江津地委办公室以《关于生产小组的职权范围规定的两个材料》为题转发了这两个材料。其批语是:“根据合川、铜梁县委办公室汇报,两县县委对人民公社生产队以下的生产小组的职权范围作出了规定。这是个新问题,现印发各地供研究时参考。”此时江津地委书记张凤伍正在璧山县蹲点,当他收到这两个材料后,认为材料很好。而且鉴于省委3月份在重庆召开的六级干部大会上也曾强调,生产队下面可设生产小组,对生产小组的职权范围各地可以试点。于是,张凤伍于9日以个人名义批转了这两个材料。其批语是:“铜梁上游公社西郭

---

① 《动员起来,鼓足更大干劲,开展轰轰烈烈的增产节约运动,为完成今年105万吨钢的任务而斗争》(1959年4月30日),重庆市档案馆藏1001/11/250。

管理区关于生产小组职权范围的规定和合川县渠嘉化龙公社生产小组职权范围十三条的规定简单明了，很有参考价值，即转发各公社及生产小组参考，并根据本社本组的具体情况拟定本组织的职权范围，报公社批准，以便遵循。”张风伍批转这两个报告的目的，主要是想解决公社化初期生产队规模过大不便于指导生产的问题。

随后，江津专区所辖8个县对两个材料进行了贯彻。一是把这两个材料翻印发至生产队和生产小组（作业组）；二是在四级干部会议上进行讨论贯彻；三是根据各自情况也研究下发了具体贯彻意见。如江北县委在未接到转发的这两个材料之前，于三月份就拟定了《关于执行省委〈关于人民公社管理体制的若干规定（修正稿）〉的补充意见》，对生产小组规定了十条职权范围；在接到转发的这两个材料之后，即翻印了数千份发至各生产小组，同时又拟定了《公社各级经营管理范围的初步方案》（草稿），规定了生产小组的十五条职权范围。从此，全地区范围内普遍建立了属于生产责任制性质的常年固定的或临时季节性的作业组。在全地区5万多个作业组中，常年固定性的有60%—70%。在实施过程中，这些常年固定性的作业组从生产承包单位发展为对土地、劳力、耕牛、农具实行“两固定”“三固定”“四固定”的核算单位。这种办法虽然不能从根本上解决“一大二公”的问题，但由于缩小经营规模，给作业组和农民一定自主权，对克服管理过分集中、劳动“大呼隆”和平均主义是有好处的。而在坚持土地等基本生产资料公有制的基础上，实行任何联产计酬的形式都是责任制，也是“包产到组”的试验。但不幸的是，1960年底，江津地区“四固定作业组”这种群众首创、领导支持的好的生产责任制被四川省委制止，张风伍等同志被打成“右倾倒退”分子。

（四）三县划归重庆

重庆历史上就是长江上游的经济中心。解放后，随着经济的恢复和“一五”计划的实施，重庆掀起了社会主义经济建设的高潮，逐步朝着现代化工业城市迈进。但是，当时的重庆仅辖七个区，地域狭窄，工业原料和粮油蔬菜等副食品供应困难，“大跃进”时期表现得尤为突出，在很大程度上限制了重庆的发展。1958年11月初，中共中央总书记、国务院副总理邓小平路过重庆去贵州视察,重庆市委书记任白戈随行。邓小平在贵州考察期间,任白戈向他反映了重庆城市人口比重大,副食品供应紧张,劳动力尤其不足的困难。同时建议,将四川江津地区管辖的巴县、綦江和涪陵地区管辖的长寿三县划给重庆,以扩大重庆后勤供应基地。一贯重视调查研究的邓小平决定视察完贵州后直奔綦江,先听基层对这个问题的意见再行考虑。11 月 5 日下午 3 时,邓小平在綦江县赶水区向綦江县委副书记宋德修和赶水区区长王安荣询问了当地情况后,又赶往綦江县委听取了江津地委副书记张九山、綦江县委书记张文波、县长曹伯章等的工作汇报,并作出一定要注意抓农业生产的指示。在充分征求省、市、地、县意见后,邓小平同意扩大重庆行政区划的建议。1959 年 4 月,经国务院批准,四川省人民委员会发文,决定巴县、綦江、长寿三县划归重庆管辖。此举对重庆及三县的发展起到了重要的促进作用。

四、长江三峡工程的初步论证

在“大跃进”的年代,凭主观愿望和主观意志办事、头脑发热、急于求成的事例随处可见。但这一时期,中央领导在三峡工程的论证决策上,却始终保持了清醒的头脑和冷静的态度。

三峡建坝的构想是伟大的民主革命先行者孙中山在 1918 年的《建国方略》中提出来的。但是,在当时内忧外患、战乱频繁、国力衰弱的中国,孙中山的构想只能是一个美好的梦想。1944 年 5 月,国民政府邀请美国水坝专家萨凡奇博士来三峡地区查勘并作过初步设计方案,但终因国贫民弱无力应支而不了了之。新中国成立后,党中央对开发长江治理水患给予了高度关注。在新设立的国家水利部中专设了“长江水利委员会”,并组织专家研究长江的治理计划。1953 年初,毛泽东在考察长江中下游时就曾向长江水利委员会主任林一山谈了综合治理长江的远景设想,首次提出要搞三峡工程。

1957 年 10 月,长江流域规划办公室在武汉开会,研究三峡工程问题。会议由林一山主持,有关省市派代表参加。会上,重庆市的代表将市委、市人委赞成将三峡大坝蓄水到180米的意见向大会作了说明和汇报。虽然会议最后并未确定大坝蓄水水位,但此后,重庆市政府明文规定不在180米水位以下建永久建筑。这一决定,大大减少了三峡工程开工后重庆市的移民拆迁工作量。

在1958年1月南宁会议和3月成都会议上,毛泽东又听取了关于兴建三峡工程的汇报,对赞成和反对工程上马的两方面意见都做了认真考虑。

受毛泽东委托,周恩来负责论证筹备三峡大坝兴建事宜,1958年2月底至3月初,周恩来在国务院副总理李富春、李先念陪同下,带领国务院各有关部门、湖北、四川、重庆等省市负责人和中外专家,乘“江峡”轮自武汉溯江而上,对长江三峡及其以上直至重庆沿江进行考察。周恩来查勘了南津关坝区和三斗坪坝址,在船上主持了关于大坝兴建与否等一系列问题的热烈讨论。

周恩来对于三峡工程的有关问题十分慎重,充分听取各方面意见,尽量择善而从。这在涉及重庆的问题上,也反映出来。苏联专家为达到最大库容和装机发电量,曾提出在重庆上游猫儿峡择址造坝。长江流域规划办公室认为这样做淹没面积太大,周恩来因此说服苏联专家放弃了这个设想。对于坝高,当时有235米、210米、200米等几种意见。多数人认为高坝将使回水到达重庆以上,淹没重庆一部分,故反对筑高坝。周恩来充分注意最大综合效益,在比较思考后,采纳了长江流域规划办公室提出的200米方案。这虽然仍使回水达到了重庆以上,但却已是当时专业人员所设想的最低坝高了。关键在于当时周恩来对三峡大坝采取的慎重态度,使工程没有在当年上马,为日后修改方案争取了宝贵时间。后来,经过反复论证,将坝高定在180米以下。这就使回水虽在重庆以上,但沿江基本不淹没主城区,万吨级船队也可直达重庆,尽可能做到了有利于重庆的发展。

3月5日凌晨,“江峡”轮到达长寿县。这一天,是周恩来60寿辰。他不顾舟车劳顿,一上岸就仔细了解长寿的农业生产情况和社员的分粮水平。他指出,农业是经济基础,一定要把粮食生产搞上去,还要注意发展生猪生产。上午，周恩来一行还参观了“一五”计划156项重点工程之一的狮子滩水电站，并为之题词：“为综合利用四川水利资源树立榜样，为全面发展四川经济开辟道路。”

3月6日，周恩来在重庆主持召开查勘现场会。他在会上作了总结发言，指出：以兴建三峡工程为主体的治理长江流域的方针，应是统一规划，全面发展，适当分工，分期进行。并要求有关部门正确处理远景与近期，干流与支流，上中下游，大中小型，防洪、发电、灌溉与航运，水电与火电，发电与用电等七种关系，根据实际情况分轻重缓急具体安排。在进行三峡工程的同时，抓紧时机分期完成长江中下游各项防洪工程，要防止等待三峡工程和以为有了三峡工程就万事大吉的思想。

重庆现场会结束后，周恩来等离渝去参加成都会议。在毛泽东主持的成都会议上，周恩来作了关于三峡水利枢纽和长江流域规划的报告，经会议讨论同意后形成了决定。决定指出：“从国家长远的经济发展和技术条件两个方面考虑，三峡水利枢纽是需要修建而且可能修建的；但是最后下决心确定修建及何时开工修建，要待各个重要方面的准备工作基本完成之后，才能作出决定。估计三峡工程的整个勘测、设计和施工的时间约需十五年到二十年。”①

成都会议后，毛泽东决定实地考察长江三峡。1958年3月28日，毛泽东到达重庆。当天，视察了重庆钢铁公司和国营建设机床厂。3月29日凌晨，在中共四川省委书记李井泉、中共湖北省委书记王任重、中共上海市委书记柯庆施、中共重庆市委书记任白戈以及涪陵地委书记孙俊卿、万县地委书记燕汉民等的陪同下，毛泽东在朝天门登上“江峡”轮，顺江东下考察三峡。在船上，他仔细察看了沿江情况，与林一山交谈了三峡工程坝址问题，并询问随行人员和船员是否赞成在三峡出口处修个大水库，既发电又便利航运，还可以防洪、灌溉。毛泽东在三峡工程建设这一事关国家富强、人民安居乐业的重大问题上，始终抱着严谨的科学态度和实事求是的务实作风。三峡工程问题终于没有受到“大跃进”热潮的影响。

---

① 中共中央党史研究室编：《中共党史资料》第53辑，中共党史出版社1995年版，第53页。

五、"反右倾"斗争和"继续跃进"

(一)"反右倾"斗争的开展

1959年7、8月间,中共中央在江西庐山连续举行了政治局扩大会议和党的八届八中全会,错误地发动了对彭德怀等人所谓"右倾机会主义"的批判,并决定在全党开展一场"反右倾"斗争。8月7日,中共中央向全党发出《关于反对右倾思想的指示》认为,"现在右倾思想,已经成为工作中的主要危险",它"动摇军心,瓦解士气,妨碍人民公社的巩固和顺利发展,妨碍建设事业的跃进,妨碍总路线的贯彻执行",要求"立即在干部中,在各级党组织中,对右倾思想和右倾情绪,加以检查和克服"。

为贯彻庐山会议精神,8月15日,市委发出《关于反右倾思想的指示》,要求各级党组织立即在干部中开展反对右倾松劲情绪的思想斗争,并在群众中进行思想教育,大力发动群众,鼓足干劲厉行增产节约,坚决保证完成1959年的生产任务。8月27日,市委不加说明地把庐山会议上彭德怀写给毛泽东的信和张闻天在小组的发言发给市属126个单位的523名负责干部,要求他们按赞成、基本赞成、基本不赞成三类情况表态。据市委8月30日统计,523名党员负责干部中,对彭德怀同志意见书表态的有443人,其中对"意见书"根本不赞成、并表示愤慨的6人,表示不赞成的62人,基本不赞成的294人,赞成的22人,基本赞成的36人,赞成一部分论点的4人,先表示赞成后又不赞成的7人,未表示态度和态度不明的12人。① 对张闻天的发言不赞成的125人,基本赞成的12人,赞成的2人,不表态的10人。② 这种非正常考试方式,首先考出了一批对信件和发言内容表示同意或同情的"右倾机会主义分子"。

---

① 中共重庆市委办公厅:《对"彭德怀同志意见书"的反映》(1959年9月1日),重庆市档案馆藏1001/9/155。

② 中共重庆市委办公厅:《对"张闻天的发言"阅读情况的统计》(1959年9月6日),重庆市档案馆藏1001/9/155。

1959 年 9 月 1 日至 2 日,市委召开一届十四次全委会议,主要内容是讨论贯彻党的八届八中全会《关于以彭德怀同志为首的反党集团的错误的决议》和《为保卫党的总路线、反对右倾机会主义而斗争》等文件。通过讨论,市委全委会表示坚决拥护八届八中全会决议,把“反右倾”斗争进行到底。会上对胡其谦、贾子敬、张坚中、陈星、杜石生等展开了所谓“不调和”的斗争。市委书记任白戈在会上回顾了“大跃进”以来重庆进行的三次“反右倾”斗争:第一次是 1959 年初安排任务时,许多同志对继续“大跃进”信心不足,要求降指标。针对这一情况,市委召开了第一次政治工作会议,肯定了 1958 年的成绩,树立了继续“大跃进”的思想,强调对有利条件和困难要有正确认识,不可偏低偏高。第二次是 1959 年 3 月中旬以后,由于原材料出现一些困难,设备事故增多,有些备件、配件缺乏,部分干部滋长了“消极畏难”和“急躁抱怨”情绪。为此,市委于 4 月召开了六级干部万人大会,对计划落实问题、波浪式前进问题、数量质量关系问题、平衡问题等,进行了批判。第三次是 1959 年 6 月,厂矿企业中刮起了一股“计划落实得越低越好”的“冷风”,同时一部分人开始议论该不该“大跃进”,市委直接开展了“反右倾”斗争。

从三次“反右倾”斗争的实践看,重庆的党员干部中确有一批人对“大跃进”持怀疑态度,对高指标、瞎指挥造成的比例失调,城乡经济困难有着清醒的认识。尽管他们均被打成严重的“右倾机会主义分子”,受到错误批评,但历史已经证明,他们的意见是正确的。

市委全委会以后,在市级机关、区县级机关、市属厂矿、大专院校、中等学校等开展了大规模的“反右倾”斗争,并在全市的党内外干部中进行了排队,第一类:坚决拥护“三面红旗”(总路线、“大跃进”、人民公社),工作干劲大;第二类:工作上还是积极的,但在较多问题上,甚至在人民公社、经济生活的一些重大问题上,有模糊认识,分不清界限,但并不是对党不满、有心反党;第三类:工作消极,对“三面红旗”有不满情绪,说怪话,发牢骚;第四类:一贯反对“三面红旗”,在工作中消极怠工,破坏劳动纪律。第三类被定为“右倾机会主义分子”,第四类被定为“严重右倾机会主义分子”。据市委统计,截至 1959 年 12 月底,参加“反右倾”斗争的党外干部总数为 1.82 万人,被重点批判的对象有 352 人,占 1.49%;党员干部总数为 4.1 万人,被列为重点批判对象的有 1.1 万人,被重点批判后受到各种处分的占 51.27%。①

历时将近半年的“反右倾”斗争,不仅在政治上带来了严重后果,使反右派以后阶级斗争扩大化的错误进一步升级,并且延伸到各级党组织和群众中去,致使大批敢于实事求是地向党反映实际情况、提出批评意见的同志遭受打击,助长了不敢坚持原则,不敢讲真话,明哲保身,但求无祸的不正之风,而且在经济上打断了纠“左”的积极进程,使“大跃进”和人民公社化运动许多已被指出、有待纠正的错误重新发展起来。

(二)继续“大跃进”及其恶果

“反右倾”斗争推动了“大跃进”运动继续执行“以钢为纲,全面跃进”的方针,全市基本建设再度膨胀,各项工农业计划指标居高不下。1959 年 12 月,市委一届十五次全委扩大会议提出 1960 年的总要求是:继续“大跃进”,更上一层楼;干劲要鼓足,右倾要反透;看涨不看落,赶前不敢后;月月满堂红,人人争上游。1960 年国民经济计划指标为:工农业总产值 46 亿元。其中,钢产量 120 万吨,钢材 85 万吨,生铁 70 万吨,煤 900 万—1000 万吨,焦 177 万吨,电 17.6 亿度;粮食总产量 15 亿公斤,争取 17 亿公斤;蔬菜 17 亿公斤,争取 25 亿公斤;油料作物 4300 万公斤,争取 5000 万公斤;生猪存栏数 400 万头,争取 500 万头;水产品 2000 万公斤,争取 3000 万公斤;小家禽(包括鸡、鸭、鹅、兔)2000 万只;水果 5000 万公斤。② 计划投资兴建的大型项目有:重钢的第二号高、焦炉,电站,煤矿,3000 吨水压机,嘉陵江大桥,巫山桃花溪铁矿,石马河年产 2.5 万吨合成氨的化工厂,巴县接龙铁路等。

上述难以完成的计划指标被执行,其结果可想而知。况且,1960 年

① 中共重庆市委党史研究室编:《中国共产党重庆历史大事记》,重庆出版社 2001 年版,第 64 页。

② 任白戈:《在 1959 年执行国民经济计划取得巨大胜利的基础上,迎来 1960 年更好的全面跃进》(1959 年 12 月 16 日),重庆市档案馆藏 1001/9/176。

的持续“跃进”与1958年的“大跃进”有两点不同，一是1958年的大办钢铁已使重庆的国民经济遭到严重损失，处处捉襟见肘，1960年在这种情况下持续“跃进”，表明对全市的经济形势估计严重失误。二是1960年的持续“跃进”是伴随着“反右倾”的政治运动进行的。“哪里生产上不去，计划完不成，就在哪里火线整风”，查思想、比干劲，查问题、比措施，查事故、比安全，查浪费、比节约，仅重钢一个企业，在1960年受到批判、处分、撤职的干部和工人就达1423人。在农村开展了以两条道路斗争和社会主义教育为纲的群众运动，对一些所谓“走资本主义道路”“右倾机会主义分子”或有严重“资本主义言行”的干部、社员进行了批判和处理。[①]采取如此严厉的政治运动来推动持续“跃进”，造成重庆的国民经济全面衰退。

重庆的“大跃进”运动从1958年发动，直到1961年1月中共八届九中全会确定对国民经济实行“调整、巩固、充实、提高”的方针才被终止。这场“以钢为纲”和搞“穷过渡”的运动，超越了客观可能，违背了有计划按比例发展的规律，结果事与愿违，使社会生产力遭到很大破坏，群众的积极性受到严重挫折，造成工农业生产和整个国民经济的大滑坡，加上频繁的自然灾害，致使重庆的经济到1960年底陷入极度困难境地。

国民经济重大比例关系严重失调。三年中，工业高速发展，农业急速衰退，表现在工业总产值由1957年的14.04亿元猛增至1960年的44.7亿元，农业总产值由1957年的2.27亿元下降至1960年的1.33亿元，工农业总产值的比重1957年为85.7%：14.3%，1960年为95.4%：4.6%，工农业关系严重失衡。正如市委书记任白戈指出的那样：“由于工业的发展，特别是重工业发展过快、过猛，基本建设战线过长，城市人口增加过多，超过了农业负担的可能……其中突出的，一是多占了郊区农民的土地，二是过多地抽调了农村的劳动力，这就挤了农业，造成城市和乡村关系的紧张。”[②]从工业内部来看，重工业尤其是钢铁工业发展太快，挤了轻工业，造成重工业与轻工业之间的不平衡。三年中，全市整个工业投资

① 俞荣根、张凤琦主编：《当代重庆简史》，重庆出版社2003年版，第166页。

② 任白戈：《维护统一领导》（1959年12月26日），重庆市档案馆藏1001/9/201。

为11亿元,其中用于重工业的建设投资占91%,较第一个五年计划期间增加1.13倍,钢铁工业更是增长了7.16倍。而在同一时期,用于轻工业的投资仅占工业投资的9%,较第一个五年计划减少7.68%。这样的结果,造成人民生活必需品如灯泡、火柴、肥皂、热水瓶、篾席、衣服、鞋帽、纸张等严重短缺。

农业生产遭受空前破坏。开展"大跃进"和人民公社化运动,由于农村政策的失误,致使浮夸风、"共产风"越刮越厉害,瞎指挥越来越盛行,加之从1959年起连续三年极为严重的自然灾害,旱灾、虫灾接踵而至,巴县、綦江、长寿和近郊农村大面积受灾,对农业生产造成极为严重的破坏。一是耕地面积日益减少,粮食总产量急剧下降。1957年,重庆市粮食作物播种面积为862.8万亩,1961年下降为587.9万亩,下降了30%左右;粮食总产量也由1957年的20.2亿斤,下降到1961年的7亿斤,降幅达65.4%,农村人均粮食占有量由1957年的678斤下降到1961年的251斤,降幅为63%;生猪存栏数,由80.4万头减为40.39万头。二是生态环境日趋恶化。由于大炼钢铁,小铁厂、小煤矿、小水泥厂遍地开花,造成资源严重浪费;大办公共食堂砍伐树木用作薪柴,以及毁林炼铁、毁林开荒和废桑种粮,造成森林面积大量减少。仅1958年,重庆市的森林面积就减少10%,木材蓄积量损失40%。[①]

出现了全市性的饥荒。1958年至1961年,重庆连续三年粮食产量大幅度下降,但三年间,国家征购占总产量的比重反而由1958年的31.69%,分别提高到42.54%、47.24%和35.44%。粮食征购率高,致使农村人均留粮水平太低,三年间,农村每年人均留粮分别为139公斤、130公斤和129公斤。城市人口的口粮标准也一再降低,到1960年,居民每月人均只有19斤粮食,其中大米7.5公斤,其余为杂粮。[②]由于粮食严重短缺,导致全市性大饥荒,饥饿难忍的人们只有采集各种野菜、野果和堰塘中的浮藻充饥,有的地方出现了吃"观音土"[③]。各种疾病也随之蔓

① 方大浩:《长江上游经济中心重庆》,当代中国出版社1994年版,第166页。

② 转引自俞荣根、张凤琦主编:《当代重庆简史》,重庆出版社2003年版,第188页。

③ 观音土:俗称白泥。是川蒙脱石为主要成分的黏土矿物,其化学成分相当稳定,被誉为"万能石"。

延，尤以“水肿病”为甚，非正常死亡的情况较为严重。据重庆市公安局不完全统计，三年间全市非正常死亡 264951 人。[①] 这是十分令人痛心的，也是“大跃进”和人民公社化运动最严重的后果和教训。

同时也应看到，在三年“大跃进”和人民公社化运动中，广大干部群众焕发出极大的社会主义建设热情。通过“大跃进”的高投入，建成了一批相当可观的项目，特别是钢铁工业新建、改建了几座大平炉、大高炉、大焦炉及转炉、轧钢机等设备；煤炭工业建成了中梁山煤矿南、北井，南桐矿务局砚石台矿、东林矿、鱼田堡矿一、二井，天府矿务局的磨心坡矿，松藻矿区的一、二井，永荣矿务局的荣昌矿、曾家山矿等大型矿井。上述平炉、高炉、焦炉和矿井今天仍是重庆钢铁、煤炭工业的骨干和基础设施。通过人民公社化运动，以高昂的代价为在城区街道和县乡普及工业基本知识、建立和发展小型工业企业奠定了一定的基础，为 20 世纪 70 年代以后全市县以下“五小”工业与乡镇企业的兴起埋下了种子。在水利建设方面，仅 1958 年、1959 年两年，重庆和江津专区就新建大小型水库 645 座，为水土保持和抗旱夺丰收奠定了基础。此外，广大的农村还开展了大规模农田基本建设，建立了农业科技推广网络，并加强了农业机械的应用。

但是，这些成绩与人民所付出的过于高昂的代价不成正比，而且这些成绩并不是“大跃进”和人民公社化运动的直接或者必然产物。“大跃进”和人民公社化运动的教训表明，建设社会主义必须坚持实事求是的科学精神，必须尊重经济发展的客观规律，加强重大决策的民主协商，努力实现决策的民主化和科学化。

---

① 重庆市公安局:《重庆市人口、职工变化情况和 1961 年压缩劳动力的初步意见》(1961 年 1 月)，重庆市档案馆藏 1007/8/71。

第九章

国民经济的全面调整

一、缓解粮食紧缺与初步贯彻国民经济调整方针

由于“大跃进”、人民公社化运动和“反右倾”中一些错误决策，加上连续性的自然灾害，国民经济陷入全面困境。市委首当其冲的第一任务，就是应对特别严峻的粮食短缺状况。由于政策失误与旱灾的双重作用，全市水稻产量自 1958 年开始逐年下降，从 1958 年的 16.65 亿公斤下降至 1961 年的 5.46 亿公斤。[①] 除水稻外，其余粮食作物产量下降程度也很严重，1962 年与 1957 年相比，粮食总产量由 271 万吨下降至 175.5 万吨，下降 35.23%，年均递减 8.32%；仅江津专区 1961 年初全区缺粮人口就达 350 万人，占全区人口总数的 75.6%，共缺粮 2.04 亿斤。为应对粮食紧缺的紧急事态，缓解粮食购销压力，1960 年夏秋，市委根据中央紧急指示信精神和省委指示，出台了一系列应急措施。1961 年 1 月，党的八届九中全会正式通过了“调整、巩固、充实、提高”八字方针，并决定从 1961 年起，在两三年内对整个国民经济实行调整。随后中央一系列针对各行业政策调整的指导性文件陆续出台，重庆贯彻实施中央各项政策，进入国民经济调整时期。

---

① 重庆市地方志编纂委员会编:《重庆市志》第 6 卷，重庆出版社 1999 年版，第 44 页。

（一）多方努力缓解缺粮状况

粮食极度缺乏的严酷现实，使市委深刻认识到生产自救的重要性和紧迫性。1960 年 6 月至 9 月，市委陆续发出关于增加食品生产的文件，号召全市人民利用一切可以利用的空闲土地，进行各种副食品、代食品生产。全市各机关、厂矿、学校纷纷从事养猪、种菜和生产代食品活动。部分企事业单位通过大力开展农副业生产，职工生活状况得到一定程度改善。重庆南岸织布厂通过种菜和自养生猪实现了蔬菜与肉食品完全自给，年底还卖给国家 45 头生猪。到 1960 年底，市属 349 个工业、基建、交通单位共自种蔬菜 19322 亩，养猪 30479 头。同时，市委遵照中央精神，成立了代食品推广领导小组，推广小球藻、人造蛋白等代食品，部分缓解了副食品供应的紧张状况。面对部分地区严重断粮的状况，一些心急如焚的领导干部挺身而出，敢作敢为。1960 年初，面对长寿县部分地区群众缺粮断炊的严重局面，县委书记纪俊仪及下属双龙区委书记张开华等人在市委的默许下，大胆承担责任，自行启用 150 万公斤国库粮食储备，解了群众的燃眉之急。事后，市委研究决定追加批准调拨粮食 2200 万公斤，使长寿县摆脱了饥荒的威胁。秀山县委书记杨文堂也自行启用了国库粮食 1500 万公斤，涪陵行署将此事报告给四川省委，省委书记廖志高实地调研后，对杨文堂的行动表示理解。

为了尽快恢复农业生产，提高粮食产量，市委决定采取各种措施调动各方面人员与物资投入农业。1960 年 4 月 30 日，市委召开第一次支援农业生产委员会全体会议，研究如何支持农业生产，提高农产品产量。会上决定压缩基建等与农业生产无关也不影响消费市场供应的企业，同时在全市抓紧农用企业建设，生产急需的农具、化肥、生活日用品。市委各部、人委各局都抽调得力干部从事农业生产的联系、检查、协调，一部分机关和企业直接抽出人手到农村从事农业生产劳动。同时，市属企业帮助农村培养技术工人，改善农村缺少机械维修技术人员的状况。通过全市支援农业会议机制，各级党委加强了支援农业的力度，对农业生产必需的农机具及各种农用物资生产提供保障，农业生产所需的水、电、农机等物资得到保证，技术力量得到加强。

在粮食供销缺口很大的情况下，市委在城镇发起了“计划用粮，节约用粮”的运动，严格控制粮食定量，核实人员，减少消耗。按四川省规定，全市农村中学停课一年，以减轻对师生的粮食补助供应负担。城镇18岁以上人口，除一些重体力消耗的工人以外，每人每月从供应标准内扣除1斤粮食。工商业、酿造等使用粮食控制到1959年的80%以内。通过一系列控制粮食消费的措施，粮食销售量有所下降。1960年8月粮食销量为9116万斤，较7月的10635万斤下降了14.2%，9月再次下降了11.6%。为减少城镇供应人口，减轻城市粮食供应负担，同时增加农业第一线劳动力投入，1960年底，市委开始进行精减干部、节约劳动力的初步规划，决定从市、区行政机关的1万余编制中精减10%到15%，下放1000名22级以上的党团员到农村公社和落后生产队支援农业生产；商业财贸系统的10.3万职工压缩2.48万人支援农业；工业系统压缩4万非生产人员。1961年3月，市人委成立了由市委常委廖苏华任组长的精简机构和安排劳动力领导小组，该小组采取了多种措施，如核实粮食定量，调整郊区农民口粮标准，精减工矿企业人员，停办郊县一些条件较差的中小学和城区技工学校，加强粮食管理，杜绝贪污、偷盗等。经过艰苦细致的工作，精减职工和压缩城镇人口的目标至1964年基本完成。全市共关、停、并、转96个企业，精减职工30.5万人。其中精减到农村参加劳动19.1万人，转为集体所有制5.2万人，转回街道3.7万人，其他途径安置2.5万人。全市工资总额由1960年的3.89亿元降为1962年的3.19亿元，城市供应商品粮由1960年的3.92亿公斤降为1962年的2.79亿公斤①，粮食供应的紧张状况得到略微缓解。

（二）大力压缩城市基础设施建设投资

由于“大跃进”时期工业投资规模太大，征用大量土地，破坏大量民房绿地，造成土地资源的很大浪费，城市人口和面积过分膨胀，远远超过了与国家经济实力相适应的程度，城市住宅与公用设施都到了十分窘迫

① 中共重庆市委党史研究室编：《中国共产党重庆历史大事记》，重庆出版社2001年版，第83页。

的程度。在1960年到1961年这一段时间,在基本建设投资的侧重点上进行了调整。调整的策略是有保有压,保障工业原材料、燃料的投资和扩大再生产,保障事关人民生活的公共建设投资,压缩一部分不急需的投资。1961年保留的项目是1500立方米高炉、20座3号红旗焦炉、9.4万米矿山掘进、5条铁路、潘家坪招待所、嘉陵江大桥引桥、急需的学校校舍职工宿舍等,节约出的人力物力被投入到其他急需资源的行业里。1961年的基本建设项目共压缩为128个,市属项目95个,投资总额14356.9万元,为1960年投资总额的30%,全年完成投资额13956.9万元,为计划的97.2%,其中完成投产和接近完成的市属基建项目84个,这些必要的基础建设投资对保证人民生产生活需要发挥了作用。

(三)贯彻《关于农村人民公社当前政策问题的紧急指示信》

1960年11月3日,中央向全国下发了《关于农村人民公社当前政策问题的紧急指示信》(简称“十二条”)和《中共中央关于贯彻执行“紧急指示信”的指示》。这两个文件是中央为了解决农村在生产生活中存在的严重问题采取的紧急调整措施。中央要求纠正农村中的“共产风”、命令风、浮夸风、干部特殊化风,放手发动群众,教育干部,整风整社。在这两个文件精神的指导下,全国发动了新一轮整风整社运动。市委书记辛易之、组织部长萧泽宽于11月24日晚召开电话会议,向各区县传达中央、省委及市委第一书记任白戈的指示。为贯彻文件精神,市委要求一要多种粮食,抓“四秋”① 作物;二要解决基本生活问题,标准要低,瓜菜为主,书记下厨房,政治进食堂。三要各区县委书记掌握实际情况。为贯彻执行《紧急指示信》精神,市委立即开展调查研究工作。1960年12月,市委从市属和区属各机关、厂矿、学校抽调2000名干部分别下放到巴县、綦江、长寿、南桐等地农村担任基层联社、公社、管理区和生产队的领导工作,或担任食堂管理员和饲养场饲养员。同时,各区、县还抽调约1000名干部加强农村基层工作。四川省委也直接派出569人的工作团帮助合川、江北两县开展整风整社。

---

① 四秋:秋收、秋藏、秋耕、秋种。

整风整社运动中，各区县委首先召开扩大会议，对三年来公社化的工作进行全面检查，统一思想，提高认识，解决“共产风”、命令风、浮夸风、干部特殊化风问题。紧接着，以区县为单位召开生产队长以上的五级干部会。学习文件，揭露问题，提高所有干部的经济理论水平和政策水平，确定整风整社步骤，县以上各部门在会上对“一平二调”的错误开展当场检查、赔退。随后，各公社陆续召开社员代表大会和全体社员大会，以巩固基本队（管区）所有制为中心，解决公社与管区（大队）之间“共产风”的问题和管区（大队）与生产小队之间“共产风”的问题。着重解决及清理对社员个人的赔退。在会议中组织专人宣读并逐条讲解中央《紧急指示信》和省委贯彻执行中央《紧急指示信》的具体规定，对执行政策、干部思想作风以及公社制度各方面的问题进行全面检查，解决问题。运动的最后阶段开展了整顿党团组织，纯洁干部队伍的工作，一部分有各种作风问题的干部受到群众批判。

纠正“共产风”的必要措施是进行全面退赔。“大跃进”期间，由于指导思想上急于向共产主义过渡，农村人民公社、生产大队等组织通过“平调”方式无偿征用了农民的大量土地、劳力、房屋、粮食、林木、牲畜、农具和家具等生产生活资料。据 1961 年不完全统计，全市被“平调”的财物金额达 8600 万元，无偿占用农民私有房屋 26 万余间，猪圈 30 万余间，被“平调”的农具 160 万件，生活用具 140 万件，引起了农民的强烈不满。为了调动农民的生产积极性，恢复农村正常生产生活秩序，市委根据中央和省委指示，决定采取有力措施实施退赔，把“平调”的生产资料、生活资料及无偿调动劳动力欠下的工资退还农民。中共中央《关于坚决纠正平调错误、彻底退赔的决定》指出，只有彻底退赔，“才能恢复广大农民群众对党的政策的信任”。为加强对退赔工作的领导，市委于 1961 年 1 月 8 日组成以余跃泽为组长的国家机关退赔领导小组，组织市级工业、财贸及文教等部门分赴各区县指导退赔工作，促进各级基层组织及时退赔。7 月，市委组成由市委书记辛易之任组长的退赔领导小组。退赔工作充分发动群众参与，由群众协助清算账目，制定工作规划，纠正不合理现象，保证退赔工作的顺利进行。1961 年底，通过三阶段的工作，退赔工作基本结束，共退赔农民约6000万元货币和物资。退赔工作使农民从经济上得到了实惠，大大调动了生产积极性，更重要的是让干部受到了教育，明确了“共产风”“一平二调”的错误，明白了剥夺农民劳动成果是对生产力极大破坏的道理。通过实施退赔，广大农民群众相信劳动所得有了保障，对管区（大队）为基础的三级所有制起到了稳定作用。

1960年到1961年期间，重庆市各地方出现了自发的“包产到户”现象。其中有綦江县石角公社龙山大队的10个生产队；长寿县双龙公社的76个生产队；江北县茨竹区和兴隆区的部分社员和基层干部；巴县的忠兴公社和潼南的一些公社等。实施了“包产到户”的生产队，群众情绪比较稳定，生产秩序较好。自发的“包产到户”现象，符合农村实际，是广大农民对农村经济体制改革的初步尝试，但在当时被认为是右倾倒退行为，只要发现就要制止。1962年省委、江津地委、江北县委先后派出工作组去江北县茨竹区、兴隆区纠正“包产到户”，两个区划了单干为首分子1800人，普遍受到批判斗争，有的被开除社员资格。干部有三分之一被扫地出门，靠边站。对包产的作物一律收归集体统一分配。对自产自收的清退，抄家抵押。省委还将此做法向全省通报了经验。在江津地区和重庆市掀起了声势浩大的“击退资本主义势力”的纠正单干运动。

农村地区对《紧急指示信》的贯彻产生的影响也波及了城市。广大工人看到农村集市贸易开始恢复，“共产风”、命令风、浮夸风、干部特殊化风在农村受到批判，农民的劳动所得有了保障，对农村地区的前景开始看好，对工业部门的政策调整产生了期望。

（四）“农业六十条”与农村政策的初步调整

1961年3月22日，中央工作会议通过了《农村人民公社工作条例（草案）》（即“农业六十条”），发放全国农村支部和人民公社全体社员进行讨论、实施。在这次政策调整中农村取消联社，恢复县辖区的党政建制，仍然实行“三级所有、大队核算”的制度，划小了社、队规模。在1960年末整社刚开始时，市郊农村有公社169个，生产大队2036个，生产队12655个，经过调整划小后公社增加为211个，大队增加为2482个，生产队增加为23705个。调整后的公社平均户数一般在1500户到2500户，大队平均户数一般在200户左右，生产队平均户数一般在20户左右，从实践来看，大多数的社、队规模是恰当的。社、队规模的调整不管是对加强党的领导、贯彻政策，还是对组织生产和克服平均主义，增进社员之间的团结都是有利的，而且的确为发展生产起到了促进作用。

大队对生产队实行包工包产、包成本和超产奖励的"三包一奖"生产责任制。承认穷富队的差别，解决了穷富队之间的矛盾，实行评工记分和按劳动工分进行分配，贯彻多劳多得的原则，以解决队与队之间和社员之间的平均主义。生产队在"三包一奖"的基础上，划分作业组，推行小段包工、定额管理、按劳付酬的制度。贯彻"三兼顾"①"四落实"②的粮食政策，推行粮食"五定"③，通过对粮食多产多吃多购，少产少吃少购和根据灾情实行减免征购以及口粮承认差别等政策的落实兑现，解决了国家与集体、集体与社员之间的矛盾。在完成征购的同时，在灾情严重地区，以生产自救为中心充分发动群众，减免征购，落实返销粮食，安排群众生活。给社员划拨自留地，贯彻执行"公私并举"，"以私养为主"的养猪方针，下放部分猪只给社员户私养，发展家庭副业，既对社员的生活起到了一定的补充作用，也活跃了农村市场。

农业政策的调整必然涉及公共食堂的存废。但因为中央曾经有"公共食堂是人民公社的心脏，公共食堂万岁"的说法，《紧急指示信》也要求食堂必须办好，公共食堂制度必须坚持，所以重庆的社员群众对是否坚持公共食堂制度在看法上有分歧，对是否表态取消公共食堂的顾虑也很多。某些干部在思想上转不过弯，沙坪坝石桥公社认为不愿意办食堂的社队是"歪风邪气重"。而綦江金龙公社的干部则对社员不愿意继续办大食堂的意愿表态支持。北碚区大窝公社在第一次社员讨论中大家主张不办，而第二次通过干部发动，反复讨论，主张办大食堂的人又成

---

① 三兼顾：国家、集体、社员。

② 四落实：征购、口粮、种子、饲料。

③ 五定：定产、定征购、定种子、定饲料、定社员基本口粮。

了多数。支持公共食堂的多是大队干部和单身青年劳动者,或是家里只有老弱者。大队干部认为食堂吃饭有利管理,单身的和家里有老弱的人都不方便自己做饭,愿意吃食堂。而对大多数人来说在家分户自炊有很多优点:一是烧柴草,有积肥;二是可以随自己口味,便于照顾自己家里老幼妇孕等;三是节约燃料,保护树木不被滥砍;四是节约大量工勤劳动力,可以让家里老幼参加一些做饭等轻体力劳动,有利生产;五是有剩饭喂猪;六是粮食自己掌握,避免贪污;七是时间随意不拥挤。实际上,重庆农村郊区的自然地貌和生产状态并不适宜公共食堂,在分散劳作的条件下往往从上工地点到食堂吃饭要走很远的路,很不方便,社队干部还往往把扣粮扣饭当作对社员进行管理的强制性手段,在实践中往往做不到中央要求的分粮到人、自愿加入,就很难得到大多数社员的拥护。5月11日,四川省委第一书记李井泉在给毛泽东的信中说,四川省委向群众宣布:办不办和参加不参加公共食堂完全按群众的意见办事;如果群众要求不办或退出公共食堂,一律立即兑现;要办公共食堂,只能由群众自己管理,干部不得干涉。16日至22日,四川省委与各市、地委负责公共食堂工作的同志在成都座谈,研究公共食堂的相关问题,讨论李井泉给毛泽东的信。讨论中大家一致认为,食堂是群众生活消费的一种形式,可以自由选择,办不办食堂应当按照社员的意见和是否有利于生产、便利群众来决定。公共食堂的问题应该在调整社队规模,粮食供给制改变和"三包一奖"兑现后,结合整风运动来解决。①1961年中央依据实际情况在《人民公社工作条例修正草案》第三十六条规定:办不办食堂,完全由社员讨论决定。凡是要办食堂的,都办社员的合伙食堂,实行自愿参加、自由结合、自己管理、自负开销和自由退出的原则。对于不参加食堂的,不能有任何歧视。社员的口粮,不论办不办食堂,都应分配到户,由社员自由支配。9月后,公共食堂事实上被取消,口粮分配到户后,加上自留地生产的粮食与副食品对日常消费食品的补充,农民的生活状况有所改善。

① 《关于农村公共食堂试点调查研究座谈会纪要(草稿)》(1961年5月25日),重庆市档案馆藏1001/12/58。

（五）农村集贸市场的恢复

在农村集市贸易未全面和正式恢复以前，按照党中央上海会议关于工农商并举的方针精神，1959 年 6 月、7 月份分别在长寿、綦江、巴县和南桐，北碚、九龙坡等区县召开物资交流会，同时恢复了农村有历史习惯的赶场，个别县全部恢复了区级以下的集镇赶场。为了解农村初级市场重新开放后的情况，以便管理，市工商行政管理部门在巴县白市驿试点，恢复了五天一次的场期。由于上市品种和数量逐步增多，商品交流不断活跃，物资不断丰富，紧缺状况开始缓解，集市的商品价格开始下降。

随着上市商品的增多，地区交流也有很大发展。自 1960 年 5 月下旬恢复和建立集市贸易服务部和货栈以来，地区交流阻塞的局面有了很大改观。如九龙坡人和场集市，自 7 月成立货栈以后，不仅恢复了巴县、璧山、江津等地区在历史上的商品交流关系，市场更加活跃，而且国家收购和集市成交额也有显著上升。以未建立货栈前的 6 月为基础，同建立货栈后 7 月、8 月两月平均数比较，国家收购的品种上升 10%，集市成交的品种上升 9%；国家收购的数量上升 45%，集市成交的数量上升 18%；国家收购金额上升 28%，集市成交的金额上升 45%。

到 1960 年 12 月 31 日止，重庆市的 200 余处农村集市恢复了 90 多个。农民上场可以出售自己的东西，可以在场上买到日用工业品和小农具；可以修补生活用品和农具；饭馆、酒馆、茶馆“三馆”开了门，能让农民吃到酒、菜、汤和凭粮票消费少数粮食制品；农民上场能看到电影、川剧，丰富了文化生活。这种集市，有代表性的是长寿的葛兰、巴县的丰盛、綦江的羊角等。这些现象表明农村集市贸易恢复后，在便利社队和社员间调剂余缺，活跃农村经济，沟通城乡物资交流，补充市场供应，促进农、副业生产发展等方面，均起了一定的积极作用。总体看来，当时农村集市贸易放开不够的问题在于自由市场对商品管制的经济状态产生了明显的冲击，而阶级斗争意识形态使得一些干部群众对自由市场抱有偏见。有些工业部门管生活的干部怕职工在市场上高价买东西，影响生活；怕农忙时上市菜少，吃不上菜；怕有些东西有集市后国家不再供应了。有些农业部门怕影响生产,怕引起集市促进农村社员发展资本主义的争论。

根据《紧急指示信》和工作条例的精神,在市委的领导下,自1960年12月到1961年1月间,全市共恢复和建立了贸易市场223处,其中农村180处,工矿区19处,城市24处。到1961年10月,上市品种从无到有,由少到多,成交金额一直都呈上升趋势,占同期国营商业社会商品零售总额的12%。

1963年后,由于贯彻以阶级斗争为纲、坚持政治挂帅的精神,以社会主义教育和反对资本主义斗争为中心加强大中城市管理,严格取缔私商长途贩运,反复整顿市场秩序,禁止上市的商品品种持续增加,集市贸易比重陆续下降。1966年3月,市人委决定封闭市中区自由市场及郊区蔬菜自由市场。到4月5日止,共封闭了市中区的7个集市和江北、南岸、九龙坡、大渡口、沙坪坝区的87个集市,取消了蔬菜自由交易,此后集市贸易逐渐进入收缩状态。

(六)"工业七十条"与工业的初步调整

因"以钢为纲,全面跃进"的工业发展指导思想,工业生产进入了无序的混乱状态,形成一些亟待解决的问题。这些问题存在于指导思想、计划、管理、技术质量等各方面。一是指标过高,片面追求产值和高速度。1958年工业总产值计划第一本账是14.7亿元,第二本账是17.8亿元,第三本账是21.4亿元,第四本账要在第三本账的基础上,再增产25%—30%。片面追求高指标、高速度,给生产带来了副作用,导致生产机械损坏严重,同时增大了原料消耗,降低了产品质量。二是过分强调钢铁生产,违背了国民经济按比例发展的规律。1959年上半年电力紧张,而市电力部门提出每天供电量的分配意见是:钢铁各厂总共分配88万度,机械各厂总共分配20万度,严重影响了人民的生活。三是大办地方工业,形成了全民办工业的状况,分散了人力、物力和财力。四是不考虑实际条件,大搞煤铁基地。1960年,市委提出要建立炼铁,炼焦基地。要求修建天府、旱渡、红岩、青年等矿区铁路5条,扩建鱼田堡、天府、南桐和中梁山、复兴隆等矿机修厂,以及新建小型的年产1万立方坑木代用品制造厂5个等不切实际的要求。因此,市委在降低生产指标,大力压缩城市基础设施建设投资的同时,决定对“五小”① 企业实行“关、停、并、转”的原则,坚决压缩原材料消耗高、产品成本高、质量差、劳动生产率低的企业,对于基本属于“五小”企业的城乡人民公社所有企业,除与农业生产、人民生活有密切关系和直接为大厂服务的保留外,其他原则上全部撤销。由于重工业的畸形发展较为严重,所以在关停企业中,重工业占78%。对于“大跃进”时期急促上马,甚至简单拼凑的2100多家城市人民公社企业,除其中547家分别转归手工业、街道、民政、商业等部门继续保留外,其余全部撤销。经过调整,1960年市属工业企业单位由826个减少为341个;职工由35.8万人减少为12.4万人。同时,对企业所有制结构也进行了重大调整。市委和市人委决定,凡1958年以后由集体和个体所有制上升为全民所有制的企业,一般都改为集体和个体经营。大批手工业者、木船运输人员、小商贩、医生和家庭手工业,纷纷恢复为集体企业和个体开业。到1963年6月为止,全市1025个手工业企业中,属全民所有制的仅22个。②

1961年9月,《国营工业企业工作条例(草案)》(即“工业七十条”)颁布后,市委根据文件精神,在注意产业结构和所有制结构调整的同时,还加强了对企业管理整顿的力度,通过恢复生产秩序,充实职能机构,重新完善了一些基本的管理制度。如对企业实行“五定”“五保”要求,即定产品方向和生产规模;定人员和机构;定主要的原料、材料、燃料、动力、工具的消耗和供应来源;定固定资产和流动资金;定外部协作关系;保证产品的品种、质量、数量;保证不超过工资总额;保证完成成本计划并力求降低成本;保证完成上缴利润;保证主要设备的使用期限。“五定”与“五保”的提出,有极强的针对性,直指“大跃进”期间工业生产方面无序、盲目的缺点,对扭转工业生产长期亏损的状况起了重要作用。

---

① 五小:小钢铁、小煤矿、小机械、小水泥、小化肥工业。

② 《重庆》课题组:《重庆》,当代中国出版社2008年版,第131页。

（七）科学、教育、卫生领域的调整

与经济和政治工作的调整相配合，科学、教育、卫生和文化等各个领域也进行了相应的调整。从 1961 年到 1962 年，中央陆续颁发试行了《关于自然科学研究机构当前工作的十四条意见（草案）》（简称“科学十四条”）、《教育部直属高等学校暂行工作条例（草案）》（简称“高教六十条”）、《关于当前文学艺术工作若干问题的意见（草案）》（简称“文艺八条”）。这些条例的中心内容是调整党和知识分子的关系以及贯彻落实科学和文艺工作“百花齐放，百家争鸣”的方针。为了进一步调动知识分子的积极性，在 1962 年 3 月于广州召开的全国科技工作会议和文艺工作会议上，周恩来发表讲话，重新肯定我国知识分子的绝大多数已经是属于劳动人民的知识分子，而不是属于资产阶级的知识分子。随后周恩来在二届全国人大三次会议上作政府工作报告，再一次重申了这一科学论断，使知识分子受到很大鼓舞。

根据中央要求，1959 年 2 月，市人委设立了综合管理科学技术工作的职能部门——重庆市科学技术委员会，初步形成在市委、市人委领导下的综合统管与专业部门分管相结合、行政与群团相结合的科技管理体系。在“科学十四条”的指导下，20 世纪 60 年代初，围绕解决人民的吃、穿、用问题开展了科学研究、技术开发及应用工作，在冶金、化工、轻工、纺织、农业、农机等系统建立了一批科研院所，一些大中型企业也开始兴办企业科研机构。

由于“大跃进”时期大干快上，盲目建立了一批不符合教育质量要求的学校，造成一定程度的混乱。根据教育部提出的大量裁并 1958 年以后新建的条件差的和布局不合理、重复设置的中等专业学校；压缩全日制中小学规模，调整学校布局，以利学生就近入学；认真办好一批重点学校，提高教育质量等原则，对全市教育事业进行了大规模的调整。经过三年调整，到 1963 年，原重庆市各级学校、幼儿园人数比 1960 年均大幅下降，工厂、企业、街道所办各种类型的大学全部停办。通过调整，压缩和控制了各类教育事业的发展规模和速度，使教育事业的发展基本上和当时国民经济的发展相适应，使教育事业内部的比例结构也趋于正常，师资短缺，办学资金不足等问题得到解决，办学条件得到改善，整顿了教学秩序，改进了教育内容和教育方法，提高了教学质量。

1961 年 11 月，在中央《紧急指示信》精神指导下，市卫生局立即召开各区县、厂矿医疗卫生机构会议，出台了几项应急措施。首先是对儿童、妇女各种营养不良症状进行治疗，对由于营养不良造成的水肿病人安排集中疗养，保证每人每天一斤贸易粮，二斤新鲜蔬菜，一两肉，五钱油。而后是大力宣传各种卫生知识，分三批组织城市医务人员支援巴县、长寿、綦江三县和南桐矿区，在当地党委的领导下进行宣传教育及开展中央《紧急指示信》的宣讲，要求在生产生活中实现劳逸结合，妥善安排工作，严禁加班加点。

在全社会精简人员、机构的大潮中，医疗卫生部门以精简整顿医疗机构，加强以生产队为基础的基层卫生组织，充实技术骨干为原则进行了大力整顿。基层卫生组织调整的中心思想是改变所有制，恢复联合诊所，精简冗员，提高质量。总的调整方式是大划小，把一些医院划分为集体所有制的联合诊所，在不妨碍全民所有制和集体所有制卫生事业发展的前提下允许个人开业。1958 年组建的乡村医院和公社医院经过调整，全部转为集体所有制，经济上单独核算，自负盈亏。巴县、长寿和綦江三县的医疗卫生机构只保留县人民医院、防疫站、妇幼保健站。县以下的医疗卫生机构一律将所有制转为医生集体所有的联合诊所。各区的医疗机构保留了结核防治所、防疫站、人民医院、妇幼保健站。经过大力压缩整顿后，基层卫生组织的 6173 名职工削减了约 2000 人。

（八）统一战线政策调整

在整风反右斗争中，由于“左”倾错误的影响，一些民主党派的领导和成员被错划为右派，统战工作受到极大影响。1960 年继中央统战部召开 8 省 9 市统战部长会议后，重庆于 8 月 26 日到 29 日召开市统战工作会议，传达中央统战部长会议精神，学习“中央批转中央统战部长会议关于继续贯彻对资产阶级人员安排政策的意见”“中央转发中央统战部关于当前小商小贩若干问题的报告”等文件。在会上，对当时阶级斗争形势和统战工作的方针任务进行了讨论。与会人员认识到，阶级关系的紧张是由多方面因素造成的。主观方面,有工作中存在的缺点和错误带来的困难;客观方面,出现了严重的自然灾害,这两方面都是重要原因。会上确定了从主观上加强工作,主动调整阶级关系,稳定、团结资产阶级,调动积极性共同克服困难的工作方针。

市统战工作会议后,市委决定:对反右斗争后在政治上、思想上、学术上受过不恰当批判,被错误扣过帽子的一些人复查处理,经济上对公社化后挪用的财产如房屋家具等原物退还,过去的定息未发和扣发的予以补领,“新三反”运动中的赃款,本着“教育为主,处理从宽”的精神进行处理;检查研究对资产阶级的安排使用工作;对 1960 年下放农村、矿山的资产阶级分子、知识分子、从业主、小商贩及家属,除个别自愿从事劳动的小商贩外一律召回;推行“神仙会”方式与和风细雨地进行思想改造、政治学习的方针,与资产阶级进行思想交流,讲解政策。抓紧对一批右派摘帽,对未摘帽的右派分子在工作、生活、学习上分别给以安排和适当照顾;围绕商业和手工业体制的调整,调查研究划出国营企业人员的资产、工资、福利待遇等。

1961 年 9 月,市委成立由统战部部长杨松青任组长的改造右派分子工作领导小组,进行了三批摘帽工作,共摘掉 1253 人的右派分子帽子,未摘帽的知识分子、民主党派人士在生活上也得到一定程度的照顾。这一时期的各种“神仙会”“通气会”通过与各民主党派及政协沟通意见,传达社会舆情,讨论调整方略,在国民经济调整中起到一定作用。党内对干部的甄别平反,党外对知识分子、民主党派人士的右派摘帽等政策,为农业、工业贯彻实施调整方针政策巩固了政治基础,促进了调整的顺利实施。

二、传达贯彻七千人大会精神与第二次计划单列

为进一步总结“大跃进”以来的经验教训,统一认识,增强团结,1962 年初,中央在北京召开了著名的七千人大会。虽然会议未能从根

本指导思想上清理“大跃进”和“反右倾”的错误,但对待缺点错误的比较实事求是的态度,以及发扬民主和进行自我批评的精神,给全党以鼓舞,在动员全党团结奋斗战胜困难方面起了积极作用。

(一)发扬民主促进团结

市委随四川省委参加七千人大会的有市委第一书记、市长任白戈,市委书记鲁大东,市委常委、组织部长萧泽宽等 49 人。代表们返回后,2 月 26 日至 5 月 18 日,市委召开了有各区县、各部门以及大型厂矿、大专院校主要领导干部参加的一届十八次全委扩大会议,传达中央七千人大会精神。会前,市委常委会就如何传达贯彻中央七千人大会精神进行了研究。常委们认为,要原汁原味传达会议精神,要发扬民主,把市委一届十八次全会扩大会开成“三不”会议,即“不抓辮子”“不戴帽子”“不打棍子”。常委们表示,几年来工作中的成绩很大,同时也付出了很高的代价,对于如此丰富的正反两方面经验,必须认真总结,并切实贯彻到今后的实际工作中去。

由于中央七千人大会正视现实,发扬民主,较为实事求是地总结经验教训,积极开展批评和自我批评,因此在一定程度上恢复了党的优良传统。虽然会议没有为彭德怀等同志平反,没能彻底从指导思想上清理“大跃进”“反右倾”的“左”倾错误,但参加市委十八次全委扩大会的同志听了中央七千人大会精神的传达后,在政治生活中产生一种扫除阴霾的感觉,感到心情舒畅,增强了克服困难的信心和希望。在这种气氛影响下,再加上市委对会议所采取的一系列发扬民主的措施,因此这次会议一开始就比较活跃,发言踊跃。在市委的鼓励下,各级干部在七千人大会民主气氛的影响下,本着多提意见沟通思想的原则,在小组讨论中大都联系重庆和四川的实际情况,对省、市委工作中存在的问题提出了意见。

对市委的意见主要是:在“大跃进”和人民公社化运动中,市委没有很好地发扬党的实事求是和群众路线的优良传统作风,主观主义、官僚主义、强迫命令和浮夸风有所滋长,对工农业、商业、教育事业等诸方面具体事务干预太多,造成了一系列不利影响,是造成困难局面的主要根源;指标过高,要求过急,助长了“五风”(“共产风”、浮夸风、命令风、生产瞎指挥风、干部特殊化风),给生产和人民生活带来了困难;工业发展过快,基本战线过长,职工和城市人口增长过多,造成了城市供应紧张,加重了农村的负担;在所有制上急于过渡,挫伤了农民生产积极性,妨碍了生产的发展;“一平二调”违背了按劳分配、等价交换原则,削弱了农民对党的政策的信任;“反右倾”斗争有严重扩大化倾向,不少同志认为对安以文的甄别平反不彻底,留了尾巴,影响到全市干部对党的政策理解,要求为他彻底平反。

对省委主要归纳了四条意见:第一,认为省委对全省形势估计有严重问题,全省有170多个县,就有50多个“落后县”,“大跃进”中四川农村生产力究竟破坏到什么程度?农林牧副渔究竟下降到什么程度?特别是全省非正常死亡究竟有多少人?群众生活困难究竟严重到什么程度?这些情况省委是否如实向中央作了反映?四川口粮标准在全国最低,浮肿病人多,死人严重,与省委提出“要发扬共产主义风格,大量调出粮食支援全国”有直接关系。1961年后全国形势一开始好转,非正常死亡已基本停止,而四川的困难却仍在继续发展,浮肿病人越来越多。第二,认为省委没有认真贯彻执行党中央和毛主席的方针政策。“三面红旗”本身就是“左”的产物,各地贯彻执行起来无不产生严重后果,但四川在“左”的方面过于积极,在中央对某些政策作了有限度的但也是重要的调整以后,四川却对调整的一些政策措施或执行不力,或顶住不办。第三,认为省委某些领导脱离实际过分强调阶级斗争,轻易把一些问题提到两个阶级、两条道路斗争原则上去解决,运动不断。由于对干部实行过火斗争,搞得干部人人自危,不敢讲真话。省委提出“贯彻执行总路线要以反右倾斗争为纲”,搞“火线反右倾”“火线整风”,“哪里生产上不去,就在哪里反右倾”。结果弄虚作假的干部受表扬,讲真话办实事的人受处分。过火的斗争,伤了一些人的感情,破坏了民主原则,窒息了党内民主空气,滋长了命令主义,造成干群关系、党群关系、上下级关系紧张。第四,认为省委某些领导缺乏民主思想和民主作风。在“一言堂”的情况下,谁提了不同意见,搞不好就被扣上“党内反对派”“反党分子”的帽子。“报喜得喜,报忧得忧”,结果造成党内不敢说真话,只能说成绩，不能说缺点，只能说好的，使得领导很难了解基层实际情况和群众真实心态。

（二）部署下一阶段调整工作

市委一届第十八次全委扩大会议结束时，任白戈代表市委作了总结发言，对会议情况作了总体评价。市委认为会议开得很好，到会同志思想敞开了，发言热烈，冲破了许多框框和束缚，开始做到知无不言，民主空气活跃，大家心情舒畅，会议对过去工作中的问题作了比较充分的揭露，有助于总结经验教训。任白戈表示，对省、市委提出的许多宝贵意见，市委将认真研究吸纳，以利工作的开展，摆脱现在被动的局面。

在回顾过去几年工作时，任白戈说：1958 年以来，全市工业生产能力有了飞跃的发展，很多产品成倍增长。工业技术力量的发展极为迅速，生产技术有了很大提高；煤铁矿山资源进一步开发，工业布局进一步改善；广大干部管理企业的经验和水平提高了。重庆作为较大的工业城市，对四川省和西南都作出了重大贡献。工作中的缺点则主要在两个方面：一是领导生产建设中的高指标、瞎指挥和不适当的大办钢铁。二是党的生活方面贯彻民主集中制不够，开展党内斗争过了头，对工作中的缺点和错误发现迟，转得慢。在“反右倾”的具体工作中存在一些错误和缺点：一是把“反右倾”的斗争扩大到基层，妨碍了进一步纠正实际工作中存在的“左”的错误，把一些不属于右倾机会主义性质的错误，也当作右倾机会主义反了；二是斗争的方式过火，对干部批评和处分的面偏宽，处分过重。

任白戈在分析形势时认为经济面临四个方面的压力，一是原料缺乏，企业开工不足，大面积亏损，财政减收严重；二是城镇职工人数过多，企业劳动生产率下降，精减职工和压缩城镇人口的任务很重；三是商品供应不足，市场很紧张；四是人民生活水平下降，吃穿用都很困难，不少人营养不良，体质很弱。针对这些困难，任白戈代表市委宣布了应对措施。市委决定，按照中共中央关于厉行节约、严格控制货币发行、严格控制财政管理、继续压缩人口和彻底清仓核资、充分发挥物资潜力等一系列指示，大力实行精兵简政，厉行增产节约；采取一切措施稳定市场、整顿秩序，力争经济和财政全面好转；大力增产日用工业品，改善人民生活，活跃城乡交流，压缩财政支出和货币投放，对某些商品采取高价出售以回笼货币；解除各种不利于发展生产的束缚，广开群众谋生之路；加强党的团结，战胜困难，切实贯彻民主集中制原则，恢复党的正常生活，认真做好甄别平反工作。

市委一届第十八次全委扩大会议是一次发扬民主、促进团结的大会，大会认真总结了从“大跃进”以来的成功经验和失败教训，恢复了党的实事求是的优良传统和作风，统一了思想，团结了干部群众，更加明确了领导重庆的社会主义建设必须从重庆的实际出发这一根本原则，在一定程度上对“左”的错误进行了反思和纠正，为贯彻中央的方针政策，进一步完成全市国民经济的调整打下了坚实基础。

（三）中央第二次对重庆实施计划单列

在七千人大会前后，重庆市委和市人委在不同场合对“大跃进”以来重庆社会经济发展情况进行了深刻的反思和认真总结。1961 年到 1963 年上半年止，通过一系列调查研究，重庆市委和市人委形成了若干关于重庆城市调整工作的思考。

针对“二五”以来城市发展的主要问题，重庆找出了关系国民经济恢复的四个亟待解决的矛盾。一是城乡产品需求脱节的矛盾：由于重庆的工业产品 80% 以上都是钢铁、煤炭和机械设备，与市场需求严重脱节，农村急切需求的工业品得不到满足；二是企业的计划与实际严重脱节的矛盾：1957 年以后，重庆原有 30% 非计划产品生产自主权被全部收归主管部门，只生产，不收购，有计划，无原料的状况经常发生，导致盲目生产和产品严重的积压浪费；三是城市商业经济发展与工业化建设处于严重对立的矛盾：由于重工业片面发展，商业全面萎缩，本是西南地区商贸中心的重庆市中区，纯商业人员由总人口的 5% 下降为 2.27%，城市越来越像一个扩大的生产单位，功能性矛盾日益凸显；四是地方工业设备技术落后与生产需要的矛盾：由于长期缺乏投资，前清时代的老机器仍然在使用，需要国家加大投入进行更新改造，技术力量十分薄弱，急需中央和省在大专毕业生分配上给予照顾。

在七千人大会提倡说真话，提倡调查研究精神的鼓舞下，重庆向中央提出：应当在坚持计划的同时，多给地方一点机动余地；三类工业品和农产品应当开放，允许两个市场同时存在；应该允许城市自行处理国家调拨计划外的产品；应当允许手工业产品大部分自产自销；应该允许城市工业承接各地来料加工等一系列放开经济的建议。总而言之，要扩大地方自主权，解放城市生产力。可以说，在“以阶级斗争为纲”的政治氛围中，这些是超前的，具有勇气的见解。

重庆所面临的问题引起中央的高度重视。1962 年 9 月，中央召开第一次城市工作会议。会上决定从 1963 年起，对重庆等六大城市的工业生产、基本建设、物资调拨、主要商品分配、职工人数和工资总额、财政预算等项指标，在省的计划中单列出来，同时上报中央，由中央和省共同安排。与此同时，给予了两项针对性很强的配套政策：一是市属企业的折旧费不再上缴财政，全部留给企业，另对每个计划单列市核定一笔“固定资产更新改造专项资金，”由市具体安排用于企业设备更新和技术改造，资金来源是新建中央部属企业上交中央财政未使用折旧费。二是国家计委对“18 个非工业部门基本建设投资”给计划单列市核定年度计划投资总额，所需资金纳入财政支出计划，具体项目由市自主安排。这就是中央对重庆实行的第二次计划单列，本次单列到 1967 年后被取消。

三、继续贯彻“八字方针”与完成全面调整

（一）干部甄别平反

“大跃进”运动开始后的几年间，由于推行“左”的政策，处分了一大批敢于坚持实事求是原则的各级干部。据当时统计，全市受到处分应予甄别的干部近 2 万人。[①] 只有解决了这一大批人的问题，才能形成调整政策所必需的民主空气，取得群众信赖，并能壮大坚决执行调整方针

① 《重庆市甄别工作情况和问题》（1962 年 8 月 8 日），重庆市档案馆藏 1001/13/8。

的工作骨干队伍。1961 年 6 月 15 日，中共中央《关于讨论和试行农村人民公社工作条例修正草案的指示》指出:“对最近几年受过批判和处分的干部和党员，要实事求是地加以甄别、改正、平反。”21 日，市委干部处理甄别领导小组成立，开始甄别平反工作。领导小组对反右派斗争以来在历次政治运动中受到错误批判的人进行梳理归类，第一批列入甄别范围的干部名单共有 19830 人。

七千人大会之后，随着思想认识的逐步统一，中央认为干部甄别工作的范围和力度不够大，便于 1962 年 4 月发出《关于加速进行党员、干部甄别工作的通知》，要求对全国县以下的干部来个一揽子解决，即对过去搞错了或基本搞错了的干部统统平反，除极个别有严重问题的以外，都不留尾巴，一次解决。市委认真贯彻执行中央的指示精神，按照实事求是的态度对干部进行进一步加快甄别平反。这次是首先解决基层干部的问题，凡是经过认定被批判处分是完全错或部分错的，都采取简便的办法认真迅速地加以甄别平反，加快了甄别速度，4 月甄别干部占总数 62%，至 6 月甄别工作即告基本完成。此次甄别中又有大量干部的结论被重新审定，30.67% 的干部完全摘掉帽子，恢复了名誉。此阶段工作迅速完成的原因是中央工作会议对甄别的政策界限划分明确，市委的工作措施得力。到 1962 年 8 月为止，全市共甄别干部 19429 人，占应甄别干部的 97.9%。其中，中央和省管干部甄别 26 人，市管干部甄别 734 人，农村基层干部甄别 11809 人。

在干部甄别平反的过程中，市委第一书记任白戈坦率地承认：在“大跃进”和人民公社化运动中，由于指标高，任务重，要求急，思想上就容易烦躁，态度就不够冷静。市委看到“反右倾”起到鼓干劲、推动生产的效果之后，就片面地把生产能否上去和有无右倾等同起来。在厂矿“反右倾”斗争中，往往是任务轻的单位出的问题少，任务重的特别是钢铁、煤炭战线的干部受的委屈就多一些。从某种意义上说，凡是在“反右倾”斗争中受委屈最多的同志，一般也是工作任务重，成绩比较大的同志。这些同志任劳任怨，换取了工作中的优异成绩。由于错误的处理对干部的积极性有很大挫伤，对党的民主生活有严重影响，市委要负主要的责任，要吸取经验和教训。市委主要领导思想认识的转变，对加速干部甄别平反工作起了重要作用。

对当时重庆最大企业重庆钢铁厂党委书记安以文的处理就是一个典型的例子。1956年,由于钢铁生产的指标过高,出现了一些问题,安以文从维持生产平衡出发,认为高指标打乱了正常的生产秩序,破坏了生产的均衡性、节奏性,并在1956年第二季度党代表大会上公开提出支持反"冒进",要求把过高的指标降下来。此后,在讨论制定1958年"大跃进"计划时,他为了保证生产的平衡,连续11次修改降低指标。鉴于1958年四季度生产太紧张,各种设备场地失于维护,料场不够用,运输能力紧张,供水供电不足,平炉格子房积渣,中山堂转炉设备有缺陷,他主张1959年一季度要正视实际情况对设备进行维修。正是由于以上言行,安以文于1960年4月受到重点批判斗争,被认定犯了右倾机会主义性质错误,撤销重钢党委书记职务,调往下属的103厂任厂长。市委在1961年的甄别中,把对其"右倾机会主义性质错误"的说法改为"犯有政治上右倾动摇和严重的资产阶级个人主义错误",把处理结果改为改任重庆钢铁厂党委副书记。但是重庆市的许多干部认为,省委缺乏自我批评精神和纠正错误的勇气。如果对错误处理的甄别不彻底,就不能解除干部的思想顾虑,不能真正做到畅所欲言。他们要求省委通过甄别工作,从政策上体现说老实话的人不吃亏,让干部敢说老实话。市委领导也认识到甄别工作不彻底的情况。在北京参加七千人大会期间,市委书记鲁大东在小组会发言时就说,重庆把干部整得厉害,伤了元气,回重庆后应该抓紧进行甄别平反工作,调动干部的积极性。市委十八次全委扩大会后,任白戈同意给安以文彻底平反,不留尾巴。①

经过甄别平反,"大跃进"运动后历次政治运动中批判处分正确的2999人,部分错误的2124人,完全错误的14306人,约有85%干部受的批判和处分得到了纠正。在"反右倾"运动中处理的10320人中,得到纠正的有9948人。在反瞒产私分斗争中处理的1379人中,得到纠正

① 此后,安以文在"四清"运动中再次被斗争。1965年4月,中央把他调往攀枝花任市委副书记,领导钢铁基地建设。

的有1372人。1960年到1961年整风整社处理的2784人中,得到纠正的有2063人。1960年突击落后处理的1868人中,得到纠正的有1819人。1960年农村“三反”运动处理的2042人中,纠正45.8%。拔白旗中处理178人,纠正了93.7%。教学革命处理的832人中,纠正了75.93%。1959年整社算账处理的553人,纠正了66%。① 通过对干部的甄别平反工作,团结了一大批干部,增强了党的凝聚力,使基层干部重新振作精神安心工作,使党委的工作重心转到恢复国民经济的大局上来。甄别平反工作为国民经济调整的成功进行起到了重要的作用。

(二)农业进一步调整

为克服“共产风”,此前的农业政策采取了各种措施,如“三包一奖”“小段包工”等,但都是在以大队为基本分配核算单位的基础上进行修修补补,所以仍然不能完全克服实际操作中的困难,在实际工作中,产生了很多投机取巧的“窍门工分”,使得按劳分配的落实存在很大问题。同时,小队为基础进行生产,又在大队核算,形成生产和分配脱节,矛盾极多。为了克服这些问题,1962年2月13日,中共中央发出《关于改变农村人民公社基本核算单位的指示》,正式决定把基本核算单位划到公社、大队、生产队的第三级——生产队。这是一个很大的变化,是向包产到户迈出的又一重要步伐。事实证明,大包干更适合于当时我国农村的生产力水平,更适合农民的觉悟程度,更适合基层干部的管理能力。重庆接到中央文件之后,立即安排部署,展开宣传工作、检查工作、学习讨论、培训干部,全面展开下放农村人民公社基本核算单位的工作。人民公社的体制经过反复调整,最终形成稳定的“三级所有,队为基础”,并宣布至少30年不变。至此,农村政策的调整基本完成。经过3年贯彻调整、巩固、充实、提高的方针,到1965年,全市粮食生产量达到16亿斤,比1960年的9亿多斤有了很大增长,基本恢复到了1957年水平。

---

① 《重庆市甄别工作情况和问题》(1962年8月8日),重庆市档案馆藏1001/13/8。

（三）工业进一步调整

为了加强党员干部的思想教育，转变干部思想作风，克服干部在工作中脱离实际的问题，1964 年 3 月，市委按照省委要求，开展干部参加生产劳动，定岗位、定职责、定时间、顶定员的“三定一顶”运动。这项运动在一定程度上促进了干部开展调查研究，转变工作作风，另一方面，对企业的生产管理也产生了一些影响。同时，为改善产品质量，解决工业生产产品质量不高的问题，市委开展了“比学赶帮”运动，对工业产品质量的提高起到了一定作用。这一时期，重庆一方面继续坚持“关、停、并、转”，压缩高能耗、低效益的企业规模，另一方面按照农、轻、重次序安排组织各工业企业的生产，努力增加农业生产资料和市场日用品生产。在全市工业总产值中，生活资料的比重由 1960 年的 29% 上升为 1962 年的 37.75%，农业生产资料 1963 年比 1962 年增长了 59.2%，使工农业以及工业内部各部门之间的比例关系在一定程度上趋向协调，轻工业总产值在工业总产值中的比重略有回升，1964 年增长了 8 个百分点，达到 49.17%。1963 年，全市工业生产值开始回升，打破前两年大幅度下滑的局面，1964 年、1965 年两年分别以 25.46%、22.65% 的速度快速增长。产品质量也有较大提高，成本显著下降。据 1963 年统计，全市轻工业、化工、机械、手工业等 5 个工业局 172 种主要产品中，质量已达到重庆市历史最高水平的有 72 种，达到或接近全国最高水平的有 56 种，全市工业企业可比产品总成本较上年降低 13.1%。在这个时期，重庆市在石门、上桥、永川等地建设了通用机械工业；在中梁山、李家沱、井口等地建设了化学工业；在歇马场和海棠溪等地建设和发展了农业机械制造工业；还在区、县城镇发展了一批日用工业。同期，对一些工业企业进行了改建、扩建，扩大了采煤、钢铁、纺织、食品、造纸等行业的生产能力。

（四）城市基础建设的调整与发展

鉴于城市基础设施维护急需资金的状况，1962 年为贯彻“八字方针”，全国第一次城市工作会议决定将城市工商税附加、公用事业附加以及房地产税收划归市财政，作为大中城市的城市养护专项费用。在城市维护资金的基本来源得到保障以后，到1964年三线建设以前，重庆城市基础设施投资恢复生产与生活相对平衡的发展势头。这段时间，实施了高家花园水厂配套改造工程，保证了市中区和大杨区的供水，沙坪坝、李家沱、北碚水厂也进行了改扩建。交通设施得到大发展，大双路、杨渡路、陈天路、关五路、牛角沱大桥、向阳隧道、北碚七一大桥等一批道路桥梁工程进行了建设。1964年，穿越南桐矿区与松藻煤矿的川黔铁路南段重新开工，并于次年投入全线正式运营。1965年，改造九龙港区煤码头，兴建重件码头，并于次年竣工，成为西南地区和长江港口中起卸能力最大的码头。在调整期间，全市非生产性投资占基建投资的比例上升到20%，比"二五"计划期间上升12.3%。

（五）商贸流通行业与手工业调整

重庆的商贸业在"大跃进"期间除"大购大销"造成严重经济损失外，还有大量商业网点在精简机构与人员中被减掉转入其他行业，造成流通渠道不畅，人民生产、生活极为不便。1960年下半年，按照中央的指示，迅速开展恢复农村集市贸易的工作。1961年2月后，全市陆续开始高价糖果、糕点、砂糖、酒及高价饭的销售，以回笼货币。3月成立市食品加工公司、修补服务公司、农业生产公司和商业储运公司，增加为群众生产、生活服务的商贸机构。5月，提高粮食及农副产品的收购价和销售价。生猪收购价由每斤0.36元提高到0.494元；鲜肉销售价由每斤0.52元提高到0.77元。稻谷收购价由每市担6.3元提为8.2元；小麦收购价由每市担8.2元提为10.4元。

随着中央"手工业三十五条""商业四十条"同时发布，商业和手工业的调整工作迈上了轨道。1962年9月，重庆首先在商业机构和专业公司的恢复方面做了调整。恢复了市二商业局的机构和职能；恢复组建各级国营商业专业公司。将市级专业公司划分为三类，第一类有重庆五金机械分公司、重庆交通电工器材分公司等，其业务以省公司领导为主；第二类有重庆纺织品公司、重庆百货公司等，其业务受省公司、市一、二商业局双重领导；第三类公司有重庆蔬菜公司、重庆饮食服务公司等，由市二商业局领导。在调整批发商业机构的基础上，又对零售商业体制做了调整，撤销了 20 多个政企不分的总店，零售商店都直接从事零售经营业务。同时商业部门还认真学习“唐山经验”，注意按经济区划合理设置商业批发机构和组织商品流通。1962 年下半年，市人委做出《关于市供销社和二商业局分工的决定》，将供销社从二商业局中划出，重新恢复供销社的集体所有制性质，恢复供销社商业与农民的密切关系，充分发挥供销社在农村商品流通中独特的主渠道作用。

在手工业调整中，恢复合作商店、合作小组。让一批合作商店和大批小商贩退出国营商业，重新办起了煤炭、饮食、蔬菜、土产、日杂、理发、修补、缝纫、小百货等个体商业服务网点。到 1962 年底，从国营商业及供销社中调整出去的小商贩有 23595 人，其中有 20452 人组成了 1487 个合作商店，有 3034 人组成 501 个小组，有 109 人单干。

此外，针对许多生活必需品短缺，供需矛盾尖锐的问题，市商业局向市民发放“购物券”和对一些主要消费品实行按户凭票（证）定量供应。这种不得已而为之的办法，一定程度上缓解了尖锐的供需矛盾，使市民的基本生活得到保证。

（六）教育、科学、医疗卫生的进一步调整

根据中央要求，1965 年，市科委增设科技干部管理处，综合管理科技干部工作，督促检查科技干部政策的贯彻落实。市级各行业主管部门一般设立技术或科技处（科、室），鼓励所属科研机构和下属单位的科研和技术革新改造、新技术推广、新产品试制、标准化与技术监督等工作。

根据中央和教育部的要求，从 1964 年至 1965 年，各地进一步进行教育改革，采取一系列减轻学生负担，增强学生体质的措施。为此，市体委、教育局、卫生局联合提出了《关于进一步加强中、小学体育卫生工作的几点意见》。同时，为解决师资问题，减轻国家和家长负担，培养出色人才，重庆市在大学试行了教授、副教授制度，在中小学教师中评定特级教师，试行两种劳动制度、两种教育制度，半工（农）半读学校得到发展。通过这些调整，压缩和控制了各类教育事业的发展规模和速度，使教育事业的发展基本上和当时国民经济的发展相适应，教育事业内部的比例结构也基本趋于正常，师资短缺、办学资金不足等问题得到解决，办学条

件得到改善,整顿了教学秩序,改进了教育内容和教育方法,提高了教育质量。

1963年后,为了满足社会需要,支持现代化建设,医疗卫生事业又进行了新的调整。在这次调整中,医疗卫生事业获得了较大的发展,一批卫生科研机构和基础设施建立起来。市中心急救站、中心血库增加了投资;成立城市环境卫生管理机构,新添垃圾运输车辆;重庆中医研究所的投资建设被提上议事日程;医学实验动物饲养场于1964年兴办。卫生防疫系统在此期间大量充实人员,新建了一批实验室,各医疗机构开办职业学校培养专业人才。医疗卫生机构逐渐充实了人员、资金,增建了设施,为1966年至1970年第三个五年计划期间医疗卫生事业发展奠定了基础。

(七)文学艺术的初步繁荣与小说《红岩》的创作

随着经济在调整中逐步恢复,文学艺术事业也有了进一步的发展。在"百花齐放、百家争鸣"方针的指导下,创作繁荣、演出活跃,大大丰富了人民群众的文化生活。1961年,山城曲艺场建成开业,多次举行全市性的评书、扬琴、相声等专场演出。1964年,市文联和市文化局联合举办现代曲目观摩演出会,大批作品被评为优秀节目。

市委主持的革命历史小说《红岩》的成功创作是重庆文学领域的一个重大事件。1958年10月,渣滓洞监狱脱险志士狱中回忆录《在烈火中永生》由中国青年出版社出版,在读者中引起极大反响。1958年11月,中国青年出版社向市委提出建议,希望支持共青团的出版事业,以此为题材创作一部长篇小说。市委对此给予大力支持,经过多次重写和修改,小说定名为《红岩》,1961年12月,由中国青年出版社正式出版。小说出版后在社会上引起强烈反响,深受读者喜爱,并翻译成英、法、俄、日等19种外文发行。至今已累计出版20余版,发行上千万册,高居中国当代长篇小说发行之首,影响着一代又一代的中国人,被誉为"革命的教科书"。1999年,《红岩》小说又被评为"百年百种优秀中国文学图书",并入选"感动共和国的50本图书"。而根据小说改编的电影《在烈火中永生》、歌剧《江姐》、话剧《红岩》等,也是家喻户晓,影响深远。

(八)调整工作的全面完成

从1961年至1965年的国民经济调整,使经济社会得到了进一步的恢复和发展。到1965年,全市国民经济已经全面好转,调整的各项任务胜利完成,取得了明显成效。

农业生产迅速恢复和发展,产品的数量和质量都有所提高。1965年,全市农业总产值达5.32亿元,比1961年增长88.9%,粮食总产量达8亿公斤,比1964年增长23%,达到1957年水平。生猪存栏数创历史最好水平,蔬菜、水果、牛奶、鲜蛋、茶叶、油菜等农副产品产量都有大幅度上涨。

工业生产有了较快发展,轻重工业的比例得到调整。1965年全市工业总产值达22.82亿元,比1961年增长35%。主要工业产品产量比1964年有所提高,其中钢增长10%,原煤增长8%,发电量增长17%,化肥增长125%,棉布增长17%。轻工业有了大幅度的增长,重工业增长过猛的势头减缓。轻工业产值占工业总产值的比重由1960年的39.4%增长到1965年的41.9%,重工业则由60.6%下降到58.1%。能源、原材料等基础工业产值稳步增长,产值占工业总产值的比重由1960年的33.9%上升到1965年的34.52%。

市场供应显著改善,人民生活水平有了提高。由于工农业生产的发展,到1965年全市商品供应总量有了较大的增长,城乡市场繁荣。日用工业品、农副产品除粮油外基本取消了定量供应,市场供应充足,价格稳定,市民生活得到很大改善。

科教文卫等事业有了新的发展。科研管理水平不断提高,教育质量明显改善,文学艺术呈现繁荣景象,卫生事业健康发展。

团结了一大批干部,增强了党的凝聚力。通过对干部的甄别平反工作,基层干部重新振作起精神,把工作重心转到恢复国民经济的大局上来,为国民经济调整的成功进行起到了重要作用。

自力更生的精神得到进一步发扬。在国民经济严重困难面前,全市人民坚信党的领导,团结一致、自力更生、发奋图强、努力工作。在精简职工和城镇人口工作中,许多干部、职工响应号召回到农村落户,他们顾大局、识大体,愉快服从组织安排,在各条战线涌现出一大批先进典型。

20 世纪 60 年代初期的国民经济调整，是我党为克服国民经济的严重困难所采取的一项重大决策，是探索社会主义建设正确道路的一次影响深远的历史活动。在这次调整过程中，也曾因为“左”的思想受到一定干扰，其间开展的历时三年的城乡社会主义教育运动，由于以阶级斗争为纲，混淆了两类不同性质的矛盾，错误地打击了许多干部和社会群体，在一定程度上造成了思想混乱。但全市人民始终坚信党的领导，在市委的统一带领下，经过五年的艰苦奋斗，最终战胜困难，使经济形势呈现良好的发展势头，人民群众的生活水平得到明显提高。这段曲折的历史告诉我们，只有坚持实事求是的唯物史观，遵循社会发展规律和经济规律，根据实际情况做出正确的政策调整，才能扭转不利局面，使社会主义事业不断前进。

第十章

城乡社会主义教育运动和政治上“左”倾错误的发展

一、社会主义教育运动的初步开展

1962年9月党的八届十中全会以后,四川省委于10月17日至11月10日召开第十七次全体会议,分别就农业、工业、商业方面贯彻八届十中全会精神通过了3个文件,决定在全省城乡开展以阶级教育为主的社会主义教育运动。随后,重庆市从1962年11月开始,历经近四个月时间,在全市开展了一场“以贯彻党的八届十中全会精神为纲,以阶级教育为中心的社会主义教育运动”[①]。

1962年11月19日,市委发出《关于贯彻执行八届十中全会决议和省委第十七次全体会议精神,安排今冬明春工作的意见》,对1962年冬至1963年春在广大干部和群众中开展以阶级教育为主的社会主义教育运动进行了部署。随后,传达贯彻八届十中全会和省委第十七次全会决议精神逐步在全市铺开。1962年11月中旬至12月中旬,主要是在十七级以上党员领导干部中进行,由市委统一传达动员,按口或按大单位采取脱产和半脱产形式集中学习讨论。同时,在工厂、农村和学校中

① 中共重庆市委宣传部:《关于去冬今春社会主义教育运动情况和今后意见的报告》(1963年4月1日),重庆档案馆藏1001/14/131。

进行了社会主义教育运动的试点工作。各区县委、厂矿企业、机关、大专学校等单位，通过召开党委扩大会议、三级干部会议、党员大会、党训班等形式进行传达学习。12 月 8 日，市委第一书记任白戈又召集市委各部的负责同志开会，对正在开展的社会主义教育运动的情况和问题进行了研究，并对全市下一步社会主义教育工作作了指示，认为前一阶段各个单位采用分层开会、分段传达、集中学习的办法应该肯定。今后也都应坚持先党内后党外、先干部后群众的顺序，层层铺开，逐步扩大，力求搞深搞透，防止走过场。强调运动的主要目的是要通过社会主义教育，着重解决对阶级、当前形势、当前主要矛盾的认识问题，提高广大干部和群众的阶级觉悟和劳动热情，使之成为推动当前生产和工作的政治动力。同时，也要求在运动中要划清思想界限和政策界限，讲阶级问题要联系实际，不能把一些本来不属于阶级性质的说成是阶级问题，维护和发扬正确的合法的东西。①

1962 年 12 月下旬，市委批转了市委宣传部《关于全面深入地开展社会主义教育运动几个问题的意见》，对教育的对象和重点、教育内容和要求、教育方法和时间安排等作了具体安排。教育的重点对象除党员、干部外，还包括工人、农民、城镇居民以及大中小学教职员工和中等学校以上学生，要求人人受到教育，提高觉悟。教育内容主要包括过渡时期的阶级和阶级斗争、当前国际国内形势问题以及以农业为基础、工业为主导的发展国民经济的总方针等三个方面。在教育的方法上强调要坚持教育为主的方针，采取正面教育和自我教育的方法进行。对于在运动中揭发出的贪污盗窃、违法乱纪问题，放到会外或会后由专门机关处理，不和教育运动混在一起。②

到 1963 年 4 月初，以贯彻八届十中全会精神为纲，以阶级教育为主要内容的社会主义教育运动告一段落。这次社会主义教育运动规模大，受教育面广。全市受教育面，城市干部达 98%，工人达 95%；农村干部达

---

① 中共重庆市委办公厅：《社会主义教育运动中应该注意的几个问题》（1962 年 12 月 11 日），重庆市档案馆藏 1001/14/129。

② 中共重庆市委：《市委批转市委宣传部关于全面深入地开展社会主义教育运动几个问题的意见》（1962 年 12 月 26 日），重庆市档案馆藏 1001/14/149。

95%以上，社员达90%以上；教师和大中专学生达98%以上。由于这一阶段的运动坚持了以正面教育为主的方针，把工作基点放在团结教育提高95%以上的基本群众上面，总体上来说发展还是正常的，对于调动群众的生产积极性，促进工农业生产起了一定作用。同时，市委在总结这次运动中也认为“社会主义革命和社会主义建设时期的阶级斗争是长期的、复杂的，而且反映到我们的队伍内部，在一部分干部和群众中资产阶级思想仍然是严重的，如果不加制止而任其发展，就会成为修正主义的社会基础，就会严重地危害社会主义事业。”“不断地进行长期的阶级和阶级斗争教育，不断地提高干部和群众的社会主义思想觉悟，是今后长期的工作任务。”[①] 由此可见，政治上“左”倾思想又再次抬头。

二、城市“五反”运动与阶级斗争的不断扩大化

在全面贯彻国民经济调整方针，国内政治、经济和其他各方面形势有所好转的时候，中央认为在城市单位中普遍存在着浪费国家资财现象，在一些干部中资产阶级思想作风有所滋长，这些都是资产阶级思想在我们队伍中间的反映，是资本主义势力的复辟，是激烈的两条道路的斗争。于是，1963年2月中央工作会议决定在城市开展“反对贪污盗窃、反对投机倒把、反对铺张浪费、反对分散主义和官僚主义运动”（简称“五反”运动）。1963年3月1日，中央正式发出《关于厉行增产节约和反对贪污盗窃、反对投机倒把、反对铺张浪费、反对分散主义、反对官僚主义运动的指示》后，四川省委召开一届第十八次全体会议，通过并发出了《中共四川省委关于贯彻执行中共中央“关于厉行增产节约，反对贪污盗窃、反对投机倒把、反对铺张浪费、反对分散主义、反对官僚主义运动的指示”的指示》。

在四川省委召开工作会议和正式部署“五反”运动之前，市委即按

① 中共重庆市委宣传部：《关于去冬今春社会主义教育运动情况和今后意见的报告》（1963年4月8日），重庆市档案馆藏1001/14/131。

照中央的指示，从 1963 年 2 月下旬开始，在全市广泛开展了增产节约运动，并选择重钢、市轻工局、市土产公司等 10 个单位进行“五反”运动试点。1963 年 3 月，市委召开一届第十九次全委会议，研究部署开展增产节约和“五反”运动。随后，从 4 月开始，全市“五反”运动陆续开展起来。1963 年 5 月 11 日，市委根据中央和省委的指示，结合试点情况，正式发出《关于开展增产节约和反对贪污盗窃、反对投机倒把、反对铺张浪费、反对分散主义、反对官僚主义运动的部署计划》。这次运动，按照中央和四川省委的指示，只在县（团）级以上党政军机关、企业、事业单位、物资管理部门、文教部门，以及县属区、乡财贸单位中分期分批进行。全市大体上分为三批进行，第一批为市级党政领导机关和十个试点单位；第二批为党的关系在市委的 67 个市属以上工业、基建、交通企业单位，23 个财贸单位和区县级机关；第三批为党的关系在区县的市属工商企业。区县以下的单位在当年小春收获后再分批开展。在方法步骤上，主要采取在深入开展增产节约运动的基础上，从检查“三清”（清理资金、清理在途商品、清理库存商品）、“三差”（质差、量差、价差）的报损入手，找出各种损失原因，动员职工和群众揭发本企业、本部门中各方面存在的问题，由领导干部进行自我检查，带头“洗澡”“下楼”①，开展反对铺张浪费、分散主义和官僚主义运动（称为“内三反”），揭发和批判干部中的多吃多占、官僚主义、分散主义等不良作风和浪费现象；然后再大张旗鼓地开展群众性的反贪污盗窃和投机倒把运动（称为“外两反”），揭发和打击贪污盗窃和投机倒把行为；最后根据揭发和清查出的案件进行组织处理，并针对揭发的问题做好思想建设、组织建设和制度建设。

到 1963 年 9 月底，全市开展“五反”运动的单位有 152 个，其中 77% 的单位处在第二阶段，部分单位进入了三阶段或四阶段。② 在这个时候，市委认为，由于“五反”运动逐步深入，工作任务比较繁重，有些单位和部门对运动的领导不如前一时期抓得紧。市委于是在 10 月 7 日至 11 日召开“五反”工作会议，市委书记辛易之在会上讲话指出：目前“五

① “洗澡”指主动交代问题；“下楼”指由群众评议，领导点头，认可过关。

② 中共重庆市委：《市委批转市委五反办公室、市监委关于五反工作会议的情况报告》（1963 年 10 月 20 日），重庆市档案馆藏 1001/14/129。

反”运动存在的严重问题,一是松劲现象,有可能使运动走过场;二是时间拖得太长,对今后生产不利。会议要求各级党组织进一步加强对运动的领导,克服“松劲”情绪,狠抓整改和核实定案、组织处理的准备工作,把“五反”运动进行到底。[①]1963 年 11 月 20 日至 23 日,四川省委在重庆召开工业、交通专业会议,要求工业企业通过开展“五反”运动,克服官僚主义和资本主义经营作风,深入开展增产节约运动。[②]随后,运动开展的面进一步扩大。到 1964 年 4 月上旬,全市已开展运动的市属单位占同级单位的 97.5%,区县属单位占同级的 64.4%;参加运动的职工达全市全民所有制职工总数的 94.3%。[③]

在运动中,由于强调要团结 95% 以上的干部和群众,也要求贯彻“说服教育,洗手洗澡,轻装上阵,团结对敌”的方针,运动从总体上说对改进干部作风、提高劳动效率、促进生产等起到了一定的积极作用,对发现的贪污盗窃、投机倒把的处理也是比较谨慎的。市委还于 1963 年 6 月 22 日批转《市委五反办公室关于从宽处理一批贪污盗窃、投机倒把案件的情况报告》,对一些交代彻底、退赃积极的贪污盗窃、投机倒把案件进行了公开从宽处理。但由于运动强调要大讲阶级原则、党的原则和社会主义原则(即“三个原则”),强调“五反”运动是一场激烈的尖锐的阶级斗争,少数单位领导和工作组方法简单,把问题看得过于严重,存在宁“左”毋右的思想,不可避免地出现了阶级斗争扩大化的错误。同时也把企业在经济困难的情况下,向市场谋求出路的某些措施和确实存在的违法行为,归结为非计划生产、销售、交换,变相提价加价;认为包产到组、包工到人和“小包工”的做法会动摇全民所有制和计划经济,是“资本主义倾向”,应加以批判,以致全市 216 个重点工矿企业的 835 名厂级干部中,有 36 位领导受到撤职处理。市委常委、组织部长萧泽宽,市委

① 中共重庆市委党史研究室编:《中国共产党重庆历史大事记》,重庆出版社 2001 年版,第 79 页。

② 中共重庆市委党史研究室编:《中国共产党重庆历史大事记》,重庆出版社 2001 年版,第 79 页。

③ 中共重庆市委:《市委批转市委五反办公室关于全市五反运动情况和今后意见的报告》(1964 年 4 月 14 日),重庆市档案馆藏 1001/15/88。

候补委员、副秘书长李止舟，市委办公厅副主任兼团市委书记廖伯康，因对“大跃进”和“反右倾”乃至省委一些工作中存在的问题提出批评，被作为思想右倾和反党活动受到批判，并错误地给予李、廖二人撤销一切职务，留党察看，下派工厂工作和劳动的处分；萧泽宽被调离组织部。党内斗争的“左”倾错误呈现日益严重的趋势。

根据中央精神，1964 年 9 月和 11 月，四川省委先后对城市社会主义教育运动进行了重新部署，认为前一阶段的“五反”和城市社会主义教育运动，只偏重解决了一些经济方面的问题，而且解决得很不彻底。为此，四川省委根据集中力量打歼灭战的原则，决定城市社会主义教育运动先在成都、重庆、自贡三个市开展，同时要求重庆市以大渡口、重庆钢铁公司为重点。① 为此，市委抽调 2400 多名干部组成工作团，集中力量在重庆钢铁公司和所在的大渡口地区进行了为期 7 个月的社会主义教育试点。由于城市“五反”运动与农村社教运动同时开展，随着运动的深入，农村社教运动成了工作的重点，基层“五反”运动与农村“四清”运动合并在一起，由农村社教工作团进行统一安排。

三、农村“小四清”运动与“左”倾错误的迅速发展

1963 年 2 月中央工作会议上，毛泽东介绍了河北保定地区清理账目、清理仓库、清理财物、清理工分（简称“四清”，后把这一阶段的运动称为“小四清”）的经验，中央决定推广河北省保定地区的经验，在农村进行以清理账目、清理仓库、清理财物、清理工分为主要内容的社会主义教育运动。1963 年 5 月，中央在杭州召开会议，讨论制定并下发了《关于目前农村工作中若干问题的决定（草案）》（简称“前十条”）。“前十

① 中共四川省委:《中共四川省委关于开展城市社会主义教育运动的重新部署（修改稿）》（1964 年 11 月 18 日），重庆市档案馆藏 1001/15/6;《中共四川省委关于开展城市社会主义教育运动的部署（修正稿）》（1964 年 9 月 28 日），重庆市档案馆藏 1001/15/8。

条”对国内政治形势作了过分严重的估计,认为当前中国社会出现了严重的、尖锐的阶级斗争情况。

“前十条”发出后,四川省委于1963年5月召开工作会议,传达贯彻中央杭州会议精神和“前十条”。这次会议改变了之前对1962年冬到1963年春全省开展的社会主义教育运动取得很大成绩的基本评价,认为党的八届十中全会以后,全省开展的社会主义教育运动,虽然大多数群众受到了一次阶级教育,在相当程度上制止了单干风,但贫下中农的阶级队伍还没有普遍发动和组织起来,党员、干部中的多吃多占、贪污盗窃等问题基本上还没有解决,农村中阶级斗争的盖子还没有完全揭开,被地富反坏分子和新生的资产阶级分子操纵篡夺了领导权的社队的领导核心问题,大部分还没有解决。① 会议要求各地、市、县委都要组织力量进行以“四清”为主要内容的社会主义教育运动试点。

根据中央和四川省委的安排,重庆市委于1963年6月下旬召开工作会议,对在全市农村开展“四清”运动进行了具体安排。会议除套用四川省委的评价外,还认为重庆市郊区的农村与城市在社会、经济方面有着直接联系,阶级斗争较一般农村更为复杂、尖锐;认为“地、富、反、坏四类分子中,70%左右有不同程度的破坏违法活动,其中30%左右较为严重”,“被阶级敌人和敌对分子篡夺和操纵了领导权的生产队占17.8%;支部占7%”。② 并开始抽调干部在除市中区外的三县(巴县、綦江、长寿)、六区(南桐矿区、北碚区、南岸区、九龙坡区、沙坪坝区和江北区)的部分农村,进行以“清账目、清财物、清仓库、清工分”为主要内容的社会主义教育运动试点,清查干部“四不清”的情况。

在最初的“四清”运动试点过程中,总体来说还是比较好的,基本上是按照“前十条”的规定开展运动,坚持了“说服教育、洗手洗澡、轻装上阵、团结对敌”的方针,“四清”也基本上限于经济领域,即小“四清”。

---

① 中共四川省委:《中共四川省委关于农村进一步开展以阶级教育、阶级斗争为纲的社会主义教育运动的工作部署(草稿)》(1963年6月13日),重庆市档案馆藏1001/14/53。

② 中共重庆市委:《市委关于贯彻执行“省委关于农村进一步开展以阶级教育、阶级斗争为纲的社会主义教育运动的工作部署(草稿)”的具体安排(草稿)》(1963年6月29日),重庆市档案馆藏1001/14/53。

政治上、组织上、思想上的清查尚未大规模开展，而且各地都成立了两套班子，在搞运动的同时，也在抓生产建设。但由于受阶级斗争扩大化的影响，在试点过程中，个别地方从运动开始便出现先入为主，认为农村存在严重的阶级斗争，存在地富反坏的封建复辟和新生资产阶级势力的猖狂进攻，人为地制造了阶级斗争不断激化的事实，发生了一些打人、捆绑罚跪、乱追硬逼的错误做法，加之在工作中又缺乏必要的防范措施，影响了农村社会的稳定。

鉴于全国各地在运动的试点过程中出现的一些问题，中央于1963年9月召开工作会议，讨论制定了《关于农村社会主义教育运动中的一些具体政策的规定（草案）》（简称“后十条”），对运动中的一些具体政策作出明确规定，对一些过火行为加以约束，规定要团结95%以上的干部和群众，要依靠基层组织和基层干部。但“后十条”在充分肯定“前十条”关于阶级斗争形势和社教运动性质的论断的基础上，进一步提出运动要“以阶级斗争为纲”的方针，“左”倾指导思想得到继续和发展。

随后，四川省委于1963年11月23日发出《中共四川省委关于农村进一步开展以阶级教育、阶级斗争为纲的社会主义教育运动的工作部署》，对全省农村开展“四清”运动进行了全面部署。重庆市根据中央和四川省委的部署，在试点的基础上，从1963年10月开始，先后分两批展开，到1964年6月，全市已结束运动的公社共184个，占公社总数的79.6%。

1964年4月底到5月初，四川省委根据中央要求把农村社会主义教育进行到底的指示，召开了各地市委书记会议，对全省农村社会主义教育运动下一步工作进行部署。会议认为：“在过去一段时间先后开展的两批社会主义教育运动的公社中，第一批开展得比较好，工作做得扎实，基本符合中央‘双十条’的要求，但第二批开展运动的公社由于铺的面宽，力量弱，时间短，任务多，加之有些地方春耕生产来得早，因而工作做得粗糙，使运动的质量受到了影响”[①]。要求全省各地暂不开展第三批社

---

① 中共四川省委：《省委地书会议文件之一：中共四川省委关于农村社会主义教育运动下一步工作的部署（草案）》（1964年4月29日），重庆市档案馆藏1001/15/4。

会主义教育运动,利用 1964 年冬至 1965 年春的这段时间对已经开展运动的公社进行一次复查。为此,市委按要求利用 1964 年冬至 1965 年春的时间,集中力量对已结束运动的公社进行了复查。① 复查的内容主要有四个方面:第一,查阶级、查阶级敌人的破坏活动,查干部上阶级敌人的当,整顿阶级队伍,划清敌我界限,组织对敌斗争;第二,查干部退赔是否兑现,查“四清”是否彻底,进一步教育提高干部,解决干群矛盾,改善干群关系;第三,解决生产经营管理中的两条道路斗争问题,突出抓好劳动组织、定额管理和评工记分中干部多占工分的问题;第四,通过复查,改进农村党的工作,进一步整顿干部队伍和党的基层组织,健全生产队的领导核心,提高党组织的战斗力。

1964 年 9 月,“后十条”修正草案正式下发。“后十条”修正草案对形势作了更加不符合实际的严重估计,认为有 1/3 左右的基层单位领导权不在我们手里,而在敌人和它的同盟者手里;认为阶级敌人拉拢腐蚀干部,“建立反革命的两面政权”,是“敌人反对我们的主要形式”;认为这次运动“是一次比土地革命更为广泛、更为复杂、更为深刻的大规模的群众运动”,规定“整个运动都由工作队领导”。这样,就把基层组织和基层干部撇在了一边,导致社教运动“左”倾错误得到迅速和严重的发展,打击面进一步扩大。

市委根据中央精神和四川省委的部署,于 1964 年 10 月召开工作会议,讨论通过了《中共重庆市委关于贯彻执行省委关于社会主义教育运动集中力量打歼灭战的工作部署的意见》,对全市社会主义教育运动进行了重新部署,决定集中力量、用一年的时间在主产粮食且人口较多的巴县进行试点,并将这个县“四清”和“五反”运动统一安排,分两批搞完。第一批先搞巴县在长江以北的地区(又称巴县江北地区),第二批搞巴县江南地区。随后,市委组织了 7000 多人的社教工作团于 1964 年 11 月进驻到巴县开展社会主义教育运动试点。在运动中由于受“桃源经验”的影响,以两个阶级、两条道路斗争为重点,错误地提出了要“解

---

① 中共重庆市委:《中共重庆市委关于今冬明春农村社会主义教育运动复查工作的部署(草稿)》(1964 年 6 月 20 日),重庆市档案馆藏 1001/15/100。

决民主革命不彻底的问题”的观点，大批基层干部受到了不应有的打击，严重地挫伤了基层干部的积极性。

四、“二十三条”指导下的“大四清”运动

1964年12月15日至1965年1月14日，中央在北京召开工作会议。会议总结前一段社会主义教育运动的经验，部署下一段的工作。在毛泽东同志主持讨论下，制定并下发了《农村社会主义教育运动中目前提出的一些问题》（即“二十三条”），规定城乡社会主义教育运动一律以“清政治、清经济、清组织、清思想”（后称为“大四清”）为主要内容，城市社教的“五反”也统一改为“四清”，并部分纠正了1964年下半年“四清”运动中的一些过“左”的做法。

随后，市委根据中央和四川省委的安排，于1965年2月5日至11日召开工作会议，传达学习“二十三条”，并对全市宣传和传达“二十三条”进行安排部署。2月下旬，根据四川省委指示，从市、区县机关抽调了526名干部到公社宣讲政策，协助各公社开好三级干部会。到3月上旬，在全市厂矿企业干部中传达学习“二十三条”基本完成。通过对“二十三条”的学习，解除了部分干部的思想顾虑，对安定干部情绪，调动基层干部积极性，推动生产起到了一定作用。3月中旬，市委批转市委农工部《关于农村面上贯彻中央“二十三条”情况和今后意见的报告》，对农村面上贯彻“二十三条”的情况又进行了布置，要求把大多数干部解放出来，转到生产上去，不要扭住一些小问题不放，不要过分纠缠经济问题而放松了政治斗争。

由于西南地区是国家三线建设的重点地区，生产建设和备战任务都十分繁重，鉴于当时形势发展，市委根据“二十三条”的精神，按照中共中央西南局和四川省委的指示，于1965年5月制订了加快城乡“四清”运动的工作计划，继续采取分批打歼灭战的办法，每批用三四个月时间，计划到1966年底全部完成。其中，城市“四清”运动大体上分四批

进行，在先期进行“四清”打歼灭战的3个试点单位，即重钢、二九六厂（建设机床厂）、西师的运动基本结束后，再分三批进行。同时，在第一批“四清”运动结束后，根据四川省委的指示，将重钢、二九六厂（建设机床厂）两个工作团合并成立城市社会主义教育工作团，各厂矿、基建单位和财贸、文教系统等设立社教分团，归城市社教工作团领导。农村“四清”运动，先在巴县江北地区进行试点，然后计划分四批进行。[①]

“二十三条”对1964年下半年以后“五反”和“四清”运动中的一些过火做法进行了部分纠正，明确运动不整工人、不整社员，解脱了一批基层干部，农村一度紧张的局面有所缓和。但由于强调运动的性质是解决社会主义和资本主义的矛盾，运动的重点是“整党内那些走资本主义道路的当权派”，把矛头集中指向各级领导，从而使阶级斗争扩大化的错误又得到进一步发展。在开展第一批试点的巴县江北地区，就清查出所谓走资本主义道路的当权派236人。[②]从根本上看，在指导思想上“左”倾错误的理论有进一步发展。

五、党的建设与中共重庆市第二次代表大会的召开

在开展社会主义教育运动的同时，市委还按照中央和四川省委的要求，开展党员教育，进行整党工作，加强党的基层组织建设。

1962年，根据中共中央批转的《中央组织部关于加强对党员的教育管理工作的报告》精神，市委提出用5年的时间，以1962年1月扩大的中央工作会议和八届十中全会精神为指导，以解决党员对阶级、形势和“三面红旗”的认识，贯彻民主集中制、健全活跃党的生活以及恢复

① 中共重庆市委：《市委关于加快城乡“四清”工作规划（草稿）》（1965年5月14日），重庆市档案馆藏1001/6/10。

② 中共重庆市：重庆市向四川省委呈报的“巴县工作团关于巴县江北地区社会主义教育运动的基本总结”（1965年7月9日），重庆市档案馆藏1001/16/67。

党的优良传统、改进党的作风为重点，以《做一个好的共产党员》课本为教材，系统地对党员进行教育。1963 年 2 月，为贯彻中央和省委组织工作会议关于执政党必须永远注意加强党的建设的精神，全市进行了比 1962 年规模更大的党员教育训练。全市 12 万多名党员参加了这次教育训练，其中脱产集中训练党员 9.5 万人。为了增强训练效果，全市共挑选配备和训练了专、兼职党课教员和教育干部 3315 人。这次教育训练坚持理论联系实际、正面教育为主的原则，通过教育，党员的思想觉悟进一步提高，基层组织战斗力得到增强。

1963 年 3 月，根据全国组织工作会议和省委关于进行重新登记党员工作的精神，市委决定先在工厂企业进行试点，然后全面铺开，对全市党员进行一次重新登记。市委组织部先在二九六厂（建设机床厂）、毛纺厂和公共交通公司 3 个单位进行试点，随后又在重庆大学、三八百货商店试点。但到 1963 年 6 月，根据中组部关于城市党员登记工作应该在全市范围内“五反”运动基本结束和党员干部“下楼洗澡”后，再分期分批进行的精神，重新登记党员工作暂停下来。

针对发展党员中存在的问题，1963 年 8 月，市委组织部发出《关于加强预备党员转正工作的通知》，对预备党员转为正式党员工作进行了清理。直到 1964 年 4 月基本结束，共查出擅自接收组织关系而承认其党员身份的 2212 人，将预备党员误认为正式党员的 136 人，积压及遗失组织关系的 20 人，缺少党员入党志愿书的 8724 人，入党手续不完备的 3013 人。随后，市委针对不同情况提出了处理意见并进行妥善处理。①

结合“五反”和“四清”运动，市委还开展了整顿基层党组织的工作。1963 年 5 月，市委组织部会同北碚区委工作组，根据中央关于要结合社会主义教育运动，整顿农村党的基层组织的指示和省、市委的部署，在北碚歇马公社进行整顿基层党组织试点。取得经验后，市委要求各区县委和工作团一定要按照中央、西南局②和省委所规定的整党工作的方针政策和七项要求，在社会主义教育运动中把农村党的基层组织整顿

---

① 重庆市地方志编纂委员会编:《重庆市志》第 12 卷，西南师范大学出版社，第 34 页。

② 这里所指的西南局为 1960 年 9 月中共中央决定成立的 6 个中央局之一。李井泉为西南局第一书记。

好。同时,也要对城市党的基层组织以及工业、财贸、学校、机关党的基层组织进行整顿。1963 年 6 月,市委批转《市委组织部关于在增产节约和“五反”运动中,切实加强党的组织工作的意见》。该《意见》计划结合增产节约运动和“内三反”“外两反”,对党员、干部,特别是领导核心进行摸底排查,对落后基层党组织进行重点整顿。12 月 25 日,市委批转市委组织部《关于在社会主义教育运动中整顿农村党的基层组织的意见》。要求按照中央下发的“后十条”中提出的七项整党的要求,结合农村“四清”运动,对农村党的基层组织进行一次认真的整顿。随后,结合“四清”和“五反”运动,全市开展了大规模的基层党组织整顿。该项工作延续至 1964 年上半年大体结束,全民所有制企业 90%、市属企业 50%、农村 88% 以上公社的基层党组织进行了整顿。①

在加快推进城乡“四清”运动,国民经济调整胜利完成,开展实施国民经济第三个五年计划的时候,1966 年 3 月 15 日至 28 日召开了中共重庆市第二次代表大会。出席这次大会的代表 482 人,列席 67 人,代表全市 12.9 万余名党员。任白戈代表市委作了题为《更高地举起毛泽东思想伟大红旗,突出政治,为把重庆建设成为一个强大的工业基地而斗争!》的工作报告。②

这次大会回顾了 1958 年中共重庆市委一届二次会议以来 8 年的工作情况。但仍然继续坚持了“左”的指导思想,认为国民经济取得新高涨的决定性作用是“开展了社会主义教育运动,抓了阶级斗争和两条道路斗争这个纲”。③ 大会着重强调了要突出政治的问题。要求必须把毛主席著作当作一切工作的最高指示,把活学活用毛主席著作摆在一切工作的首位;必须坚持把阶级斗争和两条道路斗争作为一切工作的纲;必

---

① 重庆市地方志编纂委员会编:《重庆市志》第 12 卷,西南师范大学出版社,第 38 页。

② 中共重庆市委:《关于第二届党代表大会的情况报告》(市发〔66〕058 号,1966 年 4 月 16 日),重庆市档案馆藏 1001/17/4。

③ 任白戈在中共重庆市第二届代表大会的工作报告:《更高地举起毛泽东思想伟大红旗,突出政治,为把重庆建设成为一个强大的工业基地而斗争!》(1966 年 3 月 18 日),重庆市档案馆藏 1001/17/4。

须树立政治统帅一切的观点。[①] 同时,鉴于我国国际形势趋于紧张的情况,根据党中央提出的备战、备荒、为人民的要求和国家战略部署,大会指出三线建设是关系我国社会主义建设和国家安危的大事。要求必须把三线建设作为头等大事,加快三线建设步伐,把重庆建设成为战略后方基地,加强备战工作。[②]

3 月 28 日下午,市委举行二届一次全委会,选举任白戈为市委第一书记,鲁大东、辛易之、孙先余、岳林、廖苏华 5 人为市委书记,丁长河为候补书记,市委常委共 11 人。

历时三年的城乡社会主义教育运动,对于纠正某些基层干部多吃多占、强迫命令、官僚作风等问题,对整顿集体经济的管理制度,打击贪污盗窃等不良风气和违法行为,起到了一定作用。但是,由于“以阶级斗争为纲”混淆了两类不同性质的矛盾,错误地打击了不少的干部和群众,将若干有利于搞活经济的正确措施斥之为“资本主义倾向”“资本主义尾巴”等,进行粗暴批判,由此导致经过“调整”之后本已开始复苏的经济形势,再度受到挫折。尽管中共中央的“二十三条”公布后,一些“左”的做法得到部分纠正,一些遭到错误打击的干部群众得以解脱,但在“四清”运动中,全市仍有 14533 人受到错误批判[③],而且根据“二十三条”的规定,运动的重点是“整党内走资本主义道路的当权派”,从而直接导致阶级斗争在党内的进一步扩大化。在意识形态领域对文艺界、学术界也开始进行大规模的政治批判,在教育界,一批教师也在“四清”运动中被当作“阶级异己分子”开除公职。“文化大革命”初期,“四清”运动仍然按计划进行,随着“文化大革命”的发展,“四清”运动不了了之。

① 中共重庆市委:《中国共产党重庆第二届代表大会决议》(市发〔66〕047 号,1966 年 3 月 28 日),重庆市档案馆藏 1001/17/4。

② 中共重庆市委:《关于第二届党代表大会的情况报告》(市发〔66〕058 号,1966 年 4 月 16 日),重庆市档案馆藏 1001/17/4。

③ 中共重庆市委党史研究室编:《拨乱反正》,重庆出版社 2001 年版,第 19 页。

第十一章

重庆地区三线建设的展开

一、重庆成为三线建设的重点地区

三线建设是20世纪60年代中期,中共中央在国际局势日趋紧张的情况下,为加强战备而进行的一次以国防工业为中心,牵动全局的大规模经济建设。其投入之多,规模之大,动员之广,行动之快,时间之长,堪称中华人民共和国建设史上最重要的一次改变生产力布局的重大战略部署,对以后的国民经济结构和布局,产生了深远影响。重庆作为三线建设的中心城市之一,在建设和调整改造过程中受益匪浅,在一定程度上壮大了重庆老工业基地的经济实力,加快了城市现代化的进程。

三线建设的战略决策是从酝酿第三个五年计划开始的。“大跃进”、三年自然灾害,以及苏联政府单方面撕毁经济援助协议等因素造成的经济困难局面,经过60年代初的调整,虽然有所缓和,但工农业生产仍未恢复,人民缺吃少穿的情况仍很严重。因此,1963年初,由李富春、李先念、谭震林、薄一波等8人组成的中央计划领导小组在研究编制长远国民经济计划和“三五”计划问题时指出:“三五”计划的奋斗目标,应集中力量解决人民的吃穿用。然而,60年代初错综复杂的国际环境直接影响着中国的经济战略决策。当时,大陆四周硝烟弥漫:台湾蒋介石当局利用大陆出现的经济困难局面不断进行军事骚扰,企图反攻大陆;美国制造“北部湾事件”,对越南北方进行大规模轰炸,战火燃到了中国南部边界；印度军队不断由中印边界东、西两侧侵入中国领土，进行无端挑衅；苏联派重兵进驻中蒙边界地区，战略导弹直指中国。随着国际局势的日趋紧张，中共中央在进行国民经济调整的同时，也日渐关注战争因素对经济建设的影响。1964 年 4 月 25 日，中央军委总参谋部作战部提交的一份经济建设如何防备敌人突然袭击问题的分析报告，引起了毛泽东和党中央的高度重视。报告认为我国工业过于集中；大城市人口多；主要铁路枢纽、桥梁和港口码头多在大城市附近，缺乏应付敌人突然袭击的措施；所有水库的紧急泄水能力都很小，一旦遭到破坏，将酿成巨大灾害。报告还建议国务院组织一个专案小组，根据国家经济的可能情况，研究采取一些可行的措施以防备敌人的突然袭击。为此，毛泽东在 5 月 15 日到 6 月 17 日召开的中央工作会议上指出，"只要帝国主义存在，就有战争的危险。我们不是帝国主义的参谋长，不晓得它什么时候要打仗。决定战争最后胜利的不是原子弹，而是常规武器"。[①] 他提出，"三五"计划要考虑解决全国工业布局不平衡的问题，要搞一、二、三线的战略布局，加强三线建设，防备敌人的入侵。要搞三线工业基地的建设，一、二线也要搞点军事工业。各省都要有军事工业，要自己造步枪、冲锋枪、轻重机枪、迫击炮、子弹、炸药。有了这些东西，就放心了。于是，三线建设被提到了国民经济发展的重要议事日程，会上正式作出集中力量进行三线建设的重大决策。

所谓一、二、三线，是按我国地理区域，由中国大陆的国境线依其战略地位的重要性（即受外敌侵袭的可能性）向内地收缩，划三道线形成的地区。三线地区主要包括西南和西北地区。一线地区主要包括位于沿海和边疆的省区。二线是指介于一、三线之间的中间地带。此外，三线还有大小之分。西南、西北俗称"大三线"，各省份自己靠近内地的腹地俗称"小三线"。

重庆由于自身较强的工业实力和优越的地理位置，成为全国"大三线"建设的重点地区。首先，重庆作为西南地区发达的工商业重镇，工业发展的历史较早，综合配套能力较强，特别是以机械、冶金、化工为主

① 薄一波：《若干重大决策与事件的回顾》，中共中央党校出版社 1993 年版，第 1199 页。

导的重工业占有十分重要的地位。远在巴国时期，重庆地区的手工业就能够生产铜兵器、陶器、铁斧、纺织品及伞子盐等产品。19世纪末的开埠使重庆成为中国西部地区近代工业最早兴起的城市，工业产品也由火柴逐步扩展到棉织、玻璃、采矿、航运、电灯等行业。抗日战争爆发后，国民政府迁都重庆，沿海和内地200多家工厂随之迁渝，其中包括机器制造、化学、纺织、冶金等工业，重庆迅速成为战时中国大后方唯一的工业门类较齐全的综合性工业基地，现代工业得到进一步发展。解放初期的恢复重建和继续发展，开启了重庆社会主义工业化的进程。其次，重庆的兵器工业本身具有一定基础。抗日战争时期，国民政府从南京、上海、广东、湖南、湖北等地向重庆先后迁入并新建了一批兵工厂。当时除去东北，全国军火的80%都靠重庆生产。重庆的望江、长安、建设、空压、嘉陵、长江、江陵等七大老厂在全国占有重要地位。解放后的“一五”时期和“二五”时期又进行了扩建，1956年引进消化苏联的制式武器，实力更加雄厚。再次，重庆地处长江上游，两江环抱，前有三峡天险，背靠大西南腹地，具有优越的地理位置和丰富的能源条件。长江黄金水道直达中下游发达城市及东部沿海，为重庆的工业产品输出创造了条件；丰富的煤、天然气、铁、有色金属及各种非金属矿产资源为工业生产提供了能源和物资。为此，历来作为我国战略后方重要工业基地的重庆肩负起了三线建设的历史使命。

1964年9月21日，中共中央政治局委员、国务院副总理李富春在全国计划工作会议上宣布：三线建设的目标，是要采取多快好省的办法，在纵深地区，即在西南和西北地区（包括湘西、鄂西、豫西）建立一个比较完整的工业体系；初步设想，用三年或者更多一点的时间，把重庆地区，包括从綦江到鄂西的长江上游地区，以重钢为原材料基地，建设成能够制造常规武器和某些重要机器设备的基地；在机械工业方面，以重庆为中心，逐步建立西南的机床、汽车、仪表和直接为国防服务的动力机械工业。同时，还规划了以长江上游重庆至万县为中心的造船工业基地。由此可见重庆在三线建设中的地位和作用。

二、三线建设的规划起步

1964 年 9 月中旬，重庆地区三线建设规划小组成立。其下包括综合、冶金、机械、军工、化工、煤炭、电力、建工、交通、铁道、劳动等专业小组，由中央、西南局、四川省和重庆市抽调干部 166 人[①]，统一协调力量。各组人员根据中央部署联合作战，对重庆的工业布局、长江嘉陵江二线的选厂迁厂，以及现有军工企业的保护等问题进行实地勘察和研究论证。经过一个多月的努力，形成了关于重庆地区三线建设的一些初步规划意见。

规划按照“靠山、分散、隐蔽”和专业化协作的原则，结合重庆周围地区的地理条件和资源情况，以及各项工业的生产特点，在工业布局上分市区范围内和市区范围外进行规划。市区内由于工业摆布已较集中，加之人口密度大、交通拥挤，因此一般不安排新厂。迁并重庆的项目也主要在现有基础上进行填平补齐、技术改造和运用新技术、新装备提高现有企业的生产技术水平。周围地区的工业布局大体划分为五个区域：一、在嘉陵江到渠江的华蓥山地区（包括江北、大竹、邻水、广安、合川、璧山等县）和从乌江往上的酉阳、秀山、黔江、彭水、南川、武隆地区安排军事工业。因为这两个地区山脉纵横，有许多天然溶洞，地形隐蔽。二、在靠山近水、天然气和电力资源较丰富的长寿、涪陵地区和垫江的一部分摆放化学工业。三、从涪陵以下，万县、云阳、奉节直到巫山，回水沱较多、水位较深的沿江地区安排造船工业。四、在重庆市周围，利用老厂和下马企业，结合技术改造，迁建扩建改建冶金工业。五、考虑在北碚歇马场、缙云山周围环境幽静、气温湿度较好的地区安排精密仪表仪器工业。[②]

---

① 《三线规划重庆地区小组工作人员名单》（1964 年 10 月 6 日），重庆市档案馆藏 1001/15/117。

② 《关于重庆地区三线规划的初步意见》（1964 年 10 月 10 日）、《三线规划重庆地区小组关于重庆地区三线规划工作情况报告》（1964 年 10 月 30 日），重庆市档案馆藏 1001/15/118。

此外,机械工业和煤、电、建材等工业生产部门以及交通设施,则配合整个工业布局进行安排。机械工业:凡与常规兵器配套的产品和精密关键的设备摆在重庆周围;凡与常规兵器配套关系不大的一般性企业则摆远一些,特别是一些轻型机械工业企业沿嘉陵江、涪江、沱江、渠江(不靠华蓥山),以及公路两旁分散成串布点。煤焦:动力用煤一般就地解决;军工、机械、化工所需优质煤和低硫焦炭需由四川省平衡调剂解决。电力:除重庆周围,江北、璧山、江津、合川四个县(加上南川的水江地区)用电由重庆大电网供电外,其余地区一般利用当地水利资源,结合农业灌溉,建设一批小型水电站;在煤源较多地区建设一些中小型火电站加以调剂,并分片拼成小电网。建筑材料:钢材、水泥、木材必须由国家统一安排,砖、瓦、砂石等材料由地方安排,就地解决。交通运输:充分利用江河,发展水运;同时配合地区建设,对有关铁路、公路、桥梁、渡口、码头进行必要整修改造。

对现有军工企业的保护,总体遵循"经济合理,一次规划,分期实现,少花钱,多办事"的原则。① 主要采取分散和进洞两个措施,组织专业化协作,对老厂若干生产部分实行疏散,通过进洞落户来御防常规轰炸。对不宜进洞的设备,积极采取安全措施,采用新技术重点保护关键、精密设备,必要时储备一定数量的毛坯和零件。

在作出全面布局的同时,市计委还根据中央和西南局计委一线支援三线建设的指示精神,结合重庆工业企业设备陈旧不配套、工艺落后等实际情况,提出一线先进工业地区支援重庆老工业基地工业技术改造的相关建议。主要分为一线厂对口协作包干对重庆厂进行技术改造、一线派科研人员和技术人员帮助规划并支援仪器设备、一线地区成套工业性企业支援三种方式。其中,重庆军工产品需要与一线地区企业的产品进行配套;冶金企业需要从一线地区迁入本地缺门品种,以满足军工生产的原材料需要;机械要建立锻造、铸造、模具等专业生产点,以提高工业技术;橡胶、塑料工业需要增加品种,为军工配套;医药工业需要增加抗

① 《重庆地区常规武器成套生产建设规划情况的报告》(1964 年 10 月 31 日),重庆市档案馆藏 1001/15/118。

菌素生产企业，为战备服务。为此，规划根据国家计委已定项目和各部提供的资料，提出以重庆为中心迁建、新建的项目200多个。计划从上海地区迁入122个，从广州、南京等城市迁入20个，从东北地区迁入27个，从华北地区迁入43个。[①] 其中有分属兵器、船舶、航天、电子、核工业等部的90个国防企事业、科研单位，有与之配套的机械、仪器仪表、冶金、橡胶、化工、交通等行业的企事业单位。同时还对重庆原有一些企业进行改建和扩建，增加交通运输等设施。

1965年2月21日，中央批准了五机部以重庆为中心的常规兵器工业生产基地的建设计划，从此揭开了兵器工业三线建设的序幕。紧接着，中央和国务院又于26日颁布《关于西南建设体制问题的决定》，成立西南局三线建设委员会以加强对三线建设的领导。由西南局第一书记李井泉任主任，西南局书记处书记程子华、阎秀峰任副主任，委员由国务院各部负责人和云、贵、川三省负责人担任，共22人，以后又增加了彭德怀、钱敏任副主任。三线建设委员会主要负责贯彻执行中央的方针政策和建设计划；审定建设项目的设计方案、厂址选择、施工计划；协调中央各部门与各省、各地方之间的工作；确定各建设项目现场指挥部的负责人选；对方针政策的执行情况和建设计划的实施情况进行监督和检查。此后，根据中央指示，其下建立了重庆地区常规兵器配套建设指挥部，由第五机械工业部副部长朱光任总指挥，重庆市委书记鲁大东任副总指挥，具体负责重庆地区的三线建设。同时，由中央和省市有关部门抽调干部，成立了重庆地区物资、交通、电力小组，组织和安排物资、运输、供电及二类机电产品的供应。此前，还由重庆和五个专区共同组成地区支援三线建设委员会，及时交换情况，研究工作，共同协商解决支援工作中的问题，从劳动力、地方材料、三类物资和生活供应等方面，大力支援三线建设，密切配合打好歼灭战。

---

① 重庆市地方志编纂委员会编：《重庆市志》第1卷，四川大学出版社1992年版，第390页。

三、重庆常规兵器工业基地的初步建设

1964年下半年到1966年底是重庆地区三线建设大规模展开的阶段。其建设以兵器工业为重点，同时还涉及船舶、电子、航天、冶金、化工、机械、交通等行业。大部分企事业单位都在这一时期建成或者动工修建，大部分工厂以及研究所的搬迁也在这一时期完成。

首先是沿海大批企事业单位的内迁。1964年8月到10月，李富春、薄一波等多次就迁建中的有关问题向中央作书面报告，要求加快沿海企业内迁的进度，加强对迁建工作的领导。他们制定的具体实施方案是：1964年下半年迁建少数工厂作试点，大部分工厂做好搬迁准备，1965年开始大规模迁建。迁建主要采取整体搬迁和部分搬迁的形式，即有的厂全部内迁，有的厂部分车间、工段内迁并与重庆原有厂合并，或在重庆建设新厂。据不完全统计，从1964年到1965年底，从北京、上海、辽宁等12个省市迁入重庆地区60个企事业单位[①]。其中，为做好搬迁工作，浦陵机器厂迅速迁建的经验，被西南三线建委作为典型，召开现场会并向整个西南三线内迁建设企业推广。浦陵机器厂系原上海动力机械厂，生产小型汽油发动机。1964年10月29日确定搬迁之后，仅用40天就全部完成土建工程。设备搬迁采取先绘制安装平面图及机器部件编号，运至新址对号入座后迅速安装，搬迁的全部设备只用了18天便拆迁安装完毕。从迁建到投产，总共只用了两个月的时间。此后，上海第二制药厂盐酸普鲁卡因车间迁入重庆市西南制药厂二分厂，上海小汽油机厂、国家地质部第二石油普查勘探大队迁入重庆市。1965年，株洲仪表专用材料研究所、上海热工仪表科学研究所材料组、机械科学研究院上海材料研究所弹性材料研究室等内迁重庆，建立了仪表专用材料研究所；上海901厂金属粉末车间迁入重庆103厂，建成年产能力达296吨的有色金属粉末生产车间，填补了西南地区的空白；鞍钢第二中板厂

---

① 重庆市地方志编纂委员会编：《重庆市志》第1卷，四川大学出版社1992年版，第399页。

内迁重庆建成年产 20 万吨中板的重钢五厂。

大量的搬迁带来了交通运输的空前压力，因此交通项目的新建、扩建也同时加紧。1965 年，国家对九龙坡煤炭和钢铁码头进行了扩建，使煤炭码头年通过能力提高 40 万吨，钢铁重件码头增设了起重 180 吨的作业线，成为当时长江各港口起重能力最大的一套设施。同时，国家还投资新建了李家沱和猫儿沱机械化作业线码头，已有的朝天门红岩码头和江北打鱼湾码头也新建了机械化作业线。这样，重庆港共拥有机械化码头 13 座，最大停泊能力 3000 吨，铁路专用线 12.8 公里，配置了机车 6 台，主要装卸机械 368 台，拖轮 2 艘，驳船 105 艘，趸船 24 艘，年通过能力达 632 万吨。[①] 此外，中国民用航空重庆站在同年改为中国民用航空四川省管理局，并组建了民航第 17 飞行大队，使重庆民航年旅客发运量达到 12 万人次，年货邮发运量达到 3100 多吨。交通运输状况的改善，促进了重庆三线建设和生产能力的开发，1965 年进川物资 435 万吨，出川物资 220 万吨[②]，首次出现了进川物资大于出川物资的现象。1966 年 1 月，重庆市第一座跨江城市公路大桥嘉陵江大桥建成通车，大大改善了主城区交通，也揭开了重庆桥梁发展史的新篇章。

其次是常规兵器工业主体部分建设任务的提前完成。主要包括长安机器厂、望江机器厂、江陵机器厂、建设机床厂、空气压缩机厂、长江电工厂和嘉陵机器厂等老厂的扩建和红山、庆岩、红泉、晋江、青江、华川、红宇、青山、华江、长风、益民、虎溪、庆江、东方红、宁江、双溪、渝州齿轮等机械厂和研究所的新建。老厂的扩建从 1962 年开始，根据中央指示进入战备生产，进行较大规模的调整、改造和建设。在 1964 年进入三线建设时期后，工厂又加快扩建改造的步伐，纷纷建成投产新的生产线，大规模地提高了生产能力，并通过组织重点攻关和开展群众性的技术革新活动，研制了许多新设备、新工艺，提高了技术水平，开发了双管 37 高炮、钢壳枪弹等许多新产品。与改造老厂同时进行的新建项目也抓得很紧，早在 1964 年底就已勘察选址，并进行了领导干部、技术人员、工

① 方大浩：《长江上游经济中心重庆》，当代中国出版社 1994 年版，第 194 页。

② 重庆市地方志编纂委员会编：《重庆市志》第 1 卷，四川大学出版社 1992 年版，第 399 页。

人“三结合”的现场设计。1965年3月开始路通、电通、水通和平整地基的“三通一平”工作，并调集施工队伍进行各项准备，5月陆续开始施工。在建设过程中，采取老厂包建新厂和独立新建等形式，实行简化设计程序，争取地方协同保障等措施。其中，由老厂包建新厂是三线建设中的一条重要经验。当时提出了“老基地带新基地，老厂矿带新厂矿，老工人带新工人”的“三老带三新”的建设方针，把老厂一分为几，包括全套干部、工人、设备迁到隐蔽的地方，支援帮助新建工厂。如建设机床厂承包了四川的建安、广安、浙江肖山、黄河三门峡、广东连县等地方小兵工厂，长安机器厂分别包建了青山、长风、长庆三个机器厂，严格做到了“三包一底”：即包建好、包人员和设备配齐、包建成后投入生产，完成国家计划；从建厂到投产负责到底。

与兵器工业基地配套的大批船舶、电子、航天国防工业和冶金、化工、机械等工业项目也在这三年间相继开工建设。如为满足国防建设对重型军用越野车的急需，1964年11月，重庆汽车发动机厂引进了法国贝利埃公司MC640高速大功率柴油机生产技术，为红岩CQ261重型军用越野车配套。1965年3月以马鞍山黑色冶金设计院为主，鞍钢设计院配合设计新建的重钢刘家坝中板厂，是为兵器工业配套建设的。为满足国防建设和原子能事业的发展需要，1965年7月动工建设了重庆建安仪器厂。9月，国家一机部确定了三线建设一期工程的重庆花石仪表材料厂、转速表厂、自动化装置厂、仪表材料研究所、自动化仪表研究所、西南游丝厂、西南仪表零件厂7项，年底基本建成后两厂。再如1965年在长寿县兴建了四川染料厂，主要生产染料、中间体和助剂三大系列化工产品；在大足定点兴建了四川汽车制造厂，还配套建设了重庆汽车发动机厂、綦江齿轮厂、重庆汽车配件制造厂、重庆红岩汽车弹簧厂、重庆油泵油嘴厂，形成了完整的重型汽车制造基地。1966年5月，为使军工用金属材料立足重庆，市计委、经委部署了16个军工用材料布点规划。根据这一规划，先后重点建设了有色金属管材等厂和研究所，重庆市地方冶金工业由原来的3厂1所逐步发展为9厂2所共11个企事业单位。12月，六机部正式批准了川东造船厂、重庆造船厂和涪陵快艇厂的建设计划，在永川、江津、涪陵、万县沿江一线，相继开始了船舶工业基地建设，当时主要是为海军装备服务。同年，还建成重庆合成纤维厂、重庆钢铁公司第四钢铁厂、重庆无线电测试仪器厂等。

1966 年，重庆市进入第三个五年计划建设时期。作为国家战略后方的重要工业城市，重庆也是国家重点建设地区之一。摆在全市各级党组织和人民面前的任务，就是尽快把重庆建设成为一个具有较高工业生产水平和先进技术水平的强大工业基地，以适应备战的需要，更好地担负起国家战略后方基地和支援西南地区生产建设的任务，发挥工业基地的作用。为此，中共重庆市第二次代表大会在认真总结过去八年建设经验教训的基础上，提出“为把重庆建设成为一个强大的工业基地而斗争”的目标，这也为重庆地区的三线建设再次指明了方向。到 1966 年底，重庆地区常规兵器工业新厂的建设和中央各部为重庆兵器工业配套与配合的项目基本完成了计划。这样，原定 3 年建成常规兵器工业主体部分的任务提前完成。

四、三线建设的顺利推进

在西南局和四川省委的领导下，重庆地区的三线建设，实行现场党委一元化领导下的指挥部和政治部制度。为了集中力量打好“歼灭战”以确保重点项目的完成，在涪陵机器厂打歼灭战试点取得初步经验后，各重点建设单位普遍取消了甲乙方承包制度，建立了由建设、施工、设计等单位和当地党委组成的现场党委，在其领导下进一步设立了现场指挥部和政治部。一般由建设单位负责同志担任党委书记，施工单位负责同志担任指挥长，实行统一领导，集中指挥，分工负责，协同作战。仅 1965 年一年就完成了 15 个国家安排的“歼灭战”项目①，同时在建的三线重点建设项目共 107 个，投资达 2.5 亿元②。在建设过程中，各单位贯彻勤俭办企业的方针，执行不占良田好土，不拆民房和搬迁社员、不搞高标准

① 《重庆地区三线建设情况汇报提纲》(1966 年 4 月 29 日)，重庆市档案馆藏 1001/16/78。

② 重庆市地方志编纂委员会编:《重庆市志》第 1 卷，四川大学出版社 1992 年版，第 399 页。

民用建筑，要支援农业用水、用电、用肥和养猪用潲水的“三不四要”建厂原则，选址定点尽量少占或不占耕地，有计划地推行厂社结合、工农并举和老厂带新厂的方法，注意处理好国防工业建设与国民经济基础工业建设、工业与农业、工程质量与建设进度等关系[①]，取得了显著成绩。其中，明光仪器厂工农结合、加速新厂建设、促进农业生产的经验和红岩机器厂在建厂中建立中共现场委员会和现场指挥部实行统一指挥的经验，曾经在整个西南三线建设中予以推广，对加快三线建设起了积极促进作用。

重庆地区的三线建设始终得到中央的亲切关怀和大力支持，许多领导人都曾先后来渝视察。早在1964年11月三线决策不久，中共中央政治局委员、国务院副总理李富春，政治局候补委员、国务院副总理薄一波等一行32人就曾来渝视察。1965年9月24日，国务院总理周恩来从北京飞抵重庆，会同陈毅陪同当日自成都来渝访问的柬埔寨国家元首诺罗敦·西哈努克亲王和夫人。为改善三线建设中重庆的交通，周恩来专门抽出时间，在潘家坪招待所接见了民航四川省管理局局长，部署了白市驿机场扩建为二级机场的有关问题。25日，周总理陪西哈努克亲王和夫人登船前往武汉。由于时间安排很紧，总理特意通知时任重庆市委书记的鲁大东先行登船，利用外事活动的空闲时间听取他关于三线建设情况和经验的汇报。在四天的航程中，总理作了许多重要指示。如：大三线建设的方针，仍然是靠山、分散、隐蔽，但在分散中，也要注意到生产流程、生产工艺的合理性。生活区与生产区离开一点有好处，但也要注意不能搞得太分散。对于选择的迁建项目一定要配套。一种产品在三线地区要形成生产力，成套生产，不能缺了胳膊少了腿，打起仗来用不上。大三线建设关系到党和国家的前途命运，必须抓紧，要集中力量打“歼灭战”，这是同帝国主义抢时间。总理对一些具体的工作环节也很关心，特别讲到三线建设按物资作综合平衡，节省下的建设投资分成三份，一份留给建设单位，一份给建筑单位，一份帮助农民搞“三不四要”，

---

① 《1965年重庆地区常规兵器工业基地建设基本经验总结》（1966年1月13日），重庆市档案馆藏1001/17/78。

使农业增加生产。在谈到各地干部群众对三线建设积极支持,热情很高时,总理高兴地说,党的方针政策一旦被群众掌握,就会变成无穷无尽的力量。有群众的热情支持,有地方政府的大力配合,三线建设一定会上得很快。11 月中旬,中共中央总书记邓小平和李富春、薄一波在西南局书记李井泉等陪同下,到重庆视察了军工企业。他们先后参观了建设、重钢、长安等厂,并在住所召集 5 次会议听取有关三线工作的汇报,主要就重庆长江以南的高炮生产基地、长江以北的光学仪器和核工业基地、长江沿线的造船基地及配套的研究所等重大问题进行论证决策。此行促进了重庆兵器工业基地和机械制造工业基地的形成。在重钢第二炼钢车间,邓小平观看了公司中层干部组成的"干部炼钢班"顶班炼钢时的工作情况,并给予他们极大鼓励。重钢三厂弧形连续铸钢机和行星轧机的试验也得到了邓小平的称赞。在视察重钢五厂的生产现场时,邓小平还十分关心解决职工上下班乘车难问题。在听取长安厂的介绍时,邓小平表示满意,并希望职工们争分夺秒,再接再厉,把战备生产、支援三线建设的任务完成得更好。同年 12 月中旬,彭德怀作为西南三线建设副总指挥也对重庆地区的三线厂矿进行了视察。他在视察重庆钢铁厂时,对厂领导狠抓生产钢铁质量和采取的增产措施表示满意。他重视教育问题,在三线政治工作会议上提出三线工厂要把幼儿园、子弟校办好的要求。此后,彭德怀还于 1966 年 4 月考察了永川花果山的煤矿生产管理情况,于 5 月下旬视察了大足重型汽车厂。

此外,兵器工业部所属的勘察设计部门、工程兵部队、施工单位和广大民工也为发展重庆地区的三线建设付出了辛勤的劳动,作出了重大贡献。当时,在"备战备荒为人民""好人好马上三线"的时代感召下,数以万计的三线建设者们,打起背包,跋山涉水,来到大西南的深山峡谷,来到重庆这座陌生的城市,为完成好三线建设任务,忘我奋斗,不怕牺牲,勇于奉献,以顽强拼搏的意志和震撼人心的壮举,创造了新中国建设史上的奇迹。

第 三 编

“文化大革命”的内乱和重庆人民的抗争

（1966 年 5 月—1976 年 10 月）

1966年5月，一场由领导者错误发动，被反革命集团利用，给党、国家和各族人民带来严重灾难的“文化大革命”运动爆发。在全面内乱和严重武斗中，重庆饱受劫难，各级党政领导机构陷于瘫痪，国民经济濒临严重危机。从1967年初造反派全面夺权到1968年6月2日，经过错综复杂的斗争，重庆市革命委员会建立，取代了原市级党政领导机构的职能。1969年4月，党的九大召开。这次大会使“文化大革命”的理论和实践合法化。九大以后，“斗、批、改”运动在全国展开。1971年9月，九一三事件爆发，其后周恩来主持纠“左”，特别是周恩来因病住院治疗，国务院副总理邓小平主持国务院和中央日常工作期间，努力排除“四人帮”的干扰，果断采取一系列措施对“文化大革命”造成的混乱局势进行全面整顿。整顿工作在重庆得到坚决贯彻，全市形势有了明显好转，各项工作逐步恢复正常秩序。在随后开展的“批邓、反击右倾翻案风”运动中，重庆再次陷入混乱。但是，人们对“文化大革命”运动的疑惑和抵制，为结束“文化大革命”奠定了广泛的群众基础。

第十二章
从全面内乱到革命委员会的建立

一、贯彻中央“五一六通知”和“十六条”

在思想文化领域里的“左”倾错误批判不断升级的背景下，1965 年 11 月 10 日，上海《文汇报》发表姚文元《评新编历史剧〈海瑞罢官〉》，该文成为引发“文化大革命”的导火线。此后，对《海瑞罢官》的批判很快发展到史学界、文艺界、哲学界等社会科学领域，进行全面的“揭盖子”，并在全国范围工农商学各界和各行各业开展政治大批判。

1966 年 4 月，《重庆日报》陆续转载《人民日报》《红旗》杂志和《解放军报》发表的批判著名明史专家、北京市副市长吴晗和由其编写的剧本《海瑞罢官》的文章，重庆已是山雨欲来风满楼。5 月 5 日，《重庆日报》转载《解放军报》社论《千万不要忘记阶级斗争》。社论指出：“当前在文化战线上开展的大论战，绝不仅仅是几篇文章、几个剧本、几部电影的问题，也不仅仅是什么学术之争，而是一场十分尖锐的阶级斗争，是一场捍卫毛泽东思想的大是大非的斗争。”这篇社论引起重庆市各界人士的关注。5 月 16 日，中共中央政治局扩大会议通过《中国共产党中央委员会通知》（简称“五一六通知”），提出了一整套“左”的理论、路线、方针、政策，成为所谓“无产阶级专政下继续革命的理论”的重要内容。5 月底，“五一六通知”和《西南局关于贯彻执行中央 5 月 16 日〈通知〉，坚决开展社会主义文化大革命的决定》先后发到市委。西南局《决定》要求:“四川、云南、贵州、西藏和重庆市要在报上点名批判一、二个影响较大的反党反社会主义的资产阶级代表人物。每个大学也要公开批判两三个资产阶级代表人物”,每个系也要选择重点进行批判,“要对本省(区)、市报纸、广播、刊物、书籍、大中学校的讲义和历史语文课本、文艺作品、戏剧、曲艺、电影美术、音乐、舞蹈等,认真进行清理,发现毒草,彻底批判。”四川各地、市、州委开始在文化、教育、思想理论队伍中“摸底排队”,为发动“文化大革命”运动做准备。

6月2日,《重庆日报》刊登已在全国广播的北京大学聂元梓等人攻击北京大学党委和中共北京市委的大字报;6月4日,又公布了《中共中央关于改组北京市委的决定》和《中共北京新市委改组北京大学党委,派工作组领导文化大革命的决定》,并连日转载《人民日报》《解放军报》《红旗》杂志号召群众起来进行“文化大革命”的一系列社论、评论员文章。在这些重大信息、重大事件的影响下,重庆市80万人上街游行,大、中学生被煽动起来“横扫一切牛鬼蛇神”,造所谓“修正主义”的反,矛头指向各级领导干部和教师的大字报铺天盖地。6月6日,市委在人民大礼堂召开大会,拥护中央改组北京市委的决定,动员广大群众积极参加“文化大革命。”随后,市委发出《关于厂矿开展文化大革命的通知》,要求各厂矿“把‘文化大革命’放在一切工作的首位;有计划、有步骤、有领导地开展运动;主要解决技术、财务、供销部门的领导权问题;不要把大字报贴到大街上去”。“文化大革命”迅速席卷全市。6月5日,《四川日报》以史伟之名发表了《向反社会主义分子张黎群开火》的社论。紧接着,6月13日,《重庆日报》发表题为《戳穿〈巴山漫话〉的黑幕,剜掉张黎群反党反社会主义的黑线》的所谓揭批重庆市“萧、李、廖反党集团”的文章。文章说:“《重庆日报》的《巴山漫话》,不是张黎群一人搞的,而是市委前组织部长萧泽宽、前副秘书长李止舟、前办公厅副主任、团市委书记廖伯康等人共同出谋划策合伙经营的。”文章号召“市级机关广大干部职工昂扬斗志,穷追猛打彻底挖掉张黎群反党反社会主义黑线”。由于公开点名批判,党政机关干部、大中学校师生和广大群众群情激动,掀起了把矛头指向所谓“萧、李、廖反党集团”的大鸣大放大字报的浪潮。同时,各院校纷纷建立红卫兵组织和群众造反组织。红卫兵运动的高涨成为重庆社会动乱的一个重要因素。

为了传达、学习中央、西南局和省委的有关文件及决定，6 月 25 日至 7 月 5 日，市委召开二届二次全委扩大会议，做出《关于贯彻执行中共中央 5 月 16 日通知和西南局 5 月 26 日决定和省委 6 月 7 日部署，坚决开展文化大革命的意见》，指出"文化大革命"的重点是文教部门和党政领导机关。学校的重点是大专院校和中、小学教职员，高中以上学生也要参加运动。决定大专院校一律停课搞"文化大革命"；中、小学教员利用暑假以区为单位分片集中进行；文艺团体集中力量搞运动，外出工作和演出人员统统调回来参加运动；市、区机关以"文化革命"为中心，半天搞运动，半天工作。工交企业、基建和财贸单位，把"文化革命"和"四清"运动结合起来，分期分批有领导有计划地进行；农村人民公社利用党、团、社、队活动时间进行；厂矿企业要分期分批有领导有计划地进行。会后，对思想文化领域和党政机关里一些所谓有错误的人，在《重庆日报》上公开点名批判。

7 月 6 日，《人民日报》全文转载《红旗》杂志第九期署名穆欣的《"国防文学"是王明右倾投降主义路线的口号》的文章，在文章的注释中点名中共重庆市委第一书记、市长任白戈是 20 世纪 30 年代周扬"攻击鲁迅"的"追随者"和"国防文学"的"鼓吹者"，在重庆市干部、群众中引起强烈反响。文章发表后，四川省委第一书记廖志高赶到重庆，召开一系列会议肯定"任白戈同志这十几年工作还好"，由市委层层传达这一精神。但时隔不久，任白戈仍以"请假检查"的名义离开工作岗位。7 月 19 日，市委成立由鲁大东、辛易之、王若、崔笑中、张子元组成的文化革命领导小组，并派出工作组近千人到 12 所大专院校领导"文化大革命"，仿效北京的做法，揪"三家村"、打"黑帮"。工作组在市委的领导下，力图使局势稳定下来。但 8 月 3 日，按照中央通知精神，市委又做出撤销各大专院校工作组的决定。工作组撤销后，学校的"文化大革命"由各校自行选出的"文化革命委员会"负责领导。

8 月，党的八届十一中全会通过《中国共产党中央委员会关于无产阶级文化大革命的决定》（简称"十六条"），指出："这次运动的重点，是整党内那些走资本主义道路的当权派。"强调"要充分运用大字报、大辩论这些形式,进行大鸣大放”,“让群众在运动中自己教育自己”。提出“不要怕出乱子”,“不能那样雅致,那样文质彬彬,那样温良恭俭让”。这实际上削减了党的领导,助长了无政府主义歪风。重庆各个学校的“文化大革命”来势汹涌,全市党政机关的“文化大革命”运动也异常迅猛地发动起来。8 月 15 日,重庆大学千余学生冲破院校界限,到重庆师范专科学校进行“革命大串连”,声援该校“排炮”“轻骑”两个造反组织,受到重师部分学生的反对,双方发生严重冲突。市委书记辛易之、丁长河等赶到重师对双方学生做工作,直至深夜学生才各自返校。重大进行串连的学生认为 8 月 15 日是值得骄傲的“革命”纪念日,于是把他们成立的造反组织命名为“八一五战斗团”。

8 月 25 日,市委召开各大专院校文革筹委会代表和学生代表“炮轰市委”会议,中央“文革”小组成员、西南局宣传部长刘文珍代表西南局讲话,号召“集中火力,炮轰市委”。于是,重庆大学造反派连日写出上千张大字报、大标语贴在市委大院内外和重大校内,并召开“炮轰市委”大会,声讨市委的“罪行”。对大字报持不同看法的街道居民和少数机关干部、职工与学生进行了激烈辩论,并发生扭打现象。造反派借此叫嚷是市委在挑动群众斗群众。鉴于此,市委书记处召开会议,市委书记鲁大东提出:因为对“文化大革命”的真正目的和未来走向不清楚,因此,对造反派的一些行为,应该多加观察,尽量采取规避态度。同时,要教育干部、群众不要与他们发生矛盾冲突,尽量避免辩论、扭打,防止流血事件发生。为了保持机关工作的正常秩序,市委办公厅还拟出“四条规定”,包括:机关干部不要去看大字报,不要撕大字报,不要同造反派发生辩论,不要去贴反驳造反派言论的大字报等①。市委将“四条规定”下发到市级和区县级机关执行,对保持时局稳定发挥了一定作用。

“文化大革命”初期,市委按照以往开展运动的习惯,加强组织领导,全市的“文化大革命”运动在各级“文化革命领导小组”和工作组的领导下进行。在此期间,各大、中学校的红卫兵也在党政领导授意和

---

① 任群:《鲁大东同志在“文革”中与林彪“四人帮”反党集团的斗争》,《鲁大东纪念文集》编委会编:《鲁大东纪念文集》,四川人民出版社 2001 年版,第 291 页。

支持下陆续组建起来。开始均由“红五类”[①]出身的学生串连组织，其中起领导和骨干作用的多是在工作组领导学校“文化大革命”运动时期的校“文革筹”成员或依靠对象。市委还层层组织选拔“红五类”红卫兵去北京接受毛主席接见，这被视为一种极大的荣誉。但是，运动发展的势头远远超出市委的想象和掌控。1966年10月，党中央转发中央军委关于军队院校进行“文化大革命”的紧急指示，宣布取消由党委领导运动的规定。11月3日至13日，为贯彻中央以“彻底批判资产阶级反动路线”为主题的工作会议精神，市委召开三级干部会议，检讨了前一阶段运动中的所谓“方向性、路线性错误”。市委仍然力图控制混乱局面，相继发出〔1966〕171号和172号《通知》。前者规定：凡在前段运动中被院校、机关、企业、文化团体的党委、工作组打成“反革命”“反党分子”“右派分子”“假左派”和“政治扒手”等的师生、职工和农民，应宣布一律无效，并公开平反，当众恢复名誉；凡是执行“资产阶级反动路线”的党委和工作组，都要向群众公开承认错误。后者宣布：重庆市红卫兵革命造反司令部等造反组织，为了更好地推动重庆市的平反工作，组织了重庆市革命平反监察委员会，并已开始进行工作，各单位应大力支持。但是，在批判“资产阶级反动路线”中，造反派群众组织大量涌现，重庆和全国一样迅速掀起“踢开党委闹革命”的浪潮，把斗争矛头直接指向党政机关，各级领导干部普遍遭到批判和揪斗。在斗争过程中，打、砸、抢、抄、抓成风，社会秩序十分混乱。12月4日，重庆“工人战斗军”（由工人纠察队更名）在大田湾体育场召开“批判资产阶级反动路线群众大会”。会议进行中，“造反派”与“工人战斗军”发生大规模武斗流血事件，数百人受伤，形成“文化大革命”中第一次群众性大规模武斗。

12月9日至15日，中央《关于抓革命、促生产的十条规定（草案）》和《关于农村无产阶级文化大革命的指示（草案）》在重庆传达后，“文化大革命”运动由此扩展到工厂农村，更为社会动乱雪上加霜。农村很

① 红五类，“文化大革命”期间的政治用语，或称为“红五类子女”“红五类子弟”，指家庭出身为革命军人、革命干部、工人、贫农、下中农的人，特别是青少年学生。

多干部、党的积极分子和劳动模范被批斗；工厂大量工人离开生产岗位，大批工厂停产或半停产，社会秩序进一步恶化。年底，各级党政机关陷于瘫痪、半瘫痪状态，基层党组织被迫停止活动。自此以后，各种红卫兵组织和群众造反组织纷纷建立，“革命造反运动”迅速蔓延全市，出现了全社会的混乱、动荡局面。

二、红卫兵运动

“文化大革命”初期，北京兴起红卫兵运动，从1966年8月18日到11月26日，毛泽东在北京连续8次接见红卫兵和学校师生。红卫兵这一“新生事物”成为全面发动“文化大革命”的突击力量。重庆市也同全国各地一样闻风而动，最先成立红卫兵组织的是重庆医学院。9月1日，重庆市中学生红卫兵总指挥部成立。市委试图通过“加强领导”，把重庆的学生运动引上“健康发展”的轨道。因此，中学生红卫兵总指挥部在筹建期间就得到了党政领导的大力支持。后来，市委发现中学生红卫兵指挥部有倒向造反派的危险，决定由毛泽东主义红卫兵总部将中学生红卫兵总部合并，合并后改称毛泽东思想红卫兵总部，而且是强制执行。因而引起中学生红卫兵总部强烈不满。24日，红卫兵到市委机关静坐示威，并占领人民大礼堂，要求市委解决问题。未得到满意答复后，僵持至27日凌晨，数千红卫兵出发“步行上京告状”。市委派出大批汽车、组织各校教师及家长到铁路沿线学生逗留的茄子溪、江津、永川火车站劝阻，部分学生未能成行，但仍有1500余名红卫兵赴北京请愿。

与此同时，各大、中学校迅速成立红卫兵组织，名称也五花八门：毛泽东思想红卫兵、毛泽东主义战斗团、金猴、独立寒秋等。社会上其他群众造反组织也蜂拥而起。1966年底，红卫兵运动蔓延到部队，重庆的军事院校也成立了红卫兵组织，如解放军通信学院的“红色造反团”等。

各红卫兵及群众组织公开声明拥护“十六条”，把造走资派的反，横扫一切“牛鬼蛇神”作为斗争大方向。8月24日至月底，红卫兵冲向社会，走上街头，以破“四旧”（即所谓旧思想、旧文化、旧风俗、旧习惯）的名义，从随意更改路名、店名、校名、厂名、影剧院名、公园名开始，继而对古寺庙、古建筑，艺术雕刻等文物进行大规模的破坏，如大足捣毁庙宇7座，教堂3座，北山石刻遭到严重毁坏；永川黄瓜山的白塔，合川钓鱼城遗址，铜梁安居的波仑寺等都遭到部分或彻底毁坏。其他如古书、字画、首饰以及家具、用具、衣物等附有龙凤仙女等工艺彩画及一切被认为与“封、资、修”等“四旧”沾边的事物，都成为红卫兵冲击的对象，社会上迅速掀起打人抄家之风。重庆大学的干部、教师在运动中被非法抄家的多达101户。据不完全统计，全市共有13160户被抄家，查抄来的物品大部分散失，给一些家庭造成严重损失，政治上造成极坏影响[①]。在重庆周边，万县地区仅1966年12月24日至27日被抄家的就有381户。开县被查抄198户、铜梁228户、璧山仅县城就有135户。此后，抄家对象逐步遍及工商业者、民主人士、作家、演员、教师、干部等。红卫兵还在各商店、饭店、理发店、旅店的大门和最醒目的地方刷写红色毛主席语录，各机关、厂矿、学校、医院、街道也在自己单位能够刷写巨型标语的地方刷上红色的毛主席语录，整个山城形成一片红色的海洋。

继破“四旧”后，又盛行起红卫兵全国“大串连”活动。9月5日，中共中央、国务院发出《关于组织外地革命师生来北京参观文化大革命运动的通知》，重庆也开始分期分批组织红卫兵到北京“串连”学习。10月6日，首批重庆红卫兵到达北京。在毛泽东多次接见首都和全国各地赴京红卫兵消息的鼓舞下，重庆市迅速掀起全国性“大串连”的高潮，无政府主义思潮泛滥，不仅大中学生，有的机关、工厂职工甚至小学生也汇入“大串连”队伍。铁路、工交、长航等交通部门把运送串连学生作为最重要的政治任务。仅9月至11月，在运输十分紧张和超负荷的情况下，重庆共开出专列火车数百列之多，平均每天抽出数百辆汽

① 万州区档案馆藏821/4/2，第21页；开县县志编纂委员会：《开县志》1990年版，第329页；铜梁县志编纂委员会：《铜梁县志》，重庆大学出版社1991年版，第27页；璧山县志编纂委员会：《璧山县志》，四川人民出版社1996年版，第503页。

车，共计运输串连学生104.4万人。同时，外地学生，尤其是北京的红卫兵赴渝的也日益增多。各级党委不得不投入大量人力、物力，解决红卫兵的吃饭、住宿等问题。仅永川一地“文化革命接待站”就下设8个食堂，24个住宿点，5个医疗处，雇请60个炊事员，抽调1000余名干部接待，4个月时间，共接待红卫兵25万余人次①。大串连导致经济严重损失，交通拥挤，车站港口堵塞，物资积压无法运出，社会秩序极度混乱。

1966年10月，在中央召开“彻底批判资产阶级反动路线”为主题的工作会议后，一场“彻底批判资产阶级反动路线”的狂澜铺天盖地涌向重庆。各红卫兵组织喊着“造反有理”“踢开党委闹革命”的口号，不仅揪斗工作组人员、揪斗各单位党政领导干部，而且，凡是对“文化大革命”持怀疑和消极态度的干部，曾经挺身而出保卫过各级党组织的人，都受到批判或揪斗，采取的方式也越来越野蛮。没有参加造反派的党团员也受到鄙视。特别是毛泽东第五次接见150万红卫兵后，重庆市以万计、十万计的红卫兵上街游行示威，高喊“万炮齐轰省、市委！”“打倒李井泉，解放大西南！”“打倒任白戈，建设新山城！”稍后，有的人甚至公开喊出了“打倒刘少奇、打倒邓小平！”的口号。整个重庆陷于动乱之中。

1967年，各群众造反组织之间分化形成“八一五”和“反到底”两大对立派别以后，由公开辩论到斗拳脚、斗钢钎以致发展成有组织的枪炮战斗。武斗逐步升级，重庆成为“文化大革命”的重灾区。

1968年7月28日凌晨，毛泽东在接见北京大专院校几个很著名的造反派头头的谈话中，批评他们大搞武斗的错误。8月25日，中央发出《关于派工人宣传队进学校的通知》。其后，工人和解放军毛泽东思想宣传队进驻各大专院校和中学校制止武斗，促使两派“大联合”。1968年底，大规模的知识青年上山下乡运动开始，多数中学生下了乡，大学生也分配了工作。随着各群众组织宣告解散，红卫兵运动也逐渐平息。

---

① 四川省永川县志编修委员会编：《永川县志》，四川人民出版社1997年版，第52页。

1969年秋，各中小学校恢复招生上课。新入学的中学生在老师的组织下也成立了“红卫兵”，小学生叫“红小兵”。不过，这些红卫兵已不再是“造反”、破“四旧”的无政府主义组织，而是与共青团和少先队相似的组织。1978年8月19日，中共中央转发共青团十大筹备委员会《关于红卫兵问题的请示报告》。《报告》指出，作为“文化大革命”中产生的红卫兵组织，已完成了它的历史使命。文件下达后，学校中的红卫兵组织即行解散。

红卫兵运动是中国青运史上一场扭曲的、变态的青年运动。广大红卫兵受革命热情的驱使，盲目地做出许多不妥当的行为，给国家和个人都造成了不良后果。作为“文化大革命”十年动乱的一部分，这场运动给共和国留下了极其惨痛的一页，无论是对党和国家，还是对新中国的一代青年，它都是一场浩劫，一场噩梦，一场历史的大悲剧。

三、全面夺权与严重武斗

“文化大革命”开始后，1966年12月22日，《重庆日报》社的造反派和北京航空航天学院进驻报社的造反纵队，砸烂由邓小平题写的《重庆日报》报头。31日，《重庆日报》社的造反派夺取报社的领导权，并将《重庆日报》改为印刷体的《新闻报道》，后又改为《新重庆报》。这次夺权比上海夺权风暴更早。

1967年1月上旬上海造反派夺取上海市党政领导权的“一月革命”风暴刮到重庆后，四川美术学院、重庆交通学院、重庆大学、西南政法学院、西南师范学院等大专院校造反派组织相继夺取院校领导权。继后，机关、厂矿、企事业单位无一例外全部被造反派夺权，市委监委被夺权，监察工作也被迫中断。1月22日，《人民日报》发表《无产阶级革命派大联合，夺走资本主义道路当权派的权》社论。当日，重庆市37个造反派组织召开联席会议，决定立即在全市全面夺权。重庆钢铁公司造反派首当其冲，纠集重庆地区的造反派和外地来渝串连的造反派共一万余人,汇成声势浩大的造反大军,抄了重钢工人纠察队总部,夺了重钢的权,把重钢公司党委书记戴上高帽斗争游行。24 日,以重庆大学“八一五战斗团”为首的 56 个造反派群众组织,联合组成“重庆市无产阶级革命造反联合委员会筹备会”,宣布夺取市党、政机关一切权力。2 月 8 日,46 个造反组织联合发表《重庆市革命造反派联合委员会公告》,宣告重庆市革命造反联合委员会(简称“革联会”)成立,并负责行使重庆市的党、政、财、文大权。重庆驻军代表出任“革联会”主任。此时,市委及各级党组织实际上都已经停止工作,在重庆执行支左、支工、支农、军管、军训“三支两军”任务的驻渝部队党委,在一定程度上成为市委瘫痪后各项工作的领导核心。

夺权之风迅速刮遍全市,造成生产停顿,交通瘫痪,截至 1967 年 2 月,全市工业总产值比 1966 年 12 月下降 9.9%;钢材下降 10.6%;煤炭下降 14.4%;主要产品有 45.6% 产量下降。全市码头、港口、车站堵塞积压物资 12 万吨。尽管驻渝部队派出大批指战员分赴钢铁、煤炭、基建、国防企业和交通运输部门,力图稳定局势,“抓革命、促生产”,但仍难以遏制动乱局面的蔓延。

由于对“革联会”的不同看法,造反派内部分化为拥护“革联会”的“八一五”派和反对“革联会”的“反到底”派。两派争当“左”派、争“以我为核心”的夺权斗争,更引发了“打倒一切”的全面内乱的无政府主义狂潮,武斗频繁发生。市内到处发生两派群众相互抓“凶手”、砸广播车、抄砸群众组织办公处等武斗事件。武斗升级为两派群众组织间的打、砸、抢、抄、抓。1967 年 3 月上旬,市革联会根据四川省公安厅《关于坚决镇压反革命活动的布告》和《取缔反革命组织和右派组织的意见》,取缔了 32 个所谓“右派”和“反动”的造反组织,逮捕、拘留和收容这些造反组织的头头、后台和骨干 2105 人;涪陵地区抓了 3201 人。[①] 这就是所谓的“二月镇反”。此事在 4 月中旬根据中央精神予以纠正和平反。4 月以后,两派的权力之争更演变为一系列武装流血事件。

---

① 中共四川省委党史研究室编:《中国共产党四川历史大事记(1950—1978)》,四川人民出版社 2000 年版,第 312 页。

为了扭转重庆的混乱局面，5 月 14 日，四川省革命委员会筹备小组主要领导人张国华、梁兴初、刘结挺[①]、张西挺[②]在北京联名向中央、中央文革小组提出《四川省革命委员会筹备小组对处理重庆问题的意见》。5 月 16 日，周恩来等接见重庆各派代表，宣布《中共中央关于重庆问题的意见》(时称"红五条")。《意见》原则表示同意四川省革筹小组关于重庆问题的看法和处理意见，并强调以下五点：一、重庆市各群众组织应当注意掌握斗争的大方向。二、应当实事求是地估计和对待重庆警备司令部在支左、支工、支农、军管、军训工作中的成绩和缺点错误。三、中央同意立即成立重庆市革命委员会筹备小组，以蓝亦农、白斌、唐兴盛等负责组织革命委员会筹备小组，以蓝亦农为组长、白斌为副组长。中央同意筹备小组迅速建立工、农业生产领导班子。四、对被错误地宣布为非法组织或反革命组织的群众组织要平反，对错捕的群众和群众组织负责人要释放，并恢复名誉。各群众组织要进行整顿，不准武斗，不准打、砸、抢、抄、抓。对煽动武斗的坏人，必须追究。五、坚决执行中央军委的八条命令和十条命令。要坚决执行中共中央关于处理四川问题的决定。进一步加强军民团结，加强各个群众组织之间的团结，实现革命大联合和"三结合"[③]，彻底粉碎资产阶级反动路线，完成"斗批改"的伟大任务，把"文化大革命"进行到底。各派要向前看，停止争论；各群众组织不准互相抓人；要尊重和信任解放军。

按照"红五条"的要求，成立了以驻军领导为首的市革命委员会筹备小组(简称"市革筹")，同时建立了工农业生产领导班子。但是，由于"红五条"正式将任白戈定性为"走资本主义道路的当权派"，将原市党、政领导称为"任白戈及其一小撮同伙"，全盘否定市党、政领导在"文化

---

① 时任四川省革命委员会筹备小组副组长兼筹备小组办公室主任。1971 年 8 月被撤销党内外一切职务。后被开除党籍。因"文化大革命"中犯有罪行，1982 年 3 月被判处有期徒刑 20 年，剥夺政治权利 5 年。

② 时任四川省革委会筹备小组成员。1971 年 8 月被撤销党内外一切职务。后被开除党籍。1982 年 3 月被判处有期徒刑 17 年，剥夺政治权利 5 年。

③ 按照毛泽东的指示，革委会内部要有革命干部的代表、军队的代表、革命群众的代表，这样就实现了革命的"三结合"。

大革命”前的工作,进一步助长了“打倒一切”思潮的泛滥,加深了广大干部、群众的思想混乱,两派群众组织之间的武斗不断扩大。6月3日,在中央领导人接见外事口等单位及首都红代会各大专院校负责人时,江青在讲话中说:关于武斗问题有点补充:对自卫的武斗不能反对,坚决反对挑起武斗的坏人,特别要找出挑起武斗的幕后操纵者。第一次公开提出“对自卫的武斗不能反对”这一说法。当日,万县市赤旗战团红卫兵数千人涌向万县市公安局揪斗局长,要求释放“镇反”中被捕人员,引起两派冲突,致伤学生数十人,其中31人送专区医院后抢救无效死亡。6月5日,西南师范学院两派造反组织发生武斗,引来全市两派组织的数千武斗人员参与。武斗持续到8日,在几百名解放军指战员的制止劝阻下才停息下来。制止武斗的部队300余人挨打,36人受伤。此后,各地大规模武斗此伏彼起,并从1967年7月底升级为枪战。继7月1日重庆“八一五”派和“反到底”派在建设机床厂发生武斗,“反到底”派占领全厂生产区,半自动步枪大量流散后,一些“造反派”组织抢夺各地武装部、军管会的武器弹药用于武斗,一些大型国防企业的“造反派”争相抢夺军械库和成品车间武器弹药,并向外扩散,重庆武斗不断升级。

中央和省、市十分重视解决重庆大规模武斗问题。1967年6月、7月两月,市革筹、重庆警备区先后两次发出《联合通告》,要求制止武斗,呼吁各派群众组织实行大联合,并采取收缴武器弹药等措施;省革筹发布了停止重庆武斗的6条命令;7月13日,谢富治等中央代表团成员和省革筹正副组长张国华、刘结挺来重庆。第二天,张国华、刘结挺即代表省革筹发布了停止武斗的6条命令。当日,市里收缴了武斗器具1.8万余件。其后,中央及四川省来渝人员到各单位视察,并接见两派代表,要求停止武斗。7月23日,重庆市国防工厂两派组织达成《关于立即停止武斗,抓革命,促生产的十四条协议》。武斗局面趋于缓和。7月22日,中央“文革”小组陈伯达、康生、江青等接见河南省一派群众组织代表时,江青在讲话中再次强调:“当挑起武斗的这一小撮人在达成协议以后他们的武器还没收回的话,你们自卫的武器不能放下!我记得好像就是河南一个革命组织提出这样的口号,叫作‘文攻武卫’,这个口号是对的！”[1]江青这一讲话内容由上海《文汇报》公开发表，“文攻武卫”口号迅速传遍全国，重庆市形势急转直下，“造反派”纷纷抢枪抢炮，甚至改装炮艇在长江上参与武斗，各派间的武斗急剧升级。8月8日，大型国防企业望江机器厂“反到底”派“金猴”武斗队为向建设机床厂“反到底”派运送增援物资，用改装“炮艇”三艘组成“舰队”，沿长江溯流而上，途中与占据东风造船厂、红港（朝天门码头在“文化大革命”中的名称）、长江电工厂等地的“八一五”派武斗队交战，打死24人[2]，打伤上百人，打沉“长江207”拖轮等船只3艘，打坏12艘，长江航运为之中断。这就是当时著名的“重庆八八海战”。当月，重庆发生的大规模有预谋的武斗即达6起，动用了包括重机枪、大炮、坦克、巡逻艇在内的武器，造成国家和人民生命财产的重大损失。

同时，从7月下旬至8月初，在“揪军内一小撮走资派”口号煽动下，重庆不少地方造反派组织冲击军事机关，同支“左”部队发生冲突的事件时有发生。驻军党委急电中央，请求派员来重庆为制止武斗作调查指导，并努力督促两派就停止武斗事件进行多次谈判协商。8月9日至10日，重庆两派组织达成有关停止武斗的《关于成立协助警司制止武斗和处理武斗后有关事宜的工作组的协议》《关于处理各种武器、凶器、弹药的协议》。但各项协议未能落实，制止武斗仅仅停留在纸面上。8月12日至22日，两个派性组织多次发生大规模武斗，并动用各种枪炮及坦克、装甲车，造成严重的直接经济损失和人员伤亡。

8月22日，周恩来批示中央“文革”办事组，发出《关于制止重庆武斗的三条指示》的特急电报。要求：一、立即停止对一切工厂、学校、机关、商店、街道和居民点的火力进攻和射击，立即停止对空压厂的进攻，并撤出包围；二、绝对不允许向解放军防地、巡逻哨和军车射击；三、双方立即达成停火协议，并保证切实执行。市革筹组和重庆警备区司令部立即翻印散发宣传。但是，武斗时而缓和，时而升级，屡禁不止。

---

① 廖盖隆主编：《中国共产党历史大辞典》（社会主义时期），中共中央党校出版社1991年版，第366页。

② 重庆市地方志编纂委员会编：《重庆市志》第1卷，四川大学出版社1992年版，第410页。

8月29日至31日，北碚地区造反派武斗人员2000余人冲进四〇四团营区，抢走枪支3000支，轻重机枪49挺，炮16门，枪弹16万发，手榴弹8000枚，打死指战员2人，抓走18人。当月，165个大中型企业有157个因武斗停产或半停产，厂房、物资破坏严重，市内交通基本瘫痪。9月1日，周恩来惊悉重庆一个工厂因武斗一夜打了一万余发炮弹时，极为生气，说：“这是国家财产，我是很痛心的。”当日，重庆两派组织在中央调查组、市革筹和重庆警备区的督促下，重新达成停火协议，并开始封存武器。9月5日，中共中央、国务院、中央军委、中央“文革”小组发出《关于不准抢夺人民解放军武器、装备和各种军民物资的命令》（时称“九五命令”），市革筹和警备司令部立即向两派传达，并连夜广播宣传，打印散发。全市武斗逐渐降温，但两派仍边上缴武器，边继续发生零星武斗和抢劫钱、粮、油事件。针对两派组织争权、争正确、争以自我为中心的情况，10月20日，市革筹召开大联合动员会，中央调查组在会上宣读了毛泽东主席视察华北、中南、华东地区的重要讲话，要求各派组织以“斗私、批修”为纲，促进大联合。但是，武斗仍在继续。10月27日，“反到底”派和“八一五”派在歌乐山林园再次发生武斗，造成武斗人员和过路群众伤亡80余人。成都军区司令员梁兴初对此作了5条指示，中央调查组也立即报告周恩来总理。翌日，中央调查组和通信兵政委专程乘飞机到北京汇报。直至1968年1月，重庆局部性武斗与群众组织间的冲突还时有发生。

四、解决重庆问题的北京学习班

1968年2月下旬，中央为推动重庆和四川的大联合，做好重庆两派工作，安排重庆两派推选代表参加北京中央毛泽东思想学习班。

中央毛泽东思想学习班四川班设在中国人民解放军政治学院。重庆两派代表分班学习，学习内容主要是有关促进两派“大联合”、推动革命的“三结合”的毛主席语录、中央首长讲话、文件和社论。两派经过血腥的武斗，积怨甚多，都有一本“血泪账”，短时间内无法消除成见解开思想上的疙瘩。而“联合”谈不成，革命委员会就无法建立。

3 月 15 日，周恩来和中央“文革”碰头会成员康生、江青、姚文元等在北京接见省革筹、成都军区、五十军和五十四军领导人。会议提出：谁反对刘结挺、张西挺，就是为李井泉、廖志高翻案，就是为刘少奇、邓小平复辟，就是反对“红五条”“红十条”，就是右倾翻案复辟；必须对在“文化大革命”中打成反革命的造反组织、造反派群众和干部进行妥善处理，一律平反，一律释放，并帮助造反组织恢复和发展。会议精神也称“三一五”指示。对于重庆市大规模武斗，周恩来表示强烈关心和气愤，江青却别有用心地鼓动武斗说：“小青年爱玩枪，打打也好，练习练习。”康生也附和江青说：“可以改进技术”。同时，江青还诬蔑“华蓥山游击队糟得很，叛徒太多”，鼓吹大揪“叛徒”，打击老干部[①]。在江青一伙的怂恿下，派性组织又开始抢解放军的武器，重庆武斗再次升级。3 月 18 日，驻渝部队首长分别找两派头头传达“三一五”指示，指出“八一五”派过去提“打倒刘、张”的口号是错的，应立即改正。但“八一五”派思想不通，扬言“要上京告状”。“反到底”派头头则趾高气扬，要“斩断‘八一五’派炮打刘、张的黑手”。在北京学习班的两派代表也对“三一五”指示各取所需，相互攻击，争进入革委会的名额，斗争愈演愈烈。

3 月 22 日，在京学习的两派代表终于发出《就重庆两大派达成关于立即制止武斗协议给重庆两大派的公开信》，表示他们坚决支持协议，希望双方立即停止武斗，撤除包围，使协议内容真正付诸实施。就在这天，嘉陵机器厂两派积极准备武斗，“八一五”派占领了厂区制高点。驻军负责人蓝亦农、白斌指示支“左”部队：现在不管抢枪还是发生武斗，出现任何情况都要坚决执行“五不准”。但是，自 4 月以后，报刊上连篇累牍地发表反对“右倾翻案风”的文章，说“右倾翻案风”的特点是：否定造反派，否定“一月夺权”，为“资产阶级反动路线”翻案，为“走资本主义道路的当权派”和“叛徒”“特务”翻案。在反对“右倾翻案风”的煽

---

① 中共重庆市委组织部编：《中国共产党重庆市组织史资料（1926—1987）》，重庆出版社 1999 年版，第 151 页。

动下，前一时期有所收敛的无政府主义狂潮再度掀起，造反派组织之间的派性斗争和武斗流血事件重新加剧，大批人民解放军武器装备和援越物资被抢夺，并被用于武斗，重庆再次陷入武斗的混乱之中。

4 月 27 日，周恩来和中央“文革”碰头会成员康生、江青、姚文元等在北京接见省革筹、成都军区及五十军、五十四军领导人，针对“三一五指示”下达后四川出现的问题，强调省革筹和军队内部要搞好团结，批评了在刘结挺、张西挺支持下“打谢（成都军区副政委谢家祥）反梁（省革筹副组长、成都军区司令员梁兴初）”，把矛头指向军队的一派群众组织（成都地区的“八二六”和重庆地区的“反到底”等）。这次讲话被称为“四二七指示”。此次接见后，省革筹、成都军区领导人张国华、梁兴初、刘结挺等会见了北京中央毛泽东思想学习班四川班重庆组成员，动员大家尽快搞好大联合，尽早建立重庆市革命委员会。4 月 28 日，周恩来针对重庆近期武斗不息和抢夺部队武器的混乱局面，指示张国华、梁兴初、刘结挺、张西挺马上到北京四川学习班，找重庆两派组织负责人谈话，要严厉批评他们违犯“九五”命令，大肆抢夺人民解放军的武器装备和国家财产的严重错误，并要他们立即做到以下三条：一、命令各自的组织立即停止抢夺人民解放军的武器装备的错误行动；二、抢去的武器统统交回去；三、公开承认错误。如做不到这三条，必须严加惩处，中央要向全国通报肇事的首要分子。当日，在北京参加毛泽东思想学习班的重庆两派代表达成大联合协议。4 月 29 日，周恩来就重庆抢枪和武斗问题再次指示：一、“八一五派”抢 315 库枪的问题，必须按 4 月 28 日的三点指示执行；二、长安机器厂办公大楼起火，“延安兵团”“军工井冈山长安兵团”开枪打死人、打伤人，要交出肇事的头头、凶手和凶器；三、抢枪和开枪打死打伤人两件事必须这样办，否则通报全国；四、重庆不能再乱了，不能再瘫痪，再抢枪和武斗，一定按“九五命令”办事。这是中央和军委的命令。[①] 周恩来接连三天倾注精力解决重庆问题，并作了详细的指示，为重庆问题的解决指明了道路。

---

① 中共四川省委党史研究室编：《中国共产党四川历史大事记（1950—1978）》，四川人民出版社 2000 年版，第 329 页。

5月1日，市革筹、重庆警备区先后发出通告，严令各造反派组织于7日18时前将武器、弹药全部上缴，解散武斗组织，否则人民解放军将予以强制取缔。驻渝部队负责人主持召集两派主要头头开会，要求立即停止武斗，上交武器。但由于“三一五指示”与“四二七指示”对四川、重庆的两大派“各打五十大板”，重庆两派又形成“你有三一五，我有四二七”，各有所恃的局面。在中央领导多次接见和谈话的教育影响和压力下，通过学习、讨论、批评与自我批评，中央毛泽东思想学习班四川班的重庆两派代表终于在5月20日前完成了筹建市革委有关推选群众代表的工作。

两派代表的努力并未遏止重庆的武斗。7月7日，两派武斗组织在大坪、谢家湾地区连续三天发生大规模武斗。武斗中使用三七炮、二联高机、四联高机等先进武器。战火遍及重庆医学院、二四二部队、五一技校等处。重医的教学医疗仪器遭受严重破坏，杨家坪至两路口的电车线网被打坏，致使全线停车，直至两年后的1970年6月30日才修复通车。

7月15日，重庆造反派武斗组织在隆昌石燕桥火车站抢劫运送援越物资的列车。次日，周恩来总理急电四川省革委会主任张国华，指示：不管哪一派抢去的都要全部追回；这是反革命的政治事件，坚决按中央“七三”布告办事。由于周恩来采取果断、坚决的措施，造反派被迫退回抢劫物资并公开检讨。

武斗期间，至1969年9月中旬，万县地区两派群众组织各自组建武斗班子，抢夺县、市武装部的枪支，使械斗转为枪战，制造了32起武斗流血事件。两派武斗打死1021人，相互仇杀1572人①。从1967年至1969年间，涪陵全区发生武斗30余次，武斗中打死437人，互相抓捕杀害的549人，共计死亡986人②。武斗中，大批群众被迫外流。1969年8月16日，江津县白沙镇群众为避武斗，从白沙乘江津津搬3号所带客渡驳船顺长江而下，夜22时45分，船行至油溪五台山附近江面，突闻岸边枪

---

① 《万县市历代战事和灾害》，万县日报印刷厂1996年版，第108页。

② 《中共涪陵地区组织史（1926年2月—1988年6月）》，第105页。

声四起，船上群众慌乱，驳船前缆震断，致驳船沉没，600 余人落水，酿成 273 人死亡，船上财产损失 10 万余元的特大事故[①]。

武斗使全市生产急剧下降，粮食库存减少，不少地区煤炭、猪肉、蔬菜脱销，人民生活必需品的供应日趋紧张。出现了抢购粮食、煤炭的混乱局面。1968 年 1 月 1 日，鉴于煤炭供应日趋紧张，全市实行煤炭凭证定量、限量供应。此后，人民生活必需品如食盐、棉布、肉、糖、白酒、糕点等均实行凭票定量供应。3 月 26 日，杨家坪地区由于武斗，运输中断，出现了抢购大米、猪肉现象，库存寥寥，即将脱销。当日，由外地运往重庆的 22 卡车粮食途经三钢时，被“八一五”派拦截。市邮电局的电讯大楼被“反到底”派占领，战备台、长报台、长话台均不能工作。5 月，市区库存粮食一度不到 4000 万公斤，其中大米仅够 7 天供应，有的粮店脱销，粮食供应极度紧张。而重庆积压在工厂、港口的农药、化肥、日用百货、针棉织品、医药等人民生产生活物资数万吨无法外运，有的开始变质。当月，重庆接国务院、中央军委关于《集中力量把重庆港口、车站、码头积压物资尽快疏运出去》的电报指示，人民解放军驻渝部队和运输部门的职工迅速组织以港口为重点的突击抢运。经 20 天抢运，港口积压物资由 4.34 万吨下降为 2.83 万吨；待卸铁木驳由 53 只下降为 16 只。6 月 27 日，鉴于重庆市粮食即将脱销，四川省革委、成都军区指示重庆自行派车去专县运粮。市革委、重庆警备区迅即成立调粮办公室，组织车辆共 367 辆，在人民解放军护送下，突击运粮 70 天，初步缓解了粮食供应的燃眉之急。之后，调入重庆的粮食完全由部队护送。

由于武斗严重，1968 年上半年，天府、南桐、松藻、中梁山四大煤矿产煤量比上年同期下降 50%，导致全市用煤极度紧张。全市冶金系统用煤的生产几乎全部停止，火车无法启动。近郊 221 个民用煤供应点脱销 147 个，其余的也是时断时续供应。

在中央、省、市制止武斗蔓延、维护社会秩序、保护交通运输的多方努力下，1968 年 10 月 15 日，根据市革委、重庆警备区《贯彻执行省革

---

① 重庆市交通局交通史总编纂委员会编：《重庆交通大事记》，科学技术文献出版社 1991 年版，第 48 页。

委、成都军区〈进一步深入学习、贯彻中央“七三”布告和“七二四”布告的决定〉》的要求,两派组织在市人民大礼堂集会,宣布从即日起撤销各自总部,解散其组织。至此,历时一年半的武斗基本结束。

1969 年以后,除个别地区和单位还不时发生因派性冲突而引起的打、砸、抢、抄、抓一类武斗外,武斗从总体上转变成为所谓“新生红色政权”革委会及其领导下的“人保组”“专案组”“清队办公室”“批清办公室”“群众专政大军”等机构对被清查、批斗、关押、审讯的人员进行人身摧残的形式。其间又有一大批干部、群众被毒打折磨致死、致残、致病,并造成大量冤案。

1969 年 11 月 5 日至 12 月 4 日,中央在北京召开解决四川问题的会议。周恩来总理单独接见了重庆组成员,要求重庆两派各自多作自我批评,不能老是觉得自己正确;现在的问题是需要安定团结,要支持革委会发挥作用,把生产搞上去。两派头头回重庆后,分系统在北京办学习班,钢铁系统、军工系统、重点工业系统共几千人参加学习班,主要解决武斗和派性问题。会议结束后,12 月 25 日,中共中央作出《对四川省革命委员会、成都军区党委〈关于解决四川当前若干问题的报告〉的批示》(简称“一二二五”批示),指出:中央同意四川省革委、成都军区党委《关于解决四川当前若干问题的报告》和《关于加速四川三线建设的请求报告》,希望坚决贯彻执行。为了解决四川问题,加强三线建设,中央确定组成四川省革命委员会核心领导小组和四川省三线建设领导小组。

为了尽快稳定四川局势,贯彻落实中央“一二二五”批示,1970 年 2 月 22 日,中央再办毛泽东思想学习班四川班,重庆地区有 1000 余名军队干部、地方干部和群众代表参加,学习了 7 个月时间。学习班联系四川和重庆地区的实际情况,“各自多做自我批评”。回到重庆后,又按照部署,除向市“三代会”进行汇报介绍情况外,还在各区、县和各个单位普遍汇报学习情况。

武斗给人民生命安全、国家财产和工农业生产造成极大损失,人们企盼安定,要求严惩武斗罪犯。据 1975 年 7 月 17 日重庆市中级人民法院向市委报告称:武斗杀人案件已处理罪犯 88 名,其中判处 5 年以上徒刑 14 名,免于刑事处分 44 名,释放 30 名。

五、内乱中的“三支两军”

1967 年初,以上海“一月革命”风暴为起点,“文化大革命”进入所谓“夺权阶段”,地方党政机关陷于瘫痪、半瘫痪状态,公安、检察院、法院等专政机关失去或几乎失去作用。全面夺权导致全国内乱的严重升级,一时武斗成风,工矿企业停产或半停产,交通严重堵塞。其时,重庆的学校、电台、广播站、印刷厂等单位已相继被造反派夺权接管。为了控制全国的混乱状况,1 月 23 日,中共中央、国务院、中央军委、中央“文革”领导小组发出《关于人民解放军坚决支持革命左派群众的决定》。遵此,1 月下旬,人民解放军驻渝部队派出师、团、营、连干部 3000 余名和成建制连队分赴钢铁、煤炭、基建、国防企业和交通运输部门实行“三支两军”。

2 月 17 日,驻渝部队发出八条《联合公告》:一、坚决支持真正的“左派”;二、尚未参加“革联会”的造反组织,要进一步联合起来;三、群众组织负责人、党政机关领导干部、驻军负责人“三位一体”联合夺权掌权,是大联合的核心;四、各造反组织要用毛泽东思想克服自己团体中的无政府主义、小团体主义等错误思想倾向,不要互相攻击;五、要重视“抓革命、促生产”;六、各群众组织要节约闹革命,不要随意抓人,相互斗殴,要坚持文斗,反对武斗;七、不允许任何人任何组织冲击军事机关;八、支持公安机关行使职权,保护报社、电台、银行、仓库等重要目标的安全,胆敢破坏者,严惩不贷。2 月 25 日,重庆警备司令部、重庆军分区等 9 个单位在中共中央 1 月 20 日发出《给全国农村人民公社贫下中农和各级干部的信》后,发出《给农业战线上的民兵和民兵干部的一封信》,号召全市民兵立即行动起来,争当突击手,搞好春耕生产。并于 3 月 4 日、4 月 1 日分别成立重庆市农业、工业生产指挥部,负责组织、指挥工农业生产的日常工作。各局抽调少数人组成业务组,在指挥部领导下开展工作。在重庆警备司令部的直接领导下,重庆市分别于 4 月 4 日至 7

日、4 月 9 日至 11 日、4 月 13 日至 15 日，召开“工代会”“农代会”“红代会”，动员各界群众掀起“抓革命，促生产”的高潮和选举参加全市最高权力机构——重庆市无产阶级革命造反联合委员会的代表，推动各单位的大联合、“三结合”和“斗批改”。此后，驻渝部队又陆续派出一万余名指战员到全市工矿农村帮助“抓革命、促生产”。至 4 月 10 日，重庆有军管企事业单位 48 个，进驻 33 个。驻渝部队“三支两军”缓和了紧张局面，维护了社会秩序、工作秩序、学习秩序和生活秩序，保护了一些干部，减少了工农业生产和人民生命财产的损失，对稳定局势起了积极作用。1967 年 5 月 7 日，毛泽东在一则批示中对各地出现的造反派与驻军冲突情况说：“山东及各省，正规军弄错的较少。重庆五十四军有电报说关于支持重大八一五是否错误问题，宜找两方面人都来，和梁、张、甘、韦诸同志共同商处。”5 月 16 日，经毛泽东批准，周恩来在中央解决重庆问题的会议上宣读了《中共中央关于重庆问题的意见》[①]，决定建立重庆市革命委员会筹备小组。《意见》既肯定重庆驻军在“支左”中有成绩，又承认他们“在处理持有不同意见的革命群众组织的关系问题上，错误地支持了一方，压制了另一方，支持了公安部门错捕革命群众，把一批革命群众打成‘反革命’。”要求“对被错误宣布为‘非法组织’或‘反动组织’的革命群众组织要平反，对错捕的革命群众和革命群众组织的负责人要释放，并恢复名誉”。

“红五条”下达后，重庆“八一五”派与“反到底”派围绕对“红五条”的不同理解、不同解释，不断进行争斗。五十四军领导分别接见两派负责人，耐心说服。5 月 26 日，五十四军致电成都军区并报中央“文革”小组、全军“文革”小组，电报中说，近几天，该军领导人全力以赴，在重庆先后约见了工人组织、学生组织和 242 部队红总等组织负责人，听取批评意见，此外，通过接待来访，加强对反对派群众的工作，并同有些组织举行军民联欢会。通过这些工作和活动，消除了一些误解，对立情绪有所缓和，反对派表示拥护中央五条，愿意接受市革筹领导，原则上同意实现两派联合，等等。5 月 27 日，毛泽东将五十四军有关重庆问题

---

① 即“红五条”，见本章第三节。

的电报批发给各军区、各军、各兵种，并以中央军委名义批示：“五十四军在重庆的工作做得不错，可供你们参考。凡属两派革命群众组织互相对立很严重的，只要进行细致的思想政治工作，问题总是可以解决的。对于有群众的保守组织，甚至反动组织，也要细致地进行思想政治工作。”① 但是，重庆两派对中央文件采取实用主义的态度，断章取义，各取所需，为自己的派性服务。两派认为支我就是支左，不支我就是支右、支保②。两派对待干部和群众采取“唯观点论”，凡观点相同的就是“战友”“革命干部”，不同意见的就是“敌人”“牛鬼蛇神”“走资派”。两派的态度，严重阻碍了大联合、“三结合”和“复课闹革命”。1968 年 6 月，市革委成立后，与重庆警备区大抓促联合与稳定局势的工作。重庆警备区发出通知，抓紧收缴武器；经驻军部队毛泽东思想宣传队的多方工作，重庆至周边专县中断了半年之久的交通逐渐恢复；一部分国防工厂成立了革委会。在市委和驻渝“三支两军”部队的努力下，当年 10 月 15 日，两派代表数千人在市人民大礼堂举行“两大派撤销各自总部，掀起斗、批、改高潮誓师大会”，两派头头在会上宣布，自即日起撤销两派市一级总部、司令部，为最终实现大联合扫清道路。1968 年 10 月，十三军与五十四军换防，十三军调驻重庆，由十三军机关兼重庆警备区。“三支两军”工作由十三军负责。

“三支两军”虽然有积极作用的一面，但是，由于“三支两军”执行了“文化大革命”的错误方针，站在所谓革命“左”派一边，支持他们夺权，以便更有力地贯彻推行“文化大革命”，也带来一些消极后果。

1967 年 7 月 29 日，江津军分区党委根据成都军区首长六条指示精神，决定组建支左办公室，由军分区（含独立团）、县武装部和 7784 部队抽调人员组成。支左办公室从 8 月 1 日起开始办公。11 月中旬，原在永川负责“支左”的 7784 部队奉命调离永川。该部调离之际，“红旗派”的头头策动了“挽留 7784 部队留永继续支左”的活动，造成轰动全川历时 40 余天的“卧轨留军”事件。“卧轨留军”事件阻碍了铁路交通的畅

---

① 《中央军委转发五十四军对反对派进行工作情况报告的批语》，《建国以来毛泽东文稿》，中央文献出版社 1998 年版，第 356 页。

② 即保守派，又称保皇派。

通，耽误了生产和工作，影响极坏。11 月 23 日，成都军区和驻军五十四军研究决定，又成立江津专区驻军支左领导小组。江津地区出现“永川驻军支左领导小组”和“江津专区驻军支左领导小组”并存的局面。

1968 年 5 月，重庆四周专县武斗激烈进行，通往重庆的水陆交通仍然断阻。5 月底，全市粮食库存仅 4000 万公斤，其中大米仅够 7 天供应，有的粮食脱销。驻渝部队紧急成立调粮办公室，以军车突击抢运粮食，保证供应。

重庆红岩机器厂军管会先后调换四次，开始军管会只承认一派是革命群众组织，不承认另一派。中央“三一五”指示后进厂的军管会却相反，亲近了原军管会不承认的一派，疏远了原军管会支持的一派。后来进厂的军管会又怕被说“一碗水没有端平，支一派，压一派”，因此工作不大胆，缩手缩脚，不愿和群众多接触，对具体问题态度不鲜明，对工作信心不足，干劲不大，发动群众不够，脱离了群众，结果两派都有意见①。

1968 年 6 月 27 日，鉴于重庆市缺粮状况日益严重，市革委、重庆警备区成立调粮办公室，组织军车、民用车共 367 台，由解放军护送，经 70 天突击抢运，一定程度缓解了粮食库存告急的状况。以后一段时间，调入重庆市的粮食完全靠解放军护送。

1972 年 5 月 29 日至 6 月 25 日，市委召开“三支两军”党员干部会议，传达贯彻中央〔1972〕14 号文件及成都军区“三支两军”政治工作座谈会精神。参加人员 2330 人，约占重庆地区“三支两军”党员干部总数的 87%。会议开展了对林彪反党集团的批判，讨论了关于纠正“一批双清”②中存在的错误和加强地方党委一元化领导，进一步搞好“三支两军”工作问题。大家认识到，“文化大革命”中，地方党政瘫痪，通过军队传达毛主席党中央的指示和政策是必要的，是对的。现在，地方新的党委相继建立，如果还按军管时期的办法就会出问题。在新形势下，中央决定把“三支两军”工作置于地方党委一元化领导之下，“三支两军”人

① 重庆市革委会向全国计划会报送的材料（1970 年 11 月 12 日），重庆市档案馆藏 1316/2/737。

② 即批判极左思潮，清查“五一六”和“三老会”。

员接受地方党委的一元化领导，这是党中央、毛主席加强党对军队绝对领导的一项重大措施，是发展大好形势、继续做好“三支两军”工作的需要。对撤销军管会问题达成了共识。会议对如何加强地方党委的一元化领导和改进“三支两军”工作进行了认真研究。

1973年7月，根据中央〔1972〕32号文件和中共四川省委、成都军区党委关于贯彻执行中央32号文件的通知精神暨省委领导同志的指示，结合重庆市各级领导班子建立健全的状况以及革命和生产的形势，经市委与驻渝部队党委共同研究，向省委报告了重庆市“三支两军”干部的撤留意见，报告称：全市原有“三支两军”干部3000余名，贯彻中央32号文件后，已陆续撤回部队1500余名，在现有1500名“三支两军”干部中，长期留下150名至200名，占10%—13.3%。撤回部队的1300名干部，在今年8月撤回800名，10月撤回500名[①]。8月中旬，市委召开欢送“三支两军”干部大会。驻重庆各单位的“三支两军”人员，除少数转业留地方工作外，绝大部分撤回部队。当年12月26日，中央领导叶剑英、李先念等在中南海接见四川重点企业赴京汇报会全体代表，重庆四九七厂、四五一厂和大足汽车厂代表参加。中央领导在接见时指出，重庆有人搞“民办‘十大’宣传队”，还宣传“四川特别是重庆，从上而下是宗派主义统治”，这是完全违背十大精神的。同时又指出，军代表在“三支两军”工作中有成绩也有缺点，其中一个重要原因在于军队有些同志犯了支一派压一派的错误，要勇于作自我批评。勇于自我批评是党内团结的钥匙，团结起来了，革命、生产才能搞上去。这段讲话，对重庆军代表在“三支两军”中的工作做了客观评价。

六、建立各级革命委员会

市革筹成立后，首要任务就是制止两派的频繁武斗。1967年6月

---

① 渝函〔1973〕199号《关于三支两军干部撤留问题的报告》（1973年7月24日），重庆市档案馆藏1316/2/44。

12 日、7 月 2 日，市革筹、重庆警备区先后两次发出《联合通告》，提出制止武斗 8 条禁令；要求坚决制止武斗，呼吁各派群众组织实行大联合，并采取收缴武器弹药等措施。同时，四川省革筹小组发布停止重庆武斗的 6 条命令；8 月 22 日，周恩来批示中央“文革”办事组，发出《关于制止重庆武斗的三条指示》的特急电报。由于武斗导致的社会混乱没有根本好转，虽然市革筹多次召开全市工交系统、农村政工会议，号召全市职工“大联合”“三结合”，布置农业生产，但收效甚微。继 10 月 14 日中央发出《关于大、中、小学复课闹革命的通知》后，11 月 29 日，市革筹发出《关于大、中、小学复课闹革命的通知》。通知要求所有大、中、小学师生，一律立即返校复课闹革命。但是，处于混乱中的重庆无法贯彻落实该通知精神。12 月，市革筹广泛举办毛泽东思想学习班，期望以这种形式来帮助各造反组织实现团结与联合，并将工农业生产提到议事日程上来。12 月 27 日，重庆大学革命委员会成立大会召开。但由于这个革委会是在排斥了“反到底”派后单方面成立的，反而造成两派更加严重的对立。

1968 年 5 月 28 日，中共中央、国务院、中央军委、中央“文革”领导小组批准成立四川省革命委员会，由张国华任主任，李大章、梁兴初、刘结挺、天宝、张西挺等 15 人为副主任。6 月 2 日，重庆市革命委员会[①]经省革委、成都军区党委批准成立。市革委由 150 名委员组成（预留 24 名作机动），其中领导干部 27 人，军队代表 19 人，造反组织代表 80 人；市革委常委 35 人（实际只推选出 25 人）；蓝亦农为主任，鲁大东、白斌、岳林、唐兴盛、黄廉、袁金梁、李木森、熊代富为副主任。革委会由军队代表、干部和群众代表“三结合”组成，集党政大权于一身，形成了党政合一的一元化领导体制，取代了原市级党政领导机关的职能。6 月 2 日，30 万军民在大田湾体育场举行“隆重庆祝重庆市革命委员会成立大会”，省革委、成都军区和重庆警备区的领导人出席大会并讲话，会后游行。当日，“文化大革命”中改名为《新闻报道》《新重庆报》的《重庆日

---

① 革命委员会是“文化大革命”期间中国各级政权的组织形式，简称“革委会”。1979 年 7 月五届人大二次会议通过《关于修改〈中华人民共和国宪法〉若干规定的决议》，地方各级革命委员会改为各级人民政府。

报》恢复《重庆日报》报名，为市革委机关报。6月6日，市革委召开第一次全委会，做出《关于维护革命新秩序的若干问题的决定》，共7条。其主要内容是：坚决制止武斗，一切造反组织必须立即解散武斗组织，召回到外地搞武斗的人员，拆除武斗工事，限6月12日18时前无条件上交所有武器弹药，必须立即返回本单位“抓革命，促生产”，“复课闹革命”；对外地流入重庆市的人员，动员其迅速返回原单位。26日，市革委又召开了第二次全委会，两次研究制止武斗一事。

6月6日、6月30日、9月23日，市革委、重庆警备区先后三次发布决定、通令，采取措施强行制止武斗。9月9日，市革委召开第二次常委（扩大）会议，号召全市人民迅速掀起大联合、“三结合”新高潮。10月，毛泽东主持召开了党的八届十二中全会，号召反对“多中心论”。经过中央和省、市的不懈努力，10月15日，重庆两派群众组织在人民大礼堂集会，宣布撤销各自总部，解散组织。“八一五”派宣布撤销的组织有：重庆市革命工人造反联合总指挥部、重庆农民革命造反联合委员会、红卫兵重庆警备区、重庆“八一”兵团总部、重庆“二七”战斗团总指挥部、财贸工人“八一五”战斗团、重庆无产阶级革命造反军二分团等。反到底派宣布撤销的组织有：重庆工人革命到底总司令部、重庆农民革命到底总司令部、重庆大专院校红卫兵反到底司令部、重庆中学生红卫兵反到底司令部、重庆机关反到底司令部、重庆文艺界延安兵团、重庆军工井冈山总部、重庆无产阶级革命工人造反军一支队、重庆工人“二七”战斗团总部、财贸井冈山总部等。此后，其他群众组织陆续解散。自此，全市历时一年半的武斗基本结束。到1968年11月12日，重庆市所辖8区3县革委会全部成立。

1968年5月8日，四川省革筹、中共成都军区委员会发出《关于成立涪陵地区革命委员会的批示》。文件指出，省革筹小组、中共成都军区委员会同意涪陵军分区党委、涪陵驻军支左领导小组关于成立涪陵地区革命委员会的报告，批准涪陵地革委组成人员名单；同意革委会由黄鹤寿等65名同志（暂缺25名）组成，常委21名（暂缺5名），由黄鹤寿任主任。5月16日，涪陵地革委、涪陵县革委会同时成立。

1968年5月16日，四川省革筹、中共成都军区委员会联合做出《关于批准成立万县地区革命委员会的决定》。决定万县地革委由高恩堂等65人(暂缺22人)组成,革委会下设办事组、政治工作组、生产指挥组、人民保卫组。5月28日,万县市6万军民集会庆祝地革委成立。

1968年3月至6月,中央在北京举办解决四川问题的学习班,促进革命大联合,各地两派群众组织均派代表和少数领导干部参加。中央学习班结束后,由省革委在成都继续举办学习班,主要任务是筹建江津地区革命委员会。9月29日,经省革委批准,成立江津地革委。实行“军、干、群三结合”,由85名委员组成。革委会下设办事组、政工组、生产指挥组和人民保卫组。随后,各县、区、社,各厂矿企事业单位也先后建立革委会。

1968年12月初,由于五十四军同十三军换防,蓝亦农、白斌调离重庆,经四川省革委决定,免去蓝亦农、白斌市革委正副主任职务,由十三军段思英、何云峰任市革委正副主任。经省革委党的核心小组、成都军区党委批准,市革委成立党的核心小组,由14人组成,何云峰任组长,顾永武(十三军)、鲁大东任副组长。12月,市革委办事机构4个大组中的生产指挥组撤销,其所属的工交、农业、财贸、军工、计委、建委、战备人防办公室等小组陆续改为大组,共10个大组,这10个大组分别建立了党的核心小组,实施“一元化”领导。全市8区3县及江津地区、万县地区、涪陵地区随后也建立起革委会核心小组,县团以上71.8%的单位建立了革委会核心小组。

12月13日,市革委直属单位党员代表大会开幕。会议历时18天,于30日结束。这是市革委成立后第一次党代会,出席806人。会议学习了八届十二中全会公报和全会的各项决议、决定;学习讨论了八届十二中全会通过的新党章(草案)和关于适当时候召开党的第九次全国代表大会的决定,开展了大批判。革委会主任、十三军政委段思英在开幕会和闭幕会上讲话指出,重庆当前的问题是:两大派造反组织之间的对立情绪还没完全消除;资产阶级派性和“多中心论”在某些人的头脑中还严重存在;工业生产按国家计划还有很大的距离。今后的任务是:进一步巩固发展大联合和“三结合”;深入开展大批判;做好清理阶级队伍的工作;做好整党建党工作;贯彻执行毛主席关于“工人阶级必须领导一切"的指示,实现无产阶级教育革命;抓革命、促生产、促工作、促战备;高举"拥军爱民"的旗帜,加强军民团结。与此同时,各区县也分别召开党员代表大会。

1969年1月3日,西南师范学院、重庆建筑工程学院、重庆交通学院革委会成立。此前,四川美术学院、重庆工业学院革委会已成立。此后,其他院校革委会相继成立。

"文化大革命"开始后,在一年半的武斗期间,全市党组织基本上处于瘫痪状态,基层党组织被迫停止活动,群众组织间的武斗规模、动用武器种类、武斗持续时间皆为全国之冠,对工农业生产和人民群众的生活造成了严重影响。1967年全市生产总值为33.37亿元,较1966年下降10个百分点。1968年全市生产总值再次大幅度下降,仅完成27.11亿元,比1967年下降15.8个百分点,其中工业总值只有6.84亿元,比1967年下降40.4个百分点。1968年财政收入7196万元,比1966年减少3.33亿元,是"一五"计划开始后收入最少的一年。

1969年,武斗基本停息,生产有所恢复。全市工业总产值17.4亿元,比1968年增长73.2%;基本建设完成总投资额比1968年增长1.5倍;交通运输量比1968年增长37.3%;主要产品产量比1968年普遍大幅度上升,煤炭产量增长53.9%,钢增长70.7%,机床增长92.5%,棉纱增长35.9%,化肥增长117%,农药增长216.9%;医药比历史最高水平的1966年增长4.8%;农业生产虽遭严重自然灾害,总产量仍比1968年增加,超额完成国家征购计划。有9个公社、53个大队、650个生产队平均亩产超"农纲"[①],达800斤以上。财贸方面,商业纯购进、纯销售都比1968年增长40%以上;财政收入比1968年增长1倍多。

各地革委会全部建立后,全市先后恢复或成立民政、卫生、劳动、物资、农业、农机、文化、教育、机械、煤炭工业、冶金、化工、轻工、科技、电子仪表、手工业、电业、邮政、交通、电信、城建、财税、工商、一商、二商、粮食、公安等局以及人民法院。革委会的成立,在一定程度上结束了"文化大革命"前期的大动乱局面,消除了权力的真空半真空状态,使各项

① 指《1956年到1967年全国农业发展纲要》。

工作有可能逐步恢复和开展。但是,革委会是“文化大革命”特殊历史条件下产生的一种不正常的政权组织形式,实行党政合一、高度集中的领导体制,革委会的建立,使“文化大革命”的错误方针得以有领导地继续贯彻执行,成为国家和地方政治生活长期难以安定的重要原因。

第十三章
“斗、批、改”运动

一、开展“斗、批、改”运动

按照毛泽东“工人阶级必须领导一切”“工人阶级占领上层建筑”的部署，1968年8月至1969年3月，在半年的时间里，全市派出2.2万名“工人毛泽东思想宣传队”队员进驻300多个机关、学校及科研事业单位，领导“斗、批、改”运动。

（一）“整党建党”

党的九大以后，毛泽东试图通过“斗、批、改”在各方面落实党的一些政策，清除资产阶级、修正主义的影响，巩固和发展“文化大革命”的成果，达到“天下大治”，也含有结束“文化大革命”的意向，实际上是把“左”倾错误方针在各个领域里具体化。

“整党建党”是“斗、批、改”阶段的一项重要任务。“整党建党”的指导方针是毛泽东提出的“五十字建党纲领”：“党组织应是无产阶级先进分子所组成，应能领导无产阶级和革命群众对于阶级敌人进行战斗的朝气蓬勃的先锋队组织。”1969年3月至9月，根据中央《关于整顿、恢复、重建党组织的意见和问题》，重庆市及各区、县88个支部开展整党建党的试点工作。9月22日至27日，市革委召开整党建党工作会议，交流试点单位经验，要求大体已完成清理阶段队伍的单位，应不失时机地迅速抓紧整党建党工作，实行“吐故纳新”[1]。随后，各单位从10月起分期分批开展整党工作。截至1970年1月底，全市已经开始或部分开始整党的单位共681个，占全市单位总数的22.2%。

通过“整党”，新建立党支部169个。但是，此次“整党”基本上是按照刘结挺、张西挺炮制的《整党工作座谈会纪要》搞的，在政治上“以派划线”，组织上采取“群众参加整党”的做法，存在很多问题。1970年2月17日，省革委政工组发出《关于暂停整党建党工作的通知》，指出：“我省整党建党工作应该暂停，需要重整”，全市“整党”工作停止，有2390个支部在中途或刚刚开始就停了下来。10月，市革委党的核心小组发出通知，要求在县和相当于县级以下单位中建立党的临时领导小组。

1971年1月2日至10日，市革委党的核心小组根据中央关于召开地方各级党代表大会的通知和省革委关于整党建党工作的部署，召开全市“整党建党”工作会议，对全市“整党建党”工作重新进行部署。决定依据“一打三反”[2]运动的进展情况，从1月起，分期分批地、陆续地开展整党建党工作。首先抓好对基层支部的整顿，争取4月完成对70%或更多一些的支部的整顿；同时开完3个县的党代表大会；各区积极作好开党代会的准备工作；各厂、矿、机关、学校成熟一个召开一个；在5月上旬召开市第三次党代表大会，成立新市委。其余30%左右的支部的整顿在7月底前完成。并按此精神和“一打三反”运动情况分为三批进行。会议要求凡是开展“整党建党”的单位要以“整党”为中心来推动其他各项工作。会后，按照中央和省委重新“整党”的方针及会议精神，在市革委办事组和第一批开展“整党建党”的单位党的核心小组的领导下，先后举办了4期整党建党骨干学习班，进行4天至5天的培训，然后，在22个单位、64个支部中进行试点后在面上展开。全市选调近6000名党员组成毛泽东思想宣传队，深入基层，帮助开展“整党建党”。这次重新

[1] 所谓“吐故”，就是要把“证据确凿的叛徒、特务、一切反革命分子、顽固不化的走资派、阶级异己分子、蜕化变质分子”坚决清除出党。所谓“纳新”，就是要把那些“在无产阶级文化大革命中冲杀出来的忠于毛主席的无产阶级革命造反派”吸收入党。

[2] 即打击反革命破坏活动，反对贪污盗窃，反对投机倒把，反对铺张浪费。

“整党”是在“无产阶级专政下继续革命”理论和“五十字建党纲领”指导下进行的。虽然在“四清”运动中暂缓登记的党员和在1969年整党时“吐故”的党员被允许重新参加整党、重新审查、处理，但是，在“左”的思想指导下，贯彻“开门整党”“群众整党”“大学习、大批判、大评论、大总结”和“吐故纳新”等“左”的方针，实行“老、中、青”三结合原则，一些老干部被当作“叛徒、特务、死不改悔的走资派”清除出党；或以“敌我矛盾作人民内部矛盾处理”而不让其恢复组织生活。以市革委办事组政工小组为例，第一批暂缓恢复组织生活的党员即有229人，占参加整党的党员总数的23.3%。建立的各级党的领导班子党委书记多数是“三支两军”的部队干部，出现了实质上是部队领导地方党委的不正常现象。在青年干部中，又有一些造反派头头被作为“新鲜血液”“突击入党”“突击提干”，混入了党的领导班子中。据1971年3月统计，在省、市审批的373个革命领导小组中，除113个比较完善外，在需要调整、充实军队代表和地方干部的单位260个中，调整充实了240个，占92.3%。其中，军队代表461名，地方干部687名，革命群众代表150名，工宣队员3名。在市、区、县革委会中，革命群众代表占50%以上，军队代表和革命干部代表各占20%。凡设常委制的地方和单位，常委会的三结合比例为：军队和革命干部代表共占55%—60%，革命群众代表约占40%。

在开展“整党建党”运动的同时还进行了整风。1971年2月1日至6日，市革委召开第七次全委会，部署工作，就存在的问题展开批评与自我批评，并将各种意见汇集整理成193条，分别转发市革委各组、委、局和各区、县革委，要求处理落实后将结果写成专题报告报市革委。随后，市革委党的核心小组于2月19日至21日又开展了开门整风、面对面提意见。同时，区县也送交书面意见。4月20日至21日，各区县革委、市革委各组委和机关干部的代表再次向市革委核心小组面对面提意见，还发动参加市革委核心小组扩大会议的2000多名18级以上干部帮助市革委核心小组整风。之后，鲁大东代表市革委党的核心小组在整风扩大会上作初步检查。

在这次整党整风的基础上，根据中央关于召开地方各级党代表大会的通知和省委的部署，1971年5月6日至8日，市第三次党代表大会召开，出席大会代表共652名，代表全市19.58万名党员。何云峰代表市革委党的核心小组作《高举党的“九大”团结、胜利的旗帜，坚定地沿着毛主席革命路线奋勇前进》的工作报告。大会选出重庆市出席中共四川省第二次代表大会代表。经三届一次全委会选举，并经省革委党的核心小组批准，何云峰为第一书记，鲁大东为第二书记，顾永武为书记。会议通过了《关于进行思想和政治路线方面的教育的决议》。《决议》要求各级党组织要把进行思想和政治路线方面的教育作为继续深入开展学习毛泽东思想群众运动的主要课题，坚持把用毛泽东思想教育人、改造人放在一切工作的首位，认真加强领导。《决议》号召全体党员、干部、全市人民在毛主席和党中央的英明领导下，更加紧密地团结起来，抓革命、促生产、促工作、促战备，全面完成和超额完成1971年的国民经济计划和第四个五年计划，夺取社会主义革命和社会主义建设的更大胜利，为中国革命和世界革命作出新贡献。这次会议虽然贯彻了党的九大的错误思想与方针，但是，随着整党建党的深入和市党代会的召开，到6月底，全市开展“整党建党”的共6884个支部，占原有7966个支部数的85.6%。在此基础上，建立新的基层支部5774个，新的总支和党委273个。同时，除大渡口区以外的7区3县均召开了党代会，建立了党委。

“整党建党”虽然由于执行“左”的路线和采取“左”的方法，一些不纯分子混入党内，甚至进了党委领导班子，但是，“文化大革命”开始后一度瘫痪的各级党组织，终于重新建立并恢复工作，形势渐趋稳定，生产逐步恢复。

在此期间，根据九大党章标准和“吐故纳新”的精神，发展党员的工作在部分基层组织重新恢复。据统计，1967年至1971年全市共发展党员5321人；1972年至1977年6年期间，全市共发展党员25582人。其中，1976年“四人帮”横行期间，全市有43个单位“突击”发展党员，发展对象主要是那些“头上长角”“身上长刺”的所谓“造反派”。根据中央和省委的精神，对这批“双突”（突击入党、突击提干）中突击发展的党员，在1978年的整党和“一批两整顿”①运动中进行了全面清查处理。

① 即深入揭批“四人帮”，搞好整党整风，搞好各条战线、各个单位的整顿。

认定“双突”党员共123人,根据中共四川省委对“突击入党”的人应一律不予承认的规定,全部作了不予承认或开除党籍的处理。

(二)“清理阶级队伍”

“清理阶级队伍”(简称“清队”)是“斗、批、改”的一项主要工作。1967年11月,中央“文革”小组第一副组长江青在北京工人座谈会上讲话,第一次提出要“清理阶级队伍”。此后,《人民日报》《解放军报》《红旗》杂志接连发表社论,将“清理阶级队伍”作为“文化大革命”的一项紧迫任务,要求迅速开展。1968年5月25日,中央转发《北京新华印刷厂军管会发动群众开展对敌斗争的经验》,要求全国各地区、各单位“有步骤地、有领导地把清理阶级队伍这项工作做好”,“彻底清查混在革命队伍内部的一小撮叛徒、特务、走资派以及没有改造好的地、富、反、坏、右分子”。在这种“左”的思潮影响下,6月4日,刚成立三天的市革委负责人就布置对所谓“国民党残渣余孽”“反革命”进行清查,市革委人民保卫组(即市公检法军管会)布置对全市原国民党起义将领、民主党派成员和无党派民主人士进行摸底排查,列出逮捕、拘捕、集训、管训名单。随即,各级革委会纷纷建立“清队”办公室;街道、车间、生产队、学校班级建立起群众“清队”小组。中共八届十二中全会错误地做出“永远开除刘少奇党籍,撤销党内外一切职务的决定”后,1968年11月3日,市革委、重庆警备区发出《关于立即开展广泛深入地学习、宣传、贯彻、落实党的八届十二中全会公报的重要通知》。同时,《重庆日报》发表题为《动员起来,开展三查,向阶级敌人发起总攻》的社论,号召在全市范围内进行查“走资本主义道路的当权派”及其幕后活动,查叛徒、特务和一切反革命分子,查没有改造好的地、富、反、坏、右分子和国民党的残渣余孽的破坏活动的“三查”工作,掀起清理阶级队伍的新高潮。当月,在北京举行的国防工业部分工厂和一机部、化工部部分协作工厂抓革命促生产会议上,重庆的派性头头、打砸抢分子邓长春、方文正被逮捕。12月3日,省革委决定撤销邓长春省革委常委、方文正市革委常委的职务。

1969年1月,清队工作全面铺开。2月6日,市革委召开清理阶级队伍工作会议。参加这次会议的主要是各区县革委、支左领导小组主管

“清队”工作的部队干部。会议要求各级革委会坚持用毛泽东思想统率一切，不断加强领导，放手发动群众，加速清理阶级队伍的进程，把对敌斗争进行到底。3月25日，市革委发出《关于建立“群众专政大军”的几点意见》，到8月，全市“群众专政大军”达到30余万人。由于“清理阶级队伍”工作是在“左”倾思想指导下进行的。政策界限不清，虽然运动清理出一些有打砸抢行为的犯罪分子，但同时乱打乱斗、“逼、供、信”的现象屡屡发生，各单位均把自己认为是“清理对象”的人揪出来“示众”，并设置“牛棚”进行监管。不少干部群众被无辜清查，一批原国民党军起义将领、民主党派成员被打成所谓“反革命集团”，酿成许多冤假错案。据统计，至1969年2月上旬，全市清出和批斗各种“坏人”共36082名；3月，全市又挖出各类“阶级敌人”5904名，10%的单位进入深挖细找阶段。

7月17日，市革委发出《关于对敌斗争中定案处理工作意见》，宣布“清队”工作进入定案处理阶段。到1970年初，随着“一打三反”运动的开展，“清队”逐步结束。

在此期间，在江青诬蔑“川东地下党没有一个好人，重庆是残渣余孽的窝窝”的背景下，重庆对原川东地下党员普遍进行了审查，其中50%以上被戴上“叛徒”“特务”“反动党团骨干”“假党员”等各种政治帽子，把大批久经考验的老干部打了下去。1968年5月，又将部分市领导，部、委、局负责人，区委书记，区长，大专院校院校长等30余名老干部横加罪名，关押在干部“集训队”，进行搜身、训话、限制人身自由，刑讯逼供，残酷迫害，造成严重后果。9月，把市政协、参事室的统战爱国人士36人关押在“管训队”，刑讯逼供，毒打致死7人。1969年1月，将市级机关干部集中到市革委办的毛泽东思想学习班，进行清理阶级队伍。据1986年复查统计，“文化大革命”中被立案审查的有24766名干部，被迫害致死的1017人。1970年又采取“一锅端”的办法，无论干部、工人、老弱病残统统下放到农村、农场、矿山或“五七”干校劳动①。

① 中共重庆市委组织部编：《中国共产党重庆市组织史资料（1926—1987）》，重庆出版社1999年版，第151页。

(三)"一打三反"运动

开展"一打三反"运动,是"文化大革命"深入开展"斗、批、改"的又一个重要措施。1970年2月,市革委贯彻落实中央〔1970〕3号、5号、6号《关于打击反革命破坏活动的指示》《关于反对贪污盗窃、投机倒把的指示》《关于反对铺张浪费的通知》和"一二二五"批示①,在全市开展打击反革命分子、反对贪污盗窃、反对投机倒把、反对铺张浪费的"一打三反"运动。全市各级部门和基层单位均成立了"一打三反"领导班子和办事机构。

全市"一打三反"运动采取大检举、大揭发、大清查、大批判的群众运动方式进行,大体经过4个阶段:一是从2月接到3号文件开始,到4月上旬"一二二五"批示在群众中全面传达以前,各级领导全力以赴,大造声势,广泛宣传,使中央3个文件精神基本家喻户晓,初步掀起大检举、大揭发、大批判、大清理的高潮。二是从4月上旬到6月底,结合落实"一二二五"批示,集中揭露和打击一小撮破坏"文化大革命"的"反革命"分子。同时,狠抓各级"一打三反"领导班子的思想整顿和组织整顿,加强对大、要案的侦破。对广大职工群众广泛进行战备教育,激发广大群众的阶级觉悟和政治热情,为深入掀起"一打三反"新高潮作好必要的思想准备、组织准备和材料准备。三是从7月上旬到10月上旬,绝大多数地区和单位通过"一二二五"批示的贯彻落实,进一步巩固革命的大联合、三结合增强了的团结,特别是九届二中全会公报发表后,各级领导和广大革命群众对"一打三反"运动又有了进一步认识,把"一打三反"运动摆到中心工作位置,放手发动群众,认真落实政策。四是根据中央57号文件关于分期分批建立新党委的指示,11月初,省、市革委对大力抓紧、搞好"一打三反"运动作了紧急部署。要求各单位一、二把手亲自抓,各级革委会办事机构一般都抽出60%—70%以上干部,深入基层协助工作。普遍举办各类学习班,广泛采用大字报形式,发动群众,

① 1969年12月25日,中共中央对四川省革委和成都军区党委《关于解决四川当前若干问题的报告》和《关于加速进行四川地区三线建设的请示报告》作出批示。该批示肯定了对刘结挺、张西挺的揭发和批判,从人事上对四川省领导班子作了调整。

点面结合，内外结合，造成强大的政治攻势，对一些“老、大、难”和领导力量薄弱的单位，逐个采取有效措施，加以解决。

经过两年的清队和11个月的“一打三反”运动，截至年底，群众揭发检举和坦白交代的“九种人”达70350人，贪污盗窃、投机倒把57656人（总金额1000万元），共计12.8万余人①。

“一打三反”运动确实打击了一批刑事犯罪分子，但由于“左”的指导思想，也打击了一些无辜群众，又造成不少冤、假、错案。同时，把一些正当的贩运和商业活动也当作投机倒把加以打击。1970年6月16日，市革委、重庆警备区发布《关于进一步打击投机倒把、加强市场管理的通告》，“坚决取缔城市自由市场，限制农村集市贸易的范围”。12月，为“割资本主义尾巴”，全市再度取缔自由市场，限制城乡集市贸易，并大量砍掉合作商业和个体商业网点4486个，严重阻碍了城乡经济的发展，增加了人民群众的生活困难。

（四）“一批双清”运动

一批在历次政治运动中受过不公正处理的老红军、老干部、老地下党员提出申诉，要求平反，被诬蔑为组成“三老会”反动组织搞“反革命翻案活动”。市革委根据中央〔1971〕13号文件的精神，建立了“五一六”“三老会”专案清查小组。全市开始进行批判极左思潮，清查“五一六”和“三老会”的“一批双清”（简称“批清”）运动。从1971年5月15日起到7月3日止，市各区、县、市革委各组、委、局和各大厂矿企业，分两批、每批20天左右，在党的基层骨干中开展“批陈整风”②，参加人数共18255人，主要以毛泽东《我的一点意见》和“一八指示”为纲，先后召开党委或党的核心小组扩大会议，在党的基层骨干中开展“批陈整风”。市委强调，在保密的原则下，把会内的“批修整风”同社会上的“批清”运动结合起来进行。市里在重庆大学办了“三老会”学习

① 《重庆市“清队”、“一打三反”运动的主要情况》（1970年12月31日），重庆市档案馆藏1316/1/708。

② “陈”即陈伯达。“批陈整风”对外称“批修整风”。

班，排了16件大事件，各单位仿而效之，纷纷排大事件，办“批清”学习班。有的学习班限制人身自由，甚至搞逼、供、信，把矛头指向持有不同意见的干部和群众，连“反到底”派在体育馆主办的干部学习班集中了观点倾向于“反到底”的一批干部一起学习，也作为“三老会”嫌疑进行审查，扩大了打击面。如市中区从区到多数公司、局一直到部分基层单位，都办了“批清”学习班，有“走读”，有“住读”；参加学习班的人，少则1人，多则30余人，把所谓“沾边的”“知情的”“一般活动的”区“干串会”[①]的核心和骨干都弄到学习班；基层领导干部就有147人受到“审查”，占同级干部总数的14.38%。此外，区里还“以人划线”，排了大事件，把矛头指向一批干部和群众。在“批清”中，全市受到错误审查的干部和群众达1.6万余人。

在整个“斗、批、改”运动中，制造了“‘国民革命军第一集团军’反革命嫌疑案”“兵工署专案”“七星党”假案等冤、假、错案。数万人受到不公正待遇，打击了一大批干部群众[②]。

（五）干部下放“五七”干校

“文化大革命”开始后，各级党政机关、人民团体和企事业单位受到冲击，大批干部受迫害和“靠边站”，如何处理这些干部是一大难题。

在“斗、批、改”中，1968年10月5日，《人民日报》发表题为《柳河“五七”干校为机关革命化提供了新的经验》的文章，公布了毛泽东关于“广大干部下放劳动”的“最新指示”。重庆市立即按照中央精神开办各种形式的“五七”干校，把党政机关、高等院校的绝大多数干部、教师，除革委会办事机构的人员外，采取“一锅端”的办法，无论老弱病残，全部送到“五七”干校从事惩罚性劳动。1971年，市里在南桐区九锅箐举办“五七”干校，将在职干部分期分批下放劳动。从12月起，市革命委员会所属各大组、委、局及部分县团以上单位的2000余名干部前往干校轮训。干校以40%的时间学习政治，10%的时间学习业务，50%的时间参

① 即老干部串联会。

② 重庆市公安局史志办公室编:《重庆公安1949—1997大事记》，第141—170页。

加生产劳动。1972年,市"五七"干校实行"开门办学"方针,抽调学员组成毛泽东思想宣传队,深入大队及社办企业插队落户,同贫下中农同吃、同住、同劳动、同批"修"以及参加整党工作。此后几年间,全市先后开办"五七"干校14所,共举办59期学习班,参加人数8660人。据不完全统计,全市"五七"干校共生产粮食41.5万公斤,油料1.8万公斤,猪肉7.5万公斤,蔬菜230万公斤。在"文化大革命"特定历史条件下,"五七"干校一度成为迫害干部、知识分子的场所,遭到越来越强烈的反对。1979年2月,国务院发出《关于停办"五七"干校有关问题的通知》后,"五七"干校才陆续撤销。

(六)知识青年上山下乡运动

"文化大革命"期间,由于工业停产不招工、大学停课不招生,城镇初、高中毕业生无法就业和升学,成为一个严重的社会问题。在强调知识分子走与工农相结合的道路的时代背景下,既是为解决此问题,也是为"反修防修",在"革命的大风浪"中培养接班人,开展了一场知识青年上山下乡运动。1968年12月22日,《人民日报》刊登毛泽东"知识青年到农村去,接受贫下中农的再教育,很有必要"的指示后,市革委立即布置落实毛泽东这一号召。次年1月7日,市革委召开动员组织知识青年到农村去的工作会议,要求各级革委会、各地驻军和工人毛泽东思想宣传队做好政治思想工作,大造舆论,组织知识青年到农村去安家落户。市革委并决定将市大专毕业生分配办公室与上山下乡知识青年工作办公室合并,成立市革委毕业生分配办公室,负责毕业生分配与知识青年上山下乡的动员组织工作。10月11日,该机构又更名为市革委毕业生分配组。1969年1月17日,巴县360名家住农村的知识青年首批返乡落户。随后,市内各校家住农村的数千名知识青年陆续返乡。2月4日,15万军民在大田湾体育场集会,欢送全市首批1200名知识青年分赴内江、万县、涪陵等地农村插队落户。至9月中旬,市革委知识青年和城镇居民上山下乡工作会议公布,全市已有13.5万余名知识青年和部分城镇居民上山下乡。但会议认为这项工作刚刚开始,还需要通过大力动员来掀起知识青年和城镇居民上山下乡新高潮。

作为一个大城市的重庆,每年需组织上山下乡的城市青年数量多达数万名。安置的主要形式有投亲靠友、插队落户、知青点、知青队、知青场等。安置去向主要是到市内及四川省内偏远山区农村插队落户或参加全国统一规划的边疆生产建设兵团。1970 年云南生产建设兵团组建后,重庆大批知青主要是参加被称为全国“四大主力”(黑龙江、内蒙古、云南、海南)之一的云南生产建设兵团。据市中区(今渝中区)统计,仅 1971 年,支边云南的知识青年就达 7426 人。

1970 年 5 月 2 日,市革委发出《关于迅速掀起上山下乡新高潮的通知》,要求以动员城镇居民为重点,一定要在二季度把城镇居民中应上山下乡至今未下乡的大部分动员到农村去;把应下乡而未下乡的“三届”[①]中学毕业生全部动员到农村去;把高小超龄生[②]动员走一批。为此,要求各区县建立上山下乡办公室领导这一工作。至 1971 年 5 月,全市已有 17.3 万余名知识青年上山下乡。同时,大批机关干部、知识分子、大学生到公社、农场、工厂参加集体生产劳动,走与工农相结合的道路。

从 1970 年年底起,重庆部分企业、事业单位在市内农村和四川省辖涪陵等 6 个地区面向下乡知识青年招工,4.9 万余名下乡知识青年陆续被招回城。但由于片面强调招收本单位职工子女,任意提高或降低招工条件,不加区别地强调招收男工少招女工,个别招工人员甚至违法乱纪等原因,造成知青思想更大波动。为此,1971 年 10 月,市革委批转市革委劳动局革命领导小组“关于招收下乡知识青年工作中有关问题的请示报告”,特别要求在招工中从全局出发,严格按党的政策办事,对于个别违法乱纪的招工人员要严肃处理。同时,市委在《关于进一步做好知识青年上山下乡工作的意见》中强调,要大造上山下乡的舆论,要认真做好知识青年上山下乡的组织工作,完成当年应下乡的“应届生”“超龄生”的下达计划。城乡密切配合,共同做好下乡知识青年的“再教育”工作。市委还特别强调,坚决镇压残杀知识青年的阶级敌人;严惩强奸下乡女知识青年的犯罪分子;对下乡女知识青年进行逼婚、诱婚的要坚

① 即 1966 年、1967 年、1968 年三届初高中毕业生。

② 即由于“文化大革命”停课闹革命而未毕业的小学生。

决批判斗争；对于利用职权、为非作歹的干部要从严惩处。

其间，市革委、重庆警备区先后派出慰问团，分赴涪陵、万县、达县、江津、内江、南充地区慰问重庆下乡青年。1972 年 3 月 18 日，四川省革委慰问赴滇支边青年代表团重庆分团前往云南边陲慰问重庆支边青年。在云南召开慰问大会 120 次，座谈会 1622 次，文艺宣传队和电影放映队慰问演出电影 350 场，观众 50 余万人次。6 月，慰问团回到重庆后，陆续向支边青年家长和群众作了传达汇报。

至 1973 年，重庆市上山下乡的知识青年达 25 万余人，有 2 万余人加入中国共产党和共青团，1 万余人选进各级领导班子，5 万余人担任了农业技术员、赤脚医生、文化教员等职务。但是，也有不少知识青年的住房、口粮、医疗等生活实际困难长期得不到解决，迫害下乡知识青年特别是女知识青年的事件时有发生；而有些领导干部则利用职权“走后门”，想方设法把自己的子女留在城市或调离农村。当年，在贯彻执行中央“关于全国知识青年上山下乡工作会议”文件精神时，市委强调各级党委必须坚持上山下乡的正确方向；认真做好知识青年上山下乡的动员组织工作；切实解决下乡知识青年当前生活上的实际困难，热情关怀他们的健康成长；发动广大群众，坚决打击破坏知识青年上山下乡的犯罪活动；认真执行党的政策，坚决纠正不正之风。根据中央和省委指示，市委建立了知识青年上山下乡领导小组，市委直接领导并充实和加强知识青年上山下乡工作办公室。市级各部、委、局均确定一名领导干部主管知识青年上山下乡工作，并配备一定数量的干部负责经常工作。同时，市委批转市委知识青年上山下乡领导小组、组织部《关于抽调知识青年上山下乡带队干部的请求报告》，仅市委办公厅口等 11 个大口及市中区等 7 个区即抽调 710 余名上山下乡知识青年带队干部随知识青年上山下乡，并主要负责上山下乡知识青年的管理教育工作。

1975 年，全市已有约 31 万名知识青年上山下乡。6 月 17 日至 20 日，市委召开知识青年上山下乡工作会议，要求学习推广湖南株洲经验，实行“厂社挂钩，对口安置”的办法，把知识青年上山下乡工作做好。次年，全市办起青年场、队 600 多个，青年点 1500 多个。

从 1969 年到 1977 年，重庆市先后有 36 万余名知识青年分赴市内农村及涪陵、万县、达县、宜宾、内江、南充等专区插队落户，另有2.1万余名知识青年到云南生产建设兵团。仅重庆市中区（今渝中区）这样一个当时总人口不足50万人的城区，上山下乡的总人数就多达82656人[①]。一些在校的初中及高一、高二年级学生也随毕业生去农村插队落户，有些地区甚至因此而停办了高中。虽然广大知识青年到农村和边疆经受了锻炼，为开发不发达地区作出了贡献，但是，他们正当青春年华却失去了在学校接受正规教育的机会，影响了学业，造成知识断层和人才断层；为安置知识青年，国家、企事业单位支出了大量经费；城市知识青年上山下乡插队落户也增加了家长和插队地区的农民的负担。知青问题几乎牵涉到城市中的每家每户，触及各个阶层，因而这一问题对社会的影响十分严重。1977年以后，这项运动逐渐停止，1980年以后，绝大部分知识青年陆续返回城市。

（七）“教育革命”

“斗、批、改”的另一项重要内容是进行所谓“教育革命”。“文化大革命”开始后，学校被迫停课“闹革命”。1968年8月27日，根据中共中央、国务院、中央军委、中央“文革”小组于25日发出的《关于派工人宣传队进驻学校的通知》精神，市革命委员会和重庆警备区组织800人的工人、解放军毛泽东思想宣传队进驻重庆大学，参加和领导学校的各项工作。随后，一支支毛泽东思想宣传队（又称“工宣队”）进驻各类城镇学校，据1969年3月统计，全市共有2.2万名产业工人分期分批进驻机关、学校及科研单位[②]。同时，各地农村中、小学则成立以贫下中农为主、有师生代表参加的贫下中农管理学校委员会（简称“贫管会”）。工宣队、贫管会进校后，学校的一切权力由造反派手中转移到工宣队、贫管会手中，形成工、农、兵领导“教育革命”的局面。虽然工宣队、贫管会进校是为了彻底摧毁所谓的“资产阶级教育制度”，完成学校中的“斗、批、

---

① 重庆渝中区政协文史资料委员会编：《流逝的岁月（1969—1999）——知识青年上山下乡三十周年》（内部出版），第22、23页。

② 重庆市地方志编纂委员会编：《重庆市志》第1卷，四川大学出版社1992年版，第420页。

改”任务，但是，工宣队、贫管会领导学校后，全力以赴制止武斗，大力促进了学校两派实现革命大联合。1969 年 10 月 10 日，西南农学院、重庆师范专科学校和 89 所中学实现大联合。市第一个中学革委会在市第十中学成立。学校的混乱局面有所缓解，各校的“复课闹革命”也开始成为现实。

在“文化大革命”的“教育革命”中，招生制度的改变是对广大学生产生又一影响的重大事件。“文化大革命”开始后，高等学校停止招生。直至 1970 年 9 月，重庆市高等院校才开始招收新生。按中央批准的《北京大学、清华大学关于招生（试点）的请示报告》，规定高等学校招生废除考试制度，“实行群众推荐、领导批准和学校复审相结合的办法”招收“工农兵学员”。在教学中，确定“工农兵学员”的任务是所谓“上大学、管大学、用毛泽东思想改造大学”。当年，全市 10 所高校招收工农兵学员 2488 人。① 招生制度的“彻底革命”带来极为消极的影响：新生入学文化素质参差不齐；“推荐上大学”的做法为一些人“走后门”上大学开了方便之门；实行“开门办学”，上“阶级斗争”这门主课，业务、文化课程大大减少。这样的“教育革命”，使正常的师生关系遭到破坏，教学秩序被打乱，教学质量严重下降，贻误了一代青少年的成长。

1971 年在北京召开的全国教育工作会议通过由张春桥、姚文元修改定稿的《全国教育工作会议纪要》。《纪要》提出：新中国成立后 17 年，“毛主席的无产阶级教育路线基本上没有得到贯彻执行”，“资产阶级专了无产阶级的政”；大多数教师的“世界观基本上是资产阶级的”。作出了两个错误估计的《纪要》出笼后，教育系统批判所谓修正主义教育路线，把“文化大革命”前的教育制度、教学内容、教学方法和学校的规章制度说成是“封、资、修大杂烩”，是“管、卡、压”，要全部砸烂。这两个错误的估计，成为教育战线领导、教师以及广大知识分子沉重的精神枷锁。到 1972 年 7 月止，重庆各学校先后进行了“清队”“一打三反”“整党”“批清”等一个接一个的政治运动。每次运动，知识分子几乎都在

① 中共重庆市委党史研究室编：《中国共产党重庆历史大事记》，重庆出版社 2001 年版，第 113 页。

劫难逃。在"文化大革命"初期,学校领导和一部分教师就遭到"揪斗",被挂黑牌、戴高帽批斗及游街示众等。在学校"斗、批、改"阶段的各种运动中,教师遭受打击的面更宽。据重庆大学1972年2月19日的统计,在"清队"和"一打三反"运动中,被正式立案审查人数达493人,占全校教职工总人数的22.8%,其中属于历史、现行反革命和走资派等问题的451人,占立案总人数的91.48%,后经查实,基本是冤假错案[①]。这些政治运动对广大教师是极大的摧残,严重影响了教学、科研,造成人才资源的极大浪费。

"教育革命"对中、小学教育同样造成极大破坏。1969年5月7日,市革委会决定:废除"市管中学,区管小学"的教育管理体制,由各厂矿就近接管各城市中学,实行定厂办校,小学则由工厂、街道、人民公社接管。至8月,除少数学校外,全市近百所中学由厂矿就近接管。1970年7月1日,市教育局制定《关于重庆市1970年中、小学教育事业发展规划的意见》,指出:由于"文化大革命"开始以来学校停课,造成连续5年的小学毕业生共56万人,均要集中于1969年和1970年升入中学的严重状况。《意见》决定1970年中学招生采取紧急措施:在国家办学的同时,大力发展厂矿、企业和农村社队办学;城乡小学均要附设初中班;抽调一部分小学教师教初中班;安排一部分复员军人、大专毕业生作教师。根据《意见》决定,许多小学被迫办起了所谓的"戴帽"初中班,由小学教师勉强教授初中课程,这些措施缓解了升学矛盾,但却无法保证教学质量。

其时,全市中学在校学生已达到40余万人,小学在校学生达60.8万人,但发展极不平衡,农村的高山地区和困难社队入学率低;城市厂矿企业高中刚刚试办,招收的学生人数仅占应届初中毕业生的8.5%。1972年1月,市委批转市教育局革命领导小组《一九七二年中、小学教育事业发展规划的意见》,指出:在现有人力、财力、物力条件下,已办起的中学,在今后几年内还无法把不满16周岁的应届初中毕业生全部升入高中。为了解决这个矛盾,一方面必须根据"两条腿走路"的方针,积

---

① 重庆大学校史编委会编:《重庆大学校史》,重庆大学出版社1994年版,第13、133页。

极发展公办高中，大力提倡厂（矿）办学，挖掘潜力，增设学校；另一方面要说服教育学生家长，正确对待这一问题；同时，各级革委会要组织各有关部门互相配合，加强对这部分未升高中的青年的教育管理。当年5月8日，重庆市革委工交、军工、农业、政工各组根据市委3月8日办公会议决定，从县团以上厂矿、企业和农村选调900名工人、农民充实加强中小学领导。选调条件为：有高小、初中文化和具有一定领导能力的，工人应有5年以上工龄，年龄45岁以下。主要担任中小学党支部正、副书记，革委会正、副主任和办事机构正、副组长。但是，仍有大批文化素质低下、不懂管理的工人、农民以“领导阶级”的身份进驻学校，学校教学质量严重下降。至1977年11月中央宣布撤销全国的工宣队，工人阶级领导学校长达10年之久。教育体制在极左路线的影响下经历了空前的“大变革”，过去的教育制度被彻底废除和取消，一套畸形的“教育新体制”使我国教育事业再一次饱受摧残。

在教育无用、文科无用、普通高等学校停止招生的情况下，非正规的“七二一”大学却风靡一时。1968年7月21日，毛泽东在《人民日报》刊登的《从上海机床厂看培养工程技术人员的道路》一文的编者按的清样中加写了一段话：“大学还是要办的，我这里主要说的是理工科大学还要办，但学制要缩短，教育要革命，要无产阶级政治挂帅，走上海机床厂从工人中培养技术人员的道路。要从有生产实践经验的工人农民中选拔大学生到学校学习几年后，又回到生产实践中去。”在这个被简称为“七二一”指示的指引下，全国各地纷纷办起“七二一”工人大学。1970年7月，重庆机床厂在重庆率先办起“七二一”工人大学，所招学员由单位根据本人政治表现推荐，不受学历限制，首批学员28人，大多为小学文化程度。继后，建设、空压、长安、江陵等大型工厂均办起“七二一”工人大学。不仅大厂办，连小厂、车间都办，仅200名职工的马铁铸造厂及一些建筑工地、长江航行的轮船上也办有“七二一”工人大学。据1976年1月统计，全市共办“七二一”工人大学48所。学校以阶级斗争为主课，把生产劳动纳入教学计划，以生产典型产品带动教学，学员半工半读，教师半工半教，学制1—3年不等，学习时间有业余的、半脱产的、全脱产的3种。“七二一”工人大学绝大部分名不副实，混淆了大学和一般教育的区别，造成我国高等教育事业的倒退。这类大学由于质量太差，20 世纪 70 年代末 80 年代初陆续停办。

（八）“文化艺术革命”

“文化大革命”期间，重庆文化艺术遭遇空前劫难，一些机构、单位被撤销或名存实亡，领导干部和业务骨干遭到批判斗争，人才大量流失，人们喜闻乐见的曲艺场、书场被迫关闭，部分艺人被下放工厂农村，县、区曲艺队纷纷解散。

“斗、批、改”阶段，文化艺术单位成了“斗、批、改”单位，其时，《红岩》《奔腾》等文学刊物已经停刊，作家发表小说的空间缩小，在揭露、批判文艺界的资产阶级反动思想、夺取当权者的领导权时，重庆作家停止了创作，投入到这场运动中。“文化大革命”初期，创作几乎一片空白。1971 年 10 月，《重庆日报》“山花烂漫”文艺副刊开始发表小说散文等。1972 年，为纪念毛泽东《在延安文艺座谈会上的讲话》发表 30 周年，全国举行了各种各样的活动，文艺政策有了一些调整。除样板戏和诗歌外，也允许如小说、散文等发表，文艺调演也相对活跃。4 月 5 日至 21 日有专业及业余文艺工作者、驻渝部队毛泽东思想宣传队参加，在胜利剧场等演出 30 场，节目 200 余个。虽然《一双绣花鞋》《第二次握手》等地下文学的手抄本在部分人中间流传，但直至“文化大革命”结束，重庆没有一本自己的小说集。相比较小说的这种荒芜状况而言，“文化大革命”中重庆的诗歌创作相当热闹。重庆不少高校，甚至一些中学都有自己的红卫兵报纸，主要刊登大批判文章，也载有不少诗歌。“文化大革命”后期，诗歌以其短小精悍的形式获得更多的发表机会。市委和市革委还组织专门的编写组编写了诗集《红岩村颂》，歌颂毛泽东两次到重庆的革命史迹。四川人民出版社 1975 年 7 月出版的《进攻的炮声》，便收录了不少重庆诗人的作品。地下诗歌写作同样存在，曾在重庆知青中流传的两首怀念家乡的诗歌《年轻的朋友你来自何方》和《巫山知青歌》就属地下写作的诗歌。这两首诗一反当时报刊上有关知青题材诗歌的高亢激越，而是表现出对前途迷惑、彷徨和悲伤的情感。“文化大革命”时期的重庆文化艺术，在“根本任务”论和“三突出”创作原则等的束缚下，作品基本取材于阶级斗争、路线斗争，批走资派，歌颂“文化大革命”。意识形态领域的百花凋零、万马齐喑、思想被禁锢、创新精神被扼杀造成长期难以弥补的恶果。

“斗、批、改”运动，不仅未能达到预定的巩固和发展社会主义制度的目标，反而推翻了解放以后形成的许多行之有效的制度和做法，使“左”倾错误在各个领域具体化，结果造成党内矛盾和社会矛盾继续发展，内乱更加深化。

二、批判极左思潮及开展“批林批孔”运动

1970 年，党的九届二中全会上，中央宣布对陈伯达进行审查。11 月 16 日，中央发出《关于传达陈伯达反党问题的指示》，“批陈整风”运动在全国范围内展开。1971 年 4 月 1 日至 26 日，市革委党的核心小组召开扩大会议，按照中央及四川省文件精神开展“批陈整风”，同时揭发批判刘（结挺）张（西挺）。会后，全市各单位分期分批开展“批陈整风”运动。5 月 15 日至 7 月 3 日，市各区、县，市革委各组、委、局和各大厂矿企业先后召开党委或党的核心小组扩大会议，在党的基层骨干中开展“批陈整风”。共分两批（每批 20 天左右）、125 个传达点进行。根据中央关于将“批陈整风”扩大传达到 22 级党员干部的决定和省委的有关具体部署，市委批修整风办公室于 9 月 22 日召开各组、委和各区、县批修整风办公室负责人会议，进一步动员和具体安排。各级党委或党的核心小组立即行动，层层传达贯彻。1971 年 9 月 13 日，林彪叛党叛国事件发生后，中央于 9 月 18 日首先向党政军领导干部发出关于林彪叛逃的通知。10 月，市委开始逐级传达。10 月 12 日至 14 日，市委召开常委扩大会议，传达中央揭发林彪集团反革命政变阴谋活动的一系列重要文件。此后逐渐扩大传达面，并展开对林彪叛逃及林彪反党集团罪行的批判声讨。全市 11 月底传达完毕，普遍反映“震动大，教育深”。12 月 11 日，中央下发《粉碎林陈反党集团反革命政变的斗争》（材料之一）后，

全市开始开展“批林整风”运动。市委连续召开会议,部署深入开展批判林彪反党集团的运动,要求联系实际,揭发批判林彪在地方的代理人的严重方向路线和宗派主义错误;强调“批林整风”首先是批林,其次才是整风,“批林整风”是一切工作的总纲,各级党组织要建立起抓“批林整风”运动和生产的两套班子。

“批林整风”开始后,周恩来在毛泽东支持下主持中央日常工作,他采取一系列措施,把批判林彪集团的罪行和批判极左思潮结合起来,推动党的各项政策的落实,以消除或减轻“文化大革命”造成的恶果。在这样的形势下,重庆各方面的工作有了转机。

1972 年 2 月,市委、市革委分别组织党员干部及机关人员深入揭发批判林彪一伙炮制的《“571”工程纪要》。4 月 17 日至 27 日,市委召开全委扩大会议,传达学习中发〔1972〕14 号文件《中共中央对四川省委领导人“关于继续开展反对林陈反党集团斗争问题的请示报告”的批示》,讨论贯彻中共四川省委常委、成都军区党委常委扩大会议精神。会议深入批判了林彪、陈伯达反党集团。会议认为,纠正“批清”中存在的问题,是落实党的政策、发展革命与生产大好形势的大事,必须认真搞好。当年 8 月,中共中央、中央军委决定,地方各级党委建立后,各级支左领导机构及其办事机构应即撤销,调整地方党委成员,更多地挑选一些熟悉全面工作的有经验的地方干部担任主要领导职务。此后,原在重庆各地区各部门担任领导职务的军队代表陆续撤回部队,许多原地方党政干部重新走上领导岗位。12 月,市委第二书记鲁大东在市革委第十次全会工作报告上披露:全市已“解放”省管以上干部 93.3%;中层以上干部 97%,其中大多数都安排了适当工作。市和区县的领导班子及其办事机构中,部、处一级机构进行了充实和加强。还对涉及“文化大革命”问题而被拘留、逮捕的人员进行了清理,并按党的政策予以正确处理。

同时,在以农业为基础、工业为主导的发展国民经济总方针指导下,改进企业管理,大抓粮食生产。10 月 19 日,《重庆日报》发表红灯的署名文章:《社会主义经济建设不容冲击——彻底批判“政治可以冲击其它”的反动谬论》。文章对“左”的错误进行了一定程度的抨击。当年，虽然工业产值有所下降，但粮食总产量16.56亿斤，比1971年增长4.76%。

随着“批林整风”运动的深入，1973年3月，市委、市革命委员会抽调4000余名干部组成工作组下基层开展“批林整风”运动。在“批林整风”运动中，市委进一步纠正了“批清”运动中的错误，落实了部分干部和知识分子政策。5月28日，市委向省委报告“批林整风”运动情况。报告说，全市一年多来的“批林整风”运动分为三个阶段进行，已经取得显著成绩。全市共召开市区县及各系统批判大会1040次，255万人次参加。全市中层以上干部1.7万人，已解放1.66万人，占97.4%；已安排使用1.63万人，占已解放干部的97.8%。6月10日，四川省委批转市委《关于抓紧处理“批清”中存在的几个问题的请示报告》。省委在指示中称：省委同意重庆市委《关于抓紧处理“批清”中存在的几个问题的报告》，请各地、各单位参照执行。重庆市委的请示报告就纠正“批清”中存在的几个问题的处理意见主要是：一些单位的领导人落实政策不力、思想不通的问题要从对待中央文件的态度上去提高认识，解决思想作风问题；落实政策中扭住不放和过高要求，也是错误的，不能迁就照顾。当年12月，鲁大东担任重庆市委第一书记，重庆地方党组织重新担负起领导全面工作的重任，在大局趋于稳定的形势下，经济情况也有了一定程度的好转，生产有所恢复。

周恩来采取的一系列措施，虽然在一定程度上批判和遏制了极左思潮，但是，由于毛泽东继续坚持“文化大革命”的理论、路线，认定当时的主要任务仍然是反对“极右”，而不是批判极左，因此，“批林整风”不可能从根本上否定“文化大革命”的理论和实践。在“批林整风”运动中，重庆市按照中央要求，重点批判所谓“刘少奇一类骗子”的“黑四论”（唯心论的先验论、“资产阶级人性论”、“阶级斗争熄灭论”、唯生产力论）和否定“文化大革命”的今不如昔论，进一步强化了人们对“文化大革命”的“认识理解”。

党的十大前后，毛泽东在多次谈话中把批判林彪同批判中国历史上的孔子和儒家、推崇法家联系起来。1974年，江青集团为从整体上维护“文化大革命”，借机发动“批林批孔”运动，1973年10月16日至19日,市革委召开批孔座谈会,传达贯彻国务院科教组批孔座谈会和省革委批孔座谈会精神。1974年,《人民日报》社论《批“克己复礼”》发表后,市委、市革委成立了“批林批孔”办公室。并举办学习班,培训“批林批孔”骨干,将中央有关“批林批孔”运动的精神层层传达到基层。

为了传达、贯彻中央关于开展“批林批孔”斗争的一系列指示和省委扩大会议精神,1974年2月18日至26日,市委召开第三届第八次全委(扩大)会议。2月27日到3月1日,市委又集中各部委、各群团和区、县委负责人,用3天时间向市委提意见,帮助市委整风。4月,市革委第十二次全体会议发出关于深入开展“批林批孔”运动的意见。当月,市委大院的大字报出现高潮,从4月19日至23日,就贴出60余份,其中对市委领导也提出不少尖锐的意见,以致造成大量群众涌入市委看大字报的混乱状况。但多数人对这些运动不理解,如西师“批林批孔”办公室负责人找中文系教授吴宓谈话时,吴即讲:“我过去是尊孔的,我办《学衡》杂志,第一幅像是柏拉图,第二幅像就是孔子”,“因为要批林而批孔,就没有必要。林彪不是孔子的信徒,他不读书,没有什么学问,他引了一些孔子的话,也没有什么关系”,“中国的文化是和孔子分不开的”,“孔子的思想,有些是不符合马列主义、毛泽东思想的,有些按现在标准看也是对的”等①。有的单位在召开扩大会议或举办的学习班上争正确,论输赢,派性回潮。如建设厂的扩大会议开了103天,为“支一派、压一派”6个字争论了23天,最后会议不了了之,严重影响了生产进度。7月27日,市委举办“儒法斗争史”报告会,市委宣传部将市委中心学习组研究儒法斗争史、选学马列和毛主席著作及有关文章目录转发各单位。随后陆续举办多起报告会、宣讲会、学习班,“评法批儒”、大讲“儒法斗争史”,重点批判否定“文化大革命”的思潮。在这种形势下,有些因在“文化大革命”中搞“打砸抢”而受到过批判处理的造反派骨干,也趁机要求“平反”。

---

① 重庆市委“批林批孔”办公室《情况反映》第11期(1974年2月28日),重庆市档案馆藏1316/2/152。

党的十大召开以后，1973年9月19日，重庆造反派头头组织60多人组成“民办十大宣传队”，冲击市委机关，抢占办公楼，后经市委领导出面劝说，才于22日退出。其间，他们在少数几个坏人的操纵下，抢夺武器装备，抢劫并破坏汽车等国家财产，冲击专政部门，占领党政机关，行凶打伤群众以及干部、战士，侮辱妇女等，引起民愤。1974年3月10日，周恩来就重庆市“民办十大宣传队”抢夺枪支、车辆事件作出指示：“如果群众已动公愤，能夺回他们抢去的武器，救了他们抓走的民兵，他们在群众中已孤立了，正是做工作的好机会”。[①]3月12日，市委、市革委提出对“民办十大宣传队”的处理意见，指出该“宣传队”不宣传十大精神，不“批林批孔”，脱离党的领导和生产工作岗位，应自动解散。各级党委及本单位负责人要多作思想政治工作，动员其成员返回本单位。但直至5月，该队少数人还到成都干扰省革委第八次全体会议，要求对该组织公开平反、承认错误，有的甚至要求“纳新、提干”，有的人不上班，不劳动，热衷于搞“串连”、拉山头，制造新的动乱。然而，广大干部群众对多年动乱已经十分厌倦和反感，不但无人应和，而且迫切希望社会安定、经济发展，生活有所改善。

1974年10月，中共中央发出通知，传达毛泽东的意见说：“无产阶级文化大革命，已经八年。现在，以安定为好，全党全军要团结。”市委于10月29日至11月2日召开市属各单位党委书记会议，对毛泽东的指示、党的一元化领导和今后的工作安排问题进行认真讨论。工交、军工、建委等系统参加会议的同志都从切身经历中认识到：做到了安定团结，革命和生产就向前发展，反之，革命和生产就受到影响。大家感到目前是整顿好领导班子的时候了，机不可失，决心迅速改变“散班子”“软班子”“懒班子”的状况，以实际行动迎接第四届全国人民代表大会的召开，争取国民经济的逐步好转。

① 中共四川省委党史研究室编：《中国共产党四川历史大事记（1950—1978）》，四川人民出版社2000年版，第426页。

三、三线建设的恢复和续建

从1967年至1969年底，由于“文化大革命”的干扰破坏，全市工农业总产值锐减，重庆乃至整个四川的三线建设基本处于停顿半停顿状态，三线建设兵器工业指挥部也不复存在。虽然一些基层单位的建设者作出了很大努力，但工程的进展仍十分艰难。据统计，这三年重庆新建投产的企业仅5家[①]。在“文化大革命”中，许多三线建设的各级领导干部被批判打倒或“靠边站”。邓小平、罗瑞卿、薄一波等为三线建设规划和部署曾呕心沥血的中央领导均被点名批判，西南三线建设总指挥李井泉被打倒，副指挥彭德怀也于1966年底被揪回北京进行批斗，重庆地区三线建设的主要负责人鲁大东于1967年1月被造反派关押批斗。而此后兴起的武斗浪潮更使三线工程陷于混乱之中。各造反派在武斗中大肆动用国防企业的重机枪、大炮、坦克、装甲车、巡逻艇等武器。如建设机床厂、望江机器厂的军械库和成品车间弹药被造反派抢来用于武斗，并向社会扩散，造成国家和人民生命财产的重大损失。1968年1月5日，中共西南局三线建设委员会办公室在向国家建委的报告中说：“文化大革命”已经使西南瘫痪，三线建设已无法开展工作。

1969年中苏边界发生武装冲突，引起中央高度关注。6月，中央召开会议，决定由周恩来亲自督促、主抓恢复三线建设工作。年底，中央对四川若干问题作出“一二二五”批示，提出恢复四川三线建设，并成立四川三线建设领导小组，统一领导恢复和建设工作。随后，根据省革委、成都军区党委的决定，市革委成立了重庆地区三线建设领导分组。1970年4月1日至12日，四川省革委、成都军区召开研究四川经济建设问题的“七〇四”会议，讨论安排了1970年国防工业、三线建设和钢铁、“五小”工业的生产建设任务，强调要坚决完成抢建项目，狠抓续建工程，积极建成一批战备急需的国防工业项目和为国防工业配套的项目，以及关

---

① 重庆市地方志编纂委员会编：《重庆市志》第4卷，重庆出版社1999年版，第323页。

系全局的基础工业项目。由此，三线建设得以继续进行。

为了尽快克服“文化大革命”以来的损失，适应三线建设的需要，市革委于1969年对三线重点工程安排落实了8个“歼灭战”项目；在1970年招收了部分家居城镇的高小毕业超龄生进厂当工人，以充实重点建设、三线建设和军工厂矿，并提出在市机械、交通系统进行自制汽车、自制机床、产品配套、化肥设备4项“歼灭战”的规划，还编成了《重庆市“四五”国民经济计划发展纲要》；1971年中共重庆市第三次代表大会召开，号召全市人民更加紧密地团结起来，“抓革命、促生产、促工作、促战备”，多快好省地建设社会主义；1973年制定了加强轻工业发展的规划。这些举措对于三线建设的恢复续建都是积极有利的，并使其在短期内出现了继大规模建设以来的又一次高潮。

但是，由于“文化大革命”对国民经济的严重破坏和当时基本建设投资不断膨胀并过分集中在重工业方面，国民经济各部门之间的比例关系出现严重失调现象，国家为了加强对基本建设的管理，压缩基本建设规模，调整投资方向，因此对三线建设的投资逐年减少。从1973年起一直到80年代初，主要是进行原有项目的续建、收尾配套。这一阶段的几个大型项目主要有西南铝加工厂的续建，襄渝铁路、四川维尼纶厂的兴建等等。

西南铝加工厂是为国防工业提供大规格、新品种合金加工制品的现代化大型企业，是当时全国有色金属工业的重点建设项目，也是三线建设时期重庆冶金业新建的最大骨干企业，其建设过程颇为曲折。为了满足制造大型飞机材料的需要，“二五”计划时国家打算建造一座年产10万吨的铝、镁加工厂，并委托苏联设计和提供设备。但1960年苏联中断援建，中国遂决定自己进行建设，由冶金部副部长徐驰、一机部副部长沈鸿组织各方面专家进行设计和技术攻关。该厂原定在甘肃省兰州市红古城建厂，后改为重庆巴县西彭。三线建设开始后，按照“山、散、洞”的建设方针，把全厂分为彼此相距二三公里的压延、挤模压、机电修配和仓库4个区。1965年工程大规模上马，由冶金部第六冶金建设公司承建。“文化大革命”期间，工厂虽实行军事管制，但建设仍受到严重影响。1968年9月，国务院召开了有国家计委、建委、科委、国防工办、冶金部、一机部、七机部、物资部、成套总局 9 个部、委、局参加的联席会议，专题研究解决该厂建设的重大问题。此后，现场万余名职工和厂内外军民共同奋战，顶着干扰破坏继续进行建设。到 1971 年 5 月，压延车间建成投产。至此，原定 3 年完成的一期工程基本结束，工期长达 6 年。投产不久，该厂就成功开发了一大批航空航天产品，承担了中国第一架大型客机所需大规格轻合金材料的研制工作，克服了生产工艺复杂等困难，完成多项新材料的研制，产品达到或接近国外先进水平。

由湖北襄樊至重庆的襄渝铁路是 20 世纪 70 年代三线建设中的一个重要项目。这条铁路横贯鄂、陕、川 3 省，东与汉丹、焦枝两线衔接，中与阳安、宝成铁路相通，西与成渝、川黔两线相连，是西南地区连接华中乃至全国各地的交通大动脉，具有重大经济和战略意义。铁道部第二勘测设计院于 1965 年 12 月对其进行勘测设计，最开始确定线路由襄樊至成都，称襄成铁路。1968 年初，为适应重庆国防工业的发展，中央作出先修渝（重庆）达（县）铁路、缓建成（都）达（县）段的决定，并于 4 月份开始分段建设。整个线路由解放军铁道兵部队负责施工，川、陕、鄂 3 省抽调民兵配合。1969 年底，中央召开会议确定渝达、襄成两线合一，称襄渝铁路。1970 年下半年，全线施工进入高潮，数十万军民不畏艰险，攻克道道难关，使铁道建设进展迅速。1971 年底，西段铺轨到达县，1973 年全线通车，1978 年正式交付使用。这条铁路共投资 36 亿元，在三线铁路建设中耗资是最大的；完成路基土石方 10964 万立方米，是三线铁路建设中最多的。它的建成对改善西南和四川内地的交通状况，促进重庆和西南三线工业建设和生产能力的开发，具有十分重要的意义。

四川维尼纶厂是 20 世纪 70 年代经毛泽东、周恩来亲自批准成套引进国外先进技术设备建设的全国四大化纤项目之一，是当时全国唯一以天然气为主要原料生产化工、化纤产品的特大型企业。为了充分利用重庆地区丰富的天然气资源，中央决定在重庆市长寿县新建四川维尼纶厂，以天然气为原料生产维尼纶短纤和甲醇、聚乙烯醇等化工、化纤产品。但考虑到国内维尼纶市场技术和设备都不成熟，所以决定从国外引进成套设备和技术。1973 年 5 月，同法国斯贝西姆公司签订了《醋酸乙烯甲醇联合工厂》的合同，1974 年 6 月，又与日本可乐丽公司和西日本贸易公司签订引进《年产 4.5 万吨聚乙烯醇成套设备》合同。该厂 1974 年 8 月破土动工，先后依靠全国 40 个勘察设计和施工安装单位 2 万多职工的艰苦奋战以及该厂近万名职工的努力拼搏，于 1979 年 12 月全流程一次投料试车成功，1983 年 7 月 1 日正式生产，为我国开辟了一个天然气化工新基地。

总的来说，“三五”和“四五”阶段的重庆三线建设，兴建了西南铝加工厂、四川维尼纶厂、四川仪表总厂、东风船厂、重庆造船厂、重庆工具厂、重庆无线电三厂、重庆测试仪器厂、重庆探矿机械厂、西南合成制药厂、重庆川庆化工厂、重庆长风化工厂、重庆长江橡胶厂等 110 多个企业和军工单位，发展了川东天然气工业，修建了襄渝铁路、合川涪江大桥、北碚朝阳桥等交通运输设施，极大地增强了重庆市工业的综合生产能力和配套能力，重庆成为全国重要的常规兵器、仪表、重型汽车的生产基地和西南最大的机械工业基地。

三线建设时期是新中国成立、继“第一个五年计划”后重庆当代历史的又一个重要发展时期。它对重庆的工业生产、交通运输、城市建设和文化融合等产生了重要影响。

三线建设壮大了重庆老工业基地的实力，促进了综合性工业体系的形成。大批三线项目的建成投产，极大地增强了重庆的国防工业实力，尤其是在常规兵器生产方面具有相当规模，能够生产各种枪支、大炮、坦克及装甲车辆、特种装备及其配套的各种光学仪器、弹药、化工等产品。国防船舶工业也可以生产包括潜艇、猎潜舰在内的多种舰船和装备机器。还初步奠定了以通信设备制造、航天测控为主的电子工业基础。除了国防工业项目外，另有 80 多个配套的民用工业项目。化工、纺织、食品等传统产业生产能力也得到不同程度的提升。这样，重庆形成了以国防工业、民用机械、冶金、化工工业为骨干，轻纺工业相应发展，门类较齐全的现代工业生产体系。

三线建设改善了重庆的交通状况，奠定了城市现代立体交通网络的基础。三线建设时期修建的川黔、襄渝铁路打开了重庆与外界交流的大门，从根本上改变了交通闭塞落后的状况；牛角沱嘉陵江大桥、合川涪江大桥、北碚朝阳嘉陵江大桥，打通了制约重庆市域交通的瓶颈，促进了城乡物资交流和中心城区的建设；重庆港的扩建和长江、嘉陵江十几个码头的建设，以及白市驿机场的改扩建，大大增强了重庆航运业和航空业的吞吐能力。这些铁路干线与长江黄金水道，再加上航空运输和公路运输，共同构筑了重庆立体交通网络的雏形，使“蜀道难难于上青天”的历史得以终结。交通状况的极大改善，奠定了今天重庆在西南地区和长江上游地区交通枢纽的地位，同时也为重庆充分发挥经济中心作用提供了必要条件，大大推进了重庆城市现代化的进程。

三线建设带动了沿线经济的发展，使重庆初步形成了职能各异的现代城镇体系。随着一些大型工业项目在重庆地区的实施，不仅对重庆中心城区的拓展产生了重要影响，而且在“嵌入式”工业化的强劲推动下，加之交通条件的改善，生活配套设施和城镇商业区的逐步建设，还带动了沿线经济和小城镇的发展。例如，由于四川仪表总厂以及下辖 10 多个分厂的建设，促使北碚城镇发展成为重庆仪器仪表工业基地。由于四川染料厂、四川维尼纶厂、长寿化工厂等骨干企业的建设，促成了长寿化工城的发展。由于大批三线军工企业的兴建，加上改建后的冶金、采掘工业，使綦江成为以机械工业为主的卫星城。由于大型企业西南铝加工厂的兴建，使巴县西彭由原来以生产稻谷、柑橘为主的农村变成了以有色金属加工为主的小城镇。此外，双桥区路铺镇也因大型企业四川汽车制造厂的选点兴建，发展成为我国重型汽车工业基地。

三线建设形成的大量移民内迁，引进了各类人才，增强了科技实力，促进了文化大融合。重庆是一座典型的移民城市，历史上曾经历过湖广填四川、抗战内迁移民等多次移民浪潮。这些移民浪潮有的是生产力的补充，有的是知识分子和技术移民，而三线企业内迁移民则两者兼而有之。三线建设时期，随着沿海大批厂矿企业的内迁，重庆地区引进优秀的熟练技工、科技人才和管理人才 4 万余人，加上原有的科技力量，使重庆地区的科技实力大为增强。这批人才在艰苦复杂的大规模建设和生产过程中得到了很好的磨炼，改革开放以后，他们在经济建设主战场中再次发挥了重要作用。此外，大量内迁移民的涌入对重庆的城市文化和人们的生存状态也产生了巨大影响。移民文化与本土文化的有机融合，促成了今天重庆人热情好客,开放趋新、接纳五湖四海的宽广和包容的性格。同时,三线建设者们自力更生、艰苦奋斗和无私奉献的精神,也给我们留下了宝贵的精神财富。

但是,由于特定的历史背景,三线建设在国家急于备战的情况下仓促上马,并且受到“文化大革命”动乱的冲击和“左”的指导思想影响,因此存在规划投资综合平衡不够,配套建设跟不上,布局过于分散,盲目追求高速度,轻重工业比例失调,并造成了一些不必要的浪费等一系列问题。这些问题给重庆国民经济的发展带来了一些不利影响,直到改革开放后经过调整改造才逐步得到解决。

第 十 四 章

贯彻全面整顿的方针与十年内乱的结束

一、推行全面整顿

1975 年初,第四届全国人民代表大会召开后,周恩来因病重住院治疗。国务院副总理邓小平主持国务院工作,7 月开始,邓小平同时主持中央日常工作。邓小平根据毛泽东提出的搞好安定团结、把国民经济搞上去的指示,努力排除“四人帮”的干扰,果断采取一系列措施对“文化大革命”造成的混乱局势进行全面整顿。

1975 年 2 月 14 日至 19 日,市委举行第三届第九次全委扩大会,中心内容是传达贯彻党的十届二中全会、四届人大和中共四川省委常委扩大会精神。市委第一书记鲁大东主要讲了三点意见:一、党的十届二中全会选举邓小平同志为中共中央副主席,中央政治局常委,中央〔1975〕1 号文件任命他为军委副主席兼总参谋长。邓小平在军委会议上特别强调“安定团结”是当前工作的总方针。对这句话的理解执行,是关系到重庆发展大好形势的大问题。二、省委提出,“奋战三年,大干快上,全省增加 100 亿斤粮食,增加 100 亿元工业总产值”,在工业总产值中增加的 100 亿中重庆要占 50 亿;粮食生产则要求重庆每年增长 15%。三、国务院领导提出:“生产要上去,人口增长率要下来”。重庆今年一定要把人口增长率控制在 16‰之内,还要逐步达到上海的水平,即控制在 6‰—8‰

之内。[①] 参加会议听报告的还有市和区、县机关党员干部 2200 人。到会人员逐字逐句反复学习领会毛泽东“还是安定团结为好”的指示，联系思想、工作实际，加深了对安定团结总方针的理解。市委决定，各区、县和市属以上单位，采取召开党委扩大会的办法，先党内、后党外，先干部、后群众进行传达贯彻。会议根据省委提出的“双百亿”的奋斗目标，提出重庆“奋战三年，粮食超千斤，工业总产值增加 50 亿元”计划。3 月，分别召开市第一届贫下中农大会、农业学大寨经验交流大会和工业学大庆经验交流大会。会后，全市进一步掀起农业学大寨和工业“学大庆、赶宝鼎、抓革命、促生产”高潮，工农业生产开始出现向上趋势。同时，市委要求各级党委抓紧有利时机，批资产阶级派性，加强党的团结和建立强有力的生产指挥调度班子，调整、充实市、区县领导班子，大打农业翻身仗；并抽调干部组成农村工作团、队，分赴区县协助工作。

整顿的核心是加强各级领导班子。1975 年 6 月 8 日至 14 日，市委召开第三届第十次全委扩大会议，市委委员、中共四川省委在渝委员及市属以上单位负责人参加会议。会上传达学习中发〔1975〕13 号文件《中共中央关于努力完成今年钢铁生产计划的批示》和中央领导人两次接见全国钢铁生产座谈会代表的讲话和省委常委扩大会议纪要。会议着重讨论了领导班子问题，要求市委与各级党委进行“小整风”。通过对照检查，会议认为全市领导班子大多数是好的和比较好的；存在的问题主要是“软”，也有少数领导班子不同程度地存在着“软、懒、散”。重钢的同志反映：“公司虽然书记成班，主任成排，但班子是软的，群众批评是：公鸡多，母鸡少，光叫不生蛋；是进站的火车，吼得凶，走得慢。”“软”在哪里，大家认为主要表现有：对领导班子中的矛盾不敢揭；对资产阶级派性严重的人不敢摸；对无理取闹、横不讲理的人不敢管；对经济主义的歪风不敢顶。大家经过学习，认为要建立起一个强有力的、敢字当头的、有能力的领导班子，表示一定要根据中央精神进行领导班子的整顿，解决好存在的问题，并抽调机关干部组成工作队，分赴工厂、矿山，宣

---

① 中共重庆市委党史研究室编：《中国共产党重庆历史大事记》，重庆出版社 2001 年版，第 128 页。

传贯彻中发〔1975〕9号《中共中央关于加强钢铁工作的决定》和中发〔1975〕13号文件精神。同时,加强企业管理,保证全面完成国家计划,所有亏损企业,均要采取有效措施扭亏增盈。至7月,全市有半数以上的企业领导班子开展小整风。钢铁、煤炭、军工、轻工系统一些单位在贯彻中央文件的过程中,总结检查工作,开展小整风,收效甚好。重钢公司党委通过小整风,检查了老大自居的思想,认识到钢铁生产上不去,主要是重钢内部的问题,厂党委主要负责同志对照检查自己,引导大家帮助领导整风,检查了领导干部中存在“怕”(怕派性回潮、怕摸老虎屁股、怕犯错误)、“等”(等形势好转)、“靠”即船到码头车到站的思想。对于一些领导班子特别是后进单位的领导班子,则根据中央文件的精神,采取充实、调整等措施,进行了组织建设。各级领导转变作风,纷纷奔赴生产第一线,实行面对面的领导,同工人一起大干。同时,市委还针对企业亏损面大,部分领导只抓生产,不抓管理的错误认识,于8月召开了全市学理论、抓路线、加强企业经营管理的大会。由于大抓企业管理工作,纠正“四大自由”(自由报班、自由存班、自由休班、自由出班),加强组织纪律,严格管理制度,企业的混乱状况得到改变。工业交通、基本建设和财贸战线经过切实整顿,建立健全了企业规章制度,进一步规范了财政纪律,为打好扭亏增盈的攻坚战,超额完成国家计划做出了极大的努力,促进了生产任务的完成。8月初,中共四川省委召开市、地、州、县委书记会传达邓小平对四川工作的5条指示及其在军委扩大会议、国防工业重点企业座谈会及中央读书班的讲话,限各地在6—8月内解决领导班子问题。8月7日,市委召开全市工交、基建、财贸系统加强企业管理动员大会,要求加强企业管理工作,建立健全各项规章制度,抓紧在8月底前整顿好企业的领导班子。

1975年11月上旬,四川省委部署在省级机关和成渝两市开展批判资产阶级派性的自我教育运动。省委领导指出:不解决派性干扰,就谈不上认真落实毛主席的三项指示。自我教育运动只在省级和成渝两市领导机关、两市个别企业开展,着重解决领导班子问题。省委报经中央同意,决定让在省、市革委担任领导职务的四位原造反派头头(重庆有两名)写出检查。因为他们在传达了四川12个重点企业赴京汇报会精神后，仍然搞了很多派性活动。此后，省委领导在11月22日的局以上干部会上，指出派性的主要表现与严重危害性，再次强调必须彻底批判资产阶级派性。根据邓小平的讲话和省委的部署，重庆在市级机关中开展了批"派性"运动，点了派性头头周家喻、黄廉的名，要他们限期交出检查。

同时，对文化、教育、科技的混乱局面也进行了初步的整顿。首先落实知识分子政策，恢复高等院校正常工作，一些被打倒的领导干部重新担任了学校的领导职务；开始着手解决优秀教师"靠边站"、住房被挤占、学校被撤迁、教材编审出版工作混乱等问题。强调要发挥教师的业务专长，合理安排他们的工作，鼓励教师刻苦钻研业务。各校加强文化课教学，按照工农兵学员的实际文化程度和专业需要，有重点地补习半年左右的文化基础知识。在教学中努力提高质量，加强基础科学和理论研究，逐步开始纠正"理向工靠""理工不分""以校办工厂代替实验课教学""按产品划分设置专业"等取消和削弱理科的倾向。开始改造和建设实验室，加强实验训练。同时，根据国务院教科组的规划，重庆一些高校或独立编写、修订，或与其他地区协作编写出版了一批质量较高的教材供高校使用。这些整顿，很快扭转了教育的混乱局面。文化、科技的整顿也初见成效，各项工作恢复了正常秩序，各行各业出现新的生机。

二、经济的恢复与发展

在全面整顿中，市委不失时机，在经济建设上连续采取一系列重大措施，工农业生产出现新的转机，国民经济由停滞下降迅速转向回升。

1975年初，市委按照"以农业为基础，工业为主导"的方针，对国民经济做出了全面规划。为抓好农业生产，实现农业增产，市委充分发动群众，建立专业队伍大搞农田基本建设，抓紧田间管理，做好春耕备耕工作。7月，市委组织市农业部门50多名干部到各区县检查积肥造肥进展情况，并从市工交、军工、财贸系统抽调170名科室、车间级干部组成检查团,分赴巴县、綦江、长寿开展农业大检查[①]。各县领导带领80%的县级机关干部以及上万名各行各业的职工、教员深入“双抢”第一线支援农业抢收早稻、抢栽晚稻,为夺取农业丰收创造了条件。8月,邓小平在国防工业重点企业会议上强调要关心群众生活,提出“重庆附近,可以专门划出一部分地种菜,生产的蔬菜首先供应工厂,还可以供应市民。工人有点菜吃,有点肉吃,农民也可以增加一些收入,这对于改善工农关系也有好处”[②]。为此,市委特别注意抓好蔬菜生产,努力做到按计划种植,均衡上市,保证城市和工矿区的供应。随着农业生产基本条件的不断完善,市委又提出因地制宜大力改革耕作制度,改良作物品种和栽培技术,搞好四级科研网,实行科学种田的要求,保证了农业的全面恢复和发展。1975年全市农业总产值15.87亿元,粮食总产量320.7万吨,油料总产量1.9724万吨,农业保证灌溉面积316.7万亩。市郊晚稻丰收,平均亩产150公斤,比1974年增产近一倍[③]。

在大办农业的同时,市委还注意加强基础工业和国防工业建设,要求工交战线高举《鞍钢宪法》的旗帜,依靠工人阶级,加强企业管理,大搞技术革新和技术革命,厉行增产节约,保证全市工业生产计划的胜利完成。1975年6月,市委批转五大煤矿党委《坚决贯彻中央13号文件精神,迅速把煤炭生产搞上去》的报告,并就贯彻中央关于钢铁生产指标的情况、关于积极发展和整顿社队企业的情况等,分别给省委写了报告。7月底8月初,市委工交部组织开展了以九龙坡车站为重点的突击运输会战,缓解了因生产恢复增长所致的交通运输紧张,车站、码头时常堵塞等问题。全市工业生产和交通运输完成情况出现了一月比一月好的发展态势。

按照中央、四川省委关于发展轻工业的指示精神,市委坚决贯彻农、轻、重的方针,坚持不挤不让的原则,把发展轻工业作为一项重要任务来

① 《关于贯彻省委加强农村工作决定的报告》(1975年7月20日),重庆市档案馆藏1312/2/279。

② 邓小平:《关于国防工业企业的整顿》(1975年8月3日),《邓小平文选》第二卷,人民出版社1994年版,第27页。

③ 重庆市地方志编纂委员会编:《重庆市志》第1卷,四川大学出版社1992年版,第452页。

抓。一轻、二轻系统狠抓技术改造,大搞挖潜翻番。化工、仪表、财贸和区、县工业狠抓薄弱环节,搞好设备维修,大上轻工产品。特别是军工企业在保证完成军品的同时,充分发动群众,挖掘生产潜力,积极发展轻工市场产品。另外,农村社办工业和城市街道工业也得到积极发展。在轻工产品中,棉纱、棉布、化纤、毛、麻、丝、手表、缝纫机、灯泡、肥皂、火柴、热水瓶、铁锅、碗、皮革、塑料和日用小五金的生产是重点。一至九月,轻工产值完成10.6亿元,占年计划的76.3%[①]。

在工业建设过程中,市委尤其重视开发和研制新产品,广泛开展技术革新,取得不少成绩。1975年1月16日至20日,全市召开工业技术革新经验交流会,根据会上通报的情况看,从1970年至1975年初,全市厂矿企业实现技术革新3.5万多个项目,自制和改造高效专用机床60多台,建成一批机械化、自动化生产线。如重庆市自制的第一辆“山城牌”4吨货车,经86个厂、社、学校合作,试制成功;西南制药一厂制成年产10吨缓血酸胺的全套设备,填补了我国医药工业的一项空白;东风船厂为川江航运设计建造了第一艘大型客货轮“东方红119号”,川江航运部门初步形成了一个为船舶服务的工业体系,新建各种不同类型的船舶40余艘,实现了“江船江造,江船江修”;西南铝加工厂铸造成功国家生产急需的高强铝合金,为发展中国航空工业作出了贡献等。会议还总结交流了全市几年来开展技术革新的经验,作出优先发展新技术、新产品,积极推广优选法、统筹法和电子技术的决定。在会议精神的指导下,1975年重庆又相继取得多项重大成果:重庆肉联厂自行设计、制造、安装的9000吨冷库大修改造工程完成;重庆天原化工厂在成都工学院等单位协作下利用盐酸浸取法和钛精矿制造人造金红石取得成功,产品质量达国家标准,为发展中国钛制品工业开辟了途径;重庆电信局研制出球形半电子电传机,提高电路利用率1倍左右;重庆煤矿安全仪器厂会同有关科研单位研制出AYT-1型瓦斯遥测警报仪,填补了中国煤矿安全生产的一项空白。

经过全市人民的共同努力,1975年重庆提前15天完成全年工业

① 《关于我市轻工业发展情况的报告》(1975年10月12日),重庆市档案馆藏1316/2/270。

生产国家计划。工业总产值 43.89 亿元(新口径,1980 年不变价),比 1974 年增长 30% 以上,超过历史最高水平。其中,钢产量 45.51 万吨,原煤产量 889.17 万吨,发电量 22.30 亿千瓦时。[①]9 个工交系统除煤炭外,均提前和超额完成国家计划。过去几年长期秩序混乱,货物滞留积压的铁路、长江航运也提前超额完成全年客货运输计划。重庆市的经济建设和人民生活出现了自“文化大革命”以来从未有过的好转。

此外,在各条战线进行全面整顿的同时,重庆地区的三线建设也走上了“调整、改造、配套、挖潜”的新路。此后一段时期,中国摩托车之王嘉陵摩托的成功开发,无烟煤生产基地松藻煤矿、西南地区重要的烟煤生产基地天府煤矿相继成立矿务局,大大增强了企业活力。重庆经过大三线建设和调整而形成的工业实力,也因此不断进步并持续发展,在西南地区和四川省占据了重要地位。1980 年,重庆市实现工业总产值占西南地区(四川、云南、贵州三省)的 1/5、占四川省的 1/4。[②]

三、工业学大庆和农业学大寨运动

“工业学大庆,农业学大寨”是我国在 20 世纪 60 年代开展的一场运动,依据是毛泽东于 1963 年发布的“工业学大庆,农业学大寨,全国学人民解放军”指示。大庆和大寨以“艰苦奋斗,自力更生”精神成为当时工农业战线上的两面旗帜。

毛泽东发出“工业学大庆”的号召后,市委主要负责人对企业提出了具体要求,要求每个企业都要对照大庆找差距,制定学大庆的目标和措施,落实到每个车间、班组和个人,注意总结和树立先进典型,使大家学有榜样,看得见,学得到,推得开,不断推动生产向前发展。“文化大革命”中后期,重庆“工业学大庆”运动进入高潮。1971 年,市科技战线和厂矿企业在毛泽东“工业学大庆”号召的鼓舞下,针对薄弱环节和关

① 重庆市地方志编纂委员会编:《重庆市志》第 1 卷,四川大学出版社 1992 年版,第 452 页。

② 重庆市地方志编纂委员会编:《重庆市志》第 1 卷,四川大学出版社 1992 年版,第 19 页。

键问题，开展技术革新和科学实验活动，取得新的成果，试验成功的新产品、新技术、新工艺、新材料共达 4000 余项。其中万能工具显微镜、大型滚齿机、28 吨自卸汽车、可控硅调速十二辊冷轧机、800 千瓦可控硅励磁发电机、大型和超小型波纹管、中子管、滴制丸、玻璃半导体、彩色电视音响导演控制台、微量气体分析器、射流控制电镀自动线、酶法制葡萄糖等均达到先进水平。

1975 年 3 月 10 日，市委、市革委召开大会，邀请大庆代表团到重庆介绍经验。会议号召全市工业战线广大职工学习“铁人”王进喜的高尚品质，发扬“大干社会主义有理，大干社会主义有功，大干社会主义光荣，大干了还要大干”的精神，办好社会主义企业。全市 6 万人参加大会。继后，3 月 20 日至 27 日，重庆市工业学大庆经验交流大会召开。与会代表向全市职工发出倡议：奋战三年，实现工业总产值增加 50 亿的奋斗目标。会议表彰了学大庆先进单位 76 个、先进集体 916 个和先进个人 1759 个。工业学大庆运动再掀高潮，工业生产形势良好。市委还召开全市工交、基建、财贸系统加强企业管理动员大会，要求加强企业管理工作，建立健全各项规章制度，整顿好企业的领导班子，并抽调机关干部组成工作队，分赴工厂、矿山宣传形势，加强企业管理，保证全面完成国家计划。上半年，全市钢、钢材、生铁产量都比 1974 年同期有较大幅度增长。一轻、化工、电子仪表、石油、电力等系统上半年完成和超额完成全年计划 50% 以上。全市工交企业学大庆取得显著成效，但是，在坚持学大庆的同时也出现了偏差，主要表现为把大庆的经验越来越多地与阶级斗争、路线斗争联系起来，为了树立典型而无限拔高成绩，把一些经验过分模式化、绝对化，造成不良影响。

从 1964 年到 1978 年，重庆市和全国一样，持续开展了 10 余年的“农业学大寨”运动。初期仅是点点滴滴的学习，1966 年 8 月 12 日，经毛泽东同意的党的八届十一中全会公报提出“工业学大庆，农业学大寨，全国学人民解放军，加强政治思想工作”的号召后，“农业学大寨”运动逐渐成为农村工作的中心。1969 年 3 月，市革委第一次召开“农业学大寨”会议，有领导、有计划、有部署地开展“农业学大寨”。当年，又把学大寨与闯“农纲”结合起来，即按农业“纲要”规定，粮食亩产达到

800斤。从1970年开始,市和区县分别选择一、二个公社进行学大寨、闯“农纲”试点。1970年秋,国务院召开北方地区农业会议,推广昔阳县学大寨的经验,掀起学大寨、赶昔阳的高潮,重庆市和各区、县分期分批组织干部前往大寨、昔阳学习取经。干部群众一致认识到农业生产的基本条件不变,产量就无法提高,跨“农纲”就不可能实现。于是从1972年开始,广大农村坚持大搞农田基本建设,市到区、县、社层层建立指挥部。实行专业队、常年施工与冬春大搞群众运动相结合,并做出规划,对山、水、田、林、路、气(沼气)实行综合治理,要求每年生产队抽出15%—20%的劳力组成专业队常年施工,冬春农闲,再抽出40%以上的劳力,大战100天。通过兴修水利、改田改土,达到每个农业人口有一亩旱涝保收、稳产高产农田。

1973年6月,中共四川省委在重庆召开川东片区“农业学大寨”经验交流会。江津、万县、涪陵、重庆以及条件相同的达县、宜宾、自贡等地市县代表、省级有关方面负责人出席会议。四川省学大寨先进单位——重庆市南桐矿区堡堂大队党支部书记王茂全在会上作了《八年学大寨,人变,地变,产量变》的发言。代表们还参观了堡堂大队。堡堂大队自然条件差,穷山瘦地,十年九旱,但大队奋战数年,从主攻水利入手,前5年兴建两个水库和相应的渠道,使97%的农田得到自流灌溉。继后,改田改土,使220多亩乱石山坡跑水、跑肥、跑土的“三跑”瘦地,变成保水、保肥、保土的“三保”地;使290多亩冷、烂、毒、串的水涝低产田变成稳产高产农田。粮食总产量不断提高,1966年摘掉了“吃返销粮”的帽子,实现粮食自给;1970年粮食亩产跨过“农纲”;1973年起,粮食亩产连年过千斤。会后,全市又掀起“远学大寨、近学堡堂”的热潮。据1974年春统计,全市投入农田基本建设项目的劳力达50余万,改成大寨式梯土6.6万亩,土变田1800余亩,兴建、续建水库3400余处。

1975年7月,邓小平在成都接见中共四川省委主要负责人,强调四川要树立“农业第一”的思想。市委于8月13日至17日召开工作会议,出席会议的有市属以上单位党组织的主要领导干部818人。会议传达学习了邓小平关于“农业第一”的指示和在国防工业重点企业会议上的讲话及省委工作会议精神；主要解决全党大办农业、打好农业翻身仗的问题；还讨论了克服资产阶级派性、加强党的团结和领导班子的革命化建设等问题。会议一致认为，重庆市农业发展的速度缓慢，落后状况没有得到改变。市委对农业研究不够，抓得少，只有一个书记分管农业，还要兼管财贸。一部分干部中存在着搞工业的不关心农业，搞农业的不安心农业的错误思想，甚至说：“一工交、二财贸，勉勉强强搞文教，死也不到农业去报到。”市委在家的八个书记都在会上作了自我批评，决定横下一条心，坚决按照中央领导同志的指示，首先狠抓领导班子的问题，加强党对农业的领导，把市郊300万农民发动起来，深入开展“农业学大寨”运动，把农业搞上去，打好农业翻身仗。

10月19日，历时35天的全国“农业学大寨”会议闭幕后，29日，市委召开20万人大会，传达全国“农业学大寨”会议精神，中心会场设在人民大礼堂，全市设有337个分会场。会议传达邓小平在全国“农业学大寨”会议上的报告，并提出苦干三四年，把重庆市郊区、县基本建成大寨县的目标。市委随后决定：1977年将长寿建成大寨县，7个郊区的所有公社建成大寨式公社；1978年将巴县、綦江建成大寨县。继后，市委于11月1日至7日召开第三届第十一次全委扩大会议，传达贯彻全国“农业学大寨”会议精神。市郊9个区的区委书记、46个公社的党委书记、市级各部、委、局和市属各单位的主要负责人等共1483人参加会议。市委第一书记鲁大东在总结讲话中指出，全市要找出农业落后的原因，要加快社队企业的发展，以社队企业的发展来促进学大寨运动和农业机械化运动。并要求各系统各局在11月底前将支农规划上报市委。与此同时，巴县、綦江、长寿也分别召开三级干部会议，传达贯彻全国“农业学大寨”会议精神和邓小平等中央领导的重要指示。会后，在城市郊区加快普及大寨县步伐，各行各业均动员起来，为农业服务，以农业为基础，大力支援农业，把全市“农业学大寨”运动推向深入。直到1978年党的十一届三中全会后，“农业学大寨”运动才逐渐停了下来。

农村社队企业受“文化大革命”极左思潮的干扰，被视为“集体经济内部的资本主义倾向”和“资本主义尾巴”进行批判和抨击，社队企业的发展受到严重冲击。1974年底，重庆市公社、大队两级共有企业1650个，从业人员2.84万人，占郊区农业总劳力的2%，全年总收入3050万元，占公社、大队、生产队三级总收入的8.5%。1975年，邓小平主持中央工作期间，国务院强调指出：“社队企业的发展，有效地帮助了穷队，促进了农业生产，支援了国家建设，加速了农业机械化的步伐”，之后，社队企业才又逐步得到发展。当年8月7日，四川省委批转重庆市委《关于积极发展和整顿社队企业的意见》，指出：农村社队企业是一个社会主义的新生事物，对农村壮大社会主义集体经济，加快农业现代化，促进农业生产发展，逐步缩小三大差别，具有十分重要的意义。要求各级党委必须切实加强对社队企业的领导，使其沿着社会主义的道路向前发展。在中央、省、市的充分重视下，1976年，重庆工副业产值达到1.39亿元，比1966年增加了6505万元，年均递增6.5%。

“农业学大寨”运动对于转变干部作风，发扬自力更生、艰苦奋斗精神，兴修水利，加强农田基本建设有促进作用。但在“文化大革命”中却不断拔高，体现出很强的政治性，特别是在“以阶级斗争为纲”的“左”的指导思想下，在社队领导班子中清理五种人，处理了一些基层干部；在所有制上搞穷过渡，合并生产队，以大队为基本核算单位，在分配制度上采取“大寨式”工分，突出政治，强调“为公劳动，为革命种田”，违背了按劳付酬的分配原则；同时，对社员从事家庭副业和外出务工进行限制和批判，谓之割“资本主义尾巴”，不能调动劳动者积极性。1980年11月23日，中共中央转发山西省委《关于农业学大寨运动中经验教训的检查报告》，这是农业战线拨乱反正的一个重要文件，它对持续十几年的全国“农业学大寨”运动进行了总结和检讨，标志着毛泽东时代农业发展模式的终结，预示着人民公社制度的谢幕。

四、反击“右倾翻案风”

邓小平主持的全面整顿，涉及了对“文化大革命”中许多错误政策的纠正，遭到“四人帮”的猖狂反对，也引起毛泽东的不满。1975 年 11 月，经毛泽东同意，在全国发动“反击右倾翻案风”，重庆市明显好转的形势再次发生逆转。

1975 年 12 月 21 日至 23 日，市委召开市委各部、委、办，市级机关各局和各区委领导干部会议，学习讨论中央系列文件。中央文件指出，清华大学出现关于教育革命的大辩论必将影响全国，同时又说，当前存在着一股“右倾翻案风”。会议提出，要坚决做到“正确对待无产阶级‘文化大革命’，正确对待群众，正确对待自己”，拥护中央文件精神，反击“右倾翻案风”。《重庆日报》从 1976 年 1 月 8 日起，数日连载重医、西农、师专、西师等高校批判“右倾翻案风”和教育界中的“奇谈怪论”等文章和报道，“四人帮”对邓小平等坚持马列主义原则的诬蔑一时占了上风。重庆、成都的“造反派”头头黄廉、邓兴国、杨志成、周家喻等趁反击所谓“右倾翻案风”之机，开始制造动乱，重庆少数帮派分子以“批邓”之名借机闹事。2 月 9 日，重庆帮派分子以“批邓”之名砸了《重庆日报》邓小平所题报头锌版，并将有邓小平手写体的《重庆日报》社挂牌抬到解放碑上“示众”。2 月 12 日，重庆帮派分子在成都大街上贴出公开信称：1975 年省委组织他们批判资产阶级派性的学习，是“有纲领的一次右倾翻案风的典型案件”，是“否定文化大革命”，是“翻文化大革命的案”。并要求以他们几个主要帮派头目为核心，解决省市的问题，宣称走资派是一层人，走资派各级都有，要揪出“还乡团长”和“复辟势力的代表人物”。2 月底，四川省开始贯彻“反击右倾翻案风”问题的打招呼会议精神，部署四川省的“反击右倾翻案风”运动。3 月 8 日，省委用电话向各地、市、州发出《关于学习中央 1976 年 4、5、6 号文件的通知》，要求各地立即组织县团级以上干部集中学习二至三天后，立即把“批邓、反击右倾翻案风”运动开展起来。按照中央和中共四川省委的部署，3 月 11 日，市委召开市属以上单位党员负责干部会议，要求各级领导要站在运动的前列，牢牢掌握斗争大方向，集中力量开展对邓小平“修正主义路线”的革命大批判；同时，要坚持抓革命、促生产。3 月 15 日，市委举办领导干部学习班，学习毛泽东的指示和中央报刊上有关文章。要求紧跟毛泽东的战略部署，集中开展“批邓、反击右倾翻案风”。学习班共举办了三期,至4月20日结束,全市各级干部320人参加了学习。但是,刚刚尝到形势好转甜头的干部群众对长期持续的“文化大革命”运动已深感厌倦,仍然坚持要把国民经济搞上去。4月27日,市委就当前“批邓、反击右倾翻案风”的部署情况等报告省委,认为有些领导干部对抓生产与“唯生产力论”、抓企业管理与“管卡压”划不清界限,放松了对生产的领导,这是十分错误的,一定要坚持抓革命、促生产。

4月5日,“天安门事件”发生。5月6日至13日,市委召开工农兵理论骨干会议,共有667名理论骨干和专业理论工作者参加。市委领导在讲话中进一步动员开展“批邓、反击右倾翻案风”和追查“政治谣言”。市委要求理论骨干认真学习“反击右倾翻案风”的指示,充分发挥作用。会议结束当天,工农兵理论骨干会议全体代表联名写了《给伟大领袖毛主席的一封信》,以表决心。

1976年5月8日,市委发出《关于纪念“五一六”〈通知〉发表十周年纪念活动的通知》,决定于5月16日举行一次全市性的“反击右倾翻案风、歌颂无产阶级文化大革命”的群众文艺会演、歌咏大会,要求《重庆日报》、市人民广播电台除转载、转播中央报刊、电台的重要文章、节目外,还要组织稿件进行宣传报道。5月31日至6月3日,市委召开市属以上单位党员领导干部会议。7个单位在会上交流批邓的经验,市委也“检查”了在贯彻邓小平“批派性”指示中的“错误”,派性重新抬头。会议期间,先后有十余起多人到会议住地要求解决问题,重庆机床厂还有30多人到大会会场,找领导解决入党、提干和劳动工资等方面的问题。当月,市委召开市委常委、市革委副主任、省革委在渝常委、市委各部委和几个区负责同志参加的会议。会议的重点是帮助市委领导班子端正思想政治路线,转好弯子;同时,也研究了如何把重庆“批邓、反击右倾翻案风”斗争进一步引向深入的问题。市委书记鲁大东作了两次检查发言,违心地把去年4月恢复邓小平对《重庆日报》和劳动人民文化宫的题字,也作为一个严重的政治错误检讨。会议中,许多同志表示:“邓小平的‘三项指示为纲’,‘批派’,‘整顿’,‘否定老中青年三结合’、否定教育、科技、文艺、卫生革命,在重庆市的影响确实是很大的,是多方面的,其中还有些是执行了的。例如在'批派'问题上,不仅是在去年十一月份,按省里的部署点名批判了周家喻和黄廉同志,实际上,从去年四月份起,就先后在一些单位按邓小平的'敢于摸老虎屁股、狮子屁股'的黑话,批了和调走了一些造反派同志,有的干部,也是在这时调动了。"[1]这些检讨是市委对上级指示机械贯彻的结果,其实也反映出重庆在贯彻执行邓小平全面整顿方针方面做了很多工作。

"反击右倾翻案风"不得人心,除极少数"四人帮"帮派骨干分子表现十分活跃外,不少干部群众都采取消极应付等办法加以抵制。

8月13日,市委提出《深入地开展"批邓、反击右倾翻案风"运动的意见》。指出:中央领导传达了毛主席关于国内问题要注意,按既定方针办的指示后,要求必须坚决把运动引向深入。但是全市一些人近来重拉山头,搞串连,任意揪斗干部,造成生产下降,供应紧张,严重影响了运动开展。《意见》特别强调必须掌握斗争大方向,坚持抓革命、促生产的方针[2]。28日,市委召开党员干部大会。要求全市各级党组织、党员、干部、群众动员起来,深入批判邓小平主持起草的《论全党全国各项工作的总纲》《关于加快工业发展的若干问题》《中国科学院工作汇报提纲》所谓"复辟资本主义的总纲领"的三株"大毒草"。但是,在许多基层单位的座谈会上,不但无人对"三株大毒草"进行批判,反而对这三篇文章大加赞赏,主持批判的干部也大多不予干涉。对少数人脱离生产工作岗位,搞串连、拉山头,组织变相的"战斗队"的行为,市委坚持以"严重干扰批邓大方向"为由坚决制止,强调抓革命、促生产。

---

① 渝函〔1976〕78号《市委关于召开各部、委以上党员领导干部会议的情况报告》(1976年7月12日),重庆市档案馆藏1316/2/316。

② 渝委〔1976〕30号《关于集中火力批邓,把反击右倾翻案风斗争进一步引向深入的意见》(1976年8月13日),重庆市档案馆藏1316/2/337。

五、干部群众对“文化大革命”运动的抵制

长期以“阶级斗争为纲”的后果，从反面教育了全党和全国人民。人们对国家的前途命运非常担忧，对经济形势焦虑不安。“文化大革命”运动开始后，人们就对发生的种种现象感到困惑，对这场运动的方针、政策和做法很不理解，许多人采取写大字报、印发传单等形式阐述自己的观点，甚至以死抗争。

“文化大革命”之初，不少领导和老同志就很不理解，提出疑问，特别对“我们这次革命就是革那些过去革过命的人的命”的说法更是大惑不解。1967 年初，市委被造反派夺权以前，市委一班人吃住一起，以便随时开会讨论问题。主要议题是：怎样预防和制止武斗，避免伤人死人事件引发社会秩序混乱；尽力保护市、区、县机关干部不遭受肉体摧残；采取必要措施，预防市委办事机构和市委领导人被拘留，被肆意冲击，造成上下脱节，上下联系中断，贻误中央的指示贯彻；如何在第一线干部被揪被抓后，让二、三线干部继续保证党政机关工作不断线；加强与中央的联系，尽力争取得到具体的指示。这些想法和做法，在造反派夺权后，都曾被造反派集中批判和攻击，统统称之为镇压革命造反派的“资产阶级反动路线”①。

干部群众对“文化大革命”“四人帮”的抗争也从未停息过。

中国人民建设银行重庆分行收发员方运孚经常与人谈论自己的观点：“刘少奇是对的。他主张发展生产，发展经济，有什么错”，“刘少奇打倒了，但这些主张打不倒”，“彭（德怀）老总的万言书字字闪金光……他的行为将与日月同光辉，与天地共久长，千秋万代受人崇拜”。1968 年，在“清理阶级队伍”时，银行革委会以“现行反革命”报捕。市公安局曾拒绝接受银行革委会报捕的要求。但是，在“一打三反”运动中，公安局为表示配合运动，改变立场将方运孚收捕。起初办案人员建议判 15 年，

① 《鲁大东纪念文集》编委会编：《鲁大东纪念文集》，四川人民出版社 2001 年版，第 282 页。

报到市公安局军管会，加至20年；送市革委会审批，改成无期。最后，四川省革委会终审时改成了死刑。连原先经办此案的人都不明所以："这样的案件为什么判处死刑啊。"本来有10天上诉期，可是10天还没到，方运孚就被拉出去枪杀了。时为1970年3月6日。1980年，方运孚获平反昭雪。1983年，经中华人民共和国民政部批准追认为烈士。

郑思群，广东人，早年加入中共并留学东京，曾担任白区共青团中央宣传部副部长，抗战期间担任过八路军总政治部科长，解放后一直任重庆大学校长兼党委书记，是重庆为数不多的七级干部。1956年，郑思群作为八大代表，出席了中国共产党第八次全国代表大会。1960年，郑思群代表重庆大学出席全国文教群英会，作为大会发言的四位高校代表之一，作了《大搞技术革命，促进科学研究及教学改革》的专题发言，备受与会者瞩目。而1966年6月"文化大革命"伊始，郑思群却以"莫须有"的罪名被点名批判。7月29日，驻重庆大学的工作组将他押至重大校内松林坡招待所实行"监护"检查，随后公布其"四大罪状"，正式将他定为"反党反社会主义分子"。8月2日凌晨5时许，郑思群在招待所用剃须刀割喉自尽，以宁为玉碎、不为瓦全的刚烈之气，对"文化大革命"提出抗议。郑思群死后，有关部门宣布郑"自绝于党自绝于人民，将其永远开除党籍"。13年后，郑思群得以平反昭雪。1994年10月12日，郑思群骨灰被安葬于重庆大学民主湖畔，黑色大理石碑上，"真理永驻，浩气长存"八个大字金光灿灿。当年由他率领全校师生翻修的广场，被命名为"思群广场"。

土地革命战争时期，贺龙曾率领中国工农红军第三军在酉阳南腰界建立军委会机关，组建游击队，发动群众，开辟根据地，并成立了黔东特区革命委员会及黔东特区革命政府。"文化大革命"中，贺龙蒙冤遭受迫害的消息传到酉阳，对贺老总怀有深厚感情的酉阳人民对"文化大革命"倍感疑惑，对林彪、"四人帮"的倒行逆施难以容忍。在当时靠边站的中共南腰界乡党委书记冉俊科的暗中倡导下，1968年初，生活在南腰界的流散红军和游击队员以及有良知的知识分子和农民，自发地组织起来，冒着极大的风险，投资、投劳、投料，修建了一座红军烈士墓，在碑文中，有意在醒目的地方为贺龙的姓名留下空白，他们坚信贺龙的名字终将写于碑上。

1976年1月8日，周恩来总理逝世，从1月9日起，干部、群众络绎不绝地前往周恩来曾经战斗和生活过的曾家岩50号“周公馆”和红岩村举行凭吊、纪念活动。稍后，中共四川省委办事组转发了中央有关部门通知，要求各地不要组织吊唁、追悼会、戴黑纱等活动，对自发组织的上述活动亦要说服劝阻。但是，沉浸在无限悲痛中的重庆人民不顾一切阻挠，采取各种形式深切悼念周恩来总理。市委书记鲁大东明确表态：“群众的悼念活动，不要去阻止。”[①] 江北区委宣传部的同志在办公室举行悼念仪式后，以支部全体共产党员的名义给邓颖超大姐发了唁电，唁电中有这样一段话：“总理和您没有子女，我们共产党员都是您的子女。今后无论在任何情况下我们都和您站在一起”，这在当时的环境中是一篇何等鲜明的政治誓言[②]。1976年1月15日，重庆大学的师生员工在校党委的领导下，顶住“四人帮”不准举行追悼会的禁令，在团结广场召开6000人参加的追悼活动。四川美术学院的师生为追悼会赶制了巨幅周总理石膏塑像。当晚，重庆大学举办了规模空前的诗词灯会，表达对周总理的深切怀念及对“四人帮”的反感蔑视。但是，群众的悼念活动很快就遭到限制，而所谓“反击右倾翻案风”的宣传却甚嚣尘上，一些单位和地区又出现了停工停产、交通堵塞现象。广大群众对此深感忧虑和愤怒，这种情绪迅速转化成人民群众的抗议行为。1976年2月上旬，重庆十八冶金建设公司第一子弟中学老师谢幼田将一张署名“一工人”的大字报《提请注意》，贴在市中心交电大楼东墙，提出“提请注意当前斗争的新倾向”，发出“警惕一伙野心家篡夺党和国家的领导权”的警告和“批右倾翻案风的矛头到底对着谁”的质问。2月18日，重庆钢铁公司技术员白智清在市中心交电大楼临街墙上贴出大字报《我爱我的祖国》，斥责少数“野心家”近年来在中国的劣迹，赞颂邓小平大抓整顿工作的1975年是“国民经济、人民生活全面恢复的一年”，质疑“到底是谁，葬送了国家的富强，民族的昌盛……”。3月4日，白智清又将《试

---

① 《鲁大东纪念文集》编委会编：《鲁大东纪念文集》，四川人民出版社2001年版，第272页。

② 赵权璧：《他倒在了党史工作岗位上》，《红岩春秋》2008年第1期，第71页。

问，到底是哪家主义——评张春桥〈破除资产阶级法权思想〉》的大字报张贴于成都市中心盐市口，对"批邓、反击右倾翻案风"提出不同看法，并指明批驳张春桥的一些谬论[①]。在所谓反击"右倾翻案风"运动中，白智清被以"现行反革命"罪名被公安机关拘捕，并在4月24日、5月8日分别在成都、重庆召开5万人的批斗白智清大会。白智清被判处有期徒刑，"文化大革命"结束后才得到平反昭雪。白智清的英勇举动发生在1976年清明节大规模抗议、声讨"四人帮"的天安门事件之前，成为各地清明节抗议活动的先声。

4月初，天安门事件发生后，7日晚，当毛泽东批准的中共中央政治局关于天安门事件是"反革命事件"和撤销邓小平党内外一切职务的决议播出后，重庆即有人在劳动人民文化宫大门外贴出转抄成大字报的鲁迅《记念刘和珍君》一文，借用鲁迅这篇当年痛斥北洋军阀政府制造"三一八"惨案的文章来表示抗议。此后，在所谓"追查反革命政治谣言"中，很多市民不予配合，参与"追查"工作的干部大多敷衍了事。

"四人帮"的一些干扰破坏受到各级党组织的坚决抵制。江青在一次讲话中提出愿意为重庆某个帮派头目当"入党介绍人"，要求吸收其加入中国共产党。对此，重庆市委一班人，特别是市委主要领导坚持原则，顶住压力，下发了渝委〔1976〕30号文件，特别强调"不能离开毛主席关于革命事业接班人的五条标准和党员条件去搞提干纳新，不要在群众还有很大争议时就贸然进行。目前，个别单位出现的那种不坚持党的原则，甚至私自封官许愿的不正常现象，值得我们注意和防止"[②]。

在"批邓、反击右倾翻案风"中，"四人帮"说什么"整顿就是复辟"，到处制造混乱，市委一班人进行了坚决抵制，市委主要负责人在一次干部会上旗帜鲜明地表示："整顿没有错，整顿把生产搞上去了，怎么是复辟"。市委的鲜明态度使各级干部坚定了坚守岗位、搞好生产的信心，广大党员、干部、工人和技术人员在极其困难的条件下，抵制干扰，坚守岗

① 重庆市地方志编纂委员会编：《重庆市志》第1卷，四川大学出版社1992年版，第453页。

② 渝委〔1976〕30号《关于集中火力批邓，把反击右倾翻案风斗争进一步引向深入的意见》（1976年8月13日），重庆市档案馆藏1316/2/337。

位，努力生产，尽量减少因动乱带来的损失，生产形势逐步好转。

人民群众的抵制、抗争，为粉碎“四人帮”反革命集团奠定了社会基础。1976 年 10 月，当中央对“四人帮”采取果断措施，一举粉碎江青反革命集团的消息传到重庆时，广大干部和群众无不欢欣鼓舞，拍手称快，纷纷集会游行，欢庆这一历史性的伟大胜利。广大党员和全市人民终于一起迎来了新的历史时期。

第 四 编

在徘徊中前进和
实现伟大的历史转折

（1976 年 10 月—1978 年 12 月）

1976年10月，党中央一举粉碎“四人帮”，结束“文化大革命”，我国进入一个新的历史发展时期。正本清源，拨乱反正，澄清是非，解放思想，使各级政权机构恢复正常，挽救濒临崩溃边缘的国民经济，已是刻不容缓。在中央和市委、市人委的领导和部署下，重庆市逐步进行拨乱反正和恢复国民经济的工作，但由于极左思潮和“两个凡是”的影响，各项工作总体上处于徘徊中前进的局面。1978年5月，一场“真理标准问题讨论”在全国逐步开展，给思想领域带来一次大解放，迎来党的十一届三中全会的召开和在思想、政治、组织等领域的全面拨乱反正。

第十五章
拨乱反正的局部开展和国民经济的恢复

一、深入开展揭批查运动

“文化大革命”结束后，为尽快扭转混乱局面，消除“四人帮”在各个领域的不良影响，恢复安定团结，使全党全国的工作真正转移到发展国民经济、提高人民生活水平上来，中央开始着手清查“四人帮”帮派体系，部署开展揭发批判“四人帮”的运动，并于1976年10月18日向党内发出《关于王洪文、张春桥、江青、姚文元反党集团事件的通知》，通报“四人帮”阴谋篡党夺权的罪行，号召全党紧密团结起来，对“四人帮”进行揭发批判。重庆积极响应，18日至19日召开了市委常委会议及市属各单位党员负责干部大会，传达中央粉碎“四人帮”反党集团、华国锋在中央政治局召开的打招呼会上的两次讲话精神及四川省委负责同志在小型会上的讲话精神，并按要求做好粉碎“四人帮”情况的传达和各方面的工作。

为彻底清算“四人帮”及其在重庆帮派骨干的罪行，澄清被搞乱的思想，在中央统一部署下，市委成立揭、批、查领导小组，在全市大规模地开展揭发和批判“四人帮”罪行的运动。10月21日至23日，180多万军民举行游行集会，拉开了揭批“四人帮”的序幕。按照中央的指示和四川省委的要求，揭批运动分三个阶段进行：

第一阶段，1976年12月至1977年4月，运用大字报、黑板报、批判专栏、漫画、诗歌、文艺演唱等方式对各行各业带有共性的根本问题进行揭批。主要集中在揭批“四人帮”及其帮派势力破坏党的领导、破坏生产、破坏无产阶级专政的谬论和罪行。1976年12月2日,市委召开30万人揭批大会,号召广大人民群众联系实际揭批和清查“四人帮”插手四川、重庆的活动。此后,揭批运动从一般揭批转入联系重庆实际揭批,从综合性揭批转入抓住要害、组织专题揭批。有的单位在专题揭批中广泛发动群众,收集“四人帮”帮派分子在本单位散布的种种谬论,分成专题发到班组进行批判。有的单位学习大庆经验,用“三大讲”① 的办法开展专题批判。农村社队则以政治夜校为阵地,联系实际开展专题批判。

第二阶段,1977年5月至11月,对“四人帮”在重庆的帮派体系及骨干进行揭批,主要从帮派体系的反动性和危害性、帮派骨干的罪行、“四人帮”及其帮派在重庆制造的10余起重大事件和所炮制的谬论等四个方面入手。与此同时,为了粉碎“四人帮”的社会基础,根据四川省委的部署,全市从1977年4月起开展“双打”② 斗争。在“双打”斗争中,做到从政治、经济上彻底粉碎“四人帮”在重庆的帮派体系,坚持政治上严格区分和正确处理两类不同性质的矛盾、贯彻少捕少杀的方针、对犯罪分子实行区别对待和经济上坚决退赔、给予生活出路的方针。

第三阶段,1977年11月至1978年底,主要从哲学、政治经济学、科学社会主义理论等方面着手对“四人帮”反革命路线的实质及表现进行揭批,从而粉碎其反动思想体系,肃清流毒和影响。并紧密联系各条战线的实际,使批判与各方面的整顿、贯彻各方面的政策、解决生产中的各种问题紧密结合。由于“四人帮”的流毒和影响在各条战线的表现不同,在联系实际进行揭批时,各条战线侧重点不同。如教育战线围绕“四人帮”炮制的“两个估计”,工交战线围绕“唯生产力论、利润挂帅、物质刺激、管卡压、白专道路”等谬论,文教战线围绕要不要提高教学质

① 即大讲“四人帮”及其余党的资产阶级帮派体系勾结资本主义势力猖狂进攻的罪恶事实,大讲同资本主义作斗争的先进思想和先进事迹,大讲自己受“四人帮”的流毒和影响之害造成的“内伤”。

② 即打击阶级敌人破坏活动、打击资本主义势力的斗争。

量、要不要依靠团结知识分子等问题，财贸战线围绕“服务好了会变修”等谬论在进行揭批。在农村围绕落实经济政策对“定额管理，三级所有、队为基础，多种经营，家庭副业，农村集市贸易、自留地”等问题进行揭批。在运动中，应全市广大干部和群众的强烈要求，市委先后召开大会对“四人帮”在四川的帮派头子和亲信刘结挺、张西挺以及重庆的帮派分子黄廉、周家喻进行揭批。1978 年 2 月，重庆召开 30 万人大会宣布：经四川省委决定并报中央批准，逮捕“四人帮”在四川的代理人、帮派分子、现行反革命分子黄廉[①]、周家喻[②]。4 月，在“文化大革命”中犯有指挥武斗杀人、打砸抢等罪行的 22 名罪犯被分别判处 9—20 年有期徒刑。

在发动群众揭批“四人帮”的同时，清查与“四人帮”篡党夺权阴谋活动有牵连的人和事的工作也在逐步进行，主要从与“四人帮”的关系、拼凑篡党夺权组阁班子、策划反革命暴乱应变活动、攻击中央领导同志等四个方面开展清查工作。在清查工作中，市委认真执行党的政策，严格区分和正确处理两类不同性质的矛盾，坚持扩大教育面，缩小打击面的方针，既采用点名批判的方式来推动清查工作，又严格控制点名人数，不把点名作为推动清查工作的唯一方式。对相关人员进行了处理：拟定为帮派骨干的，先下放基层劳动，过一些时候再作处理，是党员的，暂不过党的组织生活；对犯政治错误包括犯严重政治错误的人，按照“惩前毖后、治病救人”的方针，着重教育帮助，使他们转变立场，认识和改正错误；除对犯错误严重而又态度一直不好，群众不谅解的，给予必要的纪律处分外，一般的不给处分；对拟处分的属于犯严重政治错误的人，一般不进领导班子，或调换单位，或先免职下放，或另行分配适当工作，经过一段时间考察，视其表现情况再作处理；对不给处分的大多数人，是干部的，安排适当工作，避免长期搁在一边或长期下放劳动。[③] 到 1978 年 6 月，

---

① 原重庆市木材公司政治部办公室宣传干事，重庆市革命委员会副主任，1982 年 1 月被判处有期徒刑 18 年，剥夺政治权利 5 年。

② 原重庆大学“8·15”负责人，四川省革命委员会常委，1982 年 1 月被判处有期徒刑 15 年，剥夺政治权利 5 年。

③ 《徐庆如同志在市委第四届四次全委（扩大）会议上的发言》（1979 年 2 月 7 日），重庆市档案馆藏 1316/2/631。

经四川省委、重庆市委批准点名批判的212人，其中因其他罪行已“双打”的42人除外，170多人的问题已查清。拟定为骨干的35—40人。此外，犯严重政治错误的有80—100人，犯政治错误的350—400人。

市委还特别注意揭露混进领导班子中的帮派势力，对少数县团以上领导班子中有问题的，特别是一、二把手与“四人帮”有牵连的，采取相应组织措施，或坚决调离，或抽调干部充实领导。到1978年6月，全市省管以上干部实行监护措施的有10人(其中经省委批准点名批判的7人)，未明确宣布停职检查、实际上停止工作交代问题的10人，集中时间检查交代问题的8人。

11月下旬，清查工作在全市范围基本结束。经过深入细致的工作，确定清查对象400人，除交四川省处理的18人外，定性处理382人，其中，定为反革命分子2人，犯有罪行2人，犯有严重错误110人。有105人受到法纪、党纪、政纪处分。

揭批查运动揭露了“四人帮”篡党夺权的阴谋罪行和极左路线在各方面表现，有力地打击了“四人帮”在重庆的反革命社会基础，摧毁了“四人帮”在重庆的帮派体系，稳定了社会秩序。

二、整党整风与中共重庆市第四次代表大会的召开

十年动乱期间，林彪、江青反革命集团煽动“踢开党委闹革命”。“四人帮”帮派分子践踏党的组织原则，破坏党的集中统一领导，和党组织分庭抗礼，党的优良传统和作风遭到践踏，党内纪律松弛，部分领导班子“软、散、懒”，形不成领导核心，处于瘫痪、半瘫痪状态，个人主义、无政府主义泛滥，党组织遭到严重破坏。粉碎“四人帮”后，党的建设的首要任务是恢复和重建党组织，恢复党的正常生活秩序，继承和发扬党的优良传统和作风，以适应新形势、新任务的要求。

针对县级以上单位领导班子存在的“软、散、懒”情况和紧跟“四人帮”的问题，根据中央统一部署，1976年12月开始小整风，着重从立场、

态度和精神状态入手解决县级以上领导班子存在的问题。到1977年4月底,全市13个区县的51个局级单位中的18个单位和50%市属厂矿企事业单位进行了小整风。通过整风,领导班子增强了团结,提高了对揭批“四人帮”的意义的认识,有力地推动了揭批“四人帮”的斗争,促进了各项工作的发展。

为了解决由于“四人帮”干扰破坏而造成的党内思想不纯、组织不纯和作风不纯的问题,根据中央统一部署,市委在揭批“四人帮”的同时,于1977年4月开始进行粉碎“四人帮”后第一次时间长、规模大、范围广的整党整风试点,并成立市委整党整风办公室、市委整党整风试点工作队。

4月初,市委整党整风试点工作队分别进驻作为整党整风试点的重庆水轮机厂和重庆百货公司。重庆水轮机厂和重庆百货公司在“四人帮”横行时深受其害。“四人帮”在重庆的帮派分子直接插手重庆水轮机厂,致使该厂党组织几乎瘫痪,1976年停工停产达半年,生产总产值仅完成计划的35%。重庆百货公司在十年动乱期间,长期受“左”的影响和“四人帮”在重庆帮派体系的干扰和破坏,公司帮派势力猖獗,无政府主义长期泛滥,1976年曾一度处于半瘫痪状态,存在很多问题。工作队在市委及市委整党整风办公室的领导下,依靠两个单位广大党员、干部和职工群众,按照思想发动、思想整顿、组织整顿和组织建设三个阶段开展工作。7月底,重庆水轮机厂整党整风试点工作完成。8月下旬,重庆百货公司整党整风试点工作结束。

通过整党整风,重庆水轮机厂查清了本厂“文化大革命”期间的打、砸、抢等重大事件,逮捕刑事犯罪分子3人,移送劳教3人,党内处分6人,其中开除党籍、劝退出党各1人,初步纯洁了党员队伍。同时,成立了新的厂党委和支部委员会,健全了党的组织,提高了广大党员、干部和群众的生产积极性,当年上半年即实现时间过半、完成全年计划过半的目标。重庆百货公司揭露出违纪的党员15人,其中积极参与帮派活动5人,严重错误3人。根据政策界限,除6人免于处分和不予处分,对其余违纪党员分别给予了警告、严重警告、留党察看、清除出党的处理。①

① 《关于印发重庆水轮机厂、重庆百货公司整党整风试点工作总结的通知》(1977年9月14日),重庆市档案馆藏1316/2/411。

1977年6月,市委决定在另外13个单位扩大试点。9月至10月,市委先后召开全市党员干部会议和第一批开展整党整风工作会议,传达中央和省委关于整党整风的指示,决定全市从10月起开展整党整风运动,结合实际解决加强党的集中统一领导、转变作风、立党为公等三方面的问题,提出"听取群众呼声,虚心接受群众批评,认真改进领导工作"的整风原则和整党整风六条验收标准,规定机关整党整风全过程不得少于200小时,工厂、学校和其他企事业单位全过程不得少于150小时。对未达到验收标准的单位要求补课。在试点和扩大试点的基础上,10月22日市委下发《关于开展整党整风意见》,指出此次整党整风的任务,是通过揭露"四人帮"在重庆的帮派体系以及与他们篡党夺权阴谋活动有牵连的人和事,认真解决党内存在的思想不纯、组织不纯、作风不纯的"三个不纯"的问题,把被"四人帮"在党的建设上搞乱了的路线、思想、理论是非纠正过来,把各级党组织建设好,并且根据中央和省委关于开展整党整风的指示精神,部署在全市分三批开展整党整风。

随后整党整风运动在第一批单位中开展。至1978年2月第一批结束运动,城市164个单位(包括市、区、县级领导机关和已经命名或准备建成的大庆式企业)和农村115个公社开展了整党整风,占机关、市属单位总数的20%和公社总数的37%。在运动中,以整顿领导班子为关键,提出"五个一定"① 的要求,对第一批中好的和比较好的领导班子,主要进行思想、作风整顿,对于问题比较多的单位,采取揭开矛盾或派工作组的办法,促进局面的迅速打开,并且本着多换思想少换人的原则,进行了必要的组织整顿,注意了"三个结合"② 的实施;对犯错误的党员,以"惩前毖后、治病救人""思想批判从严,组织处理从宽"为方针,让他们在实际行动中改正错误。通过整党整风,初步解决了"三个不纯"的问题,进一步发扬了党的优良传统和作风,加强了党的组织纪律性,增强了党的团结,极大地调动党员、群众的积极性。

---

① 五个一定:决心一定要下够、问题一定要找准、思想一定要交锋、要求一定要严格、改正一定要行动。

② 三个结合:调整领导班子同贯彻老、中、青三结合原则选拔中青干部相结合,调整领导班子同落实干部政策相结合,调整领导班子同安置老干部相结合。

1978年4月,重庆市委贯彻中央和省委的指示,发出《市委关于深入开展"一批两整顿"运动的意见》,部署全市"一批两整顿",即深入揭批"四人帮",搞好整党整风,搞好各条战线、各个单位的整顿。市委指出,"一批两整顿"以整党整风为重点,抓住领导班子这个关键,搞好各条战线的整顿,特别是企业和社队的整顿。整顿的内容主要是整顿班子、整顿队伍、整顿管理、整顿作风,清理落实党的政策情况。并且对运动作了部署:城市除第一批开展整党整风的单位外,大体再分三批用一年半时间搞完,农村继续派工作队进行此项工作。运动分为思想动员、领导班子整风、整顿企业管理、组织建设四个阶段。规定在"一批两整顿"结束后,采取领导和群众相结合、党内党外相结合的办法进行检查、总结和验收。根据该意见,又用两个多月时间,进行了整顿机关、整顿企业补课。对企业的整顿,着重解决由于"四人帮"破坏造成的企业管理混乱,经济技术指标落后的问题,抓好政策落实和管理制度的建设,使企业的经营管理走上正轨;对农村社队的整顿,集中力量狠抓经济政策的落实和经营管理制度的建立,坚持按劳分配,搞好劳动管理,特别是认真执行定额管理、评工记分制度,实行男女同工同酬,克服"出工一条龙,干活一窝蜂,分配一拉平"的现象,着重解决增产不增收、多劳不多得、分配不兑现的问题。因此,第一批单位的整党整风工作尚未完全结束,整党整风运动转为"一批两整顿"运动,原计划第二、三批开展整党整风的党政机关,各级企事业单位,工厂车间、班组、农村公社、社队到党的十一届三中全会召开前后,才将深入揭批"四人帮"、全面进行整顿的工作告一段落。

在第一批单位开展整党整风的同时,市委常委会于1977年10月和1978年2月,先后两次共用8天进行常委内部整风。整风中,主要回顾了同长期追随"四人帮"大搞分裂、大搞阴谋诡计的"四人帮"在渝帮派头子作斗争的经验教训,着重揭发批判市委某常委大肆进行非法组织活动,搞里外通,靠派不靠党,将市委常委讨论的一些问题通报到社会上去、造成极严重后果等一系列问题。通过整风,市委常委总结了同"四人帮"作斗争的经验教训,认识到要坚持党中央的正确领导,要完整、准确地领会和掌握毛泽东思想体系,在同"四人帮"及其帮派体系作斗争时，必须坚持高度的原则性和必要的灵活性，必须不断加强党委一班人的团结，坚持集体领导。

1978 年 4 月 19 日至 22 日，中共重庆市第四次代表大会举行，钱敏作工作报告。大会代表 848 名，代表全市 252934 名党员。会议讨论了继续搞好“一批两整顿”，发展国民经济，把重庆建成全国战略后方的先进工业基地等问题，明确指出各方面的整顿首先是党的整顿，而整党整风和各条战线的整顿，关键是整顿好各级领导班子；通过了《关于切实改进领导作风的决定》，并将此文件发至全市支部以上党组织贯彻执行。会议虽然是在揭批“四人帮”取得很大成绩下召开的，但由于“两个凡是”的影响，仍未完全摆脱“左”的思想束缚。会议选举产生了中共重庆市第四届委员会和市委纪律检查委员会。市委四届一次全委会选举钱敏为市委第一书记，丁长河、冀绍凯、于汉卿、徐庆如、王茂全、张海亭、崔连胜为市委书记，市委常委共 19 人。全会还选举产生 11 人组成的中共重庆市委纪律检查委员会，徐庆如为书记。1978 年 8 月，丁长河接替钱敏任市委第一书记。在“一批两整顿”中，市委对区、县、局以上领导班子进行多次调整，重点调整了 114 个县级以上领导班子，调进调出干部 203 人。

为了肃清“四人帮”的流毒及其对党组织、党员的影响，加强对党员的教育，自“文化大革命”结束后，各级党组织在揭批“四人帮”的斗争中普遍对党员进行了“七个懂得”和怎样做一个共产党员的教育。1978 年 7 月，根据市委组织部下发的《关于加强党员教育的意见》的要求，针对相当一部分党员普遍缺乏严格的党内生活锻炼，对党的优良传统、党的基本知识和党规党法缺乏应有的了解，对全市党员进行了一次时间比较集中、内容比较系统的共产主义远大目标和新时期总任务的教育轮训，主要解决恢复和发扬党的优良传统和作风，特别是发挥群众路线、实事求是、艰苦奋斗的作风和共产党员的先锋模范作用两方面的问题。根据《意见》对轮训的分工和方法的规定，市农委在“三秋”大忙后对全市农村公社党委书记，包括县辖区委书记进行一次轮训，区、县委党校对区县的基层党支部书记和市级各局、大专院校和大型厂矿等企事业单位对下属单位党支部（包括总支）正、副书记分别进行每期 7—10 天的短训，公社党委和市属厂矿以上的党组织对一般党员采取集中与分段集中相结合的办法,进行不少于5天的轮训。在搞好教育轮训的基础上,健全党的基层组织的“三会一课”制度,建立支委会每季度一次小整风制度,恢复和坚持党日制度、汇报制度、联系群众制度,进一步加强了对党员的教育管理。

整党整风和“一批两整顿”运动的开展,尽管是在当时党的指导思想仍未根本改变、党和国家的各项工作仍处于徘徊中前进的情况下进行,但是其作用和效果应该给予充分肯定。最主要的成果在于:制止了由于派性造成的混乱局面,查清了“四人帮”在重庆的帮派体系以及与他们篡党夺权阴谋活动有牵连的人和事,夺回了被他们夺去的那部分权力,清除了钻进党的各级领导班子中的帮派骨干分子和混进党内的“打砸抢”分子,纯洁了党的队伍,在一定程度上解决了一些由于“四人帮”干扰破坏造成的党内思想不纯、组织不纯、作风不纯的问题,恢复和健全了各级党的组织,党的优良传统和作风开始得到恢复,党的组织纪律性和党的团结有了一定的加强,调动和发挥了党员和群众的积极性,全市逐渐形成了安定的政治局面。

三、开展真理标准问题的讨论

随着揭批“四人帮”运动的开展和对其罪行的揭露,人们不能不触及“文化大革命”中的极左错误,但由于党的指导思想继续肯定“左”倾理论,继续在“以阶级斗争为纲”的框架内“抓纲治国”,特别是1977年2月7日,《人民日报》、《红旗》杂志、《解放军报》同时发表《学好文件抓住纲》的社论,提出“凡是毛主席作出的决策,我们都坚决维护,凡是毛主席的指示,我们都始终不渝地遵循”的方针(后被称为“两个凡是”)。3月14日,华国锋在中共中央工作会上指出:“在揭批‘四人帮’的斗争中,一定要注意,凡是毛主席作出的决策,都必须维护;凡是损害毛主席形象的言行,都必须制止。”因此指导思想实行拨乱反正遇到严重障碍。

在“两个凡是”思想指导下，市委在1977年4月召开的工作会议上，提出“凡是毛主席作出的指示，都要坚决照办；凡是毛主席制定的决策，都要坚决维护；对一切有损毛主席光辉形象的言行，要坚决斗争。”①在6月召开的理论工作座谈会上，市委又强调学习、宣传无产阶级专政下继续革命理论对加强理论工作、发挥理论队伍作用的重要性，要求“始终抓住阶级斗争这个纲”，“坚持无产阶级专政下的继续革命”。11月，市委召开会议传达十一大精神，继续强调“以阶级斗争为纲”和“无产阶级专政下继续革命”的“左”倾理论，认为“第一次无产阶级文化大革命的胜利结束，决不是阶级斗争的结束，决不是无产阶级专政下继续革命的结束”，今后依然要以两个阶级、两条道路斗争为纲。

而“两个凡是”提出后，却在全国引发争议。邓小平不止一次明确指出：“‘两个凡是’不行”，这“不是马克思主义，不是毛泽东思想”，并提出“我们必须世世代代地用准确的完整的毛泽东思想来指导我们全党、全军和全国人民”。这进一步鼓舞了许多干部和理论工作者，促使人们开始比较直接地批判某些主要的“左”倾理论观点。

1978年5月10日，中央党校内部刊物《理论动态》发表《实践是检验真理的唯一标准》一文，次日《光明日报》以特约评论员名义公开发表该文，新华社向全国转发。文章重申了“社会实践不仅是检验真理的标准，而且是唯一的标准”这个马克思主义认识论的基本原理，尖锐地提出“四人帮”强加在人们身上的精神枷锁还远没有完全粉碎，对“四人帮”设置的禁区“要敢于去触及，敢于去弄清是非”，不能拿现成的公式去限制、宰割、剪裁无限丰富的飞速发展的革命实践，应该勇于研究新的实践中提出的新问题。12日，《人民日报》和《解放军报》都全文转载。文章在广大干部群众中激起强烈反响，一场真理标准问题的大讨论迅速在全党全社会开展起来。

5月13日，《重庆日报》在第三版全文转载了《实践是检验真理的唯一标准》一文，重庆市在小范围内开始了真理标准问题的学习、讨论。

---

① 《高举毛主席的伟大旗帜，全面落实华主席抓纲治国的战略决策，为实现重庆大治而奋斗——钱敏同志在市委工作会议上的讲话》（1977年4月18日）。

6月25日，《重庆日报》全文转载《解放军报》特约评论员文章《马克思主义的一个最基本的原则》[①]。

随着真理标准讨论在全国逐步开展，重庆市真理标准问题讨论范围逐步扩大。8月26日，《重庆日报》刊载市委宣传部大批判组文章《实践是检验真理的唯一标准——驳“思想上的正确与错误决定于理论”》和市委党校哲学教研室文章《驳所谓“句句照办”》。之后，真理标准问题讨论在全市展开。8月29日至9月2日，市委宣传部召开真理标准问题讨论会。到会同志围绕实践是检验真理的唯一标准和当前讨论这一问题的重大意义，联系实际进行了讨论。具体讨论了弄清实践是检验真理的唯一标准的重要意义；现有的党的政策、方针的正确与否，是否还要靠实践来检验；已经被实践证明了的真理，可否作为检验真理的标准；肯定实践的重要性，不能否定和削弱马列主义和毛泽东思想的伟大指导作用；实践是检验真理的唯一标准的基本内容等五个方面的问题。在此次讨论会的推动下，全市理论工作者纷纷撰文参加讨论，部分高校也积极加入进来。

9月，市委中心学习组就实践是检验真理的唯一标准进行了认真学习和讨论。大家一致认为，弄清这个问题对于拨乱反正、解放思想、破除迷信，实现工作重点转移，加快四个现代化的步伐，具有十分重大的意义。但要打破精神枷锁，在思想上来个大解放，需要有一个过程。在这个时期，市领导多次在会议上提出要解放思想。11月28日，丁长河在市委第四届三次全委会上讲话时谈到了“解放思想”；12月9日和14日，市委书记于汉卿和冀绍凯分别在全市计划会议上也谈到要“解放思想”。但此时的解放思想并不是为了实现思想领域的拨乱反正，而是为了贯彻华国锋“四个一点”[②]指示而提出的。在谈及解放思想时，主要是从批判“四人帮”在思想上特别是生产上的破坏来谈的，对于“文化大革命”及其指导思想的错误，对于“两个凡是”及其在重庆的影响等，则涉及较少或根本未涉及。这虽然是当时全国客观形势使然，但也从侧面

① 这篇文章被称为《实践是检验真理的唯一标准》一文的姐妹篇，在当时也产生了强烈的反响。见庞松、陈述著：《中华人民共和国简史》，上海人民出版社1999年版，第440页。

② “四个一点”是指“思想再解放一点，胆子再大一点，办法再多一点，步子再快一点”。

反映了重庆的干部特别是领导干部在思想上仍受到相当深的禁锢。直至12月召开中共十一届三中全会高度评价了真理标准问题的讨论，重庆市思想领域才真正实现大解放、大发展。

四、工农业生产的恢复和发展

（一）农业生产的恢复

重庆的农业生产在十年动乱中遭到严重破坏。粉碎“四人帮”后，市委从揭批“四人帮”及其帮派势力入手，肃清“左”的思想在农业战线上的影响，组织干部参加农村党的基本路线教育工作团，加快农业生产的发展，加强农田基本建设。

1977年3月，市委批转了市农田基本建设指挥部《关于千方百计努力完成今年农田基本建设任务的意见》，要求各地以揭批“四人帮”为中心推动农田基本建设；4个县和3个远郊区以20%的劳动力，4个近郊区以15%的劳动力，组成常年农田基本建设专业队，坚持开展农田基本建设；各行各业要继续支持农田基本建设。6月，市委又召开中型水利电站工程勘测设计会战会议，动员和组织各方面力量支援水利建设，加上4个县的力量，共计300多人参加勘测设计会战。12月6日，市党、政、军负责人带领市、区、县干部和解放军指战员，分赴江北县回龙公社、长寿县渡舟公社、南桐矿区青年公社，参加农田基本劳动，掀起了农田基本建设高潮。从6日到8日，先后共有1.4万人次参加。截至1977年底，水利工程动工9446处，新增蓄水量4224万方，完成有效灌溉面积12.4万亩，改造低产田10.5万亩，改土2.83万亩，建成沼气池29466个，为农业增产创造了有利条件。1978年7月，市委召开市农田基本建设会议，传达省委农田基本建设会议精神，再次强调要遵照大干、高速度和因地制宜、讲求实效、多快好省的原则来制定农田基本建设规划，并且要求实行专业队与群众运动相结合的办法。8月，又再次召开农田基本建设会议，传达全国农田基本建设会议精神，总结会战经验，研究进一步加强农田基本建设的意见和贯彻落实减轻农民负担。

市委在抓紧农田基本建设的同时，加大了对农业科技的推广力度。从1977年起，全市重点推广杂交水稻、杂交玉米。3月24日，市委批转了市杂交水稻推广领导小组《关于1976年杂交水稻推广情况和1977年工作意见的报告》，要求全市到1979年基本普及杂交水稻，加快推广进度。到1977年底，全市推广杂交水稻3.9万多亩，杂交玉米22.4万亩。

同时，加强了社队企业的发展。1977年7月中下旬，市委召开轻工业和社队企业工作会议，传达省轻工业和社队企业会议精神，初步制订发展轻工业、社队企业的规划，明确区县工业、社队企业要多搞原料工业和街道工业，要在利废利旧、利用大工业边角余料、发展小商品上大做文章，提出按产品实行“五管、两不变”的归口管理。[①] 为了解决社队企业在发展和管理上的问题，加强对社队企业的领导，促进社队企业的发展，成立了市社队企业局，执行中央和省委关于发展社队企业的指示、方针、政策，制订发展社队企业的规划，总结、交流、推广先进经验，指导搞好社队企业经营管理，综合平衡和衔接产、供、销计划，组织和督促检查有关部门对社队企业的支持。随后4个县和6个郊区也分别建立区、县社队企业管理机构，成立社队企业局和社队企业科。在1978年7月召开的市农田基本建设会议上，对社队企业的管理机构、发展原则、发展方向、经营管理、财务制度等作出规定，明确提出要放手发动群众，本着自力更生、因地制宜、因陋就简、由小到大、由土到洋的原则，尽快兴办一批社队企业，坚持围绕农业办工业，办好工业促农业，各级计划部门要把社队企业的产、供、销纳入计划，要建立健全社队企业的经营管理和财务制度。

在工业支援农业方面，也采取一系列措施。1977年2月，成立市工业支援农业办公室，由市计委主任兼任主任。在市委4月召开的工作会议上，明确要求各行各业要牢固树立首先把农业搞好的思想，大力支援农业，积极发展地方“五小”工业和社队企业，尽快建立支农工业体系，

---

① 《钱敏同志在全市轻工业、社队企业工作会议上的讲话（1977年7月25日）》，重庆市档案馆藏1334/1/200。“五管、两不变”，即在隶属关系不变，所有制不变的前提下，市属各局按产品分属，对区县各种工业实行五管：管产品发展方向和布点，管生产计划和发展规划，管专用设备申请，管专用材料和配件的申请，管技术指导和组织本行业先进技术经验的交流。

积极为实现农业机械化作出贡献。针对如何建立支援农业的工业体系的问题，市委于7月召开部委局和区县负责同志会议进行讨论。根据重庆市的具体情况，提出要抓好农用钢铁的生产，要求1980年生铁产量达到10万吨；积极发展适合丘陵、山区需要的小型、轻便、质优、价低的农业机械；1980年，化肥生产达到30万吨，化学农药达到2万吨。并且对原支农领导小组进行调整、充实，改为市支农工业体系领导小组，下设办公室，为支农组织和规划做好工作；各区、县和有关局、厂设立办事机构。1978年6月，批转了支农办公室《关于厂社挂钩、定点支农的意见》，全市285家厂矿企业对口扶持308个公社，各部委办有一位领导分管支农工作，并指定一个部门具体抓，各区县支农小组和办事机构设专职人员3—5人，各大型厂矿设专职支农人员1—3人。

在农业生产恢复和发展的同时，1977年至1978年秋，部分农村推行小段包工、定额计酬责任制，恢复定额管理、评工记分的制度。例如南桐矿区青年公社堡堂大队为了实现多劳多得，在大部分农活中，除了不便于搞定额的杂工，实行固定定额和评工记分相结合的办法，在具体做法上采取劳力划线、劳动定额、检查验收三条标准，在劳动管理上主要抓了四个方面的工作：搞好社员"三定"，搞好劳动组合、建立严格的生产责任制，合理制定劳动定额标准，大力推广"包工到组、活评到人"的办法。

在农业生产初步恢复的同时，根据中央要求，重庆市继续推行"农业学大寨"，将学大寨运动推向顶峰，并试图以此实现农业高速发展。

1976年12月，全国第二次"农业学大寨"会议在京召开。会议超越客观实际，要求1980年全国有1/3的县建成大寨县，各省、市、自治区都实现粮、棉、油、猪上《纲要》、超计划，基本上实现全国农业机械化等。1977年1月，重庆市召开会议，传达贯彻第二次全国"农业学大寨"会议精神，全面安排部署"农业学大寨"工作。1月10日，市委举行20万人参加的报告会，要求全党大办农业，迅速掀起"农业学大寨"、普及大寨县运动新高潮，具体贯彻落实中央提出的"1980年把1/3以上的县建成大寨县、全国基本实现农业机械化"，"大力发展社队企业，促进公社、大队两级经济的发展，为逐步过渡创造条件"等发展规划，要求在全市尽快建成大寨式社队，到1979年基本实现农业机械化，1980年实现全市粮食跨《纲要》。为了推动“农业学大寨”运动的发展,市委又于5月3日发出《关于印发重庆市两个农业学大寨先进单位的典型材料的通知》,要求全市农村社、队向南桐矿区青年公社堡堂大队和九龙坡区九龙公社学习,为尽快建成大寨式的社、队而努力奋斗。同年10月,市委又组织2000多名干部参加市第五期农村党的基本路线教育工作团,到长寿县的晏家、龙溪、云集、双龙、石堰5个区开展“农业学大寨”、普及大寨县的工作。1978年2月,重庆市召开“农业学大寨”会议。会上积极响应四川省委“奋斗八年,把四川建成祖国牢固的后方战略基地”的号召,讨论高速度发展重庆市农业任务和措施,提出市郊农村1978年到1985年建设高产稳产的社会主义农业的任务。为把这次大会精神传达、贯彻好,市委又组织力量,由市领导率领分赴5个区县,进行学大寨先进区、县的检查评比工作。

虽然在农业初步调整中,重庆按照中央部署依然推行“农业学大寨”,但通过揭批“四人帮”、清查帮派势力、镇压反革命分子等运动,社会秩序得以恢复,广大农民的生产积极性在一定程度上也被调动起来,从而促进了全市农业生产的恢复和发展。到1978年底,全市粮食总产量达到150.28万吨,农业总产值达到9088亿元,创造了历史最高水平。

(二)工业生产的恢复

“文化大革命”期间,重庆的工业几度陷入低谷。1972年全市的工业总产值比1971年下降8%,1973年比1972年下降9%,1974年比1973年下降10%。到1976年,工交系统完成全年生产计划的单位由1975年的318个降到60多个,主要工业产品品种完成全年计划的由1975年的26种减少到只有7种,全年比计划少生产钢10万吨、钢材22万吨、原煤173万吨、棉纱6万件、棉布2700万米、化肥4万吨,全市厂矿瘫痪或半瘫痪的达25%,完成的工业总产值比计划少14亿元,比1975年实际减少5亿元,粮食比1975年实际减产1.3亿斤,财政收入比计划减少2.8亿元,比1975年实际减少2.1亿元,1月至7月企业亏损面高达59%。一些坚持生产和年年完成国家计划的企业被诬蔑为“黑样板”和“惟生产力论”的典型;工交战线大批有经验的干部被打成“民主革命派”,各级党委的主要领导被诬为“走资派”,许多企业的干部受到围攻,无法组织生产,企业的生产计划和市场指标无法完成和实现。工业形势极为严峻,生产亟待恢复发展。

1977 年 1 月,市委召开“工业学大庆”会议,出席会议的包括工业、交通、基本建设和其他系统所属工业企业的代表,市属以上厂矿企业主要负责同志,有关部、委、局、区、县委的负责同志。会议批判了“四人帮”及其在重庆的帮派头目,制定了“工业学大庆”、普及大庆式企业的规划,提出狠抓工业生产、搞好工业支援农业、发展轻化工业、搞活工业生产全局、加快重点建设工程的进度等目标。会后工交系统掀起“工业学大庆”的热潮。各单位都召开了学习讨论会和座谈会,批判“四人帮”及其在重庆的帮派势力的罪行,加深对这场斗争性质和意义的理解。这对改善干群关系,加强团结,消除隔阂起到积极作用。同年 4 月,中央召开全国“工业学大庆”会议,号召全国人民“抓革命,促生产”,努力把国民经济搞上去。重庆积极响应中央号召,进一步明确提出 1977 年的经济工作方针:努力把国民经济搞上去,使全市国民经济扎扎实实进一步。

为了恢复经济,1977 年工交系统首先恢复了在“文化大革命”中被破坏的对工业企业实行考核八项经济指标的制度,要求各级管理部门把产量、质量、品种、原材料与燃料动力消耗、劳动生产率、成本、利润、流动资金占用率 8 项经济指标全面管起来,编入年度计划,按季按月下达给企业,作为国家计划的重要组成部分,实行严格的考核。经过一年的努力,扭转了工业长期停滞不前甚至下滑的局面,全市工业生产稳步上升,提前 58 天完成了全年国家计划;全市工业总产值比上年增长 38.3%,比历史最高水平增长 15%;全市可比产品成本降低 11% 以上,全员劳动生产率提前 2 个月完成国家计划,比上年增长 35.47%;基本建设完成投资金额比上年增加 21%;全市财政收入提前超额完成国家计划,比上年增长 59%。

在工业恢复的同时,面对工业取得短暂成绩,出现了急于求成的情绪,提出了超越客观实际的规划,出现了新冒进的势头。1978 年 1 月 23 日至 27 日,重庆市召开“工业学大庆”会议,出席会议的代表共计 2505 人,其中先进集体、先进个人代表 1796 人,工业部门、区县和厂矿企业领导干部709人。会上根据华国锋同志的指示和全国及四川省的统一规划，提出1978年至1985年重庆市的奋斗目标：建设稳产高产的社会主义农业，加强电力、煤炭、天然气、钢铁、化工等基础工业，大力发展电子仪表工业和以非农产品原料为主的轻工业，提高国防工业和机械工业产品的配套和生产能力，把我市建成祖国战略后方的先进工业基地。会议提出这8年分成两步走，第一步在1980年前，把全市国民经济纳入有计划按比例地高速度发展的轨道，把"四人帮"干扰破坏造成的损失夺回来；第二步在1985年前，全市国民经济要有一个更大的发展，建设规模要有一个较大的展开。并且集中讨论了高速度发展国民经济的问题，指出："1978年是抓纲治国三年大见成效重要的一年，今年把速度搞上去了，今后几年就主动了"，形成了想高速度、讲高速度、创高速度的热潮。

同年2月底，第五届全国人民代表大会第一次会议在京召开，提出要在20世纪内把我国建设成为农业、工业、国防和科学技术现代化的伟大的社会主义强国，同时由于对当时国民经济比例失调情况估计不足，急于求成，在政府工作报告中提出了今后八年国家计划新建和续建120个大型项目，包括十大钢铁基地、十大油气田、九大有色金属基地、30个大电站等。在这种高指标、大计划的影响下，重庆市提出"实现国民经济新跃进"的方针，并且按照中央2月5日批转的国家计委《关于经济计划的汇报要点》的高指标、大计划的基调，提出1978—1980年，全市工业年均增长速度为22%、农业年均增长速度为11%的高指标。在5月6日市委四届二次会议上，通过了《重庆市1978—1985年国民经济发展规划纲要》，不切实际地提出在这8年内大踏步地向农业、工业、科学技术和国防四个现代化迈进，在1985年达到钢150万吨、煤1500万吨、电力150万千瓦的规划。

这种盲目追求高指标、高速度的指导思想，使重庆新增固定资产投资在1978年比1977年增加了近1/3。但由于不适当的基本建设规模和工业发展速度，重庆长期存在的工业与农业、轻工业与重工业、基础工业与加工工业、积累与消费之间的比例严重失调状况得不到调整，重庆工业不仅不能完成高指标和大计划，而且难以持续稳定增长和顺利发展，经济生产形成徘徊不前的局面。

在工业生产恢复的同时，企业内部也在发生变化。比如实行奖励制度。1978 年 5 月，按照按劳分配的原则，恢复和实行物质奖励。物质奖励主要是发奖金。奖金总额按职工标准工资总额的一定比例提取。实行奖励制度的企业，在全面完成国家计划或完成产量、质量、消耗、利润等主要经济指标的前提下，奖金按每月人均 5 元至 7 元提取。参加试点的有 785 个企业，占市、区、县工业企业总数的 16.9%，职工约 40 万人。试行的结果是明显发挥了调节生产、调动职工积极性的作用，克服了“干和不干一个样，干好干坏一个样”的不良倾向。随后，市革委于 8 月发布《关于试行社会主义劳动竞赛奖励的通知》，对物质奖励进行了规定：全市企业单位，凡已开展群众性劳动竞赛，坚持检查评比，对竞赛优胜者或先进集体和个人可给予奖励；先进个人一般占企业职工总数的 25% 左右；对先进集体和个人，季度奖在 5 元以内，年末奖在 6 元以内。在企业改革上，1978 年 10 月，中共四川省委决定对包括重庆钢铁公司在内的全省 6 家企业进行扩大企业自主权的改革试点。试点工作从发动企业职工讨论增产节约计划入手，采取仅给企业定一个增产增收目标，允许企业在年终实现目标后提留少量利润，职工个人可得一定奖金的改革办法。办法很简单，还不完善，范围也比较小，但在当时的情况下，具有首创意义，取得了较好的效果。随后，重庆市在重庆钢铁公司、重庆印刷三厂等 5 户企业进行扩权让利试点，拉开了城市经济体制综合改革的序幕。

五、拨乱反正的局部进行

粉碎“四人帮”和结束“文化大革命”，不仅体现了广大人民群众恢复正常生产、生活环境的强烈愿望，也体现了中国共产党纠正错误的迫切要求。在揭批“四人帮”及其在重庆的帮派体系的斗争中，各条战线努力进行思想上、政治上、组织上的拨乱反正，但由于指导思想仍受“左”的影响，拨乱反正工作只能在局部中缓慢有序地开展。

(一)社会关系的初步拨乱反正

冤假错案是“左”倾路线的直接后果。历次政治运动造成一大批干部及家属在政治、经济上受到不公正待遇。“文化大革命”结束后,他们能否得以平反,直接关系到整个国家的安定团结和政治稳定。

1977 年 12 月,中央组织部在胡耀邦的带领下打开平反冤假错案、落实党的干部政策工作的局面。1978 年开始,市委组织部牵头复查平反“文化大革命”中发生的和反右派、“反右倾”、“四清”等政治运动中遗留下来的冤假错案。1978 年 2 月至 4 月,中组部分三次召开了中央、国家机关和部分省、市研究疑难案件座谈会,对落实干部政策工作提出要求和标准,没有结论或结论不正确,实事求是地给予结论;没有分配工作的,分配给工作,不能工作的进行妥善安排;已经去世的,在实事求是结论基础上做好善后工作;受株连家属、子女的问题也相应解决。根据中央和省委的精神,重庆市委于 4 月召开疑难案件座谈会。随后,各部委、区县委和局、公司党委也相继召开疑难案件座谈会。通过学习政策原则,讨论分析了 152 个疑难案件,促进了思想解放,加快了落实干部政策的工作步伐。

在平反冤假错案中,因思想仍处于僵化半僵化状态,犯了“恐右病”,在落实政策时,怕被说成是“否定运动”“否定成绩”“为坏人翻案”,怕犯立场错误,因此只有极少数冤假错案得以平反。其中较有影响的是郑思群案、白智清案和“萧、李、廖”案。11 月,重庆大学原党委书记兼校长郑思群、重庆钢铁公司技术员白智清等人分别被重大党委、四川省委予以平反,恢复名誉。12 月 31 日,市委发出《关于萧泽宽、李止舟、廖伯康三同志的平反决定》,对三人予以平反、恢复名誉并销毁“文化大革命”中形成的所有材料,对因此问题受到牵连的家庭、子女和其他同志,一律平反,恢复名誉。①

---

① 党的十一届三中全会以后,市委根据四川省委的意见,对此案进行了复查,做出彻底平反的决定。1982 年 12 月 23 日,重庆市委做出《关于萧泽宽、李止舟、廖伯康三同志的平反决定》,对三同志予以彻底平反,受株连的家属、子女及有关同志也一律平反,恢复名誉。1983 年 1 月 18 日,市委向省委递交《关于为萧泽宽、李止舟、廖伯康平反工作情况报告》。2 月 26 日,省委以川委发〔1983〕13 号文转发重庆市委《关于萧泽宽、李止舟、廖伯康三同志的平反决定》。

市委在通过平反“文化大革命”中的冤假错案以调动干部队伍积极性的同时，还采取措施调整社会关系，调动一切积极因素，并尽可能地把消极因素转化为积极因素。

“右派分子”的摘帽和改正工作。1978 年 4 月，中央发出《关于全部摘掉右派分子帽子的通知》，要求各级党委切实做好摘掉右派帽子的相关工作。随后，重庆市委批转组织部、统战部《关于贯彻中央全部摘掉右派分子帽子指示的意见》，对全部摘掉右派分子帽子的具体做法、右派分子摘掉帽子以后若干问题的处理、加强对摘掉右派分子帽子工作的领导等做出具体规定，明确摘掉现有右派分子和已经死亡右派分子的帽子，有新罪行并已依法判刑的右派分子不摘帽子，但刑满以后不再作为右派分子对待。10 月 17 日，市委又转发了四川省委《关于贯彻中央〔1978〕55 号文件的初步意见》，指出：切实做好摘掉右派帽子人员的安置工作和过去错划为右派分子的人员的纠正工作，落实党的政策，这是我国政治生活中的一件大事，要求各级党委认真抓好这项工作。随着中央〔1978〕11 号、55 号文件的传达，大多被错划人员提出申诉，要求复查，重新结论。比如市委宣传部原部长张文澄，市总工会原党组书记、市总工会主席张显仪，就于 1978 年底纷纷提出申诉，要求复查，重新结论。

落实有关民主党派政策。首先，帮助各民主党派恢复和发展组织。根据中央精神，市委积极帮助各民主党派建立新的领导班子，恢复组织活动。到 1978 年 4 月，全市各民主党派先后恢复活动，共有成员 1838 人。其中，民革 220 人，民盟 559 人，民建 684 人，民进 55 人，农工 161 人，九三学社 159 人。在此基础上市委又分期分批帮助各民主党派恢复和建立基层组织。其次，充分发挥民主党派参政议政、民主监督的作用。在重庆市第八届人大和六届政协人选、落实有关政策、调整国民经济、城市建设等重大问题上，市委采取民主协商会、情况通报会、双月座谈会等形式与民主党派进行协商，广泛听取意见和建议。同时，市委按照中央、省委对党外人士安排的政策和规定，注重对民主党派人士的政治、实职安排，民主党派人士担任人大代表、政协委员的人数逐年增加。

落实原工商业者政策。1978 年 4 月，市委根据中央对原工商业者有关政策的一系列批示精神，成立以杨受百为组长，王文彬、樊恒才为副组长的市工商联临时领导小组，逐步恢复市工商联活动。并在此基础上，认真贯彻落实党对原工商业者的政策。

落实对台、侨胞政策。1978 年 5 月，市革委召开侨务工作会议传达全国和省侨务工作会议精神，要求各区、县和市级各部、委、局在“一批两整顿”中深入揭批“四人帮”干扰破坏党的侨务政策的罪行，尤其是散布的所谓“海外关系”的种种谬论，认真落实党的侨务政策。7 月 18 日，市委批转《关于加强我市侨务工作的意见》。各区、县委和市级各机关按照中央和省委的规定，深入揭批“四人帮”在侨务工作上散布的反动谬论和罪行，广泛宣传和落实党的侨务政策，在归侨、侨眷申请出境，华侨、港澳台同胞、外籍华人回来会见亲友，安置归侨以及侨汇事宜等方面做好工作。

落实党的知识分子政策。1978 年 3 月，市委召开落实党的知识分子政策座谈会，检查落实党的知识分子政策情况，研究如何落实知识分子政策、切实解决一些单位科技人员“用非所学”的问题，进一步调动知识分子的积极性。11 月，市委组织部又着重从普查科技队伍、科技人员归队工作和解决历史遗留问题、纠正冤假错案等方面落实党的知识分子政策。

在两年徘徊时期内，由于没有完全克服“左”的思想观念，没有摆脱“两个凡是”的束缚，复查结论定性普遍偏高、偏严，或者留尾巴，或者留问题，冤假错案的平反遗留了大量问题。但对社会关系的初步调整，是对“文化大革命”错误的局部否定，对调动社会各阶层的积极性，促进全市的安定团结，坚持和发展党领导的多党合作和政治协商制度，起到了积极的作用。

（二）教育系统的初步拨乱反正

“文化大革命”是从科学教育战线开始的，整顿这条战线具有特别重要的意义。粉碎“四人帮”后，重庆广大教育工作者强烈要求揭批林彪、“四人帮”反革命集团破坏教育事业的罪行，但由于“左”的流毒深，阻力大，揭批工作难以深入。1977 年 7 月，邓小平恢复职务，分管科学教育工作,在其“8·8讲话”和同教育部主要负责同志谈话传出后,人们受到极大鼓舞。

在邓小平的推动下,1977年8月13日至9月25日在京召开的全国高等学校招生工作会议通过了《关于一九七七年高等学校招生工作的意见》。10月12日,国务院正式决定,改变“文化大革命”期间高校招生不考试的做法,废除推荐制度,采取自愿报名、统一考试、择优录取的办法。这一决定,成为鼓励学生努力学习、提高教育质量的有效措施,也使国家现代化建设所需人才得以有计划的培养。在中央统一部署下,重庆恢复从应届高中毕业生中直接招收新生的做法,在渝9所大专院校实行统一招生考试。12月上旬,首批报考大学的7万余名考生,在全市13个区、县完成文化考试。到1978年2月,根据“德智体全面考核,择优录取”的原则,近5000名新生被录取入学,成为恢复高考制度后的第一届大学生。10月,重庆大学、中国矿业学院、重庆建筑工程学院和西南农学院在“文化大革命”后招收的第一批研究生87人先后入学。

1977年11月18日,教育部大批判组在《人民日报》发表《教育战线的一场大论战——批判“四人帮”炮制的“两个估计”》的文章,全国教育界、知识界终于推倒多年来压在他们头上的“两个估计”。重庆抓住时机,以11月27日召开两万多人参加的教育系统揭批“四人帮”反革命罪行大会为起点,针对“两个估计”,从破坏教育事业、破坏教师队伍建设、破坏教学工作三方面揭批“四人帮”及其在重庆帮派势力破坏科学教育事业的罪行。通过各种形式的批判活动,广大教育工作者深刻认识到林彪、“四人帮”反革命集团对教育事业、教师队伍建设、教学工作的影响,初步清算了他们的罪行,拨正了“两个估计”颠倒的是非。

高考制度的恢复和否定“两个估计”,是教育领域拨乱反正的关键一步,各学校的管理体制、教学秩序逐步得以恢复。1977年9月19日,邓小平在同教育部主要负责同志谈话时指出:“工宣队问题要解决,他们留在学校也不安心。军队支左的,无例外地都要撤出来。”随后,中央作出工宣队撤出学校的决定。至年底,工宣队、军宣队全部撤出学校。1978年2月,市委决定正式恢复设立重庆市教育局和局党委。在渝各高等院校和全市中小学、幼儿园也先后撤销了革委会(革命领导小组)。

高等院校实行党委领导下的校(院)长负责制,学校机构设置恢复部、处、系及各教研室的建制,中小学、幼儿园实行党支部领导下的校长负责制,恢复教导处、德育处、总务处和各科教研组、班主任,撤销连队建制。在此期间,为了加强中小学教师队伍的管理,重庆市做出规定:中小学公办教师的管理、调配工作,由县以上各级教育行政部门负责;高师、中师毕业生全部分配到学校从事教育工作;任何部门不得占用教育编制,不能任意抽调教师做非教学工作。民办教师的任用、辞退、调换均需要由县教育行政部门批准。这一规定,恢复了教育行政部门对教师和师范毕业生分配的管理,使教师自然减员能得到补充,从而稳定并加强了教师队伍的建设。

1978 年 4 月,全国教育工作会议召开,充分肯定新中国成立后 17 年的教育工作,肯定知识分子是工人阶级的一部分。邓小平在会上要求提高教育质量、提高科学文化的教学水平,教育事业必须和国民经济发展相适应,尊重教师的劳动、提高教师质量。紧接着重庆召开教育工作会议,认真学习邓小平讲话,联系实际揭批林彪、"四人帮"颠倒是非、混淆黑白散布的种种谬论和破坏教育事业的罪行。明确规定学校必须坚持以教学为中心,安排好学校工作;学校不得任意停课,必须严格按上级教育行政部门规定行课;改进教师的政治学习和参加劳动锻炼的办法,保证教师每周至少有 5/6 的时间用于教学和业务学习。8 月,市教育局又决定在照顾一般中小学的同时,集中力量在全市办好 34 所重点中学和 37 所重点小学,以尽快提高中小学教学水平和教学质量,带动整个教育水平的提高。同时,按照全国科学大会和全国教育工作会议的精神,重庆市高校逐步恢复了以教学、科研为中心的正常教学秩序,调整专业设置、修改教学计划、加强教材建设和教学管理,实行主讲教师审批制度。市教育局制发了 1977—1978 学年度《课程配置计划》(试行草案),结束了"文化大革命"中造成的课程设置混乱的状况。这些措施的实施,深受广大教育工作者和学生的欢迎,是提高教学质量、恢复教学秩序、稳定教师队伍的有力保证。

在这两年中,通过揭批"四人帮"歪曲篡改党的教育方针和全盘否定新中国成立后 17 年教育工作的罪行,教育战线扭转了"文化大革命"

期间的严重混乱局面，为国家现代化建设所需人才的培养奠定了必要的基础。

（三）科技领域的初步拨乱反正

"文化大革命"十年，我国的科学技术研究和经济发展基本上处于停顿和瘫痪状态，"同发达国家相比，我们的科学技术和教育整整落后了二十年"①。粉碎"四人帮"后，科学技术事业逐步得以恢复和发展。

1977年5月12日，邓小平提出了科技战线拨乱反正的指导方针。5月24日，邓小平在同中央两位同志谈话时指出"我们要实现现代化，关键是科学技术要能上去"，要在党内造成"尊重知识，尊重人才"的氛围，"要反对不尊重知识分子的错误思想，不论脑力劳动，体力劳动，都是劳动"，要"重视从事脑力劳动的人，要承认这些人是劳动者"。②5月30日，中央政治局会议决定召开全国科学大会。中共中央领导在接见中国科学院负责同志时，传达了党中央关于召开全国科学大会的决定，强调了抓好科学技术工作的重要性、紧迫性，要建设一支工人阶级自己的宏大的科学技术干部队伍，号召向现代科学进军。这些讲话，拉开了我国科技事业恢复与发展的序幕。

中央领导的重要讲话和召开全国科学大会的决定，在重庆市广大干部和科技人员中引起强烈反响。6月下旬至7月中旬，市委组织召开各种类型的会议，宣传、贯彻、落实中央领导讲话精神，市委各部、委、办和市府各局、各区（县）、各大专院校、研究机构、企事业单位也分别召开干部大会、职工大会、科技人员座谈会等传达贯彻。6月22日，市委在人民大礼堂（另设13个分会场）召开两万多名干部和科技人员参加的动员大会。会上，市委书记于汉卿讲话强调，要抓好科技工作，科技工作走在生产的前面以及抓好科技队伍建设是刻不容缓的当务之急。指出要建成社会主义，没有无产阶级自己的宏大的技术干部队伍、宏大的知识

---

① 邓小平：《尊重知识，尊重人才》（1977年5月24日），《邓小平文选》第二卷，人民出版社1994年版，第40页。

② 邓小平：《尊重知识，尊重人才》（1977年5月24日），《邓小平文选》第二卷，人民出版社1994年版，第40—41页。

分子队伍是不行的。各报社、广播电视台等新闻机构也积极配合,大造舆论声势,大讲党中央决定的伟大意义,大讲科技工作的地位和作用,大讲党对知识分子的政策,大讲科技工作者肩负的重任,努力做到家喻户晓、深入人心,以调动各方面的积极性。市委还于8月31日成立以于汉卿为组长的全国科学大会重庆市筹备工作领导小组,承担参加全国和省科学大会的准备工作,筹备召开全市科学大会。

1977年9月21日《中共中央关于召开全国科学大会的通知》发出后,29日,重庆市召开市级机关各部、委、局、办和各区、县、大专院校、科研机构主要负责同志会议,冀绍凯在讲话中指出,要加强党对科技工作的领导,把科技工作作为当务之急、刻不容缓的大事情切实抓起来,做到全党动员、书记动手,切实落实到行动上。并于10月下旬召开全国科学大会四川省重庆市预备会议,做出《关于认真贯彻执行中共中央关于召开全国科学大会的通知的决定》。

1978年3月,全国科学大会召开。邓小平和中央其他领导同志在会上的讲话及两报一刊社论《树雄心,立壮志,向科学技术现代化进军》,犹如动员令,使科学工作迎来春天,吹响了向科学技术现代化进军的号角。5月25日,重庆市科学大会在人民大礼堂开幕,出席会议代表2423人,其中先进个人代表728人,先进集体代表351人,领导干部代表995人,基层单位代表225人,特邀代表124人。会议紧紧围绕研究制定重庆市发展科学技术规划的任务,通过了《1978—1985年重庆市科学技术发展规划纲要》,提出高速发展科学技术产业,把重庆市建设成祖国战略后方的先进工业基地的奋斗目标,具体而言就是要集中力量攻克一批国民经济建设中关键性的科学技术课题,基本掌握主要生产部门的现代化技术,部分重要科学技术领域接近或赶上国内先进水平,有的接近或赶上国外先进水平;要迅速壮大和提高工人阶级的又红又专的科学技术队伍;要建立十来个具有现代化水平的实验室、试验基地、测试中心和重大试验设施;要建立起本市与中央和省级各部门互相衔接配合,门类比较齐全,具有地方特色,专群结合,现代化管理的科学研究体系。①

① 《关于召开重庆市科学大会的情况报告》,重庆市档案馆藏1316/2/580。

丁长河在大会闭幕词中强调加强党对科技工作的领导,要充分认识科学技术现代化是实现四个现代化的关键,知识分子已是工人阶级的一部分,要认真落实党对知识分子的政策、调动积极性,迅速发展我市科技事业。会议期间同步举办科学成果展览,重庆人民广播电台连续报道大会实况和先进集体先进个人事迹,《重庆日报》发表《动员起来,向科学技术现代化进军》的社论。随后,重庆又选派420名代表出席四川省科学大会,获奖成果461项。

在大力发展科技的号召下,重庆市的科学技术管理机构、群团组织管理机构及科技推广服务机构于1978年前后相继恢复。1977年4月29日,市委决定重建各区、县科学技术委员会。10月17日,根据市委决定,撤销市革委科学技术局,恢复重庆市科学技术委员会。这既是市革委管理科学技术工作的职能部门,又是市委领导科学技术工作的参谋机构。市、区、县科学技术协会和学会、协会、研究会也得以恢复和重建。1978年9月1日,市委决定恢复重庆市科学技术协会,恢复重建区、县科学技术协会,筹办重庆科技活动中心、科学技术咨询中心,开办科技进修大学、重庆青少年科技服务部、市计算机普及活动中心、育英书社等。市级各主管部门、各大专院校、医院、大中型企业均设立了技术或科技处(科、室)。郊区和各县普遍建立乡(镇)科学技术协会及专业技术协会。

随着深入宣传邓小平和党中央关于发展科学事业的一系列重大方针、政策,广大干部群众和科技人员从政治思想上肃清"四人帮"破坏科学技术事业的流毒,改善了科技工作者政治、生活待遇和工作条件,出现了"尊重知识、尊重人才"的气氛,处处呈现出爱科学、学科学、用科学、钻研科学技术的生气勃勃、欣欣向荣的新气象。在科学教育事业恢复的同时,也带动了文学、艺术、卫生、体育等各项事业的恢复和发展,一批被长期禁锢的电影、戏剧、优秀文艺作品得到解放,如话剧《万水千山》《针锋相对》,影片《洪湖赤卫队》《刘三姐》等重新公演;1978年4月全市体育工作会议召开,制定了体育8年发展规划;等等。

(四)市第八届人民代表大会的召开和市政协的恢复

在国家政治生活极端不正常的情况下,市人民代表大会无法召开,不能履行职权。1978 年 5 月,根据《中共中央召开五届人大的通知》召开了“文化大革命”后重庆市第一次人民代表大会,即第八届人民代表大会第一次会议,共有 906 人出席,选举钱敏为市革委主任,丁长河等 11 人为副主任。会议期间,钱敏作题为《团结起来,抓纲治国,把我市建设成为祖国战略后方的先进工业基地,为实现新时期的总任务而奋斗》的工作报告。但受“左”的指导思想的严重束缚,经济建设指标提出一些不切实际的要求,政治上仍把“以阶级斗争为纲”摆在突出的位置。

政协工作及政协委员在“文化大革命”开始后也受到不同程度的冲击。1966 年 4 月 22 日,市政协召开第五届第二次会议后被迫停止活动,市政协机关处于瘫痪状态。粉碎“四人帮”后,1977 年底,全国政协和一些省市地方政协陆续恢复工作。1978 年 1 月 5 日至 6 日,重庆市政协五届三次会议召开,这是市政协在瘫痪 10 多年后再度恢复工作。5 月 10 日至 17 日,召开市政协第六届一次会议,提出巩固和扩大革命统一战线,调动一切积极因素,团结一切可以团结的力量,为实现新时期的总任务而奋斗的任务,选举丁长河为政协重庆市第六届委员会主席。重庆政协工作全面恢复。

1976 年 10 月粉碎“四人帮”到 1978 年底党的十一届三中全会召开,是党和国家逐步扭转“文化大革命”造成的混乱局面,实现历史性转折,开辟社会主义事业发展新时期的重要阶段。在这两年多时间里,市委领导全市人民积极进行揭批“四人帮”的斗争,同极“左”思潮斗争,开展真理标准大讨论,将人们从“左”的思想禁锢中解放出来;初步开展拨乱反正工作,通过平反冤假错案、落实党的政策,缓解了社会矛盾,调动了广大人民建设社会主义的积极性;通过开展整党整风,恢复了党的正常生活秩序;工农业生产在恢复的同时,农村出现家庭联产承包责任制的萌芽,城市进行企业自主权的初步改革,从而开始了社会变革的艰辛探索。重庆开始逐步摆脱十年内乱所造成的后果和阴影。

1978 年 12 月 18 日,党的十一届三中全会在北京召开,党中央作出了全党工作重点转移到社会主义现代化建设上来的战略决策。重庆市广大干部和群众衷心拥护十一届三中全会确立的路线、方针、政策,在广泛学习、领会十一届三中全会精神的基础上,不断清除“左”的影响、纠正右的思潮,端正指导思想,确保了拨乱反正工作的全面开展和党的工作重心转移决策的实施,以全新的面貌迎来改革开放和社会主义现代化建设的全面推进。

结　束　语

中华人民共和国的成立，开启了中华民族伟大复兴的历史新纪元。领导和组织人民革命取得胜利的中国共产党成为在全国范围执掌政权的党，踏上了带领人民创造幸福美好生活的新征程。党的历史也揭开了新的篇章。从1949年到1978年的29年，是党带领全国各族人民在新民主主义革命胜利的基础上，进行社会主义革命和建设并取得巨大成就的29年；是党探索适合中国国情的社会主义建设道路、继续推进马克思主义中国化并取得重要理论成果的29年；是党加强自身建设、经受各种考验而不断发展壮大的29年。

解放后，重庆历史翻开了崭新篇章，重庆党组织也站在新的起点上开始建设社会主义的新征程。重庆党组织具有光荣革命传统和凝聚力、战斗力。新民主主义革命时期，重庆党组织屡仆屡起，在极其艰难的条件下，发动人民群众，开展城市斗争，发动武装起义，进行土地革命，配合三大主力红军开辟革命根据地，在南方局领导下投身人民民主运动，带领重庆各界群众为推翻三座大山迎来山城最后解放作出了巨大贡献。重庆是蒋介石盘踞大陆的最后巢穴，由于战争创伤和国民党反动派的破坏，解放初期全市面临巨大困难：国民经济濒临崩溃，社会秩序极其混乱，人民生活极端贫困。面对这样的困境，重庆党组织义无反顾地肩负起领导全市人民继续革命和建设社会主义的历史使命，不负众望，交出了一份令人信服的答卷。

这29年，是重庆党组织团结和带领全市人民取得巨大成就的29年。解放后，重庆党组织带领巴渝儿女迅速医治战争创伤，巩固新生人民政权，恢复国民经济，进行各项社会改革，顺利完成“一五”计划和对农业、手工业、资本主义工商业的社会主义改造，实现了从新民主主义到社会主义的转变，在重庆地区建立起社会主义基本制度。在全面转入大规模的社会主义建设后，随着党的正确路线、方针和政策的贯彻执行，全市人民以前所未有的政治热情和主人翁精神，大力开展城市建设和工农业生产，进行轰轰烈烈的农田水利基本建设和大规模的三线建设，掀起了社会主义建设的新高潮。随着一大批重点建设项目的完成，工农业生产能力的增强，城乡面貌显著改善，人民生活水平逐步提高。

这29年，是重庆党组织艰辛探索、曲折发展的29年。一方面，从1957年后，全国反右、“大跃进”、人民公社化运动和“文化大革命”运动接踵而至，对重庆经济社会发展和人民生活水平提高造成严重影响，“文化大革命”期间重庆武斗频发，社会秩序混乱；另一方面，由于行政和计划体制的变动也直接影响着重庆的发展。解放初期，重庆作为西南地区唯一的中央直辖市和西南大区党政军领导机关驻地，经历了一段辉煌的发展时期。此后，随着大区的撤销，重庆划为四川省辖市。尽管其间中央也先后两次对重庆实行计划单列，但重庆自身发展的优势和潜力未能得到充分发挥，也因此走过了一段曲折的历程。在这一过程中，重庆党组织虽然有值得总结汲取的教训，但始终保持了坚定的政治立场，努力凝聚全市人民奋力拼搏的精神力量，即使在“文化大革命”期间“踢开党委闹革命”的艰难局面下，也尽职履责，尽力推动各项工作，维护社会稳定。因此，综观这29年的历史，在中央和四川省委的领导下，重庆党组织带领全市人民取得社会主义革命和建设的伟大成就是历史的主流，这些成就为当代重庆的发展进步奠定了坚实基础。

回首这段岁月，重庆党组织革命和建设的实践是中国共产党领导社会主义事业在曲折中发展和取得巨大成就的缩影，实践积累的正反两方面的经验和启示是我们不断开拓进取的智慧和力量。

——必须依靠最广大人民群众。解放初期，重庆党组织在西南局的直接领导下，牢记全心全意为人民服务的根本宗旨，奉行“政府是人民的，也是为人民的”执政理念，以恢复和发展经济，改善和提高人民生活水平为首要任务,团结和依靠广大人民群众建设新重庆。从减租退押、清匪反霸到土地改革,从新民主主义社会改革、三大改造到大规模的经济建设,从各界人民代表会议的召开到人大、政协制度的确立,重庆市委充分发挥广大人民群众的主人翁作用,团结调动各方面的力量,共同努力克服各种困难,极大地推动了社会主义各项事业的建设和发展。实践证明,人民群众是历史的创造者,是社会主义建设事业的依靠力量。只有最广泛地代表人民群众的利益,团结一切可以团结的力量,我们党才能赢得人民群众的拥护支持,从而凝聚起前进的巨大动力。

——必须以经济建设为中心、解放和发展生产力。解放后,重庆党组织在西南局"一切都要引导到发展生产力"的思想指导下,确立了"建设人民的生产的新重庆"的奋斗目标。这一目标注意强调突出了"生产性",因此,当时重庆的各项工作都围绕着生产建设这一中心工作服务:把兴修成渝铁路作为拉动内需、扩大公私订货、增加就业的重要手段,有力地推动了重庆乃至整个西南地区经济的恢复和发展;以强有力的措施整顿社会经济,稳定了金融物价;通过工商业的调整组合构建了以国营经济为领导地位的、多种经济成分并存的所有制结构;积极推进"一五"计划和三线建设,取得全面建设社会主义的巨大成就,强化了重庆在西南区域经济发展中的战略地位。由此可见,社会主义的本质是解放生产力、发展生产力。人民政权建立后,尤其是在社会主义改造基本完成以后,只有把工作重点转移到经济建设上来,才能大力发展社会生产力,并在此基础上逐步改善人民的物质文化生活,从而推动社会主义建设不断发展。

——必须实事求是、一切从实际出发。在全面建设社会主义时期,党由于对建设社会主义的长期性、复杂性和艰巨性认识不足,对所处历史方位缺乏准确的判断,在一段时间内出现了脱离实际、违背规律、超越阶段的做法,给社会主义建设的全新实践带来了严重挫折。受"左"的指导思想的影响,重庆在扩大化的反右派斗争、"大跃进"、人民公社化运动、"反右倾"斗争中遭受重创,尤其是在"文化大革命"运动中成为武斗的重灾区,给经济社会发展造成巨大损失。但在贯彻执行中央决策的同时,重庆党组织也注意结合本地情况,尽量从降低损失、保护群众利益、促进生产发展的实际出发来实施一些举措。如人民公社化运动中,重庆部分区(县)委对人民公社的管理体制进行了一些探索,通过实行生产队下划分生产小组,对土地、劳力、耕牛、农具进行固定核算的“四固定作业组”方式,来缩小经营规模,给予一定自主权,从而克服管理过分集中和平均主义的缺陷,对恢复发展经济起到一定积极作用。实践证明,实事求是、一切从实际出发,是辩证唯物主义和历史唯物主义一以贯之的科学精神,是我们党的思想路线的核心内容,是探索社会主义建设道路的锐利的思想武器。什么时候坚持实事求是,我们的社会主义事业就能顺利发展;反之,就会受到损失甚至严重挫折。

——必须加强和改进党的建设。解放后,重庆党组织适应新形势新任务的需要,注意改进领导方法和工作方法,注意克服在和平环境下滋生的不良腐朽思想,坚持“两个务必”,及时进行“过好胜利关、不做李自成”的警示教育,注意根据重庆干部队伍来自四面八方、五湖四海的特点加强维护团结的工作,加强各级领导班子建设,为重庆的建设和发展提供了有力的政治和组织保障。事实证明,党的建设是党领导的伟大事业不断取得胜利的重要法宝。在执政的全新环境下,只有紧紧抓住党的建设这个关键,不断加强和改进党的建设,才能确保党始终与时代发展同步伐、与人民群众共命运,从而使党能够担当起历史赋予的光荣使命,团结带领人民战胜各种艰难险阻,不断夺取新的胜利。

社会主义革命和建设的29年,是深刻影响中国历史发展进程的29年。党的十一届三中全会之所以能够实现党的历史上具有深远意义的伟大转折,中国特色社会主义道路之所以能够成功开辟,改革开放和社会主义现代化建设之所以能够取得举世瞩目的伟大成就,其重要原因之一,就在于党全面、深刻地总结和汲取了这29年历史中的经验教训。习近平总书记在论述改革开放前后两个历史时期的关系时,也明确提出:“不能用改革开放后的历史时期否定改革开放前的历史时期,也不能用改革开放前的历史时期否定改革开放后的历史时期。”社会主义革命和建设时期创造的伟大成就,为实现中华民族伟大复兴奠定了根本政治前提和制度基础。

“历史是最好的教科书。”“学习党史、国史，是坚持和发展中国特色社会主义、把党和国家各项事业继续推向前进的必修课。”站在新的历史起点上重温社会主义革命和建设29年的历史，用党的伟大成就激励人，用党的优良传统教育人，用党的成功经验启迪人，用党的历史教训警示人，并由此凝聚起全市各族人民不懈奋斗的巨大力量，必将迎来重庆更加美好的明天！

附　录

中共重庆市历届领导机构成员概览

（1949年11月—1978年12月）

一、重庆市为中央直辖市期间（1949年11月—1954年6月）

第一任

第一书记	陈锡联	1949年12月—1950年9月
第二书记	张霖之	1949年12月—1950年12月
第三书记	曹荻秋	1949年12月—1950年12月
常　　委	王近山	1949年12月—1950年3月
	段君毅	1949年12月—1950年3月
	李唐彬	1950年3月—1950年12月
	任白戈	1950年3月—1950年12月

第二任

第一书记	张霖之	1950年12月—1952年8月
第二书记	曹荻秋	1950年12月—1952年9月
第三书记	王维纲	1950年12月—1952年9月
常　　委	李唐彬	1950年12月—1952年9月
	任白戈	1950年12月—1952年9月

第三任

第一书记	曹荻秋	1952年9月—1954年11月
第二书记	彭　涛	1952年9月—1954年10月
常　　委	李唐彬	1952年9月—1954年11月
	任白戈	1952年9月—1954年11月
	罗士高	1952年9月—1954年11月
	刘明辉	1952年9月—1954年7月

二、重庆市改为四川省辖市到中共重庆市第一次代表大会召开前（1954年7月—1956年5月）

书　　记　曹荻秋　1954年12月—1955年12月
副 书 记　罗士高　1954年12月—1955年9月
　　　　　任白戈　1954年12月—1955年12月
　　　　　李唐彬　1954年12月—1955年12月
　　　　　鲁大东　1954年12月—1955年12月

1955年调整后的领导班子
书　　记　阎红彦　1955年12月—1956年5月
副 书 记　鲁大东　1955年12月—1956年5月
　　　　　任白戈　1955年12月—1956年5月
　　　　　李唐彬　1955年12月—1956年5月
常　　委　刘家栋　1955年12月—1956年5月
　　　　　廖苏华（女）　1956年2月—1956年5月
　　　　　辛易之　1956年2月—1956年5月

三、中共重庆市第一届、第二届委员会（1956年5月—1966年5月）

中共重庆市第一届委员会（1956年5月—1966年3月）
第 一 书 记　阎红彦　1956年6月—1959年9月
　　　　　　任白戈　1959年9月—1966年3月
书　　　记　任白戈　1956年6月—1959年9月
　　　　　　李唐彬　1956年6月—1965年6月
　　　　　　鲁大东　1956年6月—1966年3月
　　　　　　辛易之　1956年6月—1966年3月
　　　　　　孙先余　1959年9月—1966年3月
　　　　　　岳　林　1965年8月—1966年3月
常　　　委　廖苏华（女）　1956年6月—1966年3月

刘家栋　1956 年 6 月—1959 年 1 月
杨松青　1956 年 6 月—1966 年 3 月
萧泽宽　1956 年 6 月—1965 年 8 月
张文澄　1956 年 6 月—1958 年 3 月
孙先余　1956 年 6 月—1959 年 9 月
段大明　1958 年 8 月—1966 年 3 月

中共重庆市第二届委员会（1966 年 3 月—1967 年 1 月）
第一书记　任白戈　1966 年 3 月—1967 年 1 月
书　　记　鲁大东　1966 年 3 月—1967 年 1 月
辛易之　1966 年 3 月—1967 年 1 月
孙先余　1966 年 3 月—1967 年 1 月
岳　林　1966 年 3 月—1967 年 1 月
廖苏华（女）　1966 年 3 月—1967 年 1 月
候补书记　丁长河　1966 年 3 月—1967 年 1 月
常　　委　杨松青　1966 年 3 月—1967 年 1 月
段大明　1966 年 3 月—1967 年 1 月
谢家祥（军人）　1966 年 3 月—1967 年 1 月
唐兴盛（军人）　1966 年 3 月—1967 年 1 月

四、“文化大革命”时期的重庆市革命委员会与革命委员会党的核心小组（1967 年 5 月—1971 年 5 月）

重庆市革命委员会筹备组
组　　长　蓝亦农（军人）
副组长　白斌（军人）
重庆市革命委员会
主　　任　蓝亦农（军人）　1968 年 5 月—1968 年 12 月
段思英（军人）　1968 年 12 月—1969 年 12 月
何云峰（军人）　1969 年 12 月—1973 年 12 月
鲁大东　1973 年 12 月—1978 年 5 月

第一副主任 钱 敏 1977年3月—1978年5月
副 主 任 鲁大东 1968年5月—1973年12月
白 斌（军人） 1968年5月—1968年12月
岳 林 1968年5月—1975年4月
唐兴盛（军人） 1968年5月—1969年12月
黄 廉（干部） 1968年5月—1976年10月
袁金梁（工人） 1968年5月—1976年10月
李木森（干部） 1968年5月—1976年10月
熊代富（学生） 1968年5月—1976年10月
何云峰（军人） 1968年12月—1969年12月
张英才（军人） 1969年5月—1977年12月
陈占楼（军人） 1969年12月—1972年10月
张静波（军人） 1969年5月—1970年1月
李启唐（军人） 1970年8月—1977年12月
丁长河 1971年6月—1978年5月
钱 敏 1972年10月—1977年3月
周 颐 1972年10月—1975年12月
廖苏华（女） 1972年10月—1978年5月
余跃泽 1973年6月—1974年7月
杨松青 1973年7月—1977年3月
王 真 1974年8月—1975年12月
彭 华 1975年12月—1977年9月
于汉卿 1977年12月—1978年5月
王茂全 1977年12月—1978年5月
李子英 1977年12月—1978年4月

重庆市革命委员会党的核心小组
组 长 何云峰（军人） 1968年12月—1971年5月
副 组 长 顾永武（军人） 1968年12月—1971年5月
鲁大东 1968年12月—1971年5月

五、"文化大革命"时期的中共重庆市第三届委员会(1971年5月—1976年10月)

第一书记 何云峰(军人) 1971年5月—1973年12月
鲁大东 1973年12月—1976年10月
第二书记 鲁大东 1971年5月—1973年12月
书记 顾永武(军人) 1971年5月—1973年12月
钱敏 1972年10月—1976年10月
张英才(军人) 1972年10月—1976年10月
陈占楼(军人) 1972年10月—1972年11月
岳林 1972年10月—1975年4月
李启唐(军人) 1972年10月—1976年10月
丁长河 1972年10月—1976年10月
周颐 1973年5月—1975年12月
冀绍凯 1973年5月—1976年10月
于汉卿 1973年6月—1976年10月
徐庆如 1973年6月—1976年10月
汪胜文 1973年7月—1976年5月
王茂全 1975年8月—1976年10月
杨以希 1975年10月—1976年10月
彭华 1975年12月—1976年10月
副书记 张英才(军人) 1971年5月—1972年10月
陈占楼(军人) 1971年5月—1972年10月
岳林 1971年5月—1972年10月
李启唐(军人) 1971年5月—1972年10月
常委 丁国文(军人) 1971年5月—1976年10月
丁长河 1971年5月—1972年10月
许佳陆 1971年5月—1976年10月
刘学碧(女) 1971年5月—1976年10月
杨聚珍(女) 1971年5月—1976年10月

赵　伟（军人） 1971年5月—1976年10月
赵桂海（军人） 1971年5月—1976年10月
薛震鲁 1971年5月—1976年10月
周　颐 1972年10月—1973年5月
辛嘉功 1972年10月—1976年10月
王秀峰 1972年10月—1976年10月
余跃泽 1973年6月—1974年7月
汪友根（工人） 1973年6月—1976年10月
熊代富（学生） 1973年6月—1976年10月
王茂全 1974年1月—1975年8月
李子英 1975年4月—1976年10月
牛广义 （军人）1975年4月—1976年10月

六、在徘徊中前进和实现的历史伟大转折时期的中共重庆市第三届、第四届委员会（1976年10月—1978年12月）

中共重庆市第三届委员会（1976年10月—1978年4月）
第一书记 鲁大东 1976年10月—1978年4月
第二书记 钱　敏 1977年3月—1978年4月
书　　记 钱　敏 1976年10月—1977年3月
张英才 1976年10月—1977年12月
李启唐 1976年10月—1977年12月
丁长河 1976年10月—1978年4月
冀绍凯 1976年10月—1978年4月
于汉卿 1976年10月—1978年4月
徐庆如 1976年10月—1978年4月
彭　华 1976年10月—1977年9月
王茂全 1976年10月—1978年4月
张海亭 1977年7月—1978年4月
崔连胜 1977年7月—1978年4月
常　　委 丁国文 1976年10月—1977年12月

许佳陆　1976年10月—1978年4月
刘学碧（女）　1976年10月—1978年4月
杨聚珍（女）　1976年10月—1978年4月
赵　伟　1976年10月—1977年12月
赵桂海　1976年10月—1978年4月
薛震鲁　1976年10月—1978年4月
辛嘉功　1976年10月—1978年4月
王秀峰　1976年10月—1978年4月
熊代富　1976年10月—1978年1月
李子英　1976年10月—1978年4月
牛广义　1976年10月—1978年4月
蔡定金　1977年12月—1978年4月

中共重庆市第四届委员会（1978年4月—1983年3月）
第一书记　钱　敏　1978年4月—1978年8月
丁长河　1978年8月—1981年10月
王　谦　1981年10月—1983年3月
第二书记　冀绍凯　1978年8月—1980年3月
于汉卿　1980年2月—1983年3月
书　　记　丁长河　1978年4月—1978年8月
冀绍凯　1978年4月—1978年8月
于汉卿　1978年4月—1980年2月
徐庆如　1978年4月—1983年3月
王茂全　1978年4月—1983年3月
张海亭　1978年4月—1983年3月
崔连胜　1978年4月—1983年3月
李宪昌　1978年8月—1980年11月
曾德林　1978年10月—1979年7月
孟广涵　1979年3月—1983年3月
李凤清　1979年11月—1983年3月

	孙先余	1980年2月—1983年3月
常　　委	赵桂海	1978年4月—1983年3月
	牛广义	1978年4月—1983年3月
	王维训	1978年4月—1979年12月
	王秀峰	1978年4月—1983年3月
	许佳陆	1978年4月—1983年3月
	薛震鲁	1978年4月—1983年3月
	蔡定金	1978年4月—1983年3月
	杨聚珍（女）	1978年4月—1983年3月
	李宪昌	1978年4月—1978年8月
	曾德林	1978年4月—1978年10月
	于承永	1978年4月—1983年3月
	林开征	1979年5月—1982年7月
	徐广生	1982年7月—1983年3月

后　记

《中国共产党重庆历史》第二卷（1949—1978）（以下简称《二卷》）反映的是1949年11月重庆解放至1978年12月党的十一届三中全会召开的历史。从2005年《中共重庆市委办公厅关于组织编纂〈中共重庆地方史〉（正本）的通知》（渝委办〔2005〕46号）下发后，中共重庆市委党史研究室编写《二卷》的工作正式启动。其间经历了多方征求意见确定编写提纲、广泛收集资料开展专题研究、认真组织撰稿反复进行修改的过程。为了尽可能合理地拟定提纲，我们得到了原中共中央党史研究室第二研究部的指导，借鉴了兄弟省市党史部门的做法，专门召开座谈会征求了有关老同志、专家学者的意见。拟定编写提纲后，我们着重收集有关这段历史的档案史料、口述回忆材料以及多年来全市的研究成果，并在过去完成《接管重庆》《新重庆的起步》《城市的接管与社会改造》《拨乱反正》等专题研究的基础上，又开展了《土地改革运动》《农业合作化运动》《"大跃进"运动》《六十年代国民经济调整》《"文化大革命"》等专题研究。《二卷》（初稿）形成后，编写组反复修改，数易书稿，重点对框架、体例、史实、观点和文字进行打磨，最终经市委批准出版。

在《二卷》的编写中，我们力求把握以下原则：

一是坚持党的指导思想，坚持辩证唯物主义与历史唯物主义，以中共中央《关于建国以来党的若干历史问题的决议》和《关于党的百年奋斗重大成就和历史经验的决议》为准绳，全面、准确、系统地记述重庆党组织带领全市人民进行社会主义革命和建设的历史，做到观点正确，史实无误，史论结合，论从史出，经得起历史和实践的检验。

二是处理好与西南局的关系。解放初期,中共中央西南局驻重庆,领导包括重庆、四川、西康、云南、贵州、西藏等省区市的工作,我们专门设置"中共中央西南局驻重庆"一节,以反映重庆作为大区所在地和中央直辖市时期开创各项工作新局面的重要历史背景。

三是处理好"大重庆"与"小重庆"的关系。解放后,重庆行政区划范围多次调整,变动较大,直到1997年重庆直辖形成现在的区划格局。为了既全面反映重庆党的历史,又保持历史脉络清楚,我们以不同时期市委管辖范围的"小重庆"为纵的主轴,以目前重庆行政区域的"大重庆"为横的视野。具体而言,在这一时段中,万县、涪陵、永川、酉阳地区发生的大事要事,在书中也作了客观反映。

四是处理好成绩与失误的关系。《二卷》涵盖的历史阶段,是党带领全国人民进行社会主义革命和建设的探索时期,有成绩,也有失误,甚至有惨痛的教训,是在探索中发展、在曲折中前进的历史。我们坚持成绩要写够,问题不回避,着力于总结历史经验教训。

五是处理好体例的规范问题。《中国共产党重庆历史》第二卷的历史分期与《中国共产党历史》第二卷的历史分期大体一致,编、章、节的设置以历史脉络为序,按照以事系人的原则写历史人物,统计数字以不同时期行政区划的属地原则为准,根据少而精的原则适当作注。

本书的研究和编纂工作前期由周勇主持,后期由徐塞声主持。罗心福负责组织编写、审读、统稿工作。艾新全具体负责书稿编写和统稿。执笔者均为市委党史研究室工作人员,分别是,第一、六章: 谢荣忠; 第二、三章: 俞荣新; 第四、五章: 杨明; 第七、八章: 艾新全; 第九章: 王润吉; 第十章: 刘华; 第十一章: 田姝; 第十二章: 林明远; 第十三、十四章: 林明远、田姝; 第十五章: 黄亚丽; 结束语: 田姝。市委党史研究室办公室、宣教处、编研一处和有关同志为本书编写出版提供了大量服务协调工作。

本书的编写出版得到了市委的高度重视和原中共中央党史研究室的精心指导,以及市内外老同志、专家学者的指点帮助,同时还广泛吸收借鉴了党史学界及其他研究者的学术成果。在此,特向长期以来关心、支持和帮助本书编写的各有关部门、各级领导、老同志、专家以及各方面的同志们致以诚挚的谢意！

虽然我们尽力而为，但由于水平所限，书中不足或错漏之处在所难免，敬请广大读者批评指正。

丛书后记

历史是最好的教科书。党的十八大以来，以习近平同志为核心的党中央高度重视党史和文献工作。全国党史和文献部门深入贯彻落实习近平总书记关于党史和文献工作的一系列重要论述，扎实开展党史研究和编写工作，推出系列党史编研成果，充分发挥了以史鉴今、资政育人的作用。

为庆祝中国共产党成立100周年，中央党史和文献研究院组织各省（自治区、直辖市）党史和文献部门编写和修订本地区新民主主义革命时期的中国共产党历史基本著作，由中共党史出版社推出《中国共产党历史（地方卷）集成·新民主主义革命时期》（简称“一卷集成”），为开展党史学习教育和“四史”宣传教育提供了重要读本，受到社会各界的好评。

为迎接党的二十大胜利召开，深入贯彻落实中共中央办公厅《关于推动党史学习教育常态化长效化的意见》，“推动正确党史观更深入、更广泛地树立起来，让正史成为全党全社会的共识”，中央党史和文献研究院组织《中国共产党历史（地方卷）集成·社会主义革命和建设时期》（简称“二卷集成”）编写出版工作，用党的光辉历程和伟大成就鼓舞斗志、明确方向，用党的光荣传统和优良作风坚定信念、凝聚力量，用党的实践创造和历史经验启迪智慧、砥砺品格，为实现中华民族伟大复兴的中国梦提供不竭精神动力。

“二卷集成”编写出版工作，坚持以习近平新时代中国特色社会主义思想和习近平总书记关于党史、文献工作的重要论述为指导，以党的第二个历史决议、第三个历史决议为遵循，注重吸收最新研究成果。中央党史和文献研究院院务会高度重视此项工作，曲青山院长给予大力指导。各地党史和文献部门积极配合，26个省（自治区、直辖市）完成了“二卷集成”的编写出版任务。“二卷集成”的出版，是全国党史和文献部门向党的二十大献上的一份厚礼！

党有所需，史有所为。编写出版中央和地方党史基本著作，是党中央赋予全国党史和文献部门的重要职责。我们将继续做好后续集成丛书的编写出版工作，全面系统讲好党的历史，修好红色家谱，为广大党员干部群众在新时代新征程深入学习党史、从党史中汲取前进的智慧和力量，不断作出新的贡献。

中央党史和文献研究院第七研究部

2022年9月